RESEARCH ON SUBSISTENCE FROM THE NEOLITHIC TO THE BRONZE AGE IN CHINA

中国新石器时代至青铜时代生业研究

袁靖 ◎ 主编

复旦大学出版社

本书为2011年度国家社科基金重大项目"环境考古与古代人地关系"（11&ZD183）和中国社会科学院创新工程成果

目 录

001　总序
001　前言

001　第一章　农作物与家养动物
026　第二章　东北及内蒙古东部地区新石器时代至青铜时代的生业
043　第三章　黄河上游及新疆地区新石器时代至青铜时代的生业
074　第四章　黄河中游及华北地区新石器时代至青铜时代的生业
119　第五章　黄淮下游地区新石器时代至青铜时代的生业
154　第六章　长江上游地区新石器时代至青铜时代的生业
179　第七章　长江中游地区新石器时代至青铜时代的生业
202　第八章　长江下游地区新石器时代至青铜时代的生业
242　第九章　岭南及周边地区新石器时代至青铜时代的生业
257　第十章　结语

272　后记

总　序

本研究丛书是国家社科基金重大项目《环境考古与古代人地关系研究》（批准号：11&ZD183）的最终成果。

环境考古学是考古学的分支，同地球科学及其他相关自然科学具有广泛的交叉。运用各种古环境重建的方法和技术，在重建古代人类生存环境的基础上，研究和阐明古代人类文化特征的形成和演化历史同自然环境的相互关系及作用机制，是环境考古学的主要任务。

人类出现在地球上已有约300万年历史。人地关系是自人类出现以来就一直存在的一种客观关系。人类生存及其一切活动都依赖于自然环境所提供的物质、能量和活动空间，同时，人类在生存和发展过程中也对自然环境造成各种影响。因此，人地关系始终与人类的历史相伴随。

中国考古学自20世纪20年代开始的一些发掘研究就包含了环境考古的内容。将近100年来，尤其是进入21世纪以来，环境考古的研究队伍不断壮大，来自于考古学、第四纪地质学、古生态学、地貌学、历史地理学等多个学科的学者共同致力于环境考古及古代人地关系的探讨。环境考古的研究工作从少到多，从遗址到区域，从单一方法的应用到综合研究的开展，取得的众多研究成果是有目共睹的。但是，由于环境考古学的方法和理论体系还比较薄弱，一方面影响了自身的发展，另一方面，也使得它在探讨环境与文明起源、农业起源等重大学术问题中的作用时，显得力不从心。

正是在此背景下，我们两人作为首席科学家，北京大学和中国社科院考古研究所作为牵头单位，聚集了国内10余所高校和科研机构的数十名专家学者组成研究团队,承担了国家社科基金重大课题《环境考古与古代人地关系研究》。

本项目围绕主要学术问题划分为七个子课题:

子课题一,环境同农业起源及新旧石器过渡的关系研究。农业起源和发展是新石器文化形成和发展的重要标志。国际上农业起源的动因、环境及其变化对农业起源与发展的影响等问题至今未能获得学术界公认的结论。中国是水稻和粟、黍旱作农业的起源地。本子课题通过对不同地区早期农业起源重要遗址的农作物种子遗存或植硅体分析等方法,分析和揭示植物驯化和早期农业起源与传播历史。同时运用各种自然科学方法重建不同地区和遗址区域内的气候、地貌、水土资源条件和动植物面貌及其变化,研究和揭示农业起源及新旧石器过渡同环境特征及其变化的关系。

子课题二,环境与古代人类社会生业模式及其演化的关系研究。生业经济的发展是人类文化演化的基础。不同地区人类生业经济特征的形成与演化同自然环境特征及其变化的关系极其密切。本子课题通过对各研究区重点遗址生业经济的研究,揭示区域生业模式的特征和变化过程,并深入研究不同生业类型所需的自然资源条件,进而考察区域环境特点及其变化对这些自然资源条件的影响,最终从人地互动的角度讨论生业模式变迁的影响因素。

子课题三,古代聚落兴衰演化与环境的关系研究。史前聚落特征是研究史前社会结构和发展进程的主要途径。史前聚落的形态、结构和区域聚落分布模式的形成和演化,既同区域文化发展进程相关,也同各地点和区域的环境特征及其变化密切相关。系统总结中国主要区域新石器至夏商时期聚落形态、结构及分布模式,揭示不同区域聚落演化历史及区域模式之间的共性与差异。在对不同区域全新世早中期自然环境特征及其演变研究成果的基础上,探讨中国各主要区域重点聚落形态的形成、选址同自然环境及社会进程之间的关系,建立不同时期区域聚落形态结构的演化模式,揭示环境因素和文化发展进程对聚落形态演化的影响机制。

子课题四,考古学文化区系类型形成与演化的环境基础研究。考古学文化区系类型理论的建立是中国考古学的重大成就。然而,中国考古学文化区系类型的形成机制是尚未解决的重要问题。本子课题在系统研究中国史前环境格局及动态变化、各区域自然环境特征及其变化历史基础上,研究和揭示中国史前考古学文化区系类型形成和动态变化的环境基础及人地关系原理。

子课题五,中华文明起源与早期发展过程的人地关系研究。中国是历史悠久的文明古国,是世界上唯一持续发展至今的古代文明。"多元一体"是中华文明起源与发展的独特模式。本子课题在对黄河、长江和西辽河流域各地区全新世中期自然环境各种要素特征及其变化历史的系统重建基础上,从环境与人地关系的角度初步阐明了中华文明起源与早期发展的地域、时间、动力机制及多元一体发展模式的环境背景。

子课题六,自然灾害对人类社会影响的历史与机理研究。中国自古以来是一个自然灾害频发的国家,古代自然灾害对我国相关地区人类社会产生了破坏性影响。本子课题通过对黄河流域和长江流域史前及历史时期洪水灾害过程的各种遗迹及沉积指标的研究,初步揭示了各地区洪水过程的发生特点、发生历史和环境背景,并阐明了古代洪水灾害对区域人类文化和社会发展进程的影响。同时,对黄河流域某些史前和历史时期的古地震遗迹进行了研究分析,揭示了古地震作为引发人类灾难或导致聚落废弃、文化中断的灾害性环境事件。

子课题七,环境考古与古代人地关系研究方法与理论体系构建。国际上环境考古学理论体系与研究方法经历了不断发展的过程,而且这一过程仍在继续。我国在环境考古研究方面已有许多成功的案例,但理论与方法体系的构建与创新方面较为薄弱。本子课题在对环境考古产生的背景、发展历史、研究对象和方法、学科特点和相关理论等问题进行系统总结的基础上,结合国内外的成功研究实例,尝试建立环境与文化、环境考古学科性质方面的系列理论。建立环境信息获取、环境与文化关联分析、环境考古不同空间尺度的专题或综合研究等方面的系列方法。

本项目的学术意义体现在以下三个方面:第一,古代人地关系研究有助于推动考古学文化演变、农业起源、文明起源等重大学术问题研究的深入,丰富相关理论。古代人地关系研究是考古学研究古代人类社会不可或缺的一个视角。一系列重大学术问题需要从人地关系的角度进行科学的回答。人类社会的历史或人类文化的形成与演变,为众多因素的合力所造就,但归根到底,无外乎自然环境因素或人类文化因素。因此,环境考古与人地关系研究在解释古代人类行为、人类社会演进和人类文化变迁方面具有显著的价值和潜力。

第二,古代人地关系研究是整合考古学研究资料的切入点之一。随着田野考古发掘水平的提高和自然科学方法的普遍应用,有关人类活动的信息大量涌现。既可以从人与社会的角度,也可以从人与自然的角度对这些研究资料进行整合。凡涉及资源获取、土地利用以及与其相关的技术、经济、社会结构甚至认知等问题的讨论,都可以放在人地关系研究这个框架中进行。因此,环境考古与古代人地关系研究对于考古学信息获取技术、材料分析方法和研究范式等方面的提升和科学化能发挥重要的促进作用。

第三,中国古代人地关系研究具有紧迫性和重要的现实意义。当今世界面临着日益严重的资源、环境、人口压力等全球性问题的困扰。从根本上讲,这是由不恰当的人地关系思想所导致的。如果不改弦更张,人类自身的生存和发展必将遭到更大的威胁。而中华先民在神州大地上创造了世界上唯一未曾中断,延续至今的辉煌文明,这毫无疑问是迄今为止可持续发展的最大成就。如果能够详细梳理中国古代人地关系变迁的历史,阐述其变化的过程和机制,揭示并吸取古人在处理相关问题时的经验和教训,从而使当代人能够更好地调整自己的行为,或可为生态文明建设做出考古学的实质性理论贡献。

各子课题研究小组根据项目的设计分工,围绕各子课题的研究任务,充分运用相关科学技术方法,针对相关学术问题,开展了多年的具体研究,取得了大量第一手资料和系列阶段性研究成果,在国内外重要刊物发表了大批高水平研究论文。各子课题组在对各自所取得成果的基础上,对部分成果进行了进一步的分析提炼,并结合国内外相关研究方向的主要研究理论和研究成果,完成了各自的研究专著,总共七部。这七部著作包括了当今国际上环境考古学主要的研究方法,涵盖了环境考古方面一系列主要研究理论,探讨了中国考古学所面临的多个主要学术问题。可以说,整体而言,本项目的实施达到了预期设计目标。可以认为是中国环境考古学发展史上的重要进展。

为一个研究项目同时写作和出版七本专著,对于项目组而言仍然是十分艰巨的任务。因此可以想象本研究丛书必然会存在诸多不足。其一,虽然各子课题都有各自的核心研究问题,但由于各子课题之间事实上存在的交叉特点,各专著的写作事实上是分头并进的,虽然项目组内部有多次的交流沟通,但仍难免在内容或材料的使用上存在交叉甚至重复的情况;其二,项目内甚至子课题组内部不同研究者所持观点或者材料的不同,可能会导致不同著作之间甚至同一著作内,发生某些结论明显不同甚至矛盾的现象;其三,作为参与本项目研究和专著写作的学者,都可能存在某些方面的知识局限,因此而导致著作中出现这样或那样的缺陷甚至错误。对于所有上述提到或尚未提到的不足甚至错误,我们诚恳地表示歉意,并诚恳接受学界同行及广大读者的批评指正,努力在今后的学术研究和成果发表时加以改进。

如果本研究丛书的出版能助力于中国环境考古学的进步,并对中国考古学的发展有所贡献,我们将倍感欣慰,并愿在今后加倍努力。

莫多闻　袁靖
2019 年 10 月 1 日

前　言

　　从日本取得博士学位回国至今,已是 20 多年过去了。这 20 多年里,我亲身经历了中国考古学发生革命性变化的整个过程。20 世纪 90 年代开展的"夏商周断代工程"和 21 世纪初开始的"中华文明探源工程"及后来推进的"考古中国"项目,不但对研究中国古代文明的起源和发展等重大学术问题做出了重要贡献,也极大地促进了科技考古的蓬勃发展。现在,科技考古从年代测定、自然环境探讨、人骨测量和测试、动植物的多种分析、金属器和硅酸盐制品的制作工艺研究等多个方面参与考古学研究,在采集和解读考古发掘出土的各类遗存及相关的自然遗存上开辟出崭新的天地,全方位地拓展了考古学研究的内容,提升了考古学研究的科学性、国际性、前沿性和系统性。在科技考古的发展过程中,动植物考古的研究成果极为引人注目。这是因为 20 多年来,由国家文物局作为行业标准颁发的田野发掘过程采样和实验室分析标准工作流程,在全国各地的考古发掘中广泛应用;对全国各个省市自治区的考古遗址出土的动植物遗存进行了科学的鉴定和分析,完成了数百篇研究报告;依据迄今为止的发掘和研究资料,对五谷和六畜的起源或出现的时间和地点有了较为明确的判断,并归纳了模式;探讨了新石器时代至青铜时代,粟、黍、水稻、小麦和大豆等农作物栽培,以及狗、猪、黄牛、绵羊、马和鸡等家养动物饲养的发展过程。

　　在上述研究的基础上,如何进一步提升动植物考古的学术价值,探讨其学术内涵,更加全面地参与到考古学研究中去,是我一直在思考的问题。我认为,依据动植物考古的研究结果,推而广之,我在 20 世纪 70 年代末进入西北大学习考古时，就接触到的"考古学文化"的含义应该与时俱进。考古学文化的含义不能仅限于人工遗迹和遗物的形状特征，还应该包括绝对年代、自然环境、人骨形态、生业和手工业状况及社会结构等内容。由此，才能实现依据考古资料撰写古代历史的研究目标及学术价值。这里主要围绕生业阐述我的思考。

按照历史唯物主义的观点，生产力决定生产关系，经济基础决定上层建筑，生产力的发展是推动人类社会进步的根本动力。我们在开展考古学研究时，从观察人工遗迹和遗物的形状特征切入，进行探讨是十分重要的。在此基础上，依据遗址出土的动植物遗存进行包括当时的采集渔猎方式及农作物栽培和家畜饲养在内的生业经济的研究，探讨当时的主要生产力状况及其在社会发展中的重要作用，同样是认识新石器时代至青铜时代各个考古学文化的不可或缺的重要内容。

古人在形容北方地区农业社会的富饶时，用的词是五谷丰登、六畜兴旺；而描述南方地区的富饶则称之为鱼米之乡。可见作为食物的植物资源和动物资源是密不可分的，获取这些食物的种类和方式都归入生业的内容。

多年来，围绕各个地区考古学文化的生业特征进行探讨的实例不多，认识有限。有鉴于此，我们计划聚焦这个方面开展系列研究。从全国范围看，秦汉以来的动植物考古研究成果相当少，且成果所属的时代、地域分布也不均匀，现在尚不宜开展系统的探讨。所以，我们就把研究的时间跨度限定在自新石器时代至青铜时代，系统探讨这个时期内中国各个地区的生业状况。

本书按照地理特征和考古学文化特点，把中国分为东北及内蒙古东部、黄河上游及新疆、黄河中游及华北、黄淮下游、长江上游、长江中游、长江下游和岭南及周边这八个地区。多个地区因为区域内的地理差异较大，文化多样性较强，又分为若干小区。按照时间早晚顺序，阐述各个地区考古遗址的动植物考古研究结果，归纳各个地区的生业特征，探讨相关问题。

本书在时间划分上按照《中国考古学·新石器时代卷》的观点。新石器时代早期距今 12 000~10 000 年，新石器时代中期距今 10 000~7 000 年，新石器时代晚期距今 7 000~4 500 年，新石器时代末期距今 4 500~4 000 年。对青铜时代的年代暂定为距今 4 000~公元前 221 年。

本书对动植物遗存进行的定性定量评估主要关注两项：一是将动植物遗

存分为农作物、非农作物、家养动物和野生动物四大类；二是统计各种农作物/家养哺乳动物在植物种子/哺乳动物群中的相对比例。关于量化统计方法，植物考古学主要采用计算植物大遗存出土数量和出土概率的方法，动物考古学采用可鉴定标本数和最小个体数的方法。

在阐述各个地区遗址的生业状况时，如果一个遗址同时开展了动植物考古研究，则先介绍植物考古的研究成果，再介绍动物考古的研究成果。如果没有全面开展工作，则先介绍开展过植物考古的遗址，再介绍开展过动物考古研究的遗址。还需要说明的是，涉及各个考古学文化类型或遗址的年代时，原文有的用公元前，有的用距今。按照碳14测定年代的正确表述方法，距今是以1950年以前为计算标准的。自1950年至今，又是60余年过去了。我们不知道原文作者的计算方法究竟如何，不能擅自改动，本书在阐述年代时，基本上直接引用原文的描述。

本书是一部全面阐述中国大地上新石器时代至青铜时代的生业内涵及特征，并将其与环境背景及变迁、社会的发展进程等结合到一起探讨的专著。全面总结了2018年之前发表的400余处遗址的动植物考古研究结果，从中可以看到，东北及内蒙古东部地区、黄河上游及新疆地区、黄河中游及华北地区、黄淮下游地区、长江上游地区、长江中游地区、长江下游地区和岭南及周边地区等八个地区各自的生业发展过程及特征。在归纳各个地区生业发展状况的基础上，指出中原地区持续发展的生业状况及引入新的生产力要素，是中华文明起源并持续发展壮大于这个地区的重要基础；而不同地区的文化发展轨迹与各个地区生业的发展过程密切相关。北方地区以牧业或游牧业为特征的文化是在新石器时代末期至青铜时代形成的。

希望本书的思路和研究内容能够为深化中国考古学研究、推动中国考古学研究走向世界贡献力量！

第一章

农作物与家养动物

自新石器时代至青铜时代,古人获取食物资源的生业活动大致可以分为采集和渔猎、栽培和饲养两大类。采集和渔猎的对象包括各类野生植物和野生动物。野生植物以橡子等为主,野生动物包括贝类、鱼类及以鹿科为主的多种哺乳动物。相比种类众多的野生植物和野生动物,栽培农作物和饲养家畜的种类是有限的。这里首先阐述新石器时代至青铜时代的各种农作物和家养动物的种类、起源或出现的时间和地点,然后探讨其起源或出现的原因及规律。

一、农作物

这里列举主要的农作物粟、黍、水稻、大豆和小麦。

(一) 粟和黍

粟的野生祖本是狗尾草(也有学者认为是谷莠子),黍的野生祖本目前尚不确定。学界普遍认为这两种谷子是在中国北方被驯化并最终成为该地区的主要农作物,但具体的驯化区域和时间尚不十分清晰。

在距今12 000~9 000年的北京市东胡林遗址,发现了11粒炭化粟粒和1粒炭化黍粒,其中炭化粟粒尺寸非常小,明显呈球状,胚芽部分爆裂成U字形,应属于栽培品种。东胡林遗址出土的粟和黍是目前发现的最早栽培谷子。① 除此之外,在距今8 000~7 000年的一些遗址中也发现了炭化的小米遗存,如在距今8 000~7 500年的内蒙古自治区赤峰市兴隆沟遗址第一地点属于兴隆洼文化中期的大型聚落遗址里出土了炭化黍985粒,炭化粟41粒,其中黍粒在形态上保留了较浓厚的野生祖本的特征,应属于栽培作物进化过程中的初期品种,并且有可能是在当地栽培完成的。② 距今约8 000年的河北省武安县磁山遗址的多个灰坑中堆积了风化的小米。经过对小米植硅体的研究,发现黍的数量明显多于粟。③ 距今7 800~7 300年的甘肃省秦安县大地湾遗址大地湾一期出土了8粒黍,并且在之后的仰韶文化早期和晚期都有大量黍和粟的发现。其中在仰韶文化早期,黍远多于粟,而在仰韶文化晚期,粟远多于黍。这些发现为早期栽培黍,以及仰韶时期农业从以黍为主到以粟为主的变化提供了重要的材料。④ 距今8 000~7 000年属于后李文化的山东省济南市长清区月庄遗址⑤和章丘区西河遗址⑥也出土了数量不等、具有驯化特征的粟和黍。从上述关于粟、黍两种小米的早期发现来看,除了东胡林遗址以外,基本都集中在距今8 000~7 000年之间,而分布范围也包括了中国北方的西辽河流域、燕山南麓、渭河上游和黄河下游地区的广大区域。

(二) 水稻

今天俗称的水稻——亚洲栽培稻的野生祖型,是普通野生稻,栽培稻由野生稻驯化而成。由于依据水稻植硅体探讨野生稻和栽培稻的研究尚无明

---

① 赵志军.中国古代农业的形成过程——浮选出土植物遗存证据[J].第四纪研究,2014,34(1):77~78.
② 赵志军.从兴隆沟遗址浮选结果谈中国北方旱作农业起源问题[A].见南京师范大学文博系编:《东亚古物》(A卷),北京:文物出版社,2004,188~199.
③ 河北省文物管理处、邯郸市文物保管所.河北武安磁山遗址[J].考古学报,1981,(3):303~338.
Lu Houyuan, Jianping Zhang, Kam-biu Liu, et al. Earliest domestication of common millet (*Panicum miliaceum*) in East Asia extended to 10,000 years ago [J]. *Proceedings of the National Academy of Sciences*, 2009, 106(18): 7367~7372.
④ 刘长江、孔昭宸、郎树德.大地湾遗址农业植物遗存与人类生存的环境探讨[J].中原文物,2004,(4):26~30.
⑤ 克劳福德、陈雪香、栾丰实、王建华.山东济南长清月庄遗址植物遗存的初步分析[J].江汉考古,2013,(2):107~116.
⑥ 吴文婉、张克斯、王泽冰、靳桂云.章丘西河遗址(2008)植物遗存分析[A].见山东大学历史文化学院编:《东方考古》第10集,北京:科学出版社,2013,373~390.

确的定论,这里主要围绕稻米大植物遗存讨论。近些年来,通过浮选发现稻谷遗存的考古遗址数量很多,其中年代最早的应属浙江省浦江县上山遗址出土的炭化稻米。上山遗址是一处新石器时代早期的居住址。遗址内的文化堆积分为上中下三个文化层。下层文化被命名为上山文化,碳14测定的年代在距今10 000~8 500年间;中层文化堆积属于跨湖桥文化的遗存,绝对年代在距今8 000~7 000年间;上层文化堆积基本等同于河姆渡文化,年代在距今6 500年左右。[①] 通过对上山遗址进行大规模的采样、浮选、整理和鉴定,发现了20余粒炭化的稻米和一些稻谷基盘。这些炭化稻遗存多出土于跨湖桥文化时期的浮选样品,但也有一些出土于上山文化时期的浮选样品。除了浮选出土的炭化稻之外,在上山遗址出土的陶片的断面上,可以清晰地观察到,在陶土中掺和有完整的稻壳。[②] 另外,在上山遗址的早期文化地层中出土的一些红烧土残块内也掺杂了大量的炭化稻壳。

虽然暂时无法对上山文化时期是否出现了稻作农业进行量化分析。但是,考虑到上山文化在制作陶器时有在陶土中掺入稻壳的习惯,以及出于某种目的而焚烧稻壳的现象,可以推测,在上山文化时期当地古代先民不仅食用稻米,而且有可能在采集自然生长的野生稻的同时开始尝试种植水稻,即实施了平整土地、播种等耕作行为。上山文化时期的古代先民实施的耕作行为仅是为了提高稻的获取量,或是为了间接增加自然生长的野生稻的数量。这些早期被耕种的稻究竟是野生稻还是栽培稻,即在形态特征上和基因特性上,仍然属于野生稻还是已经进化成栽培稻,目前尚不能确认。但无论如何,耕作行为毕竟是稻谷驯化的前提,也是稻作农业形成的先决条件,因此可以将耕作行为的出现称作稻作农业形成过程中的孕育阶段。上山遗址的发现应该属于这一阶段。

目前在中国发现的明显带有稻作农业生产特点的考古遗址均为距今8 000年前后,从地域分布来看,主要位于长江中下游以及淮河上游地区,如

---

① 蒋乐平、盛丹平.上山遗址与上山文化——兼谈浙江新石器时代考古研究[A].见莫多闻、曹锦炎、郑友红、袁靖、曹兵武主编:《环境考古研究》(第四辑),北京:北京大学出版社,2007,25~42.
② Jiang Leping, Liu Li. New evidence for the origins of sedentism and rice domestication in the Lower Yangzi River, China [J]. Antiquity 2006,(80):355~361.

湖南省澧县的彭头山遗址和八十垱遗址[①]、浙江省杭州市萧山区的跨湖桥遗址[②]、嵊州市的小黄山遗址[③]和河南省舞阳县的贾湖遗址[④]等。

（三）大豆

大豆由野大豆驯化而成。栽培大豆的出现经历了数千年的漫长演化过程。早在距今8 000年前后的新石器时代中期，中国古代先民已经开始种植大豆，虽然当时所种植的大豆在尺寸大小和形态特征上主要表现为野大豆特征，但已经开始出现了栽培特征。河南省舞阳县贾湖遗址出土的炭化大豆便是这一时期的代表。[⑤]虽然这些大豆粒的尺寸数据完全落在野大豆的范畴内，但其籽粒饱满，豆皮脱落严重，残存的豆皮呈片状附着在豆粒上。这些现象说明，贾湖遗址的先民应该已经开始种植大豆，贾湖种植的大豆在人类行为的干预下，可能出现基因特性的变化。随后，种植的大豆在形态特征上逐渐发生变化，直到新石器时代末期的龙山时代，豆粒才开始明显地表现出现代栽培大豆的特征。例如距今4 000年前后的河南省登封市王城岗遗址[⑥]、禹州市瓦店遗址[⑦]和陕西省扶风县周原遗址[⑧]等出土的炭化大豆粒，尺寸已经大于现生野大豆，炭化后的变形特征表现得非常明显，豆皮脱落严重，从爆裂处可以看到内部呈现大小不同的不规则的深窝状，发亮且反光。商周时期以降，豆粒基本演变为现今的栽培大豆形态。

另外，在判别考古出土炭化大豆粒的栽培和野生属性时，豆粒的尺寸不宜作为主要的标准，还要考虑炭化后二者豆粒形态变化，豆皮、子叶和豆脐的变化特征。[⑨]除了以上这些出土炭化大豆栽培属性判断标准，有学者利用

---

① 湖南省文物考古研究所.彭头山与八十垱[M].北京：科学出版社,2006,518～577.
② 浙江省文物考古研究所、萧山博物馆.跨湖桥[M].北京：文物出版社,2004,273～277.
③ 张恒、王海明、杨卫.浙江嵊州小黄山遗址发现新石器时代早期遗存[N].中国文物报,2005年9月30日,第1～2版.
④ 河南省文物考古研究所.舞阳贾湖[M].北京：科学出版社,1999,3～538.
⑤ 赵志军、张居中.贾湖遗址2001年度浮选结果分析报告[J].考古,2009,(8)：88～89.
⑥ 赵志军、方燕明.登封王城岗遗址浮选结果及分析[J].华夏考古,2007,(2)：81.
⑦ 刘昶、方燕明.河南禹州瓦店遗址出土植物遗存分析[J].南方文物,2010,(4)：61～62.
⑧ 赵志军、徐良高.周原遗址(王家嘴地点)尝试性浮选的结果及初步分析[J].文物,2004,(10)：92～93.
⑨ 赵志军、杨金刚.考古出土炭化大豆的鉴定标准和方法[J].南方文物,2017,(3)：149～159.

X-CT技术对大豆成分的历时性演变进行了观察,其含油量的变化显示,大豆的栽培和驯化至迟发生于距今7 500年前,距今4 000~3 500年前后,尺寸和含油量都出现明显分化,表明此时大豆的驯化已经进入一个新阶段。①

（四）小麦

小麦在距今10 500~9 500年间起源于西亚的新月沃地,之后开始向四周传播,大约在距今7 000年传播至中亚地区的西南部,再由中亚向中国境内传播。就目前新发现的经过直接测年的小麦粒显示,中国境内最早的小麦发现于山东省胶州市赵家庄遗址,距今4 500~4 270年。② 但是,除了这一处早于4 000年前的发现,其他早期小麦的证据集中在西北地区的青海东北部、甘肃河西走廊和新疆东部,绝对年代主要集中在距今4 000~3 500年间。值得注意的是,从上述出土早期小麦遗存的考古遗址的地域分布规律,难以看出自西向东的传播模式。由此,有学者提出小麦传入中国至少有两个途径,即草原通道和绿洲通道。黄河中下游地区出土的早期小麦与西北地区出土的早期小麦可能来自不同的途径,前者来自欧亚草原通道,后者来自绿洲通道。③ 另外,来自中国西北地区的早期小麦遗存,在尺寸上与黄河中下游地区公元前两千纪所发现小麦也明显不同,后者更为短圆。④

（五）小结

迄今为止的植物考古学研究证明,中国栽培农作物起源或开始出现的时间和种类如下：距今12 000~9 000年之间,北京地区发现粟和黍；距今10 000年左右,浙江地区出现水稻；距今8 000年左右,河南南部地区发现大豆；距今4 500~4 270年,在山东地区发现小麦。这些农作物分别起源或出现

---

① 陈雪香、马方青、张涛.尺寸与成分：考古材料揭示黄河中下游地区大豆起源与驯化历程[J].中国农史,2017,(3)：18~25.
② 靳桂云、燕生东、刘长江.山东胶州赵家庄发现龙山文化小麦遗存[N].中国文物报,2008年2月22日第7版.
③ 赵志军.小麦传入中国的研究——植物考古资料[J].南方文物,2015,(3)：50~51.
④ Xinyi Liu, Diane L. Lister, Zhijun Zhao et al. 2016. The virtues of small grain size: Potential pathways to a distinguishing feature of Asian wheats [J]. *Quaternary International*, 2016: 1-13, http://dx.doi.org/10.1016/j.quaint.2016.02.059.

于不同的时间和不同的地点,除水稻位于中国南方地区之外,其他四种都位于中国北方地区。

综上所述,中国古代的主要栽培农作物有水稻、粟、黍、大豆和小麦。他们的起源或出现过程大致分为两种模式:一种是中国古代居民在与特定野生植物长期相处的过程中,根据自己的需要逐步控制它们,将其驯化为栽培作物,包括水稻、粟、黍和大豆。另一种是古代居民通过文化交流,直接从其他地区引进农作物,以小麦为代表。

获取稳定的植物性食物来源是中国古代先民栽培农作物的主要目的,由此形成中国古代农业社会的基本特征。今后,将深入研究更多的遗址中出土的相关农作物遗存,相信一定能够得出更加科学的判断。

二、家养动物

这里主要列举家养动物狗、猪、羊、牛、马、鸡、驴、骆驼、鸭/鹅等。

(一)狗

现代狗的基因证据揭示出不同地区的家狗都是由狼进化而来。① 学术界公认,以色列北部属于纳吐芬文化晚期的哈耀尼(Hayonim)墓地发现的狗是世界上最早的狗,距今 11 000 年以前。② 但是,最新的研究成果显示,通过测量尺寸、DNA 和稳定同位素的分析,最早的狗可能出现在距今 31 000 年左右的欧洲地区。③ 但是这个认识争议较大。

---

① Vilà C., Savolainen P., Maldonado J. E., et al. Multiple and ancient origins of the domestic dog [J]. *Science*, 1997, 276(5319): 1687 – 1689. Leonard J. A., Wayne R. K., Wheeler, J., et al. Ancient DNA evidence for Old World Origin of New World dogs. *Science*, 2002, 298(5598): 1613 – 1616.

② Tchernov E., Valla F. F.. Two new dogs, and other natufian dogs, from the southern Levant [J]. *Journal of Archaeological Science*, 1997, 24(1): 65 – 95.

③ Germonpré M., Sablin V. M., Stevens E. R., et al. Fossil dogs and wolves from Palaeolithic sites in Belgium, the Ukraine and Russia: Osteometry, ancient DNA and stable isotopes [J]. *Journal of Archaeological Science*, 2009, 36(2): 473 – 490.

在中国更新世晚期的多个遗址中都发现有狼的化石。① 依据中国迄今为止的研究,可以确切地判断,距今 10 000 年左右的河北省徐水县南庄头遗址中出土的狗是中国最早的家畜。有五条证据:其一,南庄头遗址中出土的一块狗的左下颌的下颌缘明显出现弧度,不同于狼的下颌缘较为平直的特征;其二,其齿列长度为 79.40 mm,现在保存于中国科学院古脊椎动物与古人类研究所标本馆的现生的多个狼的下颌齿列的测定,其长度在 90 mm 左右,可见南庄头遗址的这块狗的下颌的齿列尺寸比狼要小;其三,狗的颌骨上的牙齿排列紧密,而狼的颌骨上的牙齿之间排列比较稀疏,南庄头遗址的这块狗的下颌上的牙齿排列紧密;其四,现生狼的下颌标本各个测量点的尺寸都明显大于南庄头的这块狗的下颌标本的同类测量点的尺寸;②其五,从延续性上看,在距今大约 9 000 年前的河南省舞阳县贾湖遗址发现的五块狗的下颌的齿列开始变小,其最大值为 76.19 mm,最小值为 68.08 mm,平均值为 72.70 mm,标准偏差为 3.30 mm③,短于南庄头遗址的狗,其下颌缘的特征也和南庄头遗址的狗类似,下颌的整体形状小于南庄头遗址的狗的下颌。贾湖遗址发现的 11 条狗被分别埋葬在居住地和墓地里④,这是当时的人对狗的一种有意识的处理,显示出当时的人和狗有一种特殊的关系。贾湖遗址的狗的研究结果为进一步证实南庄头遗址的狗提供了对比资料。

这里要强调的是,由于南庄头遗址中出土的狗的齿列与狼的齿列相比已经明显缩短了,所以,我们认为中国的最早的狗不应该停留在南庄头遗址这个时间段里,还可能向前追溯。对现代狗的线粒体 DNA 的研究结果给我们提供了重要的启示,如有些研究者认为,距今 16 300 年左右,狗已经在中国长江以南地区被驯化了。⑤

对照现在世界各地的狗的用途,再结合考古遗址中出土的狗的状况,将

---

① 祁国琴.中国北方第四纪哺乳动物群[A],见吴汝康、吴新智、张森水主编:《中国远古人类》,北京:科学出版社,1989,282~307.韩德芬、许春华.中国南方第四纪哺乳动物群兼论原始人类的生活环境[A],见吴汝康、吴新智、张森水主编:《中国远古人类》,北京:科学出版社,1989,338~391.
② 袁靖、李珺.河北省徐水县南庄头遗址出土动物骨骼研究[J].考古学报,2010,(3):385~392.
③ 袁靖.中国新石器时代家畜起源的问题[J].文物,2001,(5):51~58.
④ 张居中.兽坑[A],见河南省文物考古研究所编著:《舞阳贾湖》,北京:科学出版社,1999,130.
⑤ Pang J., Kluetsch C., Zou X., Zhang A., et al. mtDNA data indicates a single origin for dogs south of Yangtze River, less than 16,300 years ago, from numerous wolves [J]. *Molecular Biology and Evolution*, 2009, 26(12): 2849-2864.

今论古,推测当时人类饲养狗的目的,可能主要是为了狩猎、看守家园或作为宠物。狗的家畜化可以导致人类狩猎的策略、战术或技术发生一些变化,提供把野生动物驯化为家养动物的经验。但是,这种行为并未给人类提供多少稳定的肉食来源,没有对人类的生活方式产生重大影响。

(二) 猪

家猪的祖先是野猪。根据国外动物考古学家的研究,世界上最早的家猪发现于土耳其的安那托利亚东南部的卡耀努(Çayönü)等遗址,其年代约距今9 000年。①

在中国更新世晚期的多个遗址都发现野猪的化石。② 目前所知的中国最早的家猪出自河南省舞阳县贾湖遗址。有七条证据:其一,在下颌上发现齿列扭曲的现象,这往往是家猪的特征;其二,全部臼齿中线性牙釉质发育不全的标本占较高的比例,处于人工饲养的家猪种群的线性牙釉质发育不全所占的比例之内,明显高于野猪所占的比例;其三,牙齿几何形态测量的结果显示其接近家猪,而与野猪差距很大;其四,2岁以下的猪占全部猪的81%,年龄结构偏年轻,不同于野猪种群的年龄结构模式;其五,个体数量占全部哺乳动物的25%以上,远远大于自然状态下野猪种群在全部哺乳动物中的比例;其六,在墓葬中发现随葬猪下颌;其七,碳氮稳定同位素的分析结果显示,猪和人的食物结构十分相似。依据这些证据,判断距今大约9 000年的贾湖遗址存在家猪③,这个年代与土耳其的卡耀努遗址的年代大致相同。

近年来,世界上关于猪的基因研究证实,这种动物极有可能是在各个地

---

① Hongo H., Meadow R. [A]. Pig exploitation at Neolithic Çayönü Tepesi (Southeastern Anatolia). In Nelson S. (ed.) *Ancestor for the Pigs: Pigs in Prehistory*, 15. Philadelphia, MASCA Research Papers in Science and Archaeology, 77-98.
② 祁国琴. 中国北方第四纪哺乳动物群[A],见吴汝康、吴新智、张森水主编:《中国远古人类》,北京:科学出版社,1989,282~307. 韩德芬、许春华. 中国南方第四纪哺乳动物群兼论原始人类的生活环境[A],见吴汝康、吴新智、张森水主编:《中国远古人类》,北京:科学出版社,1989,338~391.
③ 罗运兵、张居中. 河南舞阳县贾湖遗址出土猪骨的再研究[J]. 考古,2008,(1):90~96.

区分别驯化成功。① 中国的研究也证明了这一点。② 距今 9 000 年左右的贾湖遗址位于中国的北方地区,该遗址出土的猪与同处北方地区、大约距今 8 000 年前的河北省武安县磁山遗址中出土的家猪在尺寸上比较接近,而与大约距今 8 200 年前、地处南方地区的浙江省萧山县跨湖桥遗址出土的家猪在尺寸上相差较大③、位于南方地区和北方地区的遗址中分别出土的猪的尺寸差异,正好与更新世北方地区和南方地区的野猪化石的尺寸差异相对应④,由此可以认为,即便在中国,古代的家猪可能也是多中心起源的。

结合中国新石器时代考古的研究成果,观察家猪的起源及在各个地区的历时性变化过程,可以推测,至少在黄河流域,随着定居生活的稳定和延续,栽培农作物作为人类基本的食物保障的状况逐步形成,导致人口的数量不断增长;长期的狩猎活动促使居住地周围野生动物的数量持续减少,原有的狩猎活动获取肉食资源的方式已经不能满足人类的肉食供应。保证稳定的肉食供应可能是当时开始饲养家猪的主要原因。但是,在长江流域距今 8 000 多年前的遗址里发现家猪,在年代晚于距今 8 000 年、延续了数千年的众多考古遗址中一直延续这种饲养行为,可是,在这个相当长的时间里并没有出现家猪数量由少到多的增长过程。所以在判断当时的养猪与食肉有关的同时,还应从另一个角度探讨饲养家猪的原因。由于在相当长的时间里,这些地区的肉食来源仍以野生动物为主,加之在这些地区还发现随葬猪或埋葬猪的现象,所以,精神领域的需求也应是当时饲养家猪的动因之一。数千年来,还没有一种家养动物像家猪一样,既是中国人最主要的肉食资源,同时,在精神领域里也扮演了重要的角色。

(三)绵羊和山羊

由于中国动物考古学的研究还没有分别系统地探讨绵羊和山羊,鉴于绵羊和山羊有时被统称为羊,这里放到一起讨论。绵羊可能由已经灭绝的赤羊

---

① Larson G., Dobney K., Albarella U., et al. Worldwide Phylogeography of Wild Boar Reveals Multiple Centers of Pig Domestication [J]. *Science*, 2005, 307: 1618-1621.
② Larson, G., Liu, R., Zhao, X., et al. Patterns of East Asian pig domestication, migration, and turnover revealed by modern and ancient DNA [J]. *Proceedings of the National Academy of Sciences of the United States of America*, 2010, 107(17): 7686-7691.
③ 罗运兵、张居中. 河南舞阳县贾湖遗址出土猪骨的再研究[J]. 考古, 2008, (1): 90~96.
④ 罗运兵. 中国古代猪类驯化、饲养与仪式性使用[M]. 北京: 科学出版社, 2012, 134~142.

或盘羊驯化而成,山羊则由野山羊驯化而成。① 目前的研究结果显示,绵羊和山羊在伊朗的西南部扎格罗斯及周边地区最早被驯化,距今 10 000 年前。② 基因研究结果显示,山羊可能是单一起源的③,而绵羊则有几个起源地。④

依据相关学者的研究,在中国南北方地区更新世晚期的几个遗址里曾经发现过绵羊、盘羊、山羊及山羊亚科的化石。⑤ 但是在进入全新世后的相当长的时间里,尽管在许多遗址里发现了多种动物遗存,却一直没有发现过证据确凿的羊的骨骼。20 世纪 70 年代,考古研究人员在发掘甘肃省和青海省距今 5 600~5 000 年前的墓葬时,曾经发现随葬的羊骨,但当时仅作了发掘记录,没有保留实物资料。所以,现在无法对那些羊骨进行动物考古学的研究。按照现有的资料,我们还不能对最早的绵羊进行全面地论述。我们的认识是:中国最早的家养绵羊突然出现在距今约 5 600~5 000 年前的甘肃省和青海省一带,而后向东部传播,距今 4 500 年左右进入中原地区。依据有七条:其一,在属于距今约 5 600~5 000 年前这个时间段的马家窑文化石岭下类型的甘肃省天水市师赵村遗址的墓葬(M5)中,发现随葬羊的下颌⑥,在属于马家窑文化马家窑类型的青海省民和县核桃庄马家窑文化墓葬里,发现随葬完整的羊骨架。⑦ 虽然现在无法判定师赵村遗址和核桃庄遗址中出土的羊骨属于绵羊还是山羊,但依据在年代稍晚的多个遗址中发现的羊骨均属绵羊,山羊发现较少,年代也略晚⑧,推测师赵村和核桃庄这两处遗址中出土的羊应是绵羊。其二,在距今 4 300~3 900 年的山西省襄汾市陶寺遗址、河南省登封县

---

① 同号文. 从动物驯养谈进化问题[J]. 化石,2004,(2):30~33.
② Zeder M. A., Hesse B.. The initial domestication of goats (Capra hircus) in the Zagros mountains 10,000 years ago [J]. Science, 2000,287(5461):2254-2257.
③ MacHugh D. E., Bradley D. G.. Livestock genetic origins: Goats buck the trend [J]. Proceedings of the National Academy of Sciences of the United States of America, 2001,98(10):5382-5384.
④ Cai D., Han L., Zhang X., et al. DNA analysis of archaeological sheep remains from China [J]. Journal of Archaeological Science, 2007,34(12):1347-1355.
⑤ 祁国琴. 中国北方第四纪哺乳动物群[A],见吴汝康、吴新智、张森水主编:《中国远古人类》,北京:科学出版社,1989,282~307. 韩德芬、许春华. 中国南方第四纪哺乳动物群兼论原始人类的生活环境[A],见吴汝康、吴新智、张森水主编:《中国远古人类》,北京:科学出版社,1989,338~391.
⑥ 中国社会科学院考古研究所. 师赵村与西山坪[M]. 北京:中国大百科全书出版社,1999,53.
⑦ 青海省考古队. 青海民和核桃庄马家窑类型第一号墓葬[J]. 文物,1979,(9):29~32.
⑧ 杨杰. 二里头遗址出土动物遗存研究[A],见中国社会科学院考古研究所编:《中国早期青铜文化——二里头文化专题研究》,北京:科学出版社,2008,470~539.

王城岗遗址和河南省禹州市瓦店遗址的龙山文化层等多个遗址里均发现绵羊的骨骼。而这个地区在龙山文化以前的遗址里基本上没有发现羊骨,自龙山文化及以后的各个历史时期的遗址里都发现羊骨。从历时性的角度观察,绵羊的出现有一个明显的从无到有、从少到多的发展过程;①而在距今 4 000 年以来的甘肃省天水市师赵村遗址齐家文化层②、甘肃省永靖县大何庄③、秦魏家齐家文化墓葬④和甘肃省民乐县东灰山四坝文化遗址中⑤都发现了绵羊的骨骼;根据甘青地区在距今 5 000 年以前和距今 4 000 年以来的多个遗址中均发现绵羊这个事实,我们推测,发掘甘青地区距今 5 000～4 000 年的遗址,有可能发现绵羊的遗存,相信今后的发现与研究将填补这个时间段的空白并解释绵羊向中原地区的扩散过程。其三,测量发现,龙山文化的这些遗址中出土的绵羊骨骼的尺寸比较一致,与商周时期可以判定是家养绵羊的骨骼数据十分接近;其四,在同属于龙山文化的河南省汤阴县白营遗址和山西省夏县东下冯遗址均发现单独捆绑后埋葬羊的现象。⑥ 在属于齐家文化的甘肃省永靖县大何庄遗址中还发现绵羊的肩胛骨,上面有灼痕,与占卜有关。⑥其五,在距今 4 000 年前的山西省襄汾市陶寺遗址中发现当时存在剪羊毛的证据。⑦其六,基于家养绵羊出现的突然性,依据多个遗址中出土绵羊的古 DNA 分析结果,可以确定在当时的绵羊中,世系 A 占据主要地位,世系 A 的绵羊现在主要分布在中亚和东亚地区。另外,还存在世系 B 的绵羊,世系 B 的绵羊现在

---

① 袁靖、黄蕴平、杨梦菲等.公元前 2500 年～公元前 1500 年中原地区动物考古学研究[A],见中国社会科学院考古研究所考古科技中心编:《科技考古》第二辑,北京:科学出版社,2007,12～34. 吕鹏、杨梦菲、袁靖.禹县瓦店遗址动物遗存的鉴定和研究[A],见北京大学考古文博学院、河南省文物考古研究所:《登封王城岗考古发掘与研究(2002～2005)》,郑州:大象出版社,2007,815～901.
② 周本雄.师赵村与西山坪遗址的动物遗存[A],见中国社会科学院考古研究所编著:《师赵村与西山坪》,北京:中国大百科全书出版社,1999,335～339.
③⑥ 中国科学院考古研究所甘肃工作队.甘肃永靖大何庄遗址发掘报告[J].考古学报,1974,(2):29～61.
④ 中国科学院考古研究所甘肃工作队.甘肃永靖县秦魏家齐家文化墓地[J].考古学报,1975,(2):57～96.
⑤ 祁国琴.东灰山墓地兽骨鉴定报告[A],见甘肃省文物考古研究所、吉林大学北方考古研究室:《民乐东灰山考古》,北京:科学出版社,1998,184～185.
⑥ 安阳地区文物管理委员会.河南汤阴白营龙山文化遗址[J].考古,1980,(3):293～302. 中国社会科学院考古研究所等.山西夏县东下冯龙山文化遗址[J].考古学报,1983,(1):55～92.
⑦ 博凯龄.中国新石器时代晚期动物利用的变化个案研究[A],见中国社会科学院考古研究所夏商周考古研究室编:《三代考古》四,北京:科学出版社,2011,129～182.

分布于西亚和欧洲地区。⑧ 由此推测,当时出现的家养绵羊很可能是通过文化交流,从境外将已经被驯化的绵羊传入中国。而山羊的起源或出现的原因尚待研究。其七,黄河中上游地区的多个遗址中出土的绵羊的碳氮稳定同位素分析发现,其食性以 C_3 类植物为主,其中也包括少量的 C_4 类植物。由于在年平均温度低于15℃的地区,自然植被中 C_4 类植物的贡献量可以忽略不计,而在绵羊的食谱中出现的 C_4 类植物,可以认为是人工喂养谷子的秸秆等 C_4 类农作物所致。⑨ 龙山时代到二里头时期绵羊的食性一直保持这种状态,这也反映出在相当长的时间里饲养方式的稳定性。

尽管迄今为止发现的最早的绵羊的骨骼出自随葬,但是由于当时动物考古学的研究人员没有参与发掘和研究,因此,不能断定精神领域的需要是绵羊出现的主要原因。依据目前的动物考古学的研究成果,判断提供肉食、与精神领域相关的活动和获取羊毛这种属于次级产品开发的行为等是饲养绵羊的目的。绵羊是从作为家畜的地区引进的家养动物,当时已经形成的饲养绵羊的几种用途可能随着绵羊一起传入中国境内。

(四) 黄牛和水牛

由于中国动物考古学的研究中涉及水牛的内容极少,鉴于黄牛和水牛有时被统称为牛,这里把黄牛和水牛放到一起讨论。动物考古学和基因的研究结果均显示,家养黄牛起源于距今 10 000 年前的西亚地区和非洲东北部,是由当地的野牛驯化而来的。⑩ 还有一种认识是,位于南亚地区的印度也在相同的时间

---

⑧ Cai D., Han L., Zhang X., et al. DNA analysis of archaeological sheep remains from China [J]. *Journal of Archaeological Science*, 2007,(34): 1347 - 1355. 蔡大伟、汤卓炜、任晓燕、王立新、于慧鑫、周慧、朱泓. 青海大通长宁和内蒙古赤峰大山前遗址青铜时代古绵羊分子考古学研究[A],见中国社会科学院考古研究所科技考古中心编:《科技考古》第三辑,北京:科学出版社,2011,107~112.

⑨ 陈相龙、袁靖、胡耀武等. 陶寺遗址家畜饲养策略初探:来自碳、氮稳定同位素的证据[J]. 考古, 2012,(9):75~82.

⑩ Bradley G. D., Loftus T. R., Cunningham P., et al. Genetics and domestic cattle origins [J]. *Evolutionary Anthropology*, 1998,6(3): 79 - 86. Marshall F., Hildebrand E., Cattle Before Crops: The beginnings of food production in Africa. *Journal of World Prehistory*, 2002,16(2): 99 - 143.

独立驯化了黄牛①,南亚西北部在距今 7 500 年前已经存在家养的黄牛。② 水牛被驯化的最早证据出现于印度河流域,时间可追溯至距今 5 000 年前。③

在中国更新世晚期的多个遗址里曾经发现过野牛的化石。④ 自全新世以来的各个时期的遗址里都或多或少地发现过牛的骨骼,由于不少动物骨骼的研究报告没有具体地讲述出土牛的资料及其背景,依据现有的文字资料,很难对家养黄牛的起源的时间和地点作出比较准确的判断。我们的认识是:中国最早的家养黄牛突然出现在距今约 5 600~5 000 年前的甘肃省一带,而后向东部传播,距今 4 500 年左右进入中原地区。有七条依据,其一,距今 5 600~4 900 年属于仰韶文化晚期的甘肃省礼县西山遗址的动物群中发现黄牛骨骼,黄牛的可鉴定标本数和最小个体数均超过 10%,且其测量数据与家养黄牛相似。⑤ 距今 5 300~4 800 年属于马家窑类型的甘肃省武山县傅家门遗址发现黄牛肩胛骨制成的卜骨,上有阴刻"S"形符号。⑥ 距今 5 300~4 800 年属于马家窑类型的甘肃省天水市师赵村和西山坪遗址出现黄牛遗存,且以后各期均有出土。⑦ 其二,到距今 4 200~3 800 年的新石器时代末期晚段,在黄河流域上、中、下游地区出土家养黄牛的遗址有甘肃省永靖县大何庄遗址、秦魏家墓地,山西省襄汾市陶寺,河南省淮阳县平粮台、新密县古城寨、禹州市瓦店和柘城县山台寺等遗址。上述多个遗址出土的黄牛骨骼的形状整体

---

① Loftus T. R., MacHugh E. D., Bradley G. D., et al. Evidence for two independent domestications of cattle [J]. *Proceedings of the National Academy of Sciences of the United States of America*, 1994,91(7): 2757-2761.
② Meadow R. H.. The origins and spread of agriculture and pastoralism in northwestern South Asia [A], In Harris D. R. (ed.) *The Origins and Spread of Agriculture and Pastoralism in Eurasia*. London: UCL Press, 309-412.
③ Patel A., Meadow R.. The exploitation of wild and domestic water buffalo in prehistoric northwestern South Asia in Buitenhuis H., Bartosiewicz L., Choyke A. M. (eds.), 1998. *Archaeozoology of the Near East* III, ARC Publicaties 18, Groningen, 180-198.
④ 祁国琴.中国北方第四纪哺乳动物群[A],见吴汝康、吴新智、张森水主编:《中国远古人类》,北京:科学出版社,1989,282~307. 韩德芬、许春华.中国南方第四纪哺乳动物群兼论原始人类的生活环境[A],见吴汝康、吴新智、张森水主编:《中国远古人类》,北京:科学出版社,1989,338~391.
⑤ 余翀、吕鹏、赵丛苍.甘肃省礼县西山遗址出土动物骨骼鉴定与研究[J].南方文物,2011,(3):73~79.
⑥ 中国社会科学院考古研究所甘青工作队(赵信).甘肃武山傅家门史前文化遗址发掘简报[J].考古,1995,(4):289~296.
⑦ 周本雄.师赵村与西山坪遗址的动物遗存[A],见中国社会科学院考古研究所编著:《师赵村与西山坪》,北京:中国大百科全书出版社,1999,335~339.

上较为纤细,与商周时期可以明确判断是家养黄牛的骨骼形态特征十分相似。其三,这些遗址中出土的黄牛的骨骼尺寸比较一致,与商周时期可以明确肯定是家养黄牛的测量数据十分接近。其四,上述几个遗址中出土的黄牛遗存的数量及其在全部哺乳动物中所占的比例都达到一定的程度,特别是如果一个遗址中存在不同时期的几个文化层,各个文化层中出土的黄牛的数量大致都有一个从早到晚逐渐增多的过程。其五,在距今4 500~4 000年的属于河南龙山文化的河南省柘城县山台寺遗址发现9头黄牛集中埋葬,摆放的比较规整。① 在属于河南龙山文化的河南省淮阳市平粮台遗址也发现单独埋牛的现象。埋葬黄牛的现象到后来的夏商周三代时期更为普遍。② 其六,依据距今4 000年左右的青海省大通县长宁遗址中出土的黄牛骨骼古DNA研究的结果,发现它们均属于西亚地区的黄牛世系T3③,这为我们探讨黄牛的来源提供了一个科学的依据。其七,对黄河中上游地区的多个遗址中出土的黄牛进行碳氮稳定同位素分析后,发现从龙山时代到二里头时期,黄牛的食性由以C_4类植物为主发展到完全属于C_4类植物。④ 在年平均温度低于15℃的地区,自然植被中C_4类植物的贡献量可以忽略不计,而在黄牛的食谱中出现的C_4类植物,可以认为是人工喂养了小米的秸秆等C_4类农作物所致。这种从以C_4类植物为主发展到完全属于C_4类植物的过程,反映出黄牛饲养方式的进步。

依据在遗址中发现破碎的黄牛骨骼及埋葬的黄牛骨架,我们推测获取肉食和与精神领域相关的活动都可能是当时饲养黄牛的目的。在《论语·雍

---

① 张长寿、张光直.河南商丘地区殷商文明调查发掘初步报告[J].考古,1997,(4):24~31.
② 袁靖、黄蕴平、杨梦菲等.公元前2500年~公元前1500年中原地区动物考古学研究[A],见中国社会科学院考古研究所考古科技中心编:《科技考古》第二辑,北京:科学出版社,2007,12~34.吕鹏.试论中国古代家养黄牛的起源[A],见河南省文物考古研究所编:《动物考古》第Ⅰ辑,北京:科学出版社,2010,152~176.
③ 蔡大伟、汤卓炜、任晓燕等.青海大通长宁和内蒙古赤峰大山前遗址青铜时代古绵羊分子考古学研究[A],见中国社会科学院考古研究所科技考古中心编:《科技考古》第三辑,北京:科学出版社,2011,107~112.
④ Atahan P., Dodson J., Li X., Zhou X., et al. Subsistence and the isotopic signature of herding in the Bronze Age Hexi Corridor, NW Gansu, China [J]. *Journal of Archaeological Science*, 2011, 38(12): 1747-1753.陈相龙、袁靖、胡耀武等.陶寺遗址家畜饲养策略初探:来自碳、氮稳定同位素的证据[J].考古,2012,(9):75~82.

也》中有:"子谓仲弓,曰:犁牛之子骍且角,虽欲勿用,山川其舍诸?"①的记载。通常,文字记载晚于事件发生的时间。因此我们认为,在春秋时期以前,用牛犁地的现象已经存在了。依据国外动物考古学的研究结果,过度役使家养动物,容易在这些动物的骨骼上留下骨质增生等病变的痕迹。在商代晚期的河南省安阳市殷墟遗址中发现黄牛的掌骨远端和趾骨上存在骨质增生的现象②,但这是否一定是因为劳役过度所致,商代晚期是否肯定存在用黄牛犁地或驮运东西的现象,尚有待于进一步的研究。

家养水牛的起源历史尚不清楚,依据有些研究人员的认识,中国新石器时代及商代出土的圣水牛与现生家养水牛在形态和基因上均有明显的区别,圣水牛自始至终都没有被驯化,并且已经灭绝了。现生的家养水牛很可能是从南亚引进的,时代可能不会超过距今3 000年以前。③ 这个推断是否正确,尚有待于今后的研究。

(五)马

家马是由中亚地区的野马驯化而成,时间大约在距今5 500年前左右。但目前对这个认识还存在争议。④

中国北方地区更新世晚期的多个遗址都发现了普氏野马的化石。⑤ 最新的基因研究结果显示,中国早期的家马并非起源于普氏野马。⑥ 进入全新世后,在多处由碳14年代测定数据的遗址里出土了多种动物遗存,基本上没有发现马骨。但是在距今4 000~3 600年的甘肃省永靖县大何庄齐家文化的遗

---

① 杨伯峻译注. 论语译注·雍也篇第六[M]. 上海:中华书局,2009,56.
② 中国社会科学院考古研究所李志鹏告知。
③ 刘莉、陈星灿、杨东亚. 中国家养水牛起源探讨[J]. 考古学报,2006,(2):141~178.
④ Brown D, Anthony D., Bit wear, horseback riding and the Botai site in Kazakstan [J]. *Journal of Archaeological Science*, 1998,25(4):331 - 347. Levine M. A.. Botai and the origins of horse domestication. *Journal of Anthropological Archaeology*, 1999,18(1):29 - 78. Cai D., Tang Z., Han L., et al. Ancient DNA provides new insights into the origin of the Chinese domestic horse [J]. *Journal of Archaeological Science*, 2009,36(6):835 - 842.
⑤ 祁国琴. 中国北方第四纪哺乳动物群[A],见吴汝康、吴新智、张森水主编:《中国远古人类》,北京:科学出版社,1989,282~307.
⑥ Cai D., Tang Z., Han L., et al. Ancient DNA provides new insights into the origin of the Chinese domestic horse [J]. *Journal of Archaeological Science*, 2009,36(6):835 - 842.

址里突然发现随葬三块马的下颌骨①,在甘肃省永靖县秦魏家齐家文化墓地里也发现马骨。②年代晚于距今3 700年的甘肃省玉门市火烧沟遗址中也发现可能和祭祀活动相关的马骨。③但是这些资料都没有经过动物考古学的测量、观察和研究,仅作了出土马骨的简单的文字记录。齐家文化发现随葬的马骨,暗示在中国甘青地区距今4 000~3 600年存在驯化的马。北京地区最晚在商代中期发现马骨,但是没有开展全面地研究。④迄今为止的研究表明,至少在黄河中下游地区,家马的出现不早于距今约3 300年前的商代晚期。因为在商代早期,尽管在河南省偃师市偃师商城遗址、郑州市郑州商城遗址和小双桥遗址等处都发现了大量的动物骨骼,但是都没有发现马骨的证据。在年代更早的新石器时代,尽管出土动物遗存的遗址数量众多,但是发现马骨的遗址数量相当有限,且在年代和地层上有一些尚未解决的问题,还有待于进一步研究。⑤在距今约3 300年前的商代晚期的河南省安阳市殷墟遗址中发现多座车马坑⑥,一般都是1车2马。另外,在殷墟遗址的西北冈发掘和钻探了100多个马坑⑦,每坑中马的数量少者1匹,多者37匹,以1坑中2匹马较为普遍,也有数匹马埋在一起。这些马很可能和祭祀有关。在同样属于商代晚期的陕西省西安市老牛坡遗址和属于商末周初的山东省滕州市前掌大遗址中也发现车马坑和马坑。由此可以确定,在距今3 300年左右,黄河中下游地区存在家马。

对殷墟中出土的马骨的动物考古学研究已经取得重要进展,包括形态学的观察和测量、病理现象、数量比例、考古学文化现象、古DNA分析和碳

---

① 中国科学院考古研究所甘肃工作队.甘肃永靖大何庄遗址发掘报告[J].考古学报,1974,(2):29~61.
② 中国科学院考古研究所甘肃工作队.甘肃永靖县秦魏家齐家文化墓地[J].考古学报,1975,(2):57~96.
③ 甘肃省博物馆.甘肃省文物考古工作三十年[A],见文物编辑委员会:《文物考古工作三十年》,北京:文物出版社,1979,139~153.
④ 黄蕴平.北京昌平张营遗址动物骨骼遗存的研究[A],见北京市文物研究所、北京市昌平区文化委员会编著:《昌平张营》,北京:文物出版社,2007,254~262.
⑤ 袁靖.中国古代家马的研究[A],见陕西省文物局、陕西省考古研究所、西安半坡博物馆编:《中国史前考古学研究》,西安:三秦出版社,2003,436~443.
⑥ 中国社会科学院考古研究所.安阳殷墟郭家庄商代墓葬[M].北京:中国大百科全书出版社,1998,8~9.
⑦ 中国社会科学院考古研究所安阳工作队.安阳武官村北地商代祭祀坑的发掘[J].考古,1987,(12):1062~1071.

氮稳定同位素分析等多项研究结果,不但证明这些马属于家马,而且为我们追溯更早的家马提供了极为重要的系列判断依据。① 鉴于这个地区在距今约 3 300 年以前几乎没有发现马骨,而在距今约 3 300 年以后发现多处遗址中存在车马坑和被埋葬的马,我们认为,家马在这个地区是突然出现的。② 甘青地区可能是马传入中原地区的通道③,还有一种可能是马由内蒙古地区自北向南进入中原地区。需要强调的是,即便在甘青地区,家马出现的时间与迄今为止所知的世界上最早的家马相比,也相差 1 500 年以上,当时甘青地区的家马或饲养家马的技术由现在的中国境外传入的可能性极大。

在甘肃地区发现的最早的马骨出自墓葬,但是我们不能确定精神领域的需要是家马出现的主要原因。借鉴国外学者关于骑马致使马的胸椎等特定部位产生病变这一研究结果④,由于我们尚没有发现殷墟的马的胸椎上有病变的痕迹,因此推测当时还没有骑马的现象。殷墟发现的家马出土于车马坑,直接与驾车有关,可见驾车肯定是养马的原因之一。另外,在殷墟属于王陵范围的西北冈发现了大量的马坑,埋葬多达数百的马匹,如此大规模的埋葬马匹似乎显示出王权的高贵。从这点看,饲养马匹似乎也与巩固等级制度的行为密切相关。当然,到历史时期,马匹在与军事活动相关的驾车和骑乘中发挥了极为重要的作用。

(六) 鸡

家鸡起源于红原鸡⑤,但是究竟起源于何时,迄今为止国际动物考古学界仍然不能准确回答。20 世纪 80 年代末,英国学者和中国学者撰文指出,距今 8 000 年左右的中国河北省武安市磁山遗址中存在家鸡,依据是,这些鸡的跗

---

① 刘羽阳. 先秦时期家马研究[D]. 中国社会科学院研究生院博士学位论文,2012,78~87.
② Yuan J., Flad R.. Research on early horse domestication in China[A], In: Marjan Mashkour ed. *Eauids in Time and Space*. London: Oxbow Books, 2006,124-131.
③ 傅罗文、袁靖、李水城. 论中国甘青地区新石器时代家养动物的来源及特征[J]. 考古,2009,(5): 80~86.
④ Levine M. A., Whitwell K. E., Jeffcott L. B. Abnormal thoracic vertebrae and the evolution of horse husbandry [J]. *Archaeofauna*. 2005,14(1): 93-109.
⑤ West B., Zhou B., Did Chickens Go North? New Evidence for Domestication [J]. *Journal of Archaeological Science*, 1988,15(3): 515-533.

跗跖骨的尺寸比原鸡的要大0.2 mm。另外,出土的鸡骨中以雄性居多,可能涉及人为的因素。① 美国学者认为这是目前所知的世界上最早的家鸡。② 我们认为,所谓的0.2 mm的差异实在是微乎其微,属于测量误差范围或种群范围之内的数据,而当时人类废弃骨骼的偶然性及人为地限定发掘范围,都可能影响到出土骨骼的统计结果。因此,仅凭这一测量数据和在有限的范围内雄性居多的依据,是不能判断当时是否存在家鸡的。更为重要的是,我们观察了陈列于河北省邯郸市博物馆的磁山遗址的几块"鸡"的跗跖骨,它们都不是鸡的跗跖骨,而是雉的跗跖骨。鸡和雉虽然同属雉科,却属于两个不同的属,更是两个不同的种。雉到现在仍然是雉,与鸡没有关系,家鸡由红原鸡驯化而来,二者不能混为一谈。

依据古代文献的记载,公元前641年已经存在包括家鸡在内的六畜。对这个时间节点以前的36个考古遗址中出土的、与鸡相关的文献和骨骼资料重新探讨和验证后,发现绝大多数判断缺乏动物考古学的研究依据。有一些是缺乏鉴定依据而得出简单结论,还有一些根据年代更早的遗址已经存在家鸡,所以推测年代稍晚的遗址中出土的也应该是家鸡,这些认识都缺乏科学性。根据迄今为止的研究结果,距今3 300年左右的河南省安阳市殷墟遗址已经存在家鸡。③ 有二条依据,其一,小屯一号灰坑中曾出土一件不完整的鸡的头骨。鸟类专家借助细致的解剖学分析,如其枕髁小、枕骨下窝深而大、眼神经外支管孔和迷走神经孔相当发育等特征,判断其为家鸡。④ 其二,殷墟出土的甲骨文中,"鸡"和"雉"⑤两个字的写法有明显的区别。严志斌认为,"鸡"字和"雉"字都作为名词使用,"鸡"一般用作牺牲或田猎的地名,而"雉"则表示禽鸟名或地名。需要强调的是,在殷墟的甲骨文中,作为牺牲的动物一般都是家养动物。⑥

鉴于考古遗址中发现的鸡骨始终不多,养鸡仅仅是为了食肉的解释似乎不够全面。鸡能生蛋,获取鸡蛋也许是养鸡的另一个动因,但是目前还没有

---

① 周本雄. 河北武安磁山遗址的动物骨骼[J]. 考古学报,1981,(3):339~346.
② Reitz, E. J., Wing, E. S.. *Zooarchaeology*[M]. Cambridge: Cambridge University Press, 292.
③ 邓惠、袁靖、宋国定等. 中国古代家鸡的再探讨[J]. 考古,2013,(6):83~96.
④ 侯连海. 记安阳殷墟早期的鸟类[J]. 考古,1989,(10):942~947.
⑤ 郭沫若. 甲骨文合集[M]. 北京:中华书局,1979,1585~2458.
⑥ 据中国社会科学院考古研究所严志斌告知。

资料可以考证。古代文献记载养鸡与打鸣相关,这也可以视为当时养鸡的原因之一。总之,此类探讨尚有待于今后的深入研究。

(七) 鸭和鹅

目前还不能依据动物考古学研究的结果,判断鸭和鹅这两种家禽,这里主要依据文献讨论。按照郭郛等的研究,在中国分布区域很广的家鸭是由野生绿头鸭驯化而成;在长江以南饲养的家鸭中,有一部分可能是由斑嘴鸭驯化而成。斑嘴鸭与绿头鸭的骨骼特征大致是一样的,其主要区别在于嘴端是否有黄斑。中国家鹅的野生祖先有两种,一种是灰雁,另一种是鸿雁。①

《管子》中记述:"城阳大夫嬖宠被绮绔,鹅、鹜含余粖"②,证明当时的官吏用粮食养鹅和鸭。《晏子·外篇》中还记述齐景公(公元前547~前490年)"菽粟食凫雁"③,即用豆和小米饲养鸭和鹅。年代稍晚的《战国策·齐》中记述:"士三食不得餍,而君鹅、鹜有余食"④,也是说官吏们用谷物养鹅、鸭,超出百姓的待遇。《吴地记》中记述:"鸭城在吴县东南二十里"。⑤ 后来《太平御览》所引:"《吴地记》曰'鸭城者,吴王筑地以养鸭,周数百里'。"⑥说明在春秋战国时期,江苏省苏州市一带已大规模养鸭。《尔雅·释鸟》:"舒雁,鹅;舒凫,鹜。"郭璞注:"鹜,鸭也"。李巡说:"野曰雁,家曰鹅;……凫,野鸭名;鹜,家鸭名。"⑦表明家养的雁叫做鹅,家养的凫叫做鹜,就是鸭。由于《尔雅》成书的年代在距今大约3 100~1 900年前,年代跨度太大,故仍以管仲(公元前? ~前645年)的话"鹅、鹜含余粖"为鹅、鸭成为家禽的最早的文字记录,时

---

① 郭郛、李约瑟、成庆泰. 中国古代动物学史[M],北京:科学出版社,1999,427.
② 黎翔凤撰,梁运华整理. 管子校注·卷第二十四·轻重丁第八十三[M]. 下册,北京:中华书局,2004,1490.
③ 李万寿译注. 晏子春秋全译·卷第七·外篇第七·景公见道殣自惭无德晏子谏[M]. 贵阳:贵州人民出版社,1993,341.
④ 张清常、王延栋. 战国策笺注·卷十一·齐四[M]. 天津:南开大学出版社,1993,283.
⑤ [唐]陆广微撰. 吴地记[M]. 南京:江苏古籍出版社,1999,40.
⑥ [宋]李昉等编纂,孙雍长、熊毓兰 校点. 太平御览·第九一九卷·羽族部六·鸭[M]. 石家庄:河北教育出版社,1994,第8卷,365.
⑦ [晋]郭璞注,[宋]邢昺疏. 尔雅注疏·卷十·释鸟第十七[M]. 北京:北京大学出版社,1999,307.

间为距今 2 600 年左右。①

迄今为止,考古遗址中发现鸭骨的资料不多,仅有吉林省农安县左家山、四川省成都市十二桥、重庆市酉阳县清源、湖北省秭归县何光嘴、湖南省道县玉蟾岩、浙江省杭州市萧山区跨湖桥、余姚市河姆渡和广西壮族自治区桂林市甑皮岩等遗址,且都没有注明是否为已经驯养的家鸭。② 而鹅的骨骼则尚未发现。上文提到,我们在研究已经发表的动物考古研究报告时,发现当时鉴定的家鸡中存在多个问题,由于现在尚未对鸭和鹅开展全面地研究,此处不再深入讨论。

除不会打鸣以外,鸭和鹅的用途与鸡相似。

(八) 驴和骡

鉴于驴和骡有特殊的关系,这里一起论述。郭郛等认为,驴由非洲野驴驯化而成,时间大约在距今 5 500 年左右,地点在埃及尼罗河流域。③

骡是马和驴杂交的后代,母马和公驴杂交的后代称为骡或马骡,而公马和母驴间杂交后产的后代称为駃騠,通称矮骡或驴骡。骡可供役使,但是矮骡体力弱小。考古遗址中尚未发现骡的骨骼,关于骡的记载主要见于文献。如《吕氏春秋·爱士》中提到,"赵简子有两白骡而甚爱之"④,记载了赵鞅畜养

---

① 张仲葛.我国家禽(鸡、鸭、鹅)的起源与驯化的历史[A],见张仲葛、朱先煌主编:《中国畜牧史料集》,北京:科学出版社,1986,266~283. 郭郛、[英]李约瑟、成庆泰.中国古代动物学史[M],北京:科学出版社,1999,427.

② 吉林大学考古研究室.农安左家山新石器时代遗址[J].考古学报,1989,(2):187~212. 何锟宇.动物骨骼及其相关问题研究[A],见四川省文物考古研究院、成都市文物考古研究所编著:《成都十二桥》,北京:文物出版社,2009,206~220. 何锟宇.出土动物骨骼[A],见重庆市文物考古所、重庆文化遗产保护中心、四川大学历史文化学院考古学系编著:《酉阳清源》,北京:科学出版社,2009,246~277. 武仙竹.动物群[A],见国务院三峡工程建设委员会办公室、国家文物局编著:《秭归何光嘴》,北京:科学出版社,2003,118~131. 袁家荣.湖南道县玉蟾岩1万年以前的稻谷和陶器[A],见严文明、安田喜宪主编:《稻作 陶器和都市的起源》,北京:文物出版社,2000,31~41. 袁靖、杨梦菲.动物研究[A],见浙江省文物考古研究所、萧山博物馆:《跨湖桥》,北京:文物出版社,2004,241~270. 魏丰.动物遗存[A],见浙江省文物考古研究所:《河姆渡——新石器时代遗址考古发掘报告》,北京:文物出版社,2003,154~216. 袁靖.摄取动物的种类及方式[A],见中国社会科学院考古研究所、广西壮族自治区文物工作队、桂林甑皮岩遗址博物馆、桂林市文物工作队编:《桂林甑皮岩》,北京:文物出版社,2003,344~346.

③ 郭郛、[英]李约瑟、成庆泰.中国古代动物学史[M].北京:科学出版社,1999,381~384.

④ 张双棣、张万彬、殷国光等.吕氏春秋译注·仲秋纪第八·爱士[M].北京:北京大学出版社,2000,223.

骡的事迹。可见自战国时代开始,中国境内确实存在家养的骡。《史记·卫将军骠骑列传》中记载,"单于视汉兵多,而士马尚强,战而匈奴不利,薄莫,单于遂乘六骡,壮骑可数百,直冒汉围西北驰去。"①这里提到匈奴已经将骡驯化为可以骑的动物,这种动物极具耐力。

由于骡是马和驴杂交的后代,由此推定驴在中国的出现可能在骡之前。当然,也不能排除当时直接将骡引入中国的可能性。在考古遗址中发现最早的、完整的驴的骨架在陕西省咸阳市平陵的丛葬坑,是由陕西省考古研究院于 2001 年发掘的。平陵为汉昭帝刘弗陵和皇后上官氏的陵墓,其丛葬坑中的二号坑为南北向的长方形,北端有一道斜坡,方便进出,坑内东西两侧分别对称地开凿了 27 个拱形顶的长方形洞室,共计 54 个。每个洞室里都放置了一头大型哺乳动物。因为洞内底部被人为地修正过,呈斜坡状,考古研究人员推测当时是把动物杀死后放在木板上,在洞口抬高木板,将其滑入洞内。我们鉴定,全部动物分为骆驼、黄牛和驴三大类。其中骆驼 33 匹,黄牛 11 头,驴 10 头。② 因为考古研究人员要对二号坑回填保护,不准随意搬动骨骼,所以我们在现场无法测量,只能对全部动物骨骼进行种属鉴定。值得注意的是,10 头驴的脖子都带有铁链,当时仅有驴是带着铁链随葬的,而骆驼和黄牛的坑里没有发现铁链等任何人工的遗物。

除此之外,发现驴骨的考古遗址还有吉林省敦化市金代敖东城、内蒙古自治区察右前旗大坝沟、北京市昌平区张营、甘肃省永靖县秦魏家墓地和云南省耿马县石佛洞等遗址。③ 但是这些动物遗存研究报告中都没有专门讨论驴的骨骼,此处不再深入讨论。

---

① [汉]司马迁.史记·卷一百一十一·卫将军骠骑列传第五十一[M].北京:中华书局,1982,2935.
② 袁靖.动物考古学揭秘古代人类和动物的相互关系[A],见文化遗产研究与保护技术教育部重点实验室、西北大学文化遗产与考古学研究中心编著:《西部考古》第二辑,西安:三秦出版社,2007,82~95.
③ 陈全家.吉林敦化市敖东城遗址 2002 年出土的动物骨骼鉴定[J].考古,2006,(9):53~54. 黄蕴平.庙子沟与大坝沟遗址动物遗存鉴定报告[A],见内蒙古考古研究所(魏坚编著):《庙子沟与大坝沟》,北京:中国大百科全书出版社,2003,599~611. 黄蕴平.动物遗存鉴定报告[A],见北京市文物研究所等:《镇江营与塔照》,北京:中国大百科全书出版社,1999,557~565. 中国科学院考古研究所甘肃工作队.甘肃永靖秦魏家齐家文化墓地[J].考古学报,1975,(2):88. 何锟宇.石佛洞遗址动物骨骼鉴定报告[A],见云南省文物考古研究所、中国社会科学院考古研究所、成都文物考古研究所等编著:《耿马石佛洞》,北京:文物出版社,2010,354~363.

家驴的出现除了可以供给肉食之外,可能主要作为畜力使用。

(九)骆驼

家养的双峰驼由野生双峰驼驯化而来。野生双峰驼分布于塔克拉玛干沙漠、罗布泊、阿尔金山北麓和中蒙边境的荒漠地带的无人区。[①]

关于中国家养双峰驼起源的研究尚未全面展开。据《史记·匈奴列传》中记载,"唐虞以上,有山戎、猃狁、薰鬻,居于北边,随畜牧而转移,其畜之所多则马、牛、羊。其奇畜则橐驼……"[②]可见司马迁认为在远古时期,北方地区的少数民族就已经畜牧马、牛和羊,还有少数特殊的家畜,称为橐驼,即骆驼。由于司马迁提到的远古并非我们所指的史前时期,他没有明确指出家养骆驼究竟开始于何时。《战国策》记载苏秦说楚威王曰:"大王诚能听臣之愚计,则韩、魏、齐、燕、赵、卫之妙音美人必充后宫矣。赵、代良马橐驼必实于外厩。"[③]依据这条史料,证明在战国时期,地处现今北京市、河北省北部地区的燕国等已经蓄养骆驼了。

目前发现出土骆驼骨骼的遗址有16处,分别为内蒙古自治区伊金霍洛旗朱开沟遗址和包头市燕家梁遗址,陕西省咸阳市汉平陵丛葬坑,甘肃省玉门市火烧沟遗址和敦煌市悬泉置遗址,宁夏回族自治区永宁县闽宁村西夏墓地,新疆维吾尔自治区吉木萨尔县小西沟遗址、轮台县群巴克二号墓地、尼勒克县加勒克斯卡茵特墓地、鄯善县三个桥墓地、于田县圆沙古城遗址、巴里坤县石人子沟遗址、哈密市小东沟南口墓地、吐鲁番市交河故城沟北墓地、柯坪县亚依德梯木遗址和新和县玉乐贡古城等。在考古遗址中发现的完整或大致完整的骆驼有陕西省咸阳市汉景帝平陵的丛葬坑和新疆维吾尔自治区巴里坤县石人子沟遗址。[④] 平陵的丛葬坑发现骆驼33匹,保存相当完整,但是

[①] 尤悦、王建新、赵欣等. 新疆石人子沟遗址出土双峰驼的动物考古学研究[J].《第四纪研究》,2014,34(1):173~186.

[②] [汉]司马迁. 史记·卷一百九·匈奴列传第五十[M]. 北京:中华书局,1982,2879.

[③] 张清常、王延栋. 战国策笺注·卷十四·楚一·苏秦为赵合从说楚威王[M]. 天津:南开大学出版社,1993,346.

[④] 袁靖. 动物考古学揭秘古代人类和动物的相互关系[A],见文化遗产研究与保护技术教育部重点实验室、西北大学文化遗产与考古学研究中心编著:《西部考古》第二辑,西安:三秦出版社,2007,82~95. 尤悦、王建新、赵欣等. 新疆石人子沟遗址出土双峰驼的动物考古学研究[J]. 第四纪研究,2014,34(1):173~186.

由于要现场保护,所以没有开展进一步的动物考古学研究。这里主要围绕距今2 370~2 060年的石人子沟遗址出土的骆驼阐述。

石人子沟遗址出土的骆驼包括M12随葬坑中发现的1峰比较完整的骆驼,在其他遗迹中发现一些零星的骆驼的骨骼。这些骆驼的骨骼测量值远小于更新世的诺氏驼化石的测量值,更为接近现代家养双峰驼的尺寸。M12随葬坑中的骆驼的第11节和第12节胸椎及第3节趾骨上均发现骨质增生现象,此骆驼的死亡年龄为7~8岁之间,由于骆驼的寿命在30~50岁之间,所以石人子沟遗址的这峰骆驼属于青年个体。如此年轻就出现骨质增生现象,这可能与古人骑骆驼或利用骆驼驮运东西,造成骆驼负担过重有关。在石人子沟遗址中出土的骆驼作为殉牲使用,这反映出骆驼与墓主的关系密切。石人子沟遗址中骆驼的碳氮稳定同位素值与同一遗址出土的马、黄牛和绵羊等其他家养动物不同,表明当时人们可能对这些家养动物采用了不同的喂养方式。将该骆驼线粒体DNA的测序结果与基因数据库中家养双峰驼、野生双峰驼和单峰驼的线粒体DNA的相应位置的序列比对,证明其为家养双峰驼。[①]

骆驼的生理构造使它在荒漠环境中具有独特的生存优势。骆驼能够在沙漠里驮运物品,在战争中扮演"战马"的角色,有时还被用来拉车或拉犁。在以骆驼为主的游牧经济中,骆驼为人类提供肉、奶、毛和粪便(粪便是重要燃料)等人类生活必需品。由于骆驼在这种游牧经济中的特殊地位,有时也作为牺牲进入人类的祭祀和宗教等活动。石人子沟遗址中发现的骆驼显示,骆驼对于人类具有役使、殉牲和食用驼肉等功能。[②]

(十) 小结

动物考古学研究证明,中国家养动物开始出现的时间和种类如下:距今10 000年左右,河北省的南部出现狗;距今9 000年左右;河南省的南部出现猪;距今5 600~5 000年之间,在甘青地区出现绵羊;距今5 600~4 000年之间,在黄河上、中、下游地区出现黄牛;距今4 000~3 600年之间,在甘肃省的

[①②] 尤悦、王建新、赵欣等.新疆石人子沟遗址出土双峰驼的动物考古学研究[J].第四纪研究,2014,34(1):173~186.

东部出现马;距今约3 300年左右,在河南省的北部出现鸡。这些家养动物分别起源或出现于不同的时间和不同的地点,但都位于中国的北方地区。除了"六畜"这些主要家养动物之外,我们发现,距今2 600年左右,在山东地区和江苏地区已经饲养鹅和鸭;距今2 500年左右在中原地区已经存在家养的骡和驴;距今2 370年以前新疆地区已经存在家养的骆驼。

综上所述,中国古代的主要家养动物有狗、猪、绵羊、黄牛、马和鸡,他们的出现过程大致分为两种模式:一种是中国古代居民在与一些野生动物长期相处的过程中,根据自己的需要逐步控制它们,将其驯化成家畜,其中以狗和猪为代表。另一种是古代居民通过文化交流,直接从其他地区引进已经成为家畜的动物,其中以马、牛和羊为代表。而鸡属于何种模式尚待探讨。

考古遗址中出土的上述动物的骨骼大多数是破碎的,基本可以视为古代人类食用后废弃的遗存。所以说,稳定地获取肉食资源是当时开始饲养家畜的主要原因。而向祖先和神灵禀告事宜及寄托情感的需要、巩固等级制度统治体系的需要、狩猎的需要、作为劳役和战争工具的需要和次级产品开发的需要等均是在实现稳定地获取家养动物的肉食资源的基础上产生的。利用各种家养动物的不同方式之间似乎也没有必定的先后关系。今后深入研究更多的遗址中出土的相关动物遗存,相信一定能够得出更加科学的判断。

从整体上看,中国古代农作物和家畜的起源和出现大致分为两种模式:一种是中国古代居民在与特定野生植物和动物长期相处的过程中,根据自己的需要逐步控制它们,将其驯化成农作物和家畜,其中以水稻、粟、黍、狗和猪为代表。另一种是古代居民通过文化交流,直接从其他地区引进农作物和家养动物,其中以小麦、马、牛和羊为代表。

在新石器时代早期或可以追溯到旧石器时代晚期,古人开始饲养狗,即将狼驯化成狗。狗的出现是当时人开始控制动物、利用动物的新举措。尽管这种活动并未改变原有的采集渔猎的生业方式,但是这种饲养狗的行为,从思路上、方法上为日后饲养其他动物奠定了基础。更重要的是,这种人为地管理、控制一种生物方式的成功,对于人类形成栽培农作物的意识和行为也是极为重要的启示。人工栽培的水稻、粟或黍意义十分重大,这些农作物从根本上保证了人类的食物来源,改变了人类的生业方式。农业起源是继人类起源之后,人类历史上第二次伟大的起源。种植农作物和后来开始的饲养家猪保证了当时的古人可以摆脱自然资源的局限，有计划地、稳定地获取食物来源。与此同时，通过种植农作物和饲养家猪等生业活动的持续发展，可以不断满足古人随着人口数量的增加而增长的对于食物的需求量。人口逐渐增长到一定程度，必定形成管理方面的复杂化，而管理方面的复杂化，则是社会进步的象征。这个过程不断发展，最终走向国家的形成。

  我们的古代先民自驯化和引进上述的农作物和家畜之后，逐步提高自己的生产技术，形成特色鲜明的中国古代生业模式，奠定了新石器时代、青铜时代乃至于中华民族、中国历史、中国文化形成和发展过程中坚实的经济基础。另外，一些特定的农作物和家畜在古代政治、军事、祭祀等领域中也发挥了不可或缺的重要作用。

第二章

东北及内蒙古东部地区新石器时代至青铜时代的生业

东北及内蒙古东部地区的北面与东面以国界为界,西面以大兴安岭为界,南面大致与华北地区为界。这个地区主要包括黑龙江、吉林、辽宁3省及内蒙古自治区东部。这里围绕新石器时代至青铜时代东北及内蒙古东部地区的生业状况开展探讨,首先阐述新石器时代至青铜时代这个地区的考古学文化序列,然后介绍迄今为止动植物考古的研究成果,在此基础上探讨当时的生业状况及相关问题。

一、不同区域的考古学文化序列

考古学文化序列是探讨生业状况的时空框架,这里主要参考赵宾福的研究成果,依据自然区域及考古学文化特征,将东北及内蒙古东部地区分为8个小区,由北向南、由东向西的顺序依次排列各个区域,依早晚顺序大致归纳每个区域内的考古学文化序列。

（1）嫩江流域：小拉哈一期甲组遗存(约公元前4500～前4000年)、靶山类型(约公元前3500～前3000年)、昂昂溪文化(约公元前2500～前2000年)。青铜时代有白金宝文化(西周至春秋时期)。[1]

（2）三江平原及兴凯湖地区：新开流文化(约公元前5500～前4550年)、

---

[1] 赵宾福.东北石器时代考古[M].长春：吉林大学出版社,2003,339～354.

小南山文化(约公元前 4500～前 4000 年)。①

(3) 牡丹江流域：振兴文化(约公元前 4500～前 4000 年)、亚布力文化(约公元前 4000～前 3500 年)、莺歌岭下层文化(约公元前 3000～前 2000 年)、石灰场下层文化(约公元前 2500～前 2000 年)。②

(4) 松花江流域：左家山下层文化(约公元前 5000～前 4500 年)、左家山中层文化(约公元前 4500～前 4000 年)、左家山上层文化(约公元前 3500～前 2500 年)。青铜时代有西团山文化(西周至战国时期)。③

(5) 辽河下游地区：新乐下层文化(约公元前 5500～前 4500 年)、偏堡子文化(约公元前 3000 年)。④青铜时代有高台山文化(距今 3700～3000 年)。⑤

(6) 鸭绿江口及千山东麓地区：后洼下层文化(约公元前 4500～前 4000 年)、后洼上层文化(约公元前 3500～前 2800 年)、北沟文化(约公元前 2700～前 2000 年)。青铜时代有马城子文化(公元前 1800～前 1100 年)。⑥

(7) 辽东半岛南端地区：小珠山下层文化(约公元前 5000～前 4500 年)、小珠山中层文化(约公元前 4000～前 2500 年)、小珠山上层文化(约公元前 2500～前 2000 年)。⑦

(8) 燕山南北地区：兴隆洼文化(约公元前 6000～前 5000 年,位于燕山南北地区)、上宅文化(约公元前 5500～前 4500 年,位于燕山南麓)、富河文化(年代与赵宝沟文化基本相同,位于西拉木伦河以北地区)、赵宝沟文化(约公元前 5000～前 4700 年,位于西拉木伦河流域)、红山文化(约公元前 4500～前 3000 年,位于老哈河流域和大凌河流域)、小河沿文化(约公元前 3500～前 3000 年,位于西拉木伦河流域)。⑧青铜时代有夏家店下层文化(公元前 2000～前 1400 年)、魏营子文化(年代约为商代晚期至西周晚期)、夏家店上层文化(年代为商周之际到春秋中期)、凌河文化和水泉文化(春秋晚期至战国中

---

①②④⑦⑧ 赵宾福.东北石器时代考古[M].长春：吉林大学出版社,2003,381～384,354～370,274～286,286～301,159～273.
③ 赵宾福.东北考古学研究(一)[M].北京：科学出版社,2014,343～360.
⑤ 中国社会科学院考古研究所.中国考古学·夏商卷[M].北京：中国社会科学出版社,2003,620～627.
⑥ 赵宾福.东北石器时代考古[M].长春：吉林大学出版社,2003,302～327.赵宾福.东北考古学研究(一)[M].北京：科学出版社,2014,198～220.

期)、燕文化(春秋晚期至战国晚期)①。

二、动植物考古研究

这里按照上述的自然区域,阐述动植物考古研究成果。需要说明的是,由于牡丹江流域尚未开展相关研究,这里没有列入。还有,鉴于个别的动物考古研究结果有待商榷,在应用时有所选择。

(一)嫩江流域

这个区域仅对黑龙江省肇源县白金宝遗址属于青铜时代的文化层开展过动植物考古研究,文化层的年代约为距今3 700~2 900年,相当于商周时期。植物考古研究发现6粒植物种子,其中3粒为黍,是农作物,还有1粒为藜属,其他不明。

动物考古研究确认,瓣鳃纲有剑状矛蚌和背角无齿蚌2种;硬骨鱼纲有鲇鱼、乌鳢和鳙鱼3种;鸟纲有疑似鹈鹕的大型鸟1种;哺乳纲有狗、马、猪、马鹿、东北狍、黄牛和山羊等7种,确认的家养动物仅有狗。依据最小个体数的统计结果,家养动物约占哺乳动物总数的20%,野生动物占80%,以野生动物为主。②

这个遗址在青铜时代已经存在农作物和少量家畜。渔猎活动占据的比例较大。

(二)三江平原及兴凯湖地区

这个地区仅对属于新开流文化的黑龙江省密山县新开流遗址开展过动物考古研究,遗址年代为距今7 500~6 500年。动物考古研究确认,腹足纲有平卷螺1种;瓣鳃纲有种属不明的2种;硬骨鱼纲有鲢鱼、鲤鱼、青鱼和鲇鱼4种;爬行纲有鳖1种;鸟纲有种属不明的1种;哺乳纲有鼠、狼、狐、棕熊、狗獾、

---

① 中国社会科学院考古研究所.中国考古学·两周卷[M].北京:中国社会科学出版社,2004,515~523.王立新.辽西区夏至战国时期文化格局与经济形态的演进[J].考古学报,2004,(3):243~270.
② 陈全家.白金宝遗址(1986年)出土的动物遗存研究[J].北方文物,2004,(4):1~6.

种属不明的奇蹄目、野猪、马鹿、鹿和狍等 10 种。另外,在新开流遗址中发现 10 座鱼窖,内有层层相叠的鱼骨。[①] 这个属于新石器时代的遗址完全通过渔猎方式获取肉食资源。

(三) 松花江流域

这个地区仅对属于左家山下层文化至左家山上层文化的吉林省农安县左家山遗址开展过动物考古研究。动物考古研究确认,瓣鳃纲有剑状矛蚌、圆顶珠蚌、背角无齿蚌 3 种;硬骨鱼纲有鲤鱼和鲇鱼 2 种;爬行纲有鳖 1 种;鸟纲有鸭和鸡 2 种;哺乳纲有鼢鼠、狼、狗、沙狐、狐、貉、豹、紫貂、貂熊、獾、水獭、野猫、虎、马、野猪、家猪、麝、獐、马鹿、梅花鹿、狍和黄牛等 22 种。狗和家猪是家养动物。依据可鉴定标本数的统计结果,在左家山下层文化,猪等家养动物占哺乳动物总数的 17%,鹿科等野生动物占 83%。在左家山中层文化,猪等家养动物占 6%,鹿等野生动物占 94%。到左家山上层文化,猪等家养动物占 19%,鹿等野生动物占 81%。[②] 在这个属于新石器时代的遗址中发现少量家养动物,但渔猎活动一直占据主要地位。

(四) 辽河下游地区

这个地区开展过动植物考古或动物考古的遗址各 1 处。

1. 开展过动植物考古的遗址

内蒙古自治区通辽市三家子遗址属于青铜时代的高台山文化。动植物考古研究结果确认,谷粒(以粟为主,也包括黍)约占全部植物种子的 61%。动物种类有贝类、鱼类及狗、猪和牛等家养动物。[③] 农作物占据较高比例,哺乳动物以家畜为主,但还存在渔猎活动。

---

① 黑龙江省文物考古工作队.密山县新开流遗址[J].考古学报,1979,(4):491~518.
② 陈全家.农安左家山遗址动物骨骼鉴定及痕迹研究[A],见吉林大学考古学系编:《青果集》,北京:知识出版社,1993,57~71.
③ 刘玮、赵志军、霍东峰、朱永刚.内蒙古库伦旗三家子遗址浮选结果分析报告[J].农业考古,2016,(3):7~13.赵莹、刘志鹏、霍东峰、朱永刚.通辽市库伦旗三家子遗址出土的动物遗存研究[J].草原文物,2014,(2):113~116.

2. 开展过动物考古的遗址

辽宁省彰武县平安堡遗址包括3种不同时期的文化遗存,从新石器时代延续至青铜时代,均有动物遗存出土。其中第二期遗存的年代约为距今4 400年,第三期遗存(青铜时代)的年代约为距今3 700～2 900年。动物考古研究确认,除发现少量蚌壳之外,鸟纲有鸡1种;哺乳纲有东北鼢鼠、狗、鼬、獾、家猪、马鹿、狍、牛和羊等9种。狗、家猪和牛是家养动物。研究者未统计动物遗存,仅认为猪等家养动物数量较多,以家养动物为主。[①]

3. 小结

这个地区在青铜时代的生业活动中以种植粟等农作物和饲养家畜为主,也包括渔猎活动。

(五) 鸭绿江口及千山东麓地区

这个地区仅有辽宁省本溪市马城子遗址开展过动物考古研究。动物考古研究确认,在距今约5 000年的马城子B洞下层新石器时代文化遗存中,鱼类有种属不明1种;爬行纲有鳖1种;哺乳纲有狗和狍2种,狗为家养动物,渔猎在当时的经济活动中占有主要地位。属于青铜时代的洞穴墓葬中发现动物遗存较多,在时代相当于夏初的马城子B洞墓葬中,鸟纲有鸡1种;哺乳纲有狗、野猪、家猪和羊4种,鸡、狗、家猪和羊等为家养动物。在时代相当于夏初的北甸A洞墓葬中,哺乳纲有狗、家猪、鹿和羊4种,狗、家猪和羊等为家养动物。在距今3 900～3 100年的张家堡A洞墓葬中,哺乳纲有家猪、鹿和狍3种,家猪为家养动物;在距今3 800～3 000年的山城子C洞墓葬中鸟纲有鸡1种;哺乳纲有狗、家猪、獐和鹿4种,鸡、狗和家猪等为家养动物。在距今约3 600～3 300年的山城子B洞墓葬中哺乳纲有家猪和鹿2种,家猪为家养动物。在距今约3 000年的马城子A洞墓葬中,鸟纲有鸡1种,哺乳纲有狗、野猪和家猪3种,鸡、狗和家猪等为家养动物。在距今约3 000年的马城子C洞墓葬中,鱼类有种属不明1种;鸟纲有鸽和鸡2种;哺乳纲有狗、野猪、家猪、鹿和羊5种,鸡、狗、家猪和羊等为家养动物。在青铜时代的洞穴墓葬里发现随

[①] 傅仁义.平安堡遗址兽骨鉴定报告[J].考古学报,1992,(4):474.

葬动物的下颌,其中以猪下颌的数量最多,其他还有狗和鹿。①

从这些遗迹可以看到,获取肉食资源的方式由新石器时代以渔猎活动为主发展到青铜时代以饲养家畜为主。

(六)辽东半岛南端地区

在这个地区有1处遗址开展过动植物考古研究,两处遗址开展过动物考古研究,以下分别阐述。

1. 开展过动植物考古的遗址

辽宁省大连市大嘴子遗址属于青铜时代,距今4 000～3 100年。在遗址的陶罐中发现炭化的稻米,可能为粳稻。②

动物考古研究确认,腹足纲有锈凹螺、朝鲜花冠小月螺、古氏滩栖螺、微黄镰玉螺、脉红螺、黄口荔枝螺和润泽角口螺等7种;瓣鳃纲有魁蚶、大连湾牡蛎、密鳞牡蛎、菲律宾蛤仔和砂海螂等5种;硬骨鱼纲有鲟目、鲅鱇目、鲈形目、鲭亚目等4类;哺乳纲有狗、貉、猫、家猪、麝、獐、梅花鹿、马鹿、狍和海豚等10种。依据可鉴定标本数的统计结果,狗、家猪等家养动物约占哺乳动物总数的81%,鹿科等野生动物约占19%,以家养动物为主。③

这个遗址似乎以栽培农作物和饲养家猪为主,渔猎活动也占有一定地位。

2. 开展过动物考古研究的遗址

(1) 辽宁省大连市北吴屯遗址

这个遗址包括小珠山下层文化及中层文化遗存,年代为距今6 500～5 500年。动物考古研究确认,腹足纲有脉红螺1种;瓣鳃纲有长牡蛎、僧帽牡蛎、密鳞牡蛎、文蛤、青蛤和蛏蛏等6种;硬骨鱼纲有鲟鱼1种;爬行纲有鳖1种;鸟纲有鹭1种;哺乳纲有猴、鼢鼠、貉、种属不明的犬科、棕熊、鼬、獾、虎、

---

① 辽宁省文物考古研究所,本溪市博物馆.马城子[M].北京:文物出版社,1994,21、88、114、147、308～311.
② 吴清云.大嘴子遗址炭化稻米的考察与研究[A],见大连市文物考古研究所编:《大连考古文集》第一辑,北京:科学出版社,2011,189～193.
③ 傅仁义.大嘴子遗址出土动物遗存研究[A],见大连市文物考古研究所编著:《大嘴子》,大连:大连出版社,1999,285～290.

象、马、家猪、梅花鹿、狍和牛等14种。家猪是家养动物,研究者未对动物遗存作统计,仅提到猪骨和牙齿的数量最多。① 家猪似乎占据较高的比例。

(2) 辽宁省大连市郭家村遗址

这个遗址包括小珠山中层文化及上层文化,年代为距今5 780～4 300年。动物考古研究确认,腹足纲有盘大鲍、锈凹螺、嵝螺、红螺、疣荔枝螺、纵带锥螺和扁玉螺等7种;瓣鳃纲有魁蚶、贻贝、僧帽牡蛎、大连湾牡蛎、青蛤、蛤仔和白笠贝等7种;哺乳纲有黑鼠、狼、狗、貉、熊、獾、野猫、豹、家猪、麝、獐、鹿、梅花鹿、马鹿和狍等15种。狗、家猪是家养动物,研究者未作定量统计,仅提到猪骨在全部哺乳动物遗存中占半数以上。② 家猪占据较高的比例。

3. 小结

这个地区至少从小珠山中层文化开始,家养动物的数量大致占据全部动物的半数以上,另外,渔猎活动也很活跃。到青铜时代发现农作物稻米,家养动物狗和猪的数量占据绝大多数。

(七) 燕山南北地区

这个地区开展过动植物考古的遗址较多,可以按照文化序列阐述生业状况。

1. 兴隆洼文化

兴隆洼文化仅开展过植物考古的遗址有1处,仅开展过动物考古的遗址有2处,以下分别阐述。

(1) 仅开展过植物考古的遗址

内蒙古自治区赤峰市兴隆沟遗址第一地点属于兴隆洼文化中期,年代为距今8 000～7 500年,发现炭化植物种子多为杂草类,主要以石竹科的豆须卷耳、豆科的黄芪为主,还有苋属和藜属。另外还发现黍和粟,占全部植物种子的15%以上,其中又以黍占绝大多数,第一地点的黍保留了较多的野生祖本

---

① 傅仁义.大连市北吴屯遗址出土兽骨的鉴定[J].考古学报,1994,(3):377～379.
② 傅仁义.大连郭家村遗址的动物遗骨[J].考古学报,1984,(3):331～334.

的特征。①

(2) 仅开展过动物考古的遗址

① 内蒙古自治区林西县井沟子西梁遗址。这个遗址属于兴隆洼文化,年代约为距今 7 800～7 400 年。经过动物考古研究,确认哺乳纲有兔、貉、猪、马鹿、梅花鹿、狍、獐、麝和牛等 9 种,均为野生动物②,当时以狩猎的方式获取肉食资源。

② 内蒙古自治区赤峰市白音长汗遗址。这个遗址的兴隆洼文化层有贝类、鸟类和蛙类,哺乳纲有狼、狐、熊、马属、野猪、梅花鹿、马鹿、狍、野牛等 9 种,均为野生动物,当时以渔猎的方式获取肉食资源。③

(3) 小结

距今约 8 000～7 000 年之前的兴隆洼文化时期,出现少量的黍与粟,当时主要以采集和渔猎的方式获取食物资源。

2. 辽宁省阜新市查海遗址

尚未归入具体的文化,其年代为距今 7 900～7 600 年。经过植物考古研究发现,山杏、核桃楸、榛子和一些禾本科、豆科炭化植物遗存,说明采集可能是获取植物性食物的主要方式,没有发现农作物的证据。④

经过动物考古研究,发现哺乳纲有马、猪、鹿和牛,其中猪可能是家养动物,按照可鉴定标本数计算,约占全部动物的 64%⑤,似乎以家养动物为主。

这个遗址的生业状况有点特殊,以采集为主获取食物,但是获取肉食的方式又以饲养家畜为主,与这个地区整个新石器时代的生业发展状况不符。

---

① 赵志军. 从兴隆沟遗址浮选结果谈北方旱作农业起源问题[A],见南京师范大学文博系编:《东亚古物》(A卷),北京:文物出版社,2004,188～199. 农业研究课题组(赵志军执笔). 3500BC～1500BC 中国文明形成与早期发展阶段的技术与经济研究——农业研究. 见中国社会科学院考古研究所科技考古中心编:《科技考古》第三辑,北京:科学出版社,2011,1～35.
② 陈全家. 内蒙古林西县井沟子西梁遗址出土的动物遗存[J]. 内蒙古文物考古,2006,(2):105～110.
③ 汤卓炜、郭治中、索秀芬. 白音长汗遗址出土的动物遗存[A],见内蒙古自治区文物考古研究所编著:《白音长汗》,北京:科学出版社,2004,546～575.
④ 王育茜、吴文婉、辛岩等. 辽宁阜新查海遗址炭化植物遗存研究[J]. 北方文物,2012,(4):1318.
⑤ 宋艳波、辛岩. 查海遗址动物遗存分析[A],见辽宁省文物考古研究所:《查海——新石器时代聚落遗址发掘报告》,北京:文物出版社,2012,625～630.

3. 红山文化

属于红山文化的遗址中开展过动植物考古的遗址和仅开展过植物考古的遗址各 1 处,仅开展过动物考古的遗址有 2 处,以下分别阐述。

(1) 开展过动植物考古的遗址

内蒙古自治区赤峰市魏家窝铺遗址距今约 6 000 年。经过植物考古研究,发现作为农作物的粟和黍,总数为所有出土炭化植物种子总数的 50%,其他可鉴定的有猪毛菜、紫苏、狗尾草属、藜属、黄芪属、茄科等科属的植物。魏家窝铺遗址出土的粟和黍的形状与现代粟和黍的基本一致,应该属于已经完全栽培的农作物,但是其数量有限。①

经过动物考古研究,确认瓣鳃纲有圆顶珠蚌、无齿蚌、帘蚬科和毛蚬等 4 种;硬骨鱼纲有种属不明 1 种;鸟纲有种属不明 1 种;爬行纲有鳖 1 种;哺乳纲有草原鼢鼠、米鼠、鼠、兔、狗、狐狸、熊、马属、猪、马鹿、狍、梅花鹿、獐和牛属等 14 种,狗是家养动物,猪可能为家养动物,两者约占主要动物最小个体数的 21%。②

这个遗址主要以采集渔猎的方式获取食物,栽培农作物和可能饲养的家畜数量十分有限。

(2) 仅开展过植物考古的遗址

内蒙古自治区赤峰市兴隆沟遗址第二地点距今 5 300~5 000 年,经过植物考古研究,发现的植物遗存数量较少,有蔷薇科的杜梨、欧梨和山杏,壳斗科的橡树,榛科的榛子,胡桃科的山核桃等,也发现少量的黍和粟。③

(3) 仅开展过动物考古的遗址

① 辽宁省朝阳市牛河梁遗址。该遗址的年代为距今 6 000~5 000 年。动物考古研究确认,瓣鳃纲有蚌科未定属种 1 种;鸟纲有雉 1 种;哺乳纲有梅花鹿、狍、獐、野猪、狗、黑熊、狗獾、野兔和东北鼢鼠等 9 种。依据最小个体数

---

① 孙永刚、赵志军.魏家窝铺红山文化遗址出土植物遗存综合研究[J].农业考古,2013,(3):1~5.
② 陈全家、张哲.赤峰市魏家窝铺遗址 2010~2011 年出土动物的考古学研究[J].草原文物,2017,(1):104~114.
③ 赵志军.从兴隆沟遗址浮选结果谈北方旱作农业起源问题[A],见南京师范大学文博系编:《东亚古物》(A 卷),北京:文物出版社,2004,188~199.农业研究课题组(赵志军执笔).3500BC~1500BC中国文明形成与早期发展阶段的技术与经济研究——农业研究[A],见中国社会科学院考古研究所科技考古中心编:《科技考古》第三辑,北京:科学出版社,2011,1~35.

的统计结果,家养动物仅有狗,约占哺乳动物总数的 4%,其他均为野生动物,约占 96%。① 以野生动物为主。

② 内蒙古自治区赤峰市白音长汗遗址。这个遗址的红山文化层有贝类、鸟类和蛙类,哺乳纲有野兔、狼、狗、狐、熊、狗獾、马属、野猪、梅花鹿、马鹿、狍和野牛等 12 种。家养动物仅有狗,约占哺乳动物总数的 2%,其他均为野生动物,约占 98%。② 以野生动物为主。

(4) 小结

到红山文化时期,采集和渔猎的生业方式仍然占有很大的比重,以粟和黍为代表的旱作农业种植在当时尚未成为主要的生产活动,除狗之外,尚没有确认其他家养动物,当时以渔猎的方式获取肉食资源。

4. 夏家店下层文化

属于夏家店下层文化的遗址中,仅开展过植物考古研究的有 4 处,仅开展过动物考古研究的有 1 处,以下分别阐述。

(1) 仅开展过植物考古的遗址

① 辽宁省凌源县城子山遗址。这个遗址的年代为距今 3 700~3 550 年。经过植物考古研究,发现黍和粟,但粟的数量为黍的 3 倍左右,说明粟在农业生产中占有较高的种植比例。③

② 内蒙古自治区赤峰市兴隆沟遗址。这个遗址的第三地点距今 4 000~3 500 年。经过植物考古研究,出土的炭化植物种子以农作物籽粒为主,包括有粟、黍和大豆 3 个品种,占所有出土植物种子总数的 99%。出土的其他植物种子有欧李、猪屎豆属、豆科和藜科等,以及少量的未知植物种子。在出土的农作物遗存中,炭化粟粒的出土数量占绝对多数,炭化黍粒的出土数量相对较少。这两种谷物出土数量合计所占的比例,在农作物籽粒总数中高达

---

① 黄蕴平. 牛河梁遗址出土动物骨骼鉴定报告[A],见辽宁省文物考古研究所编著:《牛河梁——红山文化遗址发掘报告:1983~2003 年度》,北京:文物出版社,2012,507~510.
② 汤卓炜,郭治中,索秀芬. 白音长汗遗址出土的动物遗存[A],见内蒙古自治区文物考古研究所编著:《白音长汗》,北京:科学出版社,2004,546~575.
③ 赵克良,李小强,尚雪等. 青铜时代中晚期辽西地区农业活动特征[J]. 植物学报,2006,44(6):718~724.

99.9%。①

③ 内蒙古自治区赤峰市三座店遗址。这个遗址的绝对年代在公元前2000～前1500年之间。植物考古研究发现,出土的植物种子基本上都是农作物遗存,包括有黍、粟和大豆3个品种,占所有出土植物种子总数的99.9%。其他植物种子的出土数量较少,仅发现38粒,经鉴定,大多数属于禾本科,包括黍亚科和早熟禾亚科的植物种子,以及属于黍亚科的狗尾草属和稗属植物种子。另外,还发现三粒豆科植物种子。②

④ 内蒙古自治区赤峰市二道井子遗址。这个遗址属于夏家店下层文化,经过植物考古研究,确认出土的农作物种子有粟、黍、大豆和大麻等4个品种。其中粟占植物种子总数的73%左右,黍占16%左右,大豆和大麻均不到1%。粟和黍的出土概率均很高,是当时的主要农作物。除农作物之外,还发现较多的杂草种子,说明当时的耕作和收割技术还是比较粗放的。③

(2) 仅开展过动物考古的遗址

内蒙古自治区赤峰市大山前遗址,夏家店下层文化层中发现哺乳纲动物有狗、马、猪、狍、麂、牛和羊等7种,狗、马、猪、牛和羊等家养动物占据绝大多数,家养动物中猪的比例没有超过50%,牛和羊的比例超过40%。④

(3) 小结

夏家店下层文化时期表现出以种植粟和黍为主的农业生产特点,获取肉食资源的方式以饲养家畜为主,家畜中新出现马、牛和羊,牛和羊所占的比例较高。

5. 夏家店上层文化

夏家店上层文化的遗址中各有两处仅开展过植物考古研究和动物考古

---

① 赵志军.从兴隆沟遗址浮选结果谈北方旱作农业起源问题[A],见南京师范大学文博系编:《东亚古物》(A卷),北京:文物出版社,2004,188~199.农业研究课题组(赵志军执笔).3500BC~1500BC中国文明形成与早期发展阶段的技术与经济研究——农业研究[A],见中国社会科学院考古研究所科技考古中心编:《科技考古》第三辑,北京:科学出版社,2011,1~35.
② 农业研究课题组(赵志军执笔).3500BC~1500BC中国文明形成与早期发展阶段的技术与经济研究——农业研究[A],见中国社会科学院考古研究所科技考古中心编:《科技考古》第三辑,北京:科学出版社,2011,1~35.
③ 孙永刚、赵志军、曹建恩等.内蒙古二道井子遗址2009年浮选结果分析报告[J].农业考古,2014,(6):1~9.
④ 王立新.辽西区夏至战国时期文化格局与经济形态的演进[J].考古学报,2004,(3):243~270.

研究,以下分别阐述。

(1) 仅开展过植物考古的遗址

① 内蒙古自治区赤峰市上机房营子遗址。这个遗址的年代为商周之际到春秋中期。植物考古研究发现,粟类作物是当时的主要粮食作物,还发现少量麦类。①

② 内蒙古自治区赤峰市夏家店遗址。这个遗址的年代在距今2 750~2 360年间,经过植物考古研究,发现大量粟和黍等农作物遗存,黍与粟的数量相当,但黍在剖面中的出现频率大于粟,似乎表明当时对黍的种植和利用要多于粟。②

(2) 仅开展过动物考古的遗址

① 内蒙古自治区赤峰市大山前遗址。经过动物考古研究,在夏家店上层文化层中确认哺乳纲动物有狗、马、猪、马鹿、牛和羊等7种,狗、马、猪、牛和羊等家养动物占据绝大多数,家养动物中猪的比例没有超过60%,牛和羊的比例接近25%。③

② 辽宁省建平县水泉遗址。由于研究者把该遗址夏家店下层文化和夏家店上层文化的动物遗存放在一起报告,这里仅能说在这两个文化时期,家养动物占据全部哺乳动物的绝大多数,家养动物中猪的比例没有超过50%,马、牛和羊的比例超过30%。③

(3) 小结

夏家店上层文化时期延续以种植粟和黍为主的农业生产特点,获取肉食资源的方式同样以饲养家畜为主,但是家畜中牛和羊的比例稍低于夏家店下层文化。

6. 燕文化

燕文化仅有1处遗址开展过动物考古研究。

---

① 王丹、姚正权、王昌燧等.上机房营子遗址的植硅体分析[A],见内蒙古自治区文物考古研究所、吉林大学边疆考古研究中心:《赤峰上机房营子与西梁》,北京:科学出版社,2012,210~218.
② 赵克良、李小强、尚雪.青铜时代中晚期辽西地区农业活动特征[J].植物学报,2006,44(6):718~724.
③ 王立新.辽西区夏至战国时期文化格局与经济形态的演进[J].考古学报,2004,(3):243~270.
③ 张镇洪.建平县水泉夏家店文化遗址兽骨研究[J].考古与文物,1989,(1):57~63、102.

(1) 仅开展过动物考古的遗址

内蒙古自治区赤峰市大山前遗址的燕文化层开展过动物考古,确认哺乳纲有狗、熊、獾、马、猪、牛、羊、马鹿和麂等 9 种,狗、猪、马、牛和羊等家养动物占据绝大多数,家养动物中猪的比例没有超过 50%,马、牛和羊的比例接近 40%。①

(2) 小结

到战国时代的燕文化时期,获取肉食资源的方式以饲养家畜为主,家养动物中马、牛和羊占据的比例较高。

三、讨论

(一) 生业特征

赵宾福将东北地区新石器时代的生业方式分为两种:南部地区以农业经济为主,北部地区以渔猎经济为主。② 我们将整个东北地区的生业状况分为北部地区和南部地区两个大的区域,进行长时段的归纳。属于北部地区的嫩江流域、三江平原及兴凯湖地区、松花江流域、鸭绿江口及千山东麓地区可以分为两个阶段:第一阶段为新石器时代,时间为公元前 5500~前 2000 年。当时主要以采集和渔猎的方式获取食物资源,同时种植少量的农作物和饲养少量的家畜;第二阶段为青铜时代,时间为公元前 2000~前 1100 年,这个阶段种植农作物和饲养家畜的比重逐渐增加。

而属于南部地区的辽河下游地区、辽东半岛南端和燕山南北地区可以分为 3 个阶段:第一阶段为公元前 6000~前 4000 年,从公元前 6000 年前开始出现少量的农作物,当时可能也出现饲养家畜的行为,但主要以采集和渔猎的方式获取食物资源;第二阶段为公元前 4000~前 2000 年,种植农作物和饲养家畜的行为在燕山南北地区发展缓慢,而在辽东半岛南端地区则逐渐成为主要的生业模式;第三阶段为公元前 2000~前 300 年,即自青铜时代开始,主要分布在辽河下游地区的高台山文化以种植粟等农作物和饲

---

① 王立新.辽西区夏至战国时期文化格局与经济形态的演进[J].考古学报,2004,(3):243~270.
② 赵宾福.东北石器时代考古[M].长春:吉林大学出版社,2003,435~444.

养家畜为主,也包括渔猎活动。西辽河地区的夏家店下层文化以种植粟和黍及饲养家猪为主,家养动物中牛和羊的数量增多,畜牧业开始出现。夏家店上层文化的生业特征没有发生明显的变化,但是马、牛和羊的数量稍有波动,整体上延续了夏家店下层文化的特征。[①] 到燕文化时期,农业和畜牧业均呈稳定发展的趋势,家猪的比例减少,马、牛和羊的比例持续增加。考古学家研究东周时期墓葬中的殉牲现象,发现大型牲畜有马和牛,小型牲畜山羊、绵羊和狗则在数量上占据主导地位,没有发现家猪。殉葬动物的种类和数量与死者的年龄和性别有一定的关系,随葬动物中出现头蹄葬的特征。[②] 墓葬中大量随葬这些与畜牧及游牧密切相关的家畜,进一步反映出当时的生业特征。

(二) 自然环境对生业特征的影响

通过对黑龙江省伊春沼泽剖面、黑龙江省同江市勤得利农场沼泽剖面和河北省怀来盆地太师庄泥炭剖面的孢粉分析,可以大致认识较长时间段里的气候状况及变迁。在距今 8 000 年以来,东北地区的气候曾经出现过由寒冷湿润向温暖湿润的转变,到距今 4 000~3 000 年以来,再次转变为寒冷干凉。另外,从整体上看,东北地区的气候呈现出冷湿的特征。[③]

东北地区由略呈半环状的 3 个带构成,最外一环是黑龙江、乌苏里江、兴凯湖、图们江和鸭绿江等流域低地;紧接着是山地丘陵地;山地丘陵地内侧则是广阔的平原,平原内湿地、沼泽和湖泊较多。其自然植被以针叶林和针阔混交林,以及草甸草原为主。西辽河流域位于连接蒙古高原、东北平原和华北平原的三角地带,其河流谷地和冲积平原上分布有厚层的次生黄土;地势

[①] 王立新. 辽西区夏至战国时期文化格局与经济形态的演进[J]. 考古学报,2004,(3):243~270. 席永杰、滕海键、季静. 夏家店上层文化研究述论[J]. 赤峰学院学报(汉文哲学社会科学版),2011,32(5):1~2.

[②] 杨建华. 东周时期北方青铜文化墓葬习俗比较[A],见教育部人文社会科学重点研究基地、吉林大学边疆考古研究中心:《边疆考古研究》第 1 辑,北京:科学出版社,2002,156~169. 罗丰. 北方系青铜文化墓的殉牲习俗[J]. 考古学报,2018,(2):183~200.

[③] 杨永兴. 小兴安岭东部全新世森林沼泽形成、发育与古环境演变[J]. 海洋与湖沼,2003,34(1):74~82. 杨永兴、王世岩. 8.0kaB. P. 以来三江平原北部沼泽发育和古环境演变研究[J]. 地理科学,2003,23(1):32~38. 靳桂云. 燕山南北长城地带全新世气候环境的演化及影响[J]. 考古学报,2004,(4):485~505.

较高的山地以森林为主,平原地区为草原植被,森林植被以落叶栎属和松属为主,还有榆属、桦属和胡桃属等多种乔灌木混交植物。其中,西辽河上游地区属于华北暖温带落叶阔叶林区向松辽平原草甸草原区过渡地带,当地属于农牧交错带,生态环境十分脆弱。①

上述这些基本的气候、自然地貌和植被特征决定了东北地区虽然具备广阔的平原和草原,湿地、沼泽和湖泊较多,从整体上看属于条件较好的自然环境,但是其漫长、寒冷的冬季则限制了动植物种类的生存,进而在一定程度上影响到古代人类的活动及发展,在北部地区这种影响表现得相当明显。另外,在西辽河流域还存在范围广阔的生态脆弱地区,属于农牧交错带。多位学者指出,由于西辽河流域的气候和自然环境容易波动,地表草皮较薄,土壤脆弱,在超强度的农业耕作方式下,极易发生水土流失和沙化等。夏家店下层文化的衰落,很可能是由于过渡耕作叠加气候与环境变迁的结果。② 这个认识值得我们认真思考。自夏家店下层文化以来,在推广农业的基础上,畜牧业逐步发展,应该与这个地区的气候、地貌及植被特征相关。可见在特定地区,自然环境对于生业特征的影响不可低估。

(三) 文化状况对生业特征的影响

东北地区的这种生业状况和这个地区内的考古学文化特征密切相关。如前文指出的,赵宾福对位于东北地区的考古学文化及遗址进行过认真的梳理,另外,李水城对位于西拉木伦河流域的考古学文化及遗址也进行过认真的研究。③ 结合他们的研究,我们认为,位于东北地区北部范围内的遗址数量十分有限,可见当时的人口数量是十分有限的。数量不多的人口对于食物资源的需求也是有限的。当时遗址周围的动植物资源可以满足一定数量的人口需求,加之这个区域的冬季十分寒冷,这种恶劣的气候条件直接影响到文化的发展。这些因素可能都是当时区域新石器时代的生业活动以采集和渔

---

① 赵济.中国自然地理[M].北京:高等教育出版社,1995,188~202.
② 滕海键.燕北暨西辽河流域史前经济形态及其演变态势[J].中国农史,2011,(4):56~62.李水城.西拉木沦河流域古文化变迁及人地关系研究[A],见教育部人文社会科学重点研究基地、吉林大学边疆考古研究中心编:《边疆考古研究》第1辑,北京:科学出版社,2002,269~288.
③ 李水城.西拉木沦河流域古文化变迁及人地关系研究[A],见教育部人文社会科学重点研究基地、吉林大学边疆考古研究中心编:《边疆考古研究》第1辑,北京:科学出版社,2002,269~288.

猎为主,文化发展进程十分缓慢的原因。而位于该地区南部的遗址数量相比北部地区要多,气候条件明显要优于北部地区。当农业活动开始出现之后,一旦人口数量的增加与遗址周围的动植物资源的供给能力发生冲突,为保证文化的延续,人们只能有意识地通过扩大农业活动获取食物。这很可能又为促进人口增加奠定了经济基础,迫使当时的人群进一步扩大包括家畜饲养在内的农业生产。这个过程自夏家店下层文化开始表现得尤为明显。这是与被动发展论密切相关的。①

另外,还要重视的一点是,位于东北地区北部范围之内的考古学文化中,尚未发现受到其他生业特征为农业生产的考古学文化的影响。而与此相反,在位于东北地区南部范围之内的考古学文化中,红山文化就受到位于黄河流域的仰韶文化的影响,而小珠山中、上层文化也受到山东地区大汶口文化及龙山文化的影响。在整个青铜时代,由黄河流域向西拉木伦河流域为主的区域的文化影响过程几乎没有中断。② 我们认为,这种影响也是这个地区的生业逐步形成明显的农业生产特征的原因之一。同时还要注意的是,到战国时期,西拉木伦河流域被纳入燕国的范围。燕国属于战国时期的燕代经济区,其经济特点是畜牧业发达,多马、牛、羊等畜产品,农业则比较粗放,是半农半牧区。③ 这与我们在研究中发现的自夏家店下层文化以来,当地以种植粟和黍为主,饲养牛、羊和马的数量较多,畜牧业比较兴盛的状况是比较一致的。从这点看,当时可能存在西拉木伦河流域的文化与位于燕山南麓地区的燕文化互动的过程。

四、结论

东北地区的生业特征可以分为两个大的区域进行长时段的归纳。北部地区在新石器时代主要是采集和渔猎,到青铜时代开始,种植农作物和饲养

---

① 袁靖.中国动物考古学[M].北京:文物出版社,2015,183.
② 赵宾福.东北石器时代考古[M].长春:吉林大学出版社,2003,219~254.李水城.西拉木沦河流域古文化变迁及人地关系研究[A],见教育部人文社会科学重点研究基地、吉林大学边疆考古研究中心编:《边疆考古研究》第1辑,北京:科学出版社,2002,269~288.王立新.辽西区夏至战国时期文化格局与经济形态的演进[J].考古学报,2004,(3):243~270.
③ 齐涛.中国古代经济史[M].济南:山东大学出版社,2013,308~312.

家畜的比重逐渐增加；而南部地区至少从公元前6000年前开始出现少量的农作物，可能也开始饲养家畜。在整个新石器时代，种植农作物和饲养家畜的行为在燕山南北地区发展缓慢，而在辽东半岛南端地区则逐渐成为主要的生业模式。到青铜时代，主要分布在辽河下游地区的高台山文化以种植粟等农作物和饲养家畜为主，也包括少量的渔猎活动。主要分布在西辽河地区的夏家店下层文化以种植粟和黍及饲养家猪为主，家养动物中牛和羊的数量较多，畜牧业开始出现。从夏家店上层文化至燕文化时期，农业和畜牧业均呈稳定发展的趋势，但是家猪的数量减少。这些特征的形成与当地各个考古学文化的发展及更替状况密切相关，也与自然环境的制约和黄河流域地区以农业为特征的文化的影响有关。

第三章

黄河上游及新疆地区新石器时代至青铜时代的生业

黄河发源于青藏高原的巴颜喀拉山脉。根据流域形成发育的地理、地质条件及水文情况,确定河源至内蒙古自治区托克托县河口镇为上游。黄河上游地区主要包括甘肃、青海和宁夏3省区,北与内蒙古自治区接壤,东为陕西省,南为四川省,西及西南与新疆、西藏为邻。该地区的地貌以黄土高原、山地为特点,河流密布、地形复杂,河流两岸的谷地或台地上都有发育良好的肥沃土地,且水源丰富、交通便利。这一地区是东西方文化交流的重要通道。[①]新疆地处中国最为西北的地域,具有独特的地形地貌。新疆与黄河上游地区共同构成东西方文化交流的要道,因此在这里一并阐述。这里围绕新石器时代至青铜时代黄河上游及新疆地区的生业状况开展探讨,首先阐述新石器时代至青铜时代这个地区的考古学文化序列,然后,介绍迄今为止动植物考古的研究成果,在此基础上探讨当时的生业状况及相关问题。

一、时空框架

本研究的空间范围涉及新疆、甘肃、青海和宁夏四个省和自治区,年代范

[①] 中国社会科学院考古研究所. 中国考古学·新石器时代卷[M]. 北京:中国社会科学出版社,2010,312. 李水城. 西北地区新石器时代考古研究[A],见李水城著:《东风西渐——中国西北史前文化之进程》,北京:文物出版社,2009,1~25.

围为新石器时代至青铜时代。由于这个地区最早发现的动植物遗存在新石器时代中期,故从这个时期开始阐述。

(一) 新石器时代中期

大地湾一期文化因甘肃省秦安县大地湾遗址而得名,分布在黄河上游和中游之间渭河流域黄土地带,主要分布于甘肃的陇东地区和陕西的关中地区。此类遗存在不同地方曾有过若干不同的定名,如老官台文化、白家文化等。年代为距今 8 000～7 000 年。[①]

(二) 新石器时代晚期

包括两种文化:马家窑文化早、中期和宗日文化。

1. 马家窑文化早、中期

马家窑文化早、中期即石岭下类型和马家窑类型,因甘肃省临洮县马家窑遗址而得名。其分布范围比较广泛,在甘、宁、青境内的黄河及其支流泾河、渭河、洮河、湟水,与西汉水、白龙江、岷江支流杂谷脑河等流域都有疏密不同的分布;主要集中在甘肃省东部和东南部,分布可以扩大到青海省东部、河西走廊、宁夏回族自治区南部,向南到长江上游的四川盆地西北。早期即石岭下类型,主要分布于渭河上游的天水、武山一带,其年代大体为距今 6 000～5 300 年。中期即马家窑类型,以兰州、永靖境内黄河两岸为分布中心,其年代大体为距今 5 400～4 800 年。[②]

2. 宗日文化

宗日文化因青海同德宗日遗址而得名,主要分布在青海省海南藏族自治州一带,即兴海、同德、共和、贵南、贵德等县高原盆地的河谷地带,也有可能

[①] 中国社会科学院考古研究所. 中国考古学·新石器时代卷[M]. 北京: 中国社会科学出版社, 2010, 113～126. 王巍. 中国考古学大辞典[M]. 上海: 上海辞书出版社, 2014, 143、189～190.

[②] 中国社会科学院考古研究所. 中国考古学·新石器时代卷[M]. 北京: 中国社会科学出版社, 2010, 312～332.

扩展至黄河上游的其他区域;年代为距今5 700～4 300年。①

（三）新石器时代末期

包括3种文化:马家窑文化晚期、齐家文化和菜园文化。

1. 马家窑文化晚期

马家窑文化晚期包括半山、马厂两种类型的遗存(又称半山文化和马厂文化),主要分布在甘、青境内的黄河及其支流洮河、湟水、渭河等河流两岸台地上;若以现在行政区划定位,东起陕西陇县,西至甘肃省酒泉市,北入甘肃省景泰县,南抵甘肃省康乐县。这两类型分布的中心区均从兰州至西宁的河湟地区;半山类型年代为距今4 500～4 300年,马厂类型年代为距今4 450～4 000年。②

2. 齐家文化

齐家文化因甘肃省广河县齐家坪遗址而得名;分布范围较为广泛,在黄河上游及其支流渭河、洮河、大夏河、湟水与西汉水等流域都有分布,其分布中心是渭河上游、洮河中下游与湟水中下游地区;在整个甘肃省、青海东部、宁夏南部,甚至内蒙古的腾格里沙漠以及陕西邻近甘肃的局部地方都有发现;年代为距今4 200～3 500年;文化类型主要有七里墩类型、秦魏家类型、大何庄类型、皇娘娘台类型、柳湾类型、师赵村类型等;主要由马家窑文化或常山下层文化发展而来,与客省庄文化、菜园文化相关;对于去向,有发展为辛店文化、卡约文化、四坝文化等不同的观点。③

3. 菜园文化

菜园文化因宁夏回族自治区海原县菜园村遗址而得名;分布于宁夏南部

---

① 王巍.中国考古学大辞典[M].上海:上海辞书出版社,2014,190.
② 中国社会科学院考古研究所.中国考古学·新石器时代卷[M].北京:中国社会科学出版社,2010, 612～632.
③ 中国社会科学院考古研究所.中国考古学·夏商卷[M].北京:中国社会科学出版社,2003,535～558.王巍.中国考古学大辞典[M].上海:上海辞书出版社,2014,190.

及甘肃东北六盘山周围的黄土高原;年代为距今 5 000~4 000 年。①

(四) 青铜时代

先秦时期分为黄河上游与河西走廊地区和新疆地区,分别阐述。

1. 黄河上游与河西走廊地区

黄河上游与河西走廊地区主要包括四种文化:四坝文化、卡约文化、辛店文化、寺洼文化。

(1) 四坝文化

四坝文化的代表遗址为甘肃省山丹县四坝滩遗址;主要分布于甘肃省河西走廊,南抵祁连山、北达巴丹吉林沙漠,西北到安西疏勒河流域,东到武威;年代约为距今 3 900~3 400 年。②

(2) 卡约文化

卡约文化以青海省湟中县卡约遗址得名;主要分布于青海东部的黄河及其支流湟水流域,东近甘青交接,西到青海湖沿岸,北抵祁连山南麓,南达青海省果洛藏族自治州境内的黄河沿岸;年代约为距今 3 500~2 600 年;一般认为其族属是羌族系统。③

(3) 辛店文化

辛店文化因甘肃省临洮县辛店遗址而得名;主要分布在黄河上游及其支流洮河、大夏河、湟水、渭河上游流域,西北至青海的大通、湟中县一带,东南达甘肃陇西附近;年代约相当于商代末期;族属应属于羌人。④

(4) 寺洼文化

寺洼文化因甘肃省临洮县寺洼山遗址而得名,主要分布在兰州以东的甘

---

① 王巍. 中国考古学大辞典[M]. 上海:上海辞书出版社,2014,268.
② 李水城. 四坝文化研究[A],见苏秉琦主编:《考古学文化论集》三,北京:文物出版社,1993,80~121. 王巍. 中国考古学大辞典[M]. 上海:上海辞书出版社,2014,321~322. 中国社会科学院考古研究所. 中国考古学·夏商卷[M]. 北京:中国社会科学出版社,2003,558~562.
③ 中国社会科学院考古研究所. 中国考古学·夏商卷[M]. 北京:中国社会科学出版社,2003,562~566.
④ 中国社会科学院考古研究所. 中国考古学·两周卷[M]. 北京:中国社会科学出版社,2004,500~506.

肃境内,在陕西千水和泾水流域也有发现。年代相当于商代晚期到西周早期,一般认为其族属为羌人。①

2. 新疆地区

新疆地区的考古学文化可以按环东天山地区、环塔里木盆地区、环准噶尔盆地区等3个区域阐述。②

(1) 环东天山地区

环东天山地区包括东疆的哈密地区、石河子、昌吉回族自治州、乌鲁木齐地区和吐鲁番地区;主要包含天山北路文化(约公元前2000~前1500年)、南湾类型(约公元前1500~前800年)、焉不拉克文化(公元前1300年~前500年)、石人子沟类型(公元前800~前200年)、切木尔切克文化(公元前2000年以前)、萨恩萨伊类型早期遗存(公元前1800~前1500年)、乱杂岗子-半截沟文化(公元前1400~前1000年)、石河子水泥厂类型(公元前1400~前1000年)、萨恩萨伊类型晚期遗存(公元前1000~前600年)和苏贝希文化(公元前1000~前200年)。③

(2) 环准噶尔盆地区

环准噶尔盆地主地区与环东天山地区地理上略有重叠,综合考虑考古文化分布情况,主要包括阿尔泰山南麓、西北部的塔城地区、博尔塔拉蒙古自治州、西天山的伊犁河谷盆地,以及天山北麓的部分地区。该地区主要有阿凡纳谢沃文化(公元前2900~前2500年)、切木尔切克文化(公元前3000年~前1500年)、库希类型遗存(公元前1300~前1000年)、东塔勒德类型遗存(公元前900~前500年)、塑柯尔特类型遗存(公元前500~前100年)、安德罗诺沃文化(公元前1900~前1000年)和索墩布拉克文化(公元前1000~公元元年)。④

---

① 王巍.中国考古学大辞典[M].上海:上海辞书出版社,2014,399.中国社会科学院考古研究所.中国考古学·两周卷[M].北京:中国社会科学出版社,2004,507~510.
② 郭物.新疆史前晚期社会的考古学研究[M].上海:上海古籍出版社,2012,1~8.
③④ 邵会秋.新疆史前时期文化格局的演进及其与周邻文化的关系[M].北京:科学出版社,2018,44~120.

(3) 环塔里木盆地区

环塔里木盆地区北缘涵盖了轮台、库车和拜城地区,西南缘以喀什河克孜勒苏柯尔克孜地区为主,南缘则是和田和巴音郭楞蒙古自治州的且末地区,东缘为罗布泊地区。从北缘开始逆时针梳理,主要的考古学文化有新塔拉类型遗存(公元前1500～前1000年)、哈拉墩早期遗存(公元前1500～前1000年)、察吾呼文化(公元前1000～前400年)、包孜东类型遗存(战国中晚期～汉代)、安德罗诺沃文化(公元前1400～前1000年)、阿克塔拉类型遗存(公元前1500～前1000年)、香宝宝类型遗存(公元前800～前400年)、尼雅北部类型(公元前1500～前1000年)、流水文化(公元前1000～公元元年)、扎滚鲁克文化(公元前800～前100年)和小河文化(公元前2000～前1500年)。①

二、动植物考古资料

(一) 新石器时代中期

这个时期开展过动植物考古研究和动物考古研究的遗址各有1处,分别阐述如下。

1. 开展过动植物考古研究的遗址

甘肃省秦安县大地湾遗址的大地湾一期文化层距今约7800～7300年,出土有动植物遗存。植物考古研究发现农作物仅见黍一种,数量较少。②

依据对动物遗存的定性定量研究,确认哺乳纲有中华鼢鼠、豺、狗、貉、棕熊、苏门犀、野猪、家猪、麝、獐、狍、梅花鹿、马鹿、黄牛等14种。狗和猪为家养动物,猪约占哺乳动物可鉴定标本总数的21%,狗占10%。从家养动物和野

---

① 邵会秋.新疆史前时期文化格局的演进及其与周邻文化的关系[M].北京:科学出版社,2018,164～227.
② 刘长江.大地湾遗址植物遗存鉴定报告[A],见甘肃省文物考古研究所.《秦安大地湾——新石器时代遗址发掘报告》,北京:文物出版社,2006,314～316.安成邦、吉笃学、陈发虎等.甘肃中部史前农业发展的源流:以甘肃秦安和礼县为例[J].科学通报,2010,55(14):1381～1386.

生动物的相对比例看,家养动物约占哺乳动物可鉴定标本总数的31%,野生动物占69%。①

这个时期主要以采集和狩猎的方式获取食物,栽培作物和饲养家畜处于次要地位。

2. 开展过动物考古研究的遗址

甘肃省天水市西山坪遗址属于大地湾一期文化层的年代约为距今8 200~7 400年。对动物遗存的研究确认,哺乳纲有鼠、竹鼠、狗、黑熊、家猪、麝和马鹿等7种。狗和猪为家养动物,研究者未对动物遗存进行数量统计,仅认为家猪等家养动物的数量远少于后来的文化层中家养动物的数量,当时以野生动物为主。②

3. 小结

大地湾文化的生业方式以采集狩猎的方式为主,开始出现农作物生产和家畜饲养。农作物主要为黍,但在获取植物资源的总量中所占比例很低;家畜以家猪和狗为代表,但获取肉食资源仍以狩猎活动为主。

(二)新石器时代晚期

该时期包括马家窑文化早、中期和宗日文化。

1. 马家窑文化早、中期

马家窑文化早、中期开展过动植物考古研究的遗址有1处,仅开展过植物考古研究的遗址有2处,仅开展过动物考古研究的遗址有4处,以下分别阐述。

(1)开展过动植物考古研究的遗址

甘肃省秦安县大地湾遗址的大地湾二期、三期和四期文化层距今约

---

① 祁国琴、林钟雨、安家瑗.大地湾遗址动物遗存鉴定报告[A],见甘肃省文物考古研究所编:《秦安大地湾——新石器时代遗址发掘报告》,北京:文物出版社,2006,861~910.
② 周本雄.师赵村与西山坪遗址的动物遗存[A],见中国社会科学院考古研究所编:《师赵村与西山坪》,北京:中国大百科全书出版社,1999,335~339.

6 500～4 900 年,出土有动植物遗存。严格地说,这个遗址的大地湾二期、三期和四期文化属于仰韶文化,因为其地处甘肃,同时,大地湾四期文化的年代大致与马家窑文化早期相当,故在此将其暂且归入马家窑文化的早、中期阐述。植物考古研究确认,大地湾二期的农作物包括粟、黍和紫苏,以黍为主,粟的数量极少(仅占粟和黍总数的 2%);大地湾三期未见农作物遗存;大地湾四期的农作物包括粟和黍,以粟为主,黍的数量极少(仅占粟和黍总数的 0.7%)。[①]

对动物遗存的定性定量研究确认,大地湾二期(距今 6 500～5 900 年)的哺乳纲包括猕猴、中华鼢鼠、中华竹鼠、白腹鼠、狗、棕熊、虎、豹、豹猫、象、马、苏门犀、野猪、家猪、麝、獐、狍、梅花鹿、马鹿、黄牛、苏门羚和盘羊等 22 种,狗和猪为家养动物,家猪约占哺乳动物可鉴定标本总数的 24%,狗占 3%;大地湾三期(距今 5 900～5 500 年)的哺乳纲有红白鼯鼠、中华竹鼠、狗、棕熊、野猪、家猪、麝、獐、狍、梅花鹿、马鹿和黄牛等 12 种,狗和家猪为家养动物,家猪约占 32%,狗占 2%;大地湾四期(距今 5 500～4 900 年)的哺乳纲有仓鼠、中华鼢鼠、白腹鼠、狗、棕熊、豹猫、苏门犀、野猪、家猪、麝、獐、狍、梅花鹿、马鹿、黄牛、苏门羚和羚羊等 17 种。狗和家猪为家养动物,家猪约占 52%,狗占 1%。就家养动物和野生动物的相对比例看,大地湾二期家养动物占哺乳动物可鉴定标本总数的 27%,野生动物占 73%;大地湾三期家养动物占 34%,野生动物占 66%;大地湾四期家养动物占 54%,野生动物占 46%。[②] 这个遗址在发展过程中呈现出家养动物逐渐增多、野生动物逐渐减少的趋势。

大地湾遗址二至四期虽然主要种植小米,但经历了以黍为主向以粟为主的转变,获取肉食的方式由狩猎野生动物为主逐渐转变为饲养家畜为主,但家畜数量尚未占到绝对多数。

(2) 仅开展过植物考古研究的遗址

① 甘肃省天水市西山坪遗址。通过对孢粉、农作物遗存和植硅体的鉴定,结合测年结果,植物考古重建了西山坪遗址距今 5 250～4 300 年的农业状

[①] 刘长江.大地湾遗址植物遗存鉴定报告[A],见甘肃省文物考古研究所编:《秦安大地湾——新石器时代遗址发掘报告》,北京:文物出版社,2006,314～316.
[②] 祁国琴、林钟雨、安家瑗.大地湾遗址动物遗存鉴定报告[A],见甘肃省文物考古研究所编:《秦安大地湾——新石器时代遗址发掘报告》,北京:文物出版社,2006,861～910.

况。其中粟的碳 14 年代为距今 5 300～5 000 年,中国西北地区最早的水稻遗存年代为距今 5 070 年左右;到距今 4 650～4 300 年,农作物种类包括粟、黍、水稻、小麦、燕麦、青稞、大豆和荞麦等 8 种。研究者证实了小麦和燕麦在距今 4 650 年左右已传入中国西北地区,也揭示了中国最早的农业多样化可能出现在新石器时代的甘肃天水地区。[①] 但是,该遗址公布的材料未经正式考古发掘,小麦遗存的年代也遭到质疑(仅根据剖面沉积速率计算出的年代去对应沉积剖面深度,由此推测出的相对年代可信度不高)。[②]

② 甘肃省岷县山那树扎遗址。这个遗址属马家窑早期文化,距今 5 400～4 700 年。植物考古研究确认,农作物包括粟、黍、大麦和大麻。粟占农作物种子总数的 45%;黍占 35%;粟黍碎块占 6%;大麦仅发现 2 粒,可能为晚期混入;大麻约占 0.09%。非农作物主要包括禾本科、豆科、藜科、蓼科、唇形科、菊科、锦葵科、胡颓子科、柳叶菜科、蔷薇科等。就农作物和非农作物的相对比例看,农作物占植物种子总数的 87%[③],以农作物为主。

(3) 仅开展过动物考古研究的遗址

① 甘肃省陇南县大李家坪遗址。这个遗址属仰韶文化,距今约 6 900～4 900 年,在时间上相当于马家窑文化早期,地域上位于甘肃东部,故暂且归入马家窑文化早、中期。经过对动物遗存的研究,确认瓣鳃纲有种属不明的蚌 1 种;爬行纲有龟 1 种;鸟纲有种属不明的 2 种;哺乳纲有狗、熊、马、家猪,及大、中、小型 3 种鹿、牛和羊等,共计 9 种,其中家猪为家养动物。从报告的内容看,猪骨的数量最多,野生动物也占有一定的比例。[④]

[①] 李小强、周新郢、周杰等. 甘肃西山坪遗址生物指标记录的中国最早的农业多样化[J]. 中国科学(D辑:地球科学),2007,(7):934～940. Li, X., J. Dodson, X. Zhou, et al. Early cultivated wheat and broadening of agriculture in Neolithic China [J]. *Holocene*, 2007,17(5):555～560. 李小强、张宏宾、周新郢等. 甘肃西山坪遗址 5 000 年水稻遗存的植物硅酸体记录[J]. 植物学通报,2008,(1):20～26.

[②] 赵志军. 欧亚草原是史前东西文化交流的主干道——考古出土小麦遗存研究[C]. 论草原文化(第九辑),2012,36～49. 赵志军. 小麦东传与欧亚草原通道[A],见中国社会科学院考古研究所夏商周考古研究室编:《三代考古》三,北京:科学出版社,2009,456～459. 赵志军. 小麦传入中国的研究——植物考古资料[J]. 南方文物,2015,(3):44～52. 董广辉、杨谊时、韩建业等. 农作物传播视角下的欧亚大陆史前东西方文化交流[J]. 中国科学:地球科学,2017,(5):530～543. 杨谊时、石乃玉、史志林. 考古发现所见河西走廊史前的农业双向传播[J]. 敦煌学辑刊,2016,(1):82～91.

[③] 胡中亚. 甘肃山那树扎遗址炭化植物遗存研究[D]. 西北大学硕士学位论文,2015.

[④] 黄蕴萍. 大李家坪遗址动物骨骼初步鉴定报告[A],见考古杂志社编:《考古学集刊》第 13 集,北京:中国大百科全书出版社,2000,40.

② 甘肃省礼县西山遗址。这个遗址属于仰韶文化晚期的地层,距今约 6 000~5 000 年,在时间上相当于马家窑文化早期,地域上位于甘肃东部,故暂且归入马家窑文化早、中期。经过对动物遗存的定性定量研究,确认瓣鳃纲有蚌类,爬行纲有龟类,鸟纲有鸟类,哺乳纲有田鼠、中华竹鼠、河狸、兔、狗、熊、鼬科、野猪、家猪、梅花鹿、马鹿、鹿、狍、黄牛、绵羊和山羊等 16 种。狗、猪、黄牛、绵羊/山羊为家养动物。依据统计结果,猪占哺乳动物可鉴定标本数 22%,狗占 19%,黄牛占 12%,绵羊/山羊占 5%。就家养动物和野生动物的相对比例看,家养动物占哺乳动物可鉴定标本总数的 58%,野生动物占 42%[①],家养动物稍多于野生动物。

③ 甘肃省天水市师赵村遗址。这个遗址的马家窑类型文化层的年代约为距今 5 400~4 700 年。经过对动物遗存的研究,确认哺乳纲有鼠、竹鼠、狗、黑熊、狸、马、野猪、家猪、麝、马鹿、黄牛和绵羊等 10 种。狗、家猪、黄牛和绵羊为家养动物,就不完全数量统计结果看,猪占哺乳动物可鉴定标本总数的 74%,家养动物的数量明显大于野生动物。[②]

④ 青海省民和县喇家遗址。这个遗址马家窑类型文化层的年代约为距今 5 400~4 700 年。经过对动物遗存的研究,确认家养动物包括猪、狗、绵羊,未发现其他动物。因出土动物遗存数量较少,未进行相对数量比例的统计分析。[③]

(4) 小结

马家窑早、中期文化的生业方式可归纳为,已经完成由采集狩猎经济向旱作农业和畜牧业的转化。逐步确立以粟和黍为代表的旱作农业,农业内部结构上,完成了由黍为主向以粟为主的转化;随着黄牛和绵羊等家养动物的传入,在确立以家猪为主获取动物资源方式的基础上,形成包括猪、狗、黄牛和绵羊在内的多品种家畜饲养方式。

---

① 余翀、吕鹏、赵丛苍. 甘肃省礼县西山遗址出土动物骨骼鉴定与研究[J]. 南方文物,2011,(3):72、73~79.
② 周本雄. 师赵村与西山坪遗址的动物遗存[A],见中国社会科学院考古研究所编:《师赵村与西山坪》,北京:中国大百科全书出版社,1999,335~339.
③ 吕鹏、袁靖. 青海民和喇家遗址动物遗存的鉴定和研究[J]. 待刊.

2. 宗日文化

宗日文化开展过动物考古研究的遗址有3处。

(1) 开展过动物考古研究的遗址

① 青海省同德县宗日遗址。这个遗址属宗日文化，距今约5 600~4 000年。对动物遗存的定性定量研究确认，鸟纲有种属不明1种，哺乳纲有旱獭、狗、野猪、麝、梅花鹿、狍、黄牛、黄羊和岩羊等9种。依据最小个体数的统计结果，狗和可能是家养动物的黄牛约占哺乳动物总数的9%，野生动物约占91%，以野生动物为主。①

② 青海省兴海县香让沟遗址。这个遗址属于宗日文化，年代约为距今5 600~4 000年。通过对动物遗存进行定性定量研究，确认鸟纲有种属不明1种，哺乳纲有旱獭、狗、野猪、麝、梅花鹿、狍、黄牛和黄羊等8种。依据最小个体数的统计结果，狗和可能是家养动物的黄牛约占哺乳动物总数的8%，黄羊等野生动物约占92%，以野生动物为主。②

③ 青海省兴海县羊曲十二档遗址。这个遗址属于宗日文化，年代约为距今5 600~4 000年。通过对动物遗存进行定性定量研究，确认鸟纲有种属不明1种，哺乳纲有旱獭、麝、马鹿、狍和黄羊等5种。全部是野生动物。③

(2) 小结

因为缺乏植物考古的证据，不能全面了解宗日文化的生业方式。当时获取肉食资源的方式主要是狩猎，可能开始饲养黄牛。

(三) 新石器时代末期

新石器时代末期有马家窑文化晚期、齐家文化和菜园文化之分。

1. 马家窑文化晚期

这个时期开展过动植物考古和植物考古的遗址各有1处，以下分别阐述。

---

①②③ 安家瑗、陈洪海.宗日文化遗址动物骨骼的研究[A].见河南省文物考古研究所编：《动物考古》第1辑，北京：文物出版社，2010，232~240.

(1) 开展过动植物考古的遗址

甘肃省武威县磨嘴子遗址属于马家窑文化晚期，年代约为距今4 400～4 200年。植物考古研究确认，农作物包括粟、黍、黑麦（性质存疑），粟占农作物种子总数的94%，黍占6%；非农作物包括黍亚科、豆科等。就农作物和非农作物的相对比例看，农作物占植物种子总数的94%；农业上以种植粟和黍为主，但麦类作物可能已经传入。①

经过对动物遗存的研究，确认鸟纲有2种鸟类，种属不明；哺乳纲有田鼠、兔、马、家猪、中型鹿、黄牛、绵羊和山羊等8种。家猪、黄牛和绵羊为家养动物，马骨数量极少，不能确认是否为后期混入，故暂不讨论。猪占哺乳动物可鉴定标本总数的57%，黄牛占5%，绵羊占34%。就家养和野生动物的相对比例看，家养动物占哺乳动物可鉴定标本总数的96%，野生动物占4%。②

这个遗址获取食物资源的方式以种植农作物和饲养家畜为主，在家畜中绵羊占据较高的比例。

(2) 仅开展过植物考古的遗址

甘肃省张掖市西城驿遗址经植物考古研究确认，属于马厂晚期（距今约4 100～4 000年）。农作物包括粟、黍和小麦，粟占农作物种子总数的86%，黍占14%，小麦仅发现1粒。③

(3) 小结

马家窑文化晚期的生业方式可归纳为旱作农业和畜牧业继续共同发展，以粟和黍为代表的旱作农业占据绝对主导，麦类作物可能已经传入；包括猪、黄牛和绵羊等家养动物在内的多品种家畜饲养方式得以发展，并成为获取动物资源的最主要的方式。绵羊的数量较多是一个值得关注的现象。

2. 齐家文化

这个时期开展过动植物考古的遗址有2处，仅开展过植物考古的遗址有

---

① 农业研究课题组.中华文明形成时期的农业经济特点[A],见中国社会科学院考古研究所科技考古中心编：《科技考古》第三辑,北京：科学出版社,2011,1～35.
② 动物考古课题组.中华文明形成时期的动物考古学研究[A],见中国社会科学院考古研究所科技考古中心编：《科技考古》第三辑,北京：科学出版社,2011,80～99.
③ 范宪军.西城驿遗址炭化植物遗存分析[D].山东大学硕士学位论文,2016.蒋宇超、陈国科、李水城.甘肃张掖西城驿遗址2010年浮选结果分析[J].华夏考古,2017,(1):62～68.

2处,仅开展过动物考古的遗址有5处。以下分别阐述。

(1) 开展过动植物考古的遗址

① 青海省民和县喇家遗址。这个遗址齐家文化层的年代距今4 300～3 900年。植物考古研究确认,农作物包括粟(数量比例为60%、出土概率99%)、黍(数量比例为16%,出土概率71%)、大豆(数量比例为0.06%,出土概率8%)、大麻(数量比例为0.04%,出土概率2%)、小麦(数量比例小于0.01%,出土概率1%),非农作物包括狗尾草、稗属、马唐属、大豆属、草本樨属、虫实属、刺沙蓬、猪毛菜属、紫苏、沙棘以及其他未定科属,表明在齐家文化时期已经开始多种作物的种植。① 但是,植硅体分析的结果表明,喇家遗址齐家文化时期以黍(相对百分比含量为80%,出土概率为14%)为主,以粟(相对百分比含量约为20%,出土概率为6%)为辅,为典型的黍粟旱作农业。该研究认为,黍比粟更难炭化可能是造成浮选结果偏差的原因。②

经过对动物遗存的定性定量研究,确认哺乳纲有旱獭、鼠、兔、狗、小型犬科动物、熊、大型食肉动物、中型食肉动物、小型食肉动物、家猪、马鹿、梅花鹿、狍、小型鹿科动物、黄牛、绵羊和山羊等17种。狗、家猪、黄牛、绵羊和山羊为家养动物。家猪占哺乳动物可鉴定标本总数的28%,狗占2%,黄牛占18%,羊(主要是绵羊)占45%。就家养和野生动物的相对比例看,家养动物占哺乳动物可鉴定标本总数的93%,野生动物占7%。③

这个遗址获取食物资源的方式以种植农作物和饲养家畜为主。家畜中新出现山羊,绵羊和山羊在家养动物中占据的比例最高。

② 青海省互助县金禅口遗址。这个遗址齐家文化层的年代约为距今4 000～3 500年。植物考古研究确认,农作物包括粟、黍、大麦、小麦和大麻,其中粟占农作物种子总数的69%,黍占28%,大麦占3%,小麦占0.15%,大麻仅发现1粒;非农作物包括野稷、狗尾草、野燕麦、早熟禾、野大豆、野豌豆、甘草、胡枝子属、锦葵、灰菜、地肤、猪毛菜、绵蓬虫实、杂配藜、酸模属、堇菜科、堇菜等。

---

① 张晨.青海民和喇家遗址浮选植物遗存分析[D].西北大学硕士学位论文,2013.
② 王灿、吕厚远、张健平等.青海喇家遗址齐家文化时期黍粟农业的植硅体证据[J].第四纪研究, 2015,35(1):209～217.
③ 吕鹏、袁靖.青海民和喇家遗址动物遗存的鉴定和研究[J].待刊.

就农作物和非农作物的相对比例看,农作物占植物种子总数的90%。①

经过对动物遗存的研究,确认哺乳纲有旱獭、鼠、鼬科动物、狗、貉、狐狸、熊、中型猫科动物、野猪、家猪、马鹿、梅花鹿、狍、獐、麝、斑羚、岩羊、羚羊、绵羊和山羊等20种。狗、家猪、绵羊和山羊为家养动物。猪的数量极少,狗占哺乳动物可鉴定标本总数的4%,羊(主要是绵羊)占30%。就家养动物和野生动物的相对比例看,家养动物约占哺乳动物可鉴定标本总数的34%,野生动物占66%。②

这个遗址获取食物资源的方式以种植农作物为主,但是获取肉食以狩猎为主,家养动物中羊的数量最多。

(2) 仅开展过植物考古的遗址

① 青海省民和县官亭盆地齐家文化遗址(包括鄂家、辛家、清泉旱台)。对这些遗址的植物考古研究确认,农作物包括粟、黍、大麻。粟占农作物总数的90%,黍占10%,大麻数量极少;非农作物包括黍亚科、豆科、猪毛菜。就农作物和非农作物的相对比例看,农作物占植物种子总数的62%。③

② 甘肃省临夏县李家坪遗址。这个遗址齐家中晚期文化层的年代约为距今3 700～3 400年。植物考古研究确认,农作物包括粟、黍、大麦和小麦。粟约占农作物种子总数的70%,黍占20%,大麦占10%,小麦占0.28%;非农作物包括狗尾草、野燕麦、禾本科、野豌豆、黄芪、苜蓿、豆科、锦葵、绵蓬虫实、灰菜、猪毛菜、堇菜科、水棘针、沙棘、骆驼蓬、菊科、蔷薇科、十字花科。就农作物和非农作物的相对比例看,农作物占植物种子总数的83%。④

(3) 仅开展过动物考古的遗址

---

① 杨颖. 河湟地区金蝉口和李家坪齐家文化遗址植物大遗存分析[D]. 兰州大学硕士学位论文,2014. 王倩倩. 金禅口遗址动植物遗存反映的古环境及生业模式探讨[J]. 青海师范大学学报(哲学社会科学版),2014,(6):75～78. 董广辉、杨颖、任晓燕等. 金禅口齐家文化遗址发现青海省早期大麦、小麦遗存[N]. 中国文物报,2014年7月4日第7版.
② 李志鹏、任乐乐、梁官锦. 金禅口遗址出土动物遗存及其先民的动物资源开发[N]. 中国文物报,2014年7月4日第7版.
③ 张小虎. 青海官亭盆地植物考古调查收获及相关问题[J]. 考古与文物,2012,(3):26～33.
④ 杨颖. 河湟地区金蝉口和李家坪齐家文化遗址植物大遗存分析[D]. 兰州大学硕士学位论文,2014. 王倩倩. 金禅口遗址动植物遗存反映的古环境及生业模式探讨[J]. 青海师范大学学报(哲学社会科学版),2014,(6):75～78. 董广辉、杨颖、任晓燕等. 金禅口齐家文化遗址发现青海省早期大麦、小麦遗存[N]. 中国文物报,2014年7月4日第7版.

① 甘肃省广河县齐家坪遗址。这个遗址出土的动物遗存均属于齐家文化,年代约为距今 4 000～3 500 年。经过对动物遗存的研究,确认哺乳纲有狗、家猪、小型鹿科动物、黄牛和绵羊等 5 种。狗、家猪、黄牛和绵羊为家养动物。家猪占哺乳动物可鉴定标本总数的 29%,狗占 4%,黄牛占 29%,绵羊占 37%,绵羊的数量比例较高。就家养和野生动物的相对比例看,家养动物占哺乳动物可鉴定标本总数的 96%,野生动物占 4%。①

② 甘肃省永靖县大何庄遗址。这个遗址属于齐家文化,年代约为距今 4 000～3 600 年。经过对动物遗存的定性定量研究,确认哺乳纲有狗、马、家猪、鹿、狍、牛和羊 7 种,狗、家猪、黄牛、羊、马为家养动物,马是新出现的家养动物。家猪占哺乳动物可鉴定标本总数的 73%,狗占 0.75%,黄牛占 2%,羊占 21%,马占 1%。就家养和野生动物的相对比例看,家养动物占哺乳动物可鉴定标本总数的 98%,野生动物占 2%。②

③ 甘肃省永靖县秦魏家墓地。这个墓地属于齐家文化,年代约为距今 4 000～3 600 年。经过对动物遗存的研究,确认哺乳纲有狗、鼬、马、驴(是否包括驴,存疑)、家猪、牛和羊 7 种。狗、马、家猪、牛和羊等为家养动物。其中猪下颌骨数量最多(430 件),次之为羊(50 件)和黄牛下颌骨(38 件)。③

④ 甘肃省天水市师赵村遗址。这个遗址齐家文化层的年代约为距今 4 300～3 900 年。经过对动物遗存的研究,确认哺乳纲有鼢鼠、狗、猪、鹿、黄牛和羊 6 种,狗、猪、黄牛和羊为家养动物。猪占哺乳动物可鉴定标本总数的 85%,以家猪为主的家畜饲养业在获取动物资源方式中占据主导地位。④

⑤ 青海省大通市长宁遗址。这个遗址齐家文化层的年代约为距今 4 200～3 800 年。经过对动物遗存的定性定量研究,确认哺乳纲有旱獭、褐家鼠、鼢鼠、兔、狼、狗、狐、鼬、猞猁、豹亚科动物未定种、猫、马、野猪、家猪、马鹿、白唇

---

① 动物考古课题组.中华文明形成时期的动物考古学研究[A],见中国社会科学院考古研究所科技考古中心编:《科技考古》第三辑,北京:科学出版社,2011,80～99.
② 中国科学院考古研究所甘肃工作队.甘肃永靖大何庄遗址发掘报告[J].考古学报,1974,(2):29～62、144～161.
③ 中国科学院考古研究所甘肃工作队.甘肃永靖秦魏家齐家文化墓地[J].考古学报,1975,(2):57～96、180～191.
④ 周本雄.师赵村与西山坪遗址的动物遗存[A],见中国社会科学院考古研究所编:《师赵村与西山坪》,北京:中国大百科全书出版社,1999,335～339.

鹿、东方狍、高山麝、獗羊、斑羚、岩羊、水牛、黄牛、绵羊和山羊等 25 种。猪、黄牛、绵羊和山羊为家养动物。猪占哺乳动物最小个体总数的 11%，狗占 8%，黄牛占 9%，绵羊占 39%，绵羊的数量最多。就家养动物和野生动物的相对比例看，家养动物占哺乳动物最小个体总数的 67%，野生动物占 33%[1]，以家养动物为主。

（4）小结

齐家文化的生业方式可归纳为，大致形成农牧结合的生业方式。小麦传入，大豆和大麻成为新增加的农作物品种，形成以粟和黍为主，包括小麦、大豆和大麻在内的粟麦混作农业；传入家马和山羊，包括绵羊、猪、狗、黄牛、山羊、马在内的多品种家畜饲养方式继续发展，绵羊取代猪成为数量最多、比例最高的家养动物，呈现畜牧业的特点。但是个别遗址仍然以狩猎的方式获取肉食。

3. 菜园文化

这个时期的遗址仅有 1 处开展过动物考古研究。

宁夏回族自治区海原县林子梁遗址属于菜园文化，年代约为距今 4 800～4 000 年。经过对动物遗存的研究，确认鸟纲有鹭 1 种；哺乳纲有鼠、兔、马、猪、麝、梅花鹿、黄牛和黄羊等 8 种，猪和黄牛为家养动物，研究者未对动物遗存进行数量统计。[2]

菜园文化的生业方式可归纳为以狩猎和饲养的方式获取肉食资源，由于缺乏量化统计，难以衡量狩猎和饲养二者所占的比重。因为缺乏植物考古的资料，不能探讨其农业状况。

（四）青铜时代

在甘青地区有四坝文化、卡约文化、辛店文化和寺洼文化等四个文化，以文化为单位阐述。而新疆地区由于没有统一的文化区分框架，按照考古学家

---

[1] 李谅. 青海省长宁遗址的动物资源利用研究[D]. 吉林大学硕士学位论文, 2012.
[2] 韩康信. 宁夏海原菜园村林子梁新石器时代遗址动物骨骼鉴定[A], 见宁夏文物考古研究所、中国历史博物馆考古部编：《宁夏菜园：新石器时代遗址、墓葬发掘报告》, 北京：科学出版社, 2003, 358.

的分类,以环东天山地区、环准噶尔盆地区、环塔里木盆地区这样三个地区为单位阐述,新疆地区的一些遗址在时间上延续到铁器时代。

1. 四坝文化

这个时期开展过动植物考古的遗址有四处,以下分别阐述。

(1) 开展过动植物考古的遗址

① 甘肃省民乐县东灰山墓地。这个遗址属于四坝文化,年代约为距今3 800年。植物考古研究确认,农作物包括大麦、小麦、粟、稷和高粱。①

经过对动物遗存的定性定量研究,确认腹足纲有环纹货贝1种;瓣鳃纲有闪蚬1种;哺乳纲有狗、家猪、麝、鹿和绵羊等5种。狗、猪和羊为家养动物。猪占哺乳动物可鉴定标本总数的54%,狗占2%,羊占8%。就家养动物和野生动物的相对比例看,家养动物占哺乳动物可鉴定标本总数的64%,野生动物占36%。②

这个遗址获取食物资源的方式以种植农作物和饲养家畜为主。

② 甘肃省酒泉市干骨崖墓地和三洞坝子遗址。这个遗址的主体属于四坝文化,年代约为距今3 800~3 500年。植物考古研究确认,三坝洞子遗址的农作物包括粟、黍、小麦、大麦和裸麦,非农作物包括禾本科、藜属、疑似猪毛菜属和马齿苋科。③

经过对动物遗存的定性定量研究,确认哺乳纲有鼠、竹鼠、啮齿目、食肉动物未定种、马、猪、中或小型鹿科动物未定种、盘羊、羚亚科动物未定种、黄牛、绵羊、山羊、大型偶蹄目动物未定种、中或小型偶蹄目动物未定种等14种。马、猪、黄牛、绵羊和山羊为家养动物。猪占哺乳动物可鉴定标本总数的

---

① 李璠、李敬仪、卢晔等.甘肃省民乐县东灰山新石器遗址古农业遗存新发现[J].农业考古,1989,(1):56~69,73,52.李水城、莫多闻.东灰山遗址炭化小麦年代考[J].考古与文物,2004,(6):51~60.许永杰.关于民乐东灰山遗址炭化农作物年代的订正[A],见中国考古学会编:《中国考古学会第11次学会论文集》,北京:文物出版社,2010,196~201.李水城、王辉.东灰山遗址炭化小麦再议[A],见北京大学考古文博学院、北京大学中国考古学研究中心编:《考古学研究》(十),北京:科学出版社,2013,399~405.
② 祁国琴.东灰山墓地兽骨鉴定报告[A],见甘肃省文物考古研究所、吉林大学北方考古研究室编:《民乐东灰山考古——四坝文化墓地的揭示与研究》,北京:科学出版社,1998,184~185.
③ 蒋宇超、李水城.酒泉三坝洞子遗址出土植物遗存的初步分析[A],见甘肃省文物考古研究所、北京大学考古文博学院编著:《酒泉干骨崖》,北京:文物出版社,2016,415~417.

11%,羊占26%(其中绵羊占2%、山羊占0.5%、未定种属羊占23%),黄牛占4%,马占1%。就家养动物和野生动物的相对比例看,家养动物占哺乳动物可鉴定标本总数的42%,野生动物占54%。①

这个遗址获取食物资源的方式以种植农作物为主,狩猎野生动物占有较高的比例,野生动物的数量稍多于家养动物。

③ 甘肃省张掖市西城驿遗址。这个遗址属于四坝文化时期的年代约为距今3 700~3 500年。植物考古研究确认,西城驿文化(马厂晚期向四坝文化过渡,距今约4 000~3 700年)的农作物包括粟和黍,粟占农作物种子总数的86%,黍占14%;四坝文化的农作物包括粟、黍、小麦、大麦和大麻,粟占农作物种子总数的57%,黍占29%,小麦占11%,大麦占3%,另有大麻2粒。②

经过对动物遗存的定性定量研究,确认鸟纲至少有大型、中型和小型3种;哺乳纲有鼠科动物未定种、兔、狗、小型食肉动物未定种、猪、大型鹿科动物未定种、牛和绵羊等8种。狗、猪、黄牛和绵羊为家养动物。猪占哺乳动物可鉴定标本总数的15%,狗占3%,牛占6%,绵羊占67%,家养动物以绵羊为主。就家养动物和野生动物的相对比例看,家养动物占哺乳动物可鉴定标本总数的91%,野生动物占9%。另外,绵羊的年龄结构中,年龄大的数量较多,似乎表明绵羊除作为肉食之外,还被用以获取羊奶或羊毛等次级产品。③

这个遗址获取食物资源的方式以种植农作物和饲养家畜为主,家畜中绵羊比例最高,其年龄结构似乎显示当时存在开发次级产品的行为。

④ 甘肃省玉门市火烧沟遗址。这个遗址属于四坝文化,年代为距今3 700~3 500年。植物考古研究发现,随葬的大陶罐中,有的存有粟粒。

火烧沟墓葬中随葬有狗、马、猪、牛和羊等,其中羊骨普遍较多。④

这个遗址获取食物资源的方式以农业和畜牧业为主。

---

① 傅罗文.酒泉干骨崖、三坝洞子遗址出土动物骨骼分析研究[A],见甘肃省文物考古研究所、北京大学考古文博学院编著:《酒泉干骨崖》,北京:文物出版社,2016,289~291、406~414、418~427.
② 范宪军.西城驿遗址炭化植物遗存分析[D].山东大学硕士学位论文,2016.蒋宇超、陈国科、李水城.甘肃张掖西城驿遗址2010年浮选结果分析[J].华夏考古,2017,(1):62~68.
③ 宋艳波、陈国科、王辉.张掖西城驿遗址2014年出土动物遗存分析[A],见山东大学文化遗产研究院编:《东方考古》第13集,北京:科学出版社,2016,233~242.
④ 甘肃省博物馆.甘肃省文物考古工作三十年[A],见文物编辑委员会编:《文物考古工作三十年》,北京:文物出版社,1979,143.

（2）小结

四坝文化的生业方式可归纳为农牧业相结合。农作物品种包括粟、黍、小麦、大麦、裸麦和高粱等，以粟为主，麦类作物的栽培似乎较为普及；[①] 当时可能已经引入骆驼[②]，家养动物种类包括狗、马、骆驼、猪、黄牛、绵羊和山羊等。四坝文化的生业方式可以分为东西两区，以东灰山墓地为代表的东区以农业为主，家猪的数量最多；而以干骨崖遗址为代表的西区尽管同样以农业为主，但是羊的数量最多。[③] 有的遗址狩猎野生动物仍占有一定比例。当时可能存在对绵羊进行开发次级产品的行为。

2. 卡约文化

这个时期仅有 2 处遗址开展过植物考古的工作，以下分别阐述。

（1）仅开展过植物考古的遗址

① 青海省互助县丰台遗址。属于卡约文化，年代为距今 3 200～2 800 年。植物考古研究确认，农作物包括大麦（很可能是青稞）、小麦和粟，其中大麦数量最多，占农作物总数的 92%，次之为粟和小麦，但数量比例均未超过 5%；非农作物包括蓼属、拉拉藤属、黍亚科、早熟禾亚科和苋科，大多属于田间杂草。按量化统计的结果，农作物占种子总数的 30%。当时的生业方式以种植大麦为主的农业生产为主体，在齐家文化向卡约文化的转变过程中，没有农业向畜牧业的根本转变。[④] 淀粉粒包括小麦族（小麦属和大麦属）、粟、豆科、百合科和块根块茎类等，也可能包括高粱，表明通过农作物栽培和采集，获取多样性的植物资源。[⑤]

② 青海省循化县阿哈特拉山遗址。与丰台遗址相同，农业生产以混种麦

[①] 四坝文化研究[A]，见甘肃省文物考古研究所、北京大学考古文博学院编：《酒泉干骨崖》，北京：文物出版社，2016，294～315.
[②] 甘肃省博物馆. 甘肃省文物考古工作三十年[A]，见文物编辑委员会编：《文物考古工作三十年》，北京：文物出版社，1979，139～153.
[③] 包曙光. 四坝文化殉牲研究——以东灰山墓地为例[J]. 考古与文物，2017，(3)：55～58.
[④] 中国社会科学院考古研究所、青海省文物考古研究所（赵志军执笔）. 青海互助丰台卡约文化遗址浮选结果分析报告[J]. 考古与文物，2004，(2)：85～91.
[⑤] 李明启、葛全胜、王强等. 青海卡约文化丰台遗址灰坑古代淀粉粒揭示的植物利用情况[J]. 第四纪研究，2010，30(2)：372～376.

类作物和粟等不同农作物为特点。①

（2）小结

卡约文化的生业方式可归纳为栽培多种农作物,强化了种植大麦;在动物考古方面尚没有开展工作。

3. 辛店文化

这个时期仅开展过植物考古和动物考古的遗址各1处,以下分别阐述。

（1）仅开展过植物考古的遗址

青海省民和县官亭盆地辛店文化遗址（包括二方、喇嘛峰、鲍家、文家沟、中川农场）中,植物考古研究确认,农作物包括黍、粟、小麦和大麦,粟占农作物种子总数的44%,黍占48%,小麦占6%,大麦占1%;非农作物包括黍亚科、大麻、豆科和猪毛菜等,其中黍亚科占植物种子总数的15%,豆科占1%。就农作物和非农作物的相对比例看,农作物占植物种子总数的63%②,以农作物为主。

（2）开展过动物考古的遗址

青海省民和县喇家遗址属于辛店文化层的年代约为距今3 600～2 600年。经过对动物遗存的定性定量研究,确认哺乳纲有马、猪、鹿科动物未定种、黄牛、绵羊和山羊等6种。猪、黄牛、绵羊、山羊和马为家养动物。猪占哺乳动物可鉴定标本总数的6%,黄牛占6%,羊（主要是绵羊）占83%,马占2%,以羊为主。就家养动物和野生动物的相对比例看,家养动物占哺乳动物可鉴定标本总数的96%,野生动物分别占4%③,以家养动物占绝对多数,家养动物中羊的数量最多。

（3）小结

辛店文化的生业方式可归纳为栽培多种农作物,农作物品种包括粟、黍、小麦和大麦等,以黍为主;畜牧业占据主导地位,家养动物中以羊为主。

---

① 赵志军.有关青海东部地区青铜时代文化经济形态的一些新认识[A],见中国社会科学院考古科技中心编：《科技考古》第一辑,北京：中国社会科学出版社,2005,187~200.
② 张小虎.青海官亭盆地植物考古调查收获及相关问题[J].考古与文物,2012,(3)：26~33.
③ 吕鹏,袁靖.青海民和喇家遗址动物遗存的鉴定和研究[J].待刊.

4. 寺洼文化

这个时期仅有 1 处遗址开展过动物考古。

(1) 仅开展过动物考古的遗址

甘肃省庄浪县徐家碾墓地属寺洼文化,年代约为距今 3 200~3 100 年。经过对动物遗存的定性定量研究,确认哺乳纲有种属不明的食肉动物、马、家猪、黄牛、绵羊和山羊等 6 种。猪、黄牛、绵羊、山羊和马为家养动物。猪占哺乳动物可鉴定标本总数的 5%,黄牛占 82%,绵羊占 10%,马占 2%。就家养动物和野生动物的相对比例看,家养动物占哺乳动物可鉴定标本总数的 99%,野生动物占 0.39%。[①] 这是墓地的研究结果,可作为认识当时生业状况的一个参考。

(2) 小结

寺洼文化的生业方式可归纳为在获取动物资源方面以畜牧业占据主导,家养动物中以黄牛为主,羊也占有很高的比例。由于缺乏植物考古的资料,其农业状况不详。

5. 环东天山地区

该区域开展过动植物考古的遗址有 4 处,仅开展过植物考古的遗址有 6 处,分别阐述如下。

(1) 开展过动植物考古的遗址

①新疆维吾尔自治区鄯善县洋海墓地。这个墓地的年代在公元前 1300~前 200 年,大体属于苏贝希文化。[②] 在遗址的植物遗存中发现了黍、青稞和普通小麦 3 种粮食作物[③],葡萄可能为园艺栽培植物[④],以及大麻、芦苇、

---

① 袁靖、杨梦菲.甘肃庄浪徐家碾寺洼文化墓葬出土动物骨骼研究报告[A],见中国社会科学院考古研究所编:《徐家碾寺洼文化墓地——1980 年甘肃庄浪徐家碾考古发掘报告》,北京:科学出版社,2006,238~244.
② 新疆吐鲁番学研究院、新疆文物考古研究所.新疆鄯善洋海墓地发掘报告[J].考古学报,2011,(1):99~150.
③ 蒋洪恩、李肖、李承森.新疆吐鲁番洋海墓地出土的粮食作物及其古环境意义[J].古地理学报,2007,(5):551~558.
④ Jiang, H., Y. Zhang, X. Li, *et al*. Evidence for early viticulture in China: proof of a grapevine (Vitis vinifera L., Vitaceae) in the Yanghai Tombs, Xingjiang [J]. *Journal of Archaeological Science*, 2009,36(11):1458-1465.

胡杨、香蒲属、柳属、小獐毛、稗子、小花紫草、苦豆子、虎尾草、黑果枸杞等可能生长在遗址周边的植物遗存。①

洋海墓地并没有独立的动物考古学研究,仅在发掘报告中提及,墓地中随葬了部分动物肢体,这些动物包括羊、牛、马,以及少量的狗;在晚期墓葬中还发现了随葬的完整马匹。②

依据墓地的资料,这个遗址获取食物资源的方式似乎以种植农作物和饲养家畜为主,青稞、麦类及马、牛、羊占据主要地位。

② 新疆维吾尔自治区哈密市艾斯克霞尔墓地。这个墓地属于焉不拉克文化,年代在公元前1000年左右。③ 遗址出土的植物遗存中除青稞可能为栽培作物外,胡杨、柽柳属、柳属、香蒲属、猪毛菜属、芦苇、小獐毛、中亚天仙子、麦蓝菜、大颖三芒草、花花柴、黑果枸杞、涩荠等13种植物应是野生植被。④

遗址并未开展专门的动物考古研究,但发掘简报表明,墓地出土了部分羊骨,并随葬有羊皮制品。⑤

依据墓地的资料,这个遗址获取食物资源的方式似乎以种植青稞和养羊为主。

③ 新疆维吾尔自治区鄯善县苏贝希遗址。这个遗址位于吐鲁番,环东天山区的苏贝希文化以此命名,时代在公元前500年~前200年。⑥ 苏贝希墓地出土的大植物遗存有随葬在墓葬中的芦苇,但并未作定量分析。淀粉粒的分析显示,墓葬中出土的面条、面饼可能是由黍制作的。发掘简报中提及墓葬中有随葬羊腿、羊头的现象,未作具体数量统计。⑦

---

① 蒋洪恩. 吐鲁番洋海墓地植物遗存与古洋海人及环境之间的关系[D]. 中国科学院研究生院博士论文,2006.
② 新疆吐鲁番学研究院、新疆文物考古研究所. 新疆鄯善洋海墓地发掘报告[J]. 考古学报,2011,(1):99~150.
③ 新疆文物考古研究所、哈密地区文物管理所. 新疆哈密市艾斯克霞尔墓地的发掘[J]. 考古,2002,(6):30~41.
④ Zhang, G., Y. Wang, M. Spate, et al. Investigation of the diverse plant uses at the South Aisilexiaer Cemetery (~2700 - 2400 years BP) in the Hami Basin of Xinjiang, Northwest China [J]. Archaeological and Anthropological Science,2019,11(3):699 - 711.
⑤ 新疆文物考古研究所、哈密地区文物管理所. 新疆哈密市艾斯克霞尔墓地的发掘[J]. 考古,2002,(6):30~41.
⑥ 新疆文物考古研究所、吐鲁番地区博物馆. 新疆鄯善县苏贝希遗址及墓地[J]. 考古,2002,(6):42~57.
⑦ Gong Y., Y. Yang, D. Ferguson et al. Investigation of ancient noodles, cakes, and millet at the Subeixi site, Xinjiang, China[J]. Journal of Archaeological Science,38(4):470 - 479.

依据墓地的资料,这个遗址获取食物资源的方式似乎以种植农作物和养羊为主。

④ 新疆维吾尔自治区巴里坤县石人子沟(东黑沟)遗址。石人子沟遗址(原称东黑沟遗址)的年代相当于战国晚期到西汉早期。① 石人子沟遗址对植物遗存进行了采样浮选,鉴定出青稞、普通小麦、粟和黍等农作物遗存,其中青稞占99%,其他碳化种子分别是藜、麦仁珠、禾本科、豆科、莎草科、蓼科、蔷薇科和十字花科、茜草科、菊科、旋花科、罂粟科、松科和柏科植物等14个科属种。② 绝对数量、出土概率和出土密度表明,青稞可能是当时的主要农作物。

遗址出土的动物遗存中腹足纲动物有琥珀螺1种,鸟1种,哺乳纲有狗、马、猪、骆驼、狍、中型鹿科动物未定种、黄牛、绵羊、山羊、羚羊、盘羊、啮齿动物未定种和兔等14种,绵羊数量最多,其次为马和黄牛,其余动物数量较少。③ 石人子沟和西沟遗址出土的马脊椎上发现了骨质增生、关节面不对称、骨骺上有水平裂缝、棘突相压或相接等异常现象,可能和游牧民族的骑乘行为有关。④

这个遗址获取食物资源的方式以种植农作物和饲养家畜为主,青稞及马、牛、羊占据主要地位,骆驼是新发现的家畜,有比较鲜明的游牧经济特色。

(2) 仅开展过植物考古的遗址

① 新疆维吾尔自治区吉木萨尔县乱杂岗子遗址。这个遗址属于乱杂岗子-半截沟文化,年代约公元前1400~前800年。⑤ 遗址出土的植物有粟、普通小麦和青稞。⑥

② 新疆维吾尔自治区哈密市五堡墓地。五堡墓地的年代在公元前1300~前1000年,属于焉不拉克文化。⑦ 遗址出土了粟、黍、青稞(大麦)、普通小麦

---

① 新疆文物考古研究所、西北大学文化遗产与考古学研究中心.新疆巴里坤县东黑沟遗址2006~2007年发掘简报[J].考古,2009,(1):3~27.
② 田多.公元前一千纪东天山南地区的植物考古学研究:以石人子沟遗址群为中心[D].西北大学博士论文,2018.
③ 尤悦.新疆东黑沟遗址出土动物骨骼研究[D].中国社会科学院研究生院博士论文,2012.
④ 李悦,尤悦,刘一婷等.新疆石人子沟与西沟遗址出土马骨脊椎异常现象研究[J].考古,2016,(1):108~120.
⑤ 中国社会科学院考古研究所新疆队.新疆吉木萨尔县乱杂岗子遗址调查简报[A],见吉林大学边疆考古研究中心编:《边疆考古研究》第13辑,北京:科学出版社,2013,43~52.
⑥ Jia, P. , A. Betts, X. H. New evidence for Bronze Age agricultural settlements in the Zhunge'er (Junggar) Basin [J]. *Field archaeology* ,2011,36(4):259-280.
⑦ 新疆文物考古研究所.哈密五堡墓地151、152号墓[J].新疆文物,1992,(3):2.

等农作物和狗尾巴草、苦豆子。①

③ 海子沿遗址和卡子湖遗址。海子沿遗址和卡子湖遗址均位于巴里坤盆地,两处遗址进行了土样浮选。海子沿遗址年代约为公元前1300年~前800年,鉴定出了12个科的植物遗存,其中青稞数量占绝对优势,农作物还有小麦和黍,其他植物包括狗尾草、野燕麦、针茅属、黄芪属、草木犀属、骆驼刺属、藜、苔草属、蛇莓属、麦仁珠、麦蓝菜、蓼属、堇菜属、芸薹属、独行菜属、白刺属和松科植物。②

卡子湖遗址仅进行了试掘,与海子沿遗址文化面貌相近,浮选发现了青稞和麦仁珠。③

④ 阿拉沟墓地遗址和鱼儿沟遗址。阿拉沟墓地和鱼儿沟遗址相距仅1公里,位于乌鲁木齐市达坂城区,也属于环东天山区,年代分别为公元前1300~前600年、公元前2900~公元元年前后。④ 出土了普通小麦、大麦、黍和粟4种作物,狗尾草、稗草、虎尾草、益母草、芦苇、香蒲属植物、蓼科植物、田旋花、莎草科植物、苦豆子、黑果枸杞、麻黄、苍耳、大枣和杉树等15种野生植物遗存,其中麻黄和苍耳可能作为草药使用。⑤

⑤ 阔腊遗址和盐池古城。阔腊遗址和盐池古城均位于喀尔里克山北路,同属环东天山区,前者年代可能贯穿整个公元前1000年,后者年代上限应为青铜时代。阔腊遗址浮选出的植物以青稞为主,其他包括黍、狗尾草、草木犀属、藜、杂配藜、虫实属、苔草属、蛇莓属、麦仁珠、麦瓶草、薄蒴草、麦蓝菜、遏

---

① 王炳华、刘杰龙、梅玉祥等.《新疆哈密五堡古墓出土大麦的研究[J]. 农业考古,1989,(4):70~73. 于喜凤. 新疆哈密市五堡152号古墓出土农作物分析[J]. 农业考古,1993,(3):185~189. 田多. 公元前一千纪东天山南地区的植物考古学研究:以石人子沟遗址群为中心[D]. 西北大学博士学位论文,2018,132.
② 田多. 公元前一千纪东天山南地区的植物考古学研究:以石人子沟遗址群为中心[D]. 西北大学博士学位论文,2018,120~121.
③ 田多. 公元前一千纪东天山南地区的植物考古学研究:以石人子沟遗址群为中心[D]. 西北大学博士学位论文,2018,122~123.
④ 新疆文物考古研究所. 乌鲁木齐市鱼儿沟遗址和阿拉沟墓地[J]. 考古,2014,(4):19~35.
⑤ Jiang, H., H. Wu, H. Wang et al. Ancient plant use at the site of Yuergou, Xinjiang, China: implications from desiccated and charred plant remains [J]. *Vegetation History and Archaeobotany*, 2013,22(2):129-140.

蓝菜。① 盐池古城遗址鉴定出的植物包括青稞、黄芪属、藜、苔草属、蛇莓属、麦仁珠、蓼属,共7个科属。②

⑥ 托背梁南山丘遗址。该遗址位于伊吾县托背梁村的伊吾河东岸,年代推测在公元前1000年左右。③ 遗址进行了调查和土样浮选,发现的植物有小麦、青稞、野燕麦、禾本科植物、黄芪属、草木犀属、苜蓿属、藜、虫实属、苔草属、麦仁珠、蓼属、萹蓄、芸薹属和白刺属,其中小麦穗轴发现较多,可能与作物收获和处理有关。④

(3) 小结

这个地区的生业方式为兼营农业和畜牧。农作物以青稞、粟、黍和小麦为主,还发现了栽培的葡萄;动物遗存以羊、牛和马居多,发现了骆驼,这些都可能与游牧经济相关。在距今3 500年前后到公元前200年左右没有明显的变化。

6. 环准噶尔盆地区

本地区仅有喀拉苏墓地1个遗址开展过动物考古的研究。

新疆维吾尔自治区哈巴河县喀拉苏墓地的年代涵盖早期铁器时代、汉代前后和公元8世纪前后3个时期。⑤ 已有的动物考古学研究分析了其中的一处属于早期铁器时代的高级墓葬M15出土的随葬马匹,共清理出13个个体,其中雄性12匹,马匹全部成年,部分个体有龋齿、脊椎异常、骨赘等病理现象。⑥ 该墓地的动物考古研究显示,马是阿勒泰地区古代游牧民族日常使用和随葬祭祀的重要动物资源。

这个区域仅有1处墓葬开展过动物考古研究,其随葬动物均是马。鉴于

---

① 田多.公元前一千纪东天山南地区的植物考古学研究:以石人子沟遗址群为中心[D].西北大学博士学位论文,2018,123~124.
② 田多.公元前一千纪东天山南地区的植物考古学研究:以石人子沟遗址群为中心[D].西北大学博士学位论文,2018,125~127.
③ 习通源.青铜时代至早期铁器时代东天山地区聚落遗址研究[D].西北大学博士学位论文,2014,232.
④ 田多.公元前一千纪东天山南地区的植物考古学研究:以石人子沟遗址群为中心[D].西北大学博士学位论文,2018,127~129.
⑤ 于建军,胡望林.2014年新疆哈巴河县喀拉苏墓地考古发掘新收获[J].西域研究,2015,(1):131~132.
⑥ 尤悦,于建军,陈相龙等.早期铁器时代游牧人群用马策略初探[J].西域研究,2017,(4):99~111.

遗址的墓葬性质,其出土的动物遗存可能并不能完全反映当地的生业情况,但可以推测马是当地的一种主要家畜,可能与游牧相关。

7. 环塔里木盆地区

该区域开展过动植物考古的遗址有 2 处,仅开展过植物考古和动物考古的遗址各 1 处,分别阐述如下。

(1) 开展过动植物考古的遗址

① 新疆维吾尔自治区罗布淖尔地区古墓沟遗址。古墓沟遗址主要属于小河文化,年代约在公元前 2500～前 1500 年。① 遗址中可鉴定的植物包括普通小麦、麻黄、胡杨、芨芨、红柳、麻、红花、芦苇和香蒲,反映了当地荒漠、半荒漠的植被环境和少量的农业活动。②

此遗址没有经过专门的动物考古研究。根据相关发掘记录,墓葬内发现了山羊、绵羊和牛的骨骼,以及马鹿鹿角磨制成的骨锥。③

这个遗址的生业方式以种植小麦和饲养羊和牛为主。

② 新疆维吾尔自治区罗布泊地区小河墓地。小河墓地的年代约为公元前 2000～前 1500 年,是一处早期铜器时代墓地。④ 遗址中发现了干枯的柽柳属、麻黄遗存,以及小麦、糜子、画眉草属植物等作物,当年罗布泊地区的环境可能比现在更适宜种植农作物。⑤

小河墓地的动物考古研究结果尚未发表,但在简报中提及,发现兽耳、牛皮和动物皮具。

这个遗址的生业方式以种植小麦为主,至少存在养牛的活动。

(2) 仅开展过植物考古的遗址

新疆维吾尔自治区和硕县新塔拉遗址的年代为公元前 1900～前 1500

---

① 王炳华. 古墓沟[M]. 乌鲁木齐:新疆人民出版社,2014.
②③ 王炳华. 古墓沟人社会文化生活中的几个问题[J]. 新疆大学学报,1983,(2):86～90. Zhang G., S. Wang, D. Ferguson ,et al. Ancient plant use and palaeoenvironmental analysis at the Gumugou Cemetery, Xinjiang, China: implication from desiccated plant remains [J]. *Archaeological Anthropological Science* ,2017,9(1): 145 - 152.
④ 新疆文物考古研究所. 新疆罗布泊小河墓地 2003 年发掘简报[J]. 文物,2007,(10):4～42.
⑤ Yang, R., Y. Yang, W. Li et al. Investigation of cereal remains at the Xiaohe Cemetery in Xinjiang, China [J]. *Journal of Archaeological Science* ,49(1): 42 - 47.

年。① 遗址出土的植物遗存包括小麦、青稞、黍和豆科植物,作物种植以小麦为主。②

(3) 仅开展过动物考古的遗址

新疆维吾尔自治区和静县察吾乎沟口一号墓地年代相当于西周至春秋时期,是察吾乎文化察吾乎类型的典型代表。③ 动物考古学研究表明,遗址出土了小型鹿科动物未定种、马、黄牛和绵羊等4种哺乳动物。其中马的数量78匹,占全部动物总数的78%,其次为牛20头,羊1只,小型鹿科动物未定种1只,家养动物比例为99%。④ 动物的利用和随葬方式显示了游牧民族的文化特点。

(4) 小结

这个地区的生业方式以种植农作物和饲养家畜为主,农作物主要为小麦、青稞和黍等,以小麦为主。家养动物包括马、牛和羊,似乎以马居多,表现出较为明显的游牧特征。

三、讨论

黄河上游及新疆地区在新石器时代至青铜时代的生业行为有3个特征,以下分别阐述。

(一) 生业特征

这个地区的生业形态可以分为4个阶段。

第一阶段为新石器时代中期。当时的生业特征以采集和狩猎经济为主,开始从事以黍为代表的农作物生产及饲养猪和狗为代表的家畜,但是这些活动尚处于相当次要的地位。

第二阶段为新石器时代晚期。旱作农业和家畜饲养业发展成为获取动

---

① 新疆考古研究所. 新疆和硕新塔拉遗址发掘简报[J]. 考古,1988,(6):399~407.
② 赵克良、李小强、周新郢等. 新塔拉遗址农业活动特征及其影响的植物指标记录[J]. 第四纪研究,2012,(2):219~225.
③ 中国社会科学院考古研究所新疆队、新疆巴音郭楞蒙古自治州文管所. 新疆和静县察吾乎沟口一号墓地[J]. 考古学报,1988,(1):75~99.
④ 安家瑗、袁靖. 新疆和静县察吾乎沟口一、三号墓地动物考古研究报告[J]. 考古,1998,(7):63~68.

植物资源的主要方式,形成以种植粟和黍为特点的旱作农业,完成了以黍为主向以粟为主的转化。随着家养黄牛和绵羊传入,形成以家猪为主、包括狗、黄牛和绵羊在内的多品种家畜饲养方式。但是个别地区还是以狩猎方式获取肉食。

第三阶段为新石器时代末期。旱作农业和家畜饲养业继续发展。随着小麦的传入,形成以粟和黍为主,包括小麦、大豆和大麻等在内的多种农作物栽培方式;在家养动物方面由以养猪为主转为以饲养绵羊为主,加之家马和山羊的传入,开始呈现畜牧业的特征。但是个别遗址仍然主要以狩猎的方式获取肉食。

第四阶段为青铜时代。生业方式开始出现多样性的状况。多个文化均形成粟麦混作农业。四坝文化麦类作物较多,饲养业可以分为东西两区,东区以猪为主,西区以羊为主。卡约文化强化了具有地方特色的大麦种植。辛店文化中黍的比重超过了粟,延续了以养羊为主的传统。寺洼文化的养牛业占据主导。而新疆地区的农作物中小麦和青稞较为突出,家养动物中似乎以马居多,还发现骆驼,表现出较为明显的游牧特征。

(二)自然环境的影响

根据陇东黄土高原地区秦安大地湾剖面和定西苏家湾剖面的多指标分析,距今 9 000 年以前(未校正),蜗牛为喜冷干的类型,植被为以蒿属、禾本科和菊科为主的草原,气候寒冷干旱,粒度指标也表明冬季风较强。但木本植物在逐渐增加,表明温度和湿度在逐步增加。距今 9 000～7 500 年前,乔木、灌木植物花粉的含量快速增长,乔木成分以松为主,落叶阔叶树种零星出现,蒿属、禾本科和菊科的含量逐渐降低,当时气候的总体特征为温凉略湿。距今 7 500～6 500 年前,以松为主的乔木植物花粉占据优势,气候湿润。距今 6 500～5 900 年前,孢粉中的落叶阔叶成分迅速增加,形成由松、云杉、冷杉和榆、桦、栎等组成的针阔混交林。同时,湿生、水生植物成分大量出现,气候温暖湿润。距今 5 900～5 500 年前,针叶树花粉重新占据优势,湿生、水生植物花粉仍占有一定比例,说明温暖程度下降,但仍较为湿润。距今 5 500～3 800 年前,木本植物成分的含量显著降低,蒿属等草本植物花粉扩展,水生、湿生植物花粉仍有出现,表明尽管气候的湿润程度降低,但总体上仍然较为湿润。①

塔克拉玛干沙漠北部地区5个沉积剖面的多指标分析表明,距今9 000年前后(校正情况不明),孢粉组合中以麻黄、藜、禾本科为主,代表了小半灌木盐类荒漠植被,气候温凉干燥。距今9 000～7 500年前,普遍发育风沙层,植物贫乏,气候温暖干燥,风大沙多。距今7 500～4 000年前,出现泛洪沉积,孢粉丰度提高,水生植物增多,发育了以藜、蒿、麻黄、禾本科为代表的荒漠草原植被,气候高温干燥。②

黄河上游地区对气候变化十分敏感,属于东亚季风的边缘地带,加之地势海拔高,干旱少雨,水热条件较差,生态环境非常脆弱。生业方式更易受气候波动的影响,环境因素是造成该地区考古学文化及生业转变的主因。如水涛认为,全新世高温期所形成和发展的稳定的定居农业文化,随着距今4 000年左右新冰期的来临,气候转向干冷,直接影响到农业经济,文化在许多方面呈现停滞、倒退现象,或形成小而分散、来源和关系多样的多元结构系统。因此,甘青地区畜牧经济得以发展的直接原因是距今4 000年左右开始的新冰期气候作用。③ 张小虎等从甘青地区环境与生业同步发生变化的角度出发,认为该地区距今4 000年前气候的干冷化趋势,导致由粟作农业为主转为农牧并重、畜牧成分显著增加。④ 安成邦等以较高分辨率的环境考古学入手,对甘青地区考古遗址的空间变化进行分析,认为该地区全新世中期相对湿润的气候条件是仰韶文化和马家窑文化在空间上大范围扩张的气候背景。而距今5 000～4 000年以来,气候的逐步干旱化导致齐家文化的西部分布区向南收缩,而齐家文化东部分布区因气候尚未变干而没有太大变化。⑤

---

① 安成邦、冯兆东、唐领余. 黄土高原西部全新世中期湿润气候的证据[J]. 科学通报,2003,48(21): 2280～2287.
② 冯起、王建民. 塔克拉玛干沙漠北部全新世环境演变(Ⅱ)[J]. 沉积学报,1998,16(2): 129～133.
③ 水涛. 论甘青地区青铜时代文化和经济形态转变与环境变化的关系[A],见周昆叔、宋豫秦主编:《环境考古研究》(第二辑),北京: 科学出版社,2000,65～71.
④ 张小虎、夏正楷、杨晓燕、吉笃学. 黄河流域史前经济形态对4kaB.P.气候事件的响应[J]. 第四纪研究,2008,28(6): 1061～1069.
⑤ 安成邦、王琳、吉笃学、陈发虎、王鹏. 甘青文化区新石器文化的时空变化和可能的环境动力[J]. 第四纪研究,2006,26(6): 923～927. 安成邦、冯兆东、唐领余. 甘肃中部距今4 000年前后气候干凉化与古文化变化[A],见周昆叔、莫多闻、佟佩华、袁靖、张松林主编:《环境考古研究》(第三辑),北京: 北京大学出版社,2006,231～237.

新疆处于亚洲内陆腹地，属于典型温带大陆性气候带，日温差和年温差大，降水稀少且蒸发量大。尽管存在不同海拔地区的小环境差异，但整体而言，植被发育受到限制，生态环境脆弱。因此，需要因地制宜的生业方式以维持生存生活。青稞十分多产，且产量稳定，是环境严苛、土壤贫瘠地区的理想作物。

（三）东西方文化交流与生业特征

黄河上游地区最先受到来自于中原腹地生业因素的影响，其年代可以追溯到距今 8 000～7 000 年前，黍、粟、狗和猪在黄河上游地区出现之后，当地的生业方式逐渐由采集和狩猎转变为粟、黍旱作农业和以家猪为主的家畜饲养活动；自距今 5 500 年以来，主要受到来自西亚和中亚生业因素的影响，传入新的家养动物和农作物。这个传入过程可以分为 3 个阶段：第一阶段，家养黄牛和绵羊在距今 5 500～5 000 年传入甘青地区，这些新的因素暂未引发生业方式的彻底改变；第二阶段，随着家养山羊、家马、小麦和大麦在距今 4 000 年左右的传入，家养绵羊的数量逐渐超过家猪，由此引发生业方式的较大转变，农牧结合的生业方式逐步形成；第三阶段，家马的重要性日渐凸显，加之在距今 3 000 年左右传入骆驼，这些都为黄河上游地区畜牧业的发展提供了重要的前提。

新疆地区生业特征的形成有自己的特点，但从整体上看，从不同方向传入的农作物和以草料为食物的家畜对于新疆地区畜牧及游牧方式的形成同样起到了重要的作用。

四、结论

黄河上游地区新石器时代至青铜时代生业方式由最初的以采集狩猎为主，转变为以栽培粟和黍及饲养家猪为主，狩猎采集为辅，再转变为以栽培粟和黍为主，饲养绵羊、黄牛和家猪；到最后形成不同文化种植的农作物和饲养的家畜各有侧重，羊等食草动物的数量较多，畜牧和游牧的因素增多。这是由于该地区存在适宜发展草原畜牧业的自然植被或环境，而文化交流和人群迁徙带动了食草家养动物和耐干冷农作物以及种植和饲养技术的传播。加上气候干冷化这个重要外因的刺激,在继承原有生业方式的基础上,接纳和转化新的食物生产方式,最终导致黄河上游及新疆地区转化为农牧兼营、有些文化以游牧为主的独特的生业方式。

第四章

黄河中游及华北地区新石器时代至青铜时代的生业

以黄河中游及华北地区为地域范围，涉及的行政区划主要包括内蒙古西部地区、陕西、山西、河南和河北地区。这里首先阐述新石器时代至青铜时代这个地区的考古学文化序列，然后按照黄河的流向，从西向东阐述这个地区新石器时代早、中、晚、末期及青铜时代的生业状况，在此基础上探讨当时的生业状况及相关问题。

一、时空框架

1. 新石器时代早期

这个地区属于中国新石器时代早期的遗址不多，主要有分布在华北地区的北京市怀柔区转年遗址、门头沟区东胡林遗址，河北省徐水县南庄头遗址、阳原县于家沟遗址等。①

2. 新石器时代中期

新石器时代中期主要有分布在甘肃省东部地区和陕西省关中地区的大地湾文化、主要分布在河南省中北部地区的裴李岗文化、分布于河南省南部

---

① 朱乃诚. 中国新石器时代考古研究[A], 见刘庆柱主编:《中国考古发现与研究(1949—2009)》, 北京：人民出版社, 2010, 94~195.

地区的贾湖文化、分布在河北省中南部地区的磁山文化。①

3. 新石器时代晚期

新石器时代晚期主要有分布于甘肃省东部地区、青海省东部地区、山西省南部地区、河北省南部地区、湖北省西北部地区、陕西省和河南省全境的仰韶文化半坡类型、庙底沟类型、西王村类型、后岗一期类型、大司空类型、大河村类型和下王岗类型②，分布于内蒙古自治区西部和陕西省北部的海生不浪文化类型或庙子沟文化类型③，分布于河南省南部的屈家岭文化。④

4. 新石器时代末期

新石器时代末期属于龙山时代，主要有分布于陕西地区的客省庄二期文化、分布于山西南部地区的陶寺文化、分布于河南地区的王湾三期文化。⑤

5. 青铜时代

青铜时代主要有分布在河南省西部地区为中心的黄河中游地区的二里头文化(公元前1750～1520年)⑥，分布在黄河中下游、以河南省及其邻近地区为主要范围的商(公元前1600～1046年)⑦，分布在以陕西省关中地区为主的先周文化(约为公元前1300～前1046年)⑧，主要包括陕西、河南、山西和河北地区的西周(公元前1046～前771年)⑨及春秋战国时期(公元前770～前221年)。

---

①② 朱乃诚.中国新石器时代考古研究[A],见刘庆柱主编:《中国考古发现与研究(1949—2009)》,北京:人民出版社,2010,94～195.
③ 朱乃诚.中国新石器时代考古研究[A],见刘庆柱主编:《中国考古发现与研究(1949—2009)》,北京:人民出版社,2010,158.
④⑤ 朱乃诚.中国新石器时代考古研究[A],见刘庆柱主编:《中国考古发现与研究(1949—2009)》,北京:人民出版社,2010,166.
⑥ 仇士华.关于考古年代框架[A],见仇士华著:《^{14}C 测年与中国考古年代学研究》,北京:中国社会科学出版社,2015,89～101.
⑦⑨ 夏商周断代工程专家组.夏商周断代工程1996—2000年阶段成果报告·简本[M].北京:世界图书出版公司,2000,88.
⑧ 承北京大学考古文博学院雷兴山教授告知。

二、动植物考古研究成果

（一）新石器时代早期

这个时期开展过动植物考古的遗址有 2 处，以下分别阐述。

1. 开展过动植物考古的遗址

（1）北京市门头沟区东胡林遗址

东胡林遗址的年代在距今 11 000～9 000 年。通过水洗浮选和定性定量分析，发现数量丰富的炭化植物遗存，包括可能为这个时期的粟和黍（因为保存状况极差，且数量极少，无法测年）。其生业方式主要为采集，但可能开始种植小米[1]。

该遗址还发现了大量的动物遗存，腹足纲有蜗牛和螺，瓣鳃纲有蚌类，哺乳纲有獾、猪和鹿等，以鹿类骨骼居多，没有发现驯化动物的证据。[2]

这个遗址的生业方式主要为采集和渔猎，可能出现栽培小米的行为。

（2）河北省徐水县南庄头遗址

南庄头遗址的年代为距今约 10 000 年。对该遗址的植硅体和孢粉的分析，没有发现当时存在农作物的证据。[3]

通过对 1987 年发掘出土的动物遗存进行定性或定性定量研究，确认腹足纲有中华圆田螺、萝卜螺和种属不明的螺 2 种，共 4 种；瓣鳃纲有珠蚌 1 种；爬行纲有鳖 1 种；鸟纲有鸡和鹤 2 种；哺乳纲有狼、狗、猪、麝、梅花鹿、马鹿、麋鹿和狍等 8 种。狗为家养动物。[4] 后来又对 1997 年发掘出土的动物遗存进行了定性定量研究，确认瓣鳃纲有蚌 1 种；硬骨鱼纲有种属不明的 1 种；爬行纲有鳖 1 种；鸟纲有雉和种属不明的鸟 1 种，共计 2 种；哺乳纲有兔、鼠、狗、野

---

[1] 赵志军.中国古代农业的形成过程[J].第四纪研究,2014,34(1)：73～84.
[2] 北京大学考古文博学院、北京大学考古学研究中心、北京市文物研究所.北京市门头沟区东胡林史前遗址[J].考古,2006,(7)：3～8.
[3] 李月从、王开发、张玉兰.南庄头遗址的古植被和古环境演变与人类活动的关系[J].海洋地质与第四纪地质,2000,20(3)：23～30.
[4] 保定地区文物管理所、徐水县文物管理所、北京大学考古系等.河北徐水县南庄头遗址试掘简报[J].考古,1992,(11)：961～970.

猪、梅花鹿、小型鹿科动物未定种和水牛等 7 种。对 1987 年发掘出土的鸟类遗存鉴定发现鸡和家猪,复查时发现当时的鉴定有误,应该是雉和野猪。我们确认这个遗址出土的狗是目前所知的中国最早的狗。[①] 依据对哺乳动物的最小个体数的统计,家养动物狗约占总数的 9%,鹿等野生动物约占 91%,肉食资源以野生动物为主。[②]

这个遗址的生业方式为采集和渔猎,狗虽然作为家养动物,但是没有改变当时的生业方式。

2. 小结

这个地区在新石器时代早期的生业特征主要以采集渔猎的方式获取食物资源,东胡林遗址可能已经开始种植小米,但这种行为在该地区不是普遍现象。在南庄头遗址发现目前所知的中国最早的狗,没有发现其他家养动物种类的遗存。

(二)新石器时代中期

尽管这个时期包括有大地湾文化、裴李岗文化、贾湖文化和磁山文化[③],但是由于其生业状况比较一致,这里归纳在一起阐述。这个时期开展过动植物考古的遗址有 3 处,仅开展过植物考古的遗址有 2 处,仅开展过动物考古的遗址有 3 处。以下分别阐述。

1. 开展过动植物考古的遗址
(1) 河南省舞阳县贾湖遗址

贾湖遗址主要属于贾湖文化,年代为距今约 9 000～7 800 年。通过水洗浮选和定性定量研究,发现贾湖遗址(研究者认为早、中和晚各期出土的植物遗存数量不均匀,故放在一起统计)有作为早期栽培作物的稻谷遗存,可能被种植的

[①] 袁靖. 中国动物考古学[M]. 北京: 文物出版社, 2015, 89～90.
[②] 保定地区文物管理所、徐水县文物管理所、北京大学考古系等. 河北徐水县南庄头遗址试掘简报[J]. 考古, 1992, (11): 961～970. 袁靖、李君. 河北徐水南庄头遗址出土动物遗存研究报告[J]. 考古学报, 2010, (3): 385～391.
[③] 朱乃诚. 中国新石器时代考古研究[A], 见刘庆柱主编:《中国考古发现与研究(1949—2009)》, 北京:人民出版社, 2010, 94～195.

野大豆,采集获得的栎果、菱角、莲藕等可食用的野生植物遗存,还有其他杂草类遗存。当时的生产活动仍然以采集为主,稻谷种植仅是辅助性的生产活动。①

对20世纪80年代中期进行的6次发掘及2001年发掘出土的动物遗存进行定性或定性定量研究,确认瓣鳃纲有杜氏珠蚌、珠蚌未定种、江西楔蚌、巨首楔蚌、圆头楔蚌、楔蚌未定种、楔丽蚌、拟丽蚌、失衡丽蚌、丽蚌未定种、剑状矛蚌、短褶矛蚌、冠蚌未定种和河蓝蚬等14种;硬骨鱼纲有青鱼和鲤鱼2种;爬行纲有黄缘闭壳龟、中国花龟、中华鳖和扬子鳄等4种;鸟纲有天鹅、环颈雉、丹顶鹤等3种;哺乳纲有兔、狗、貉、紫貂、狗獾、豹猫、野猪、家猪、獐、小鹿、梅花鹿、麋鹿、黄牛、水牛和羊等15种。研究者对20世纪80年代中期6次发掘出土的动物遗存进行鉴定,认为狗、家猪、牛和羊可能为家养动物,但是并未阐明猪、牛和羊属于家养动物的可靠证据,也未统计动物遗存。从报告的内容分析,当时以野生动物为主。② 我们对2001年发掘出土的动物遗存进行定性定量研究发现,动物种类与以前的研究大致相似,确认家养动物有狗和猪,猪是新出现的家养动物。依据统计结果,狗和家猪等家养动物在贾湖遗址一至三期出土的哺乳动物中的最小个体数分别为10%、13%、21%,当时获取的肉食资源以野生动物为主。③

这个遗址的生业方式以采集和渔猎为主,栽培农作物和饲养家畜为辅。

(2) 河南省渑池县班村遗址

班村遗址包括多个文化层。通过水洗浮选,在距今约7 000年的裴李岗文化层里发现朴树、山茱萸、栎属、紫苏和野大豆。朴树可能与食用有关④,由此可见,采集可能是当时的主要生产活动。

通过对年代为距今约7 900～7 500年的裴李岗文化层里出土的动物遗存进行定性定量研究,确认硬骨鱼纲有种属不明1种,哺乳纲有猴、兔、狗、家猪、

---

① 赵志军、张居中. 贾湖遗址2001年度浮选结果分析报告[J]. 考古,2009,(8):84～93.
② 黄万波. 动物群落[A],见河南省文物考古研究所编著:《舞阳贾湖》,北京:科学出版社,1999,785～805.
③ 罗运兵、袁靖、杨梦菲. 贾湖遗址第七次发掘出土动物遗存研究报告[A],见河南省文物考古研究院、中国科学技术大学科技史与科技考古系编著:《舞阳贾湖》(二),北京:科学出版社,2015,333～370.
④ 孔昭宸、刘长江、张居中. 渑池班村新石器遗址植物遗存及其在人类环境学上的意义[J]. 人类学学报,1999,18(4):291～295.

梅花鹿和小型鹿科动物未定种等6种。狗和家猪为家养动物。依据最小个体数的统计,哺乳纲中狗、家猪等家养动物约占总数的59%,鹿等野生动物占41%①,当时似乎以家养动物为主获取肉食资源。

这个遗址的生业方式似乎以采集和饲养家畜为主。

(3) 河北省武安市磁山遗址

磁山遗址属于磁山文化,年代为距今约8 000年。在1981年发表的考古报告中提到,在多个灰坑中堆积风化的小米。② 后来,吕厚远等专门对磁山遗址出土的小米植硅体进行研究,发现黍的数量明显多于粟。③ 这个认识与其他地区距今约8 000年的遗址中出土的炭化小米中,黍的数量多于粟的数量的研究结果一致④。

通过对动物遗存进行定性研究,确认瓣鳃纲有丽蚌1种,硬骨鱼纲有草鱼1种,爬行纲有鳖1种,鸟纲有家鸡和豆雁2种,哺乳纲有猕猴、东北鼢鼠、蒙古兔、狗、狗獾、花面狸、小型食肉动物未定种、金钱豹、野猪、家猪、獐、赤鹿、梅花鹿、马鹿、麋鹿、狍和短角牛等17种。狗和家猪为家养动物。研究者未统计动物遗存,但是认为野生动物遗存的数量占哺乳动物总数的半数以上,猪骨数量远不如仰韶文化遗址或者龙山文化遗址中的猪骨那样占绝对优势。⑤ 当时获取的肉食资源似乎以野生动物为主。

这个遗址的生业方式中包括种植农作物,农作物中黍多于粟,但是农作物是否在植物性食物中占据主要地位尚不清楚;获取肉食资源以渔猎为主,饲养家畜为辅。

2. 仅开展过植物考古的遗址

(1) 河南省新郑县裴李岗遗址

通过对距今约8 500~7 000年的裴李岗遗址出土的淀粉粒进行研究,发

---

① 袁靖. 中国新石器时代居民获取肉食资源的方式[J]. 考古学报,1999,(1):1~22.
② 河北省文物管理处、邯郸市文物保管所. 河北武安磁山遗址[J]. 考古学报,1981,(3):303~338.
③ Lu Houyuan, Jianping Zhang, Kam-biu Liu, et al. Earliest domestication of common millet (*Panicum miliaceum*) in East Asia extended to 10,000 years ago [J]. *Proceedings of the National Academy of Sciences*, 2009,106(18):7367-7372.
④ 赵志军. 中国古代农业的形成过程[J]. 第四纪研究,2014,34(1):73~84.
⑤ 周本雄. 河北武安磁山遗址的动物骨骸[J]. 考古学报,1981,(3):339~347.

现橡子、粟或黍或薏苡属、根茎类,以橡子的淀粉粒数量最多,可能为粟或黍的淀粉粒数量极少,反映出当时获取植物性食物以采集为主。①

(2) 河北省易县北福地遗址

北福地遗址的年代为距今约 8 000～7 000 年。在该遗址的灰坑中发现炭化的核桃楸果核和栎属种子,这是当时人开展采集活动的证据②,当时可能以采集的方式获取植物性食物。

3. 仅开展过动物考古的遗址

(1) 陕西省宝鸡市关桃园遗址

关桃园遗址包括多个文化层。定性定量研究确定,年代为距今约 7 800～6 900 年的关桃园类型时期(从广义上讲,可归入大地湾文化)发现鸟纲有鹤和鸡 2 种,哺乳纲有金丝猴、赤狐、黑熊、原麝、黄麂、獐、梅花鹿、水鹿、狍、青羊、家猪和黄牛等 12 种。家猪是家养动物,最小个体数约占全部动物总数的 8%,鹿等野生动物约占 92%。北首岭下层类型时期(从广义上讲,可归入大地湾文化)确认瓣鳃纲有圆顶珠蚌 1 种,硬骨鱼纲有鲤鱼 1 种,鸟纲有雕、鹤和鸡 3 种,哺乳纲有金丝猴、中华鼢鼠、中华竹鼠、赤狐、黑熊、猪獾、普氏野马、苏门犀、家猪、原麝、黄麂、獐、狍、斑鹿、水鹿、鹿、麋鹿、黄牛、圣水牛和青羊等 20 种。家猪是家养动物,最小个体数占全部动物总数的 6%,鹿等野生动物约占 94%。③ 当时获取的肉食资源以野生动物为主。

(2) 陕西省西安市临潼区白家村遗址

白家村遗址属于白家村文化(从广义上讲,可归入大地湾文化),年代为距今约 8 000～7 000 年。通过对动物遗存进行定性定量研究,确认瓣鳃纲有种属不明的蚌 1 种,硬骨鱼纲有鲇鱼 1 种,鸟纲有雉 1 种,哺乳纲有竹鼠、狗、貉、猫、家猪、獐、马鹿、黄羊和水牛等 9 种。依据可鉴定标本数的统计,狗、家

---

① 张永辉、翁屹、姚凌等. 裴李岗遗址出土石磨盘表面淀粉粒的鉴定与分析[J]. 第四纪研究,2011,31(15):891～899.
② 刘长江、孔昭宸. 北福地遗址出土的植物遗存[A],见河北省文物研究所段宏振主编:《北福地》,北京:文物出版社,2007,344～345.
③ 胡松梅、张云翔、张天恩. 宝鸡关桃园遗址动物环境考古研究[J]. 西北大学学报(自然科学版),2007,(2):115～118. 胡松梅. 遗址出土动物遗存[A],见陕西省考古研究院、宝鸡市考古工作队:《宝鸡关桃园》,北京:文物出版社,2007,283～318.

猪和水牛等家养动物约占全部哺乳动物总数的60%,野生动物约占40%。[①] 这里必须指出的是,研究者将水牛归入家养动物,但是没有说明理由,故不能讨论其可靠性,只能按存疑处理。这个地区在后来数千年的历史中也未曾发现家养水牛的证据,如果将水牛归入野生动物的话,猪等家养动物仅占哺乳动物总数的36%,当时获取的肉食资源以野生动物为主。

(3) 陕西省商洛市紫荆遗址

紫荆遗址包含多个文化层,通过对年代为距今约7 900~7 000年的老官台文化层(从广义上讲,可归入大地湾文化)出土的动物遗存进行定性定量研究,确认腹足纲有中华圆田螺1种,瓣鳃纲有杜氏珠蚌1种,两栖纲有青蛙1种,爬行纲有黄颌蛇科、中国鳖2种,鸟纲有种属不明的1种,哺乳纲有鼢鼠、兔、狗、野猫、苏门犀、家猪、獐、梅花鹿等8种。其中,狗和家猪这两种家养动物的可鉴定标本数约占哺乳动物总数的21%,鹿等野生动物占79%。[②] 当时获取的肉食资源以野生动物为主。

4. 小结

这个地区新石器时代中期的生业特征是在原有的采集渔猎的基础上,出现栽培作物和家养动物,其中栽培作物有粟、黍和水稻,家养动物有狗和猪。从各个遗址的植物遗存上看,栽培作物并非普遍现象,且属于栽培作物的数量也不多,栽培作物中黍多于粟,发现水稻的遗址分布在黄河中游的南部地区。从各个遗址的动物遗存看,新石器时代早期已经出现的狗,在中期的每个遗址中都存在。此外,每个遗址都发现家猪,这是一种新的家养动物。但是,仅班村遗址的家养动物数量稍高于野生动物,其他遗址均仍以野生动物为主。由此可见,这个时期主要以采集渔猎为主、栽培作物和家养动物为辅的生业方式获取食物资源。

---

① 周本雄.白家村遗址动物遗存鉴定报告[A],见中国社会科学院考古研究所编著:《临潼白家村》,成都:巴蜀书社,1994,123~126.
② 王宜涛.紫荆遗址动物群及其古环境意义[A],见周昆叔主编:《环境考古研究》(第一辑),北京:科学出版社,1991,96~99.

(三) 新石器时代晚期

这个时期开展过动植物考古研究的遗址有 3 处,仅开展过植物考古的遗址有 4 处,仅开展过动物考古的遗址有 21 处。以下分别阐述。

1. 开展过动植物考古研究的遗址

(1) 陕西省华阴市兴乐坊遗址

兴乐坊遗址属于仰韶文化庙底沟类型,距今约 5 900～5 600 年。通过水洗浮选和定性定量分析,发现农作物有粟、黍和稻,但是稻的出土数量和概率均较低。此外还发现野大豆、蓼属、车前属、筋骨草属、花椒属、报春花科和茄科等。兴乐坊遗址在粟作农业的基础上发展了水稻种植,形成粟稻混作的特点,以粟为主。①

通过对动物遗存进行定性定量研究,确认腹足纲有中华圆田螺 1 种,瓣鳃纲有圆顶珠蚌 1 种,鱼纲不明种属 1 种,鸟纲有鸡和鹌鹑 2 种,哺乳纲有狗、家猪、獐、梅花鹿和青羊等 5 种。依据最小个体数的统计,家养动物狗和家猪约占哺乳动物总数的 89%,野生动物约占 11%。② 肉食资源中以家养动物为主。

这个遗址的生业方式以种植农作物和饲养家畜为主。

(2) 河南省灵宝市西坡遗址

西坡遗址是属于仰韶文化庙底沟类型的居住址,年代为距今约 5 300～5 000 年。通过水洗浮选和定性定量研究,炭化农作物遗存中,粟的数量比例占所有出土农作物籽粒总数的 91%,出土概率为 91%;黍占 9%,出土概率为 82%;两种小米合计在农作物籽粒总数中所占比例高达 99%。水稻的数量占所有出土农作物籽粒总数的 0.6%,出土概率为 36%。根据统计结果,西坡遗址的农业生产是以种植粟和黍两种小米为主,当时的水稻数量极少,不能完全肯定是传入的还是在当地种植的。其他植物种子属于禾本科、唇形科、蔷

---

① 刘焕、胡松梅、张鹏程等.陕西两处仰韶时期遗址浮选结果分析及其对比[J].考古与文物,2013,(4):106~112.
② 胡松梅、杨岐黄、杨苗苗.陕西华阴兴乐坊遗址动物遗存分析[J].考古与文物,2011,(6):117~125.

薇科、豆科、藜科、茄科、菊科等。①

通过对动物遗存进行定性定量研究,确认腹足纲有中国蜗牛、环棱螺 2 种,瓣鳃纲有河兰蚬和雕饰珠蚌 2 种,两栖纲有蛙 1 种,鸟纲有雉 1 种,哺乳纲有猕猴、仓鼠、鼢鼠、中华竹鼠、豪猪、兔、狗、貉、熊、马、家猪、麝、獐、梅花鹿、鹿、黄牛、绵羊/山羊和羚羊等 18 种。可以肯定出自仰韶文化层的家养动物为狗和家猪,依据最小个体数的统计,猪等家养动物约占全部哺乳动物总数的 60%,鹿等野生动物约占 40%。在家养动物中猪的最小个体数约占总数的 98%,狗占 2%。② 肉食资源中以家养动物为主。

这个遗址的生业方式以种植农作物和饲养家畜为主。

(3) 河南省渑池县班村遗址

在班村遗址公元前 2900～前 2400 年的庙底沟二期文化层里发现大量的粟。③

庙底沟二期文化层里发现的家养动物在全部哺乳动物中占 69%,野生动物占 31%。家养动物中家猪占 95%,狗占 5%。④ 肉食来源主要是家养动物。

这个遗址的生业方式以种植农作物和饲养家畜为主。

2. 仅开展过植物考古的遗址

(1) 陕西省白水县下河遗址

下河遗址属于仰韶文化庙底沟类型,距今约 5 900～5 600 年。通过水洗浮选和定性定量分析,发现植物遗存中数量最多的是粟和黍。此外还发现野大豆、蓼属、车前属、筋骨草属、花椒属、报春花科和茄科等。当时以粟作农业为主。⑤

(2) 河南省三门峡市南交口遗址

南交口遗址属于新石器时代,从分属于仰韶文化早期、中期庙底沟类型的文化层中采集土样,通过水洗浮选及定性分析,发现距今约 6 000～5 750 年

---

① 农业研究课题组(赵志军执笔).3500BC～1500BC 中国文明形成与早期发展阶段的技术与经济研究——农业研究[A].见中国社会科学院考古研究所科技考古中心编:《科技考古》第三辑,北京:科学出版社,2011,1～35.
② 马萧林.河南灵宝西坡遗址动物群及相关问题[J].中原文物,2007,(4):48～61.
③ 孔昭宸、刘长江、张居中.渑池班村新石器遗址植物遗存及其在人类环境学上的意义[J].人类学学报,1999,18(4):291～295.
④ 袁靖.中国新石器时代居民获取肉食资源的方式[J].考古学报,1999,(1):1～22.
⑤ 刘焕、胡松梅、张鹏程等.陕西两处仰韶时期遗址浮选结果分析及其对比[J].考古与文物,2013,(4):106～112.

的一期的炭化农作物有粟、黍和稻等,稻的数量较少,还有杂草种子狗尾草、藜科、唇形科和菱角碎块等。距今约5 450~5 050年的二期的炭化农作物有粟、黍和稻等,稻的数量增多,形成粟稻混作的方式。杂草种子增加了牛筋草、黍属、稗属和豆科等。①

(3) 河南省鹤壁市刘庄遗址

刘庄遗址属于仰韶时代晚期大司空类型,年代为距今约5 050~4 650年。对土样进行水洗浮选和定性定量分析,发现粟、黍等农作物,以粟为主,其他还有黍亚科、野大豆和豆科等。②

(4) 河南省颍河流域中上游调查

调查属于距今约5 000年前的仰韶文化的登封县袁桥遗址、石羊关遗址、杨村遗址,对样品进行水洗浮选和定性定量分析,发现粟、黍、豆和稻4种农作物,以粟为主,黍、豆和稻的数量较少。野生植物果实有酸枣、桃、杏、葡萄和山楂。野生种子有狗尾草、倒刺狗尾草、苋科、藜科和莎草科。③

3. 仅开展过动物考古的遗址

(1) 内蒙古自治区凉城县石虎山I遗址

石虎山I遗址属于新石器时代,年代相当于仰韶文化后岗一期的早期阶段,即距今约6 300年。通过对动物遗存进行定性定量研究,确认哺乳纲有鼠兔、兔、中华鼢鼠、黄鼠、狗、狐、貉、豺、棕熊、狗獾、鼬、豹猫、家猪、梅花鹿、马鹿、狍、水牛和黄羊等18种。依据最小个体数的统计结果,家养动物狗和家猪约占哺乳动物总数的16%,鹿等野生动物约占84%,肉食资源以野生动物为主。④

(2) 内蒙古自治区察哈尔右翼前旗庙子沟和大坝沟遗址

庙子沟遗址和大坝沟遗址均属于庙子沟文化类型,年代为距今约5 800~

---

① 河南省文物考古研究所. 三门峡南交口[M]. 北京:科学出版社,2009,64、199、316~319. 刘长江、孔昭宸、魏兴涛. 南交口遗址1977年出土仰韶文化中期农作物遗存初步研究[A],见河南省文物考古研究所编著.《三门峡南交口》,[M]. 北京:科学出版社,2009,420~426.
② 王传明、赵新平、靳桂云. 河南鹤壁市刘庄遗址浮选结果分析[J]. 华夏考古,2010,(3):90~99.
③ 植物遗存、作物加工与农业经济[A],见北京大学考古文博学院、河南省文物考古研究所编著:《登封王城岗考古发现与研究(2002~2005)下》,郑州:大象出版社,770~773.
④ 黄蕴平. 石虎山I遗址动物骨骼鉴定与研究[A],见内蒙古文物考古研究所、日本京都中国考古学究会编(田广金、秋山进午主编):《岱海考古》(二),北京:科学出版社,2001,489~513.

5 000 年。通过对动物遗存进行定性定量研究,确认庙子沟遗址腹足纲有螺 1 种,瓣鳃纲有珠蚌和河蚬 2 种,鸟纲有种属不明的 1 种,哺乳纲有鼠兔、鼢鼠、狗、狐、貉、马、家猪、马鹿、狍、牛和黄羊等 11 种,大坝沟遗址中腹足纲有螺 1 种,瓣鳃纲有珠蚌、褶纹冠蚌和河蚬 3 种,鸟纲有种属不明的 1 种,哺乳纲有兔、鼢鼠、狗、熊、马、驴、家猪、梅花鹿、马鹿、狍、牛和黄羊等 12 种。依据最小个体数的统计,庙子沟遗址的狗和家猪等家养动物约占哺乳动物总数的 27%,鹿等野生动物占 73%;大坝沟遗址的狗和家猪等家养动物约占哺乳动物总数的 44%,野生动物占 56%,两处遗址获取的肉食资源都是以野生动物为主。[1]

(3) 内蒙古自治区凉城县王墓山坡上遗址

王墓山坡上遗址属于海生不浪文化庙子沟类型,年代相当于中原地区的半坡四期文化阶段,距今约 5 600~4 900 年。通过对动物遗存进行定性定量研究,确认硬骨鱼纲有种属不明的 1 种,鸟纲有种属不明的 1 种,哺乳纲有黄鼠、鼢鼠、狗、家猪、马鹿和狍等 6 种。依据最小个体数的统计,家养动物狗和家猪约占哺乳动物总数的 55%,鹿等野生动物约占 45%,肉食资源以家养动物为主。[2]

(4) 陕西省商洛市紫荆遗址

对紫荆遗址距今约 6 900~6 000 年的仰韶文化半坡类型文化层出土的动物遗存进行定性定量研究,确认腹足纲有中华圆田螺 1 种,瓣鳃纲有杜氏珠蚌 1 种,两栖纲有青蛙 1 种,爬行纲有黄颔蛇科、中国鳖 2 种,鸟纲有种属不明的 1 种,哺乳纲有狗、家猪、苏门犀、獐和梅花鹿等 5 种。狗和家猪是家养动物。依据可鉴定标本数的统计结果,家猪等家养动物占 8%,鹿等野生动物占 92%。在距今 5 600~4 900 年的西王村类型层里,确认腹足纲有中华圆田螺 1 种,哺乳纲有狗、家猪、獐、梅花鹿和黄牛等 5 种。其中狗、家猪和黄牛是家养动物。依据可鉴定标本数的统计结果,家猪等家养动物约占 33%,鹿等野

---

[1] 黄蕴平.庙子沟与大坝沟遗址动物遗存鉴定报告[A],见内蒙古考古研究所(魏坚编著):《庙子沟与大坝沟》,北京:中国大百科全书出版社,2003,599~611.
[2] 内蒙古文物考古研究所、日本京都中国考古学研究会岱海地区考察队.王墓山坡上遗址发掘报告[A],见内蒙古文物考古研究所、日本京都中国考古学研究会编(田广金、秋山进午主编):《岱海考古》(二),北京:科学出版社,2001,200.

生动物占67%。① 自半坡类型到西王村类型,家猪等家养动物的数量开始增多,鹿等野生动物逐渐减少,但是家养动物的数量始终低于野生动物。

(5) 陕西省宝鸡市关桃园遗址

通过对关桃园遗址出土的动物遗存进行定性定量研究,仰韶文化史家类型时期确认仅有哺乳纲家猪1种,仰韶文化晚期西王村时期确认哺乳纲有黑熊、猪獾、普氏野马、原麋、獐、梅花鹿、鹿未定种、青羊、家猪和黄牛等10种。家猪是家养动物,最小个体数占全部动物总数的20%,野生动物占80%。② 以野生动物为主。

(6) 陕西省西安市临潼区零口村遗址

零口村遗址包括分别属于不同时期的文化层。动物遗存全部出自零口村文化层与仰韶文化层。通过对动物遗存进行定性定量研究,确认瓣鳃纲有杜氏珠蚌,硬骨鱼纲有鲤鱼1种,鸟纲有雉1种,哺乳纲有中华竹鼠、豪猪、貉、狗獾、家猪、麝、斑鹿、麋鹿、牛、羚羊和山羊等11种。家猪和山羊可能是家养动物。这里要指出的是,研究者确认的山羊,其用拉丁文表示的是羊亚科。这是笔误还是鉴定有误,尚有待于今后的探讨。依据最小个体数的统计结果,在年代为距今约7 100~6 500年的零口村文化层中,家猪约占哺乳动物总数的51%,鹿等野生动物约占49%;在年代为距今约6 500~5 800年的仰韶文化半坡类型层中,家猪约占47%,鹿等野生动物约占53%;在年代为距今约5 600~4 900年的仰韶文化西王村类型层中,家猪约占37%,鹿等野生动物约占63%。③ 在这3个阶段的发展过程中,家猪有减少的趋势,肉食资源大致以野生动物为主。

(7) 陕西省宝鸡市北首岭遗址

北首岭遗址包括前仰韶文化及仰韶文化遗存,均有动物遗存出土,年代为距今约7 100~5 700年。通过对动物遗存进行定性研究,确认腹足纲有中华圆田螺和榧螺2种,瓣鳃纲有蚌1种,硬骨鱼纲有多鳞产颌鱼1种,爬行纲

---

① 王宜涛. 紫荆遗址动物群及其古环境意义[A],见周昆叔主编:《环境考古研究》(第一辑),北京:科学出版社,1991,96~99.
② 胡松梅、张云翔、张天恩. 宝鸡关桃园遗址动物环境考古研究[J]. 西北大学学报(自然科学版),2007,(2):115~118.
③ 张云翔、周春茂、阎毓民等. 陕西临潼零口村文化遗址脊椎动物遗存[A],见陕西省考古研究所编著:《临潼零口村》,西安:三秦出版社,2004,525~533.

有鳖1种,鸟纲有家鸡1种,哺乳纲有中华竹鼠、中华鼢鼠、猕猴、狗、狐、貉、棕熊、狗獾、野猪、家猪、麝、獐、马鹿、狍和短角牛等15种。研究者将前仰韶文化和仰韶文化的动物放在一起阐述,认为狗、家猪和短角牛是家养动物,可能还驯养鹿。但是未解释短角牛为何是家养动物,也未对动物遗存进行统计。① 从报告的内容上看,似乎家猪的骨骼最多。当时的肉食资源可能主要为家养动物。

(8) 陕西省西安市半坡遗址

半坡遗址主要属于仰韶文化,年代为距今约7 000～5 000年。通过对动物遗存进行定性研究,确认硬骨鱼纲有鲤鱼1种,鸟纲有雕和鸡2种,哺乳纲有田鼠、短尾兔、兔、竹鼠、狗、狐、貉、獾、狸、马、家猪、獐、斑鹿、种属未定的牛、羚羊和绵羊16种。狗、马、家猪、牛和绵羊可能是家养动物。② 但是研究者未给出马、牛和绵羊属于家养动物的证据。需要强调的是,半坡遗址还包括战国时期的遗迹,当时是将全部哺乳动物遗存放到一起研究的。研究者未对动物遗存进行统计,从报告的内容上看,似乎猪骨的数量最多。

(9) 陕西省西安市临潼区姜寨遗址

姜寨遗址包括分别属于不同时期的文化层。通过对动物遗存进行定性定量研究,确认腹足纲有中华圆田螺1种,瓣鳃纲有圆顶珠蚌1种,硬骨鱼纲有鲤鱼和草鱼2种,鸟纲有鹈鹕、雕、鹤和鸡4种,哺乳纲有刺猬、麝鼹、猕猴、中华鼢鼠、中华竹鼠、兔、狗、豺、貉、黑熊、熊科、狗獾、猪獾、虎、猫、家猪、麝、獐、梅花鹿、鹿、黄牛和黄羊等22种。狗和家猪是家畜,当时可能还饲养梅花鹿。依据最小个体数的统计,在年代为距今约6 900～6 000年的姜寨半坡类型层里,家猪等家养动物占哺乳动物总数的42%,鹿等野生动物占58%。在年代为距今约6 000～5 800年的姜寨史家类型层里,家猪等家养动物占25%,鹿等野生动物占75%。在年代为距今约5 500～4 900年的西王村类型层里,家猪等家养动物占21%,鹿等野生动物占79%。③ 该遗址

---

① 周本雄.宝鸡北首岭新石器时代遗址中的动物骨骸[A],见中国社会科学院考古研究所编著:《宝鸡北首岭》,北京:文物出版社,1983,145～153.
② 李有恒、韩德芬.陕西西安半坡新石器时代遗址中之兽类骨骼[J].古脊椎动物与古人类,1959,1(4):173～185.
③ 祁国琴.姜寨新石器时代遗址动物群的分析[A],见西安半坡博物馆、陕西省考古研究所、临潼县博物馆:《姜寨》,北京:文物出版社,1988,504～538.

呈现出猪等家养动物的数量逐渐减少,鹿等野生动物逐渐增多,最终占据绝大多数的发展变化过程。那段时间获取肉食资源的对象逐渐变为以野生动物为主。

(10) 陕西省丹凤县巩家湾遗址

巩家湾遗址有分别属于不同时期的文化层,动物遗存主要出自仰韶文化与龙山文化地层。通过对动物遗存进行定性研究,确认腹足纲有中华圆田螺1种,瓣鳃纲有圆顶珠蚌1种,鱼类种属不明,鸟纲有鸡1种,爬行纲有中华鳖1种,哺乳纲有鼢鼠、中华竹鼠、狗、豺、猪獾、狗獾、野猫、家猪、麝、獐、梅花鹿、鹿和黄牛等13种。研究者未对动物遗存进行统计,从报告内容上看,似乎在年代为距今约6 900~5 600年的仰韶文化层中,家养动物家猪的骨骼数量较多。[①] 当时的肉食资源以家养动物为主。

(11) 陕西省铜川市瓦窑沟遗址

瓦窑沟遗址属于仰韶文化半坡类型。通过对出土动物遗存的定性定量分析,确认有鱼类、鸟类,哺乳纲有竹鼠、鼢鼠、狗、狐狸、貉、马、猪、梅花鹿、马鹿、狍、獐、麝和牛等13种,其中狗和猪为家养动物。依据可鉴定标本数的统计,鹿科等野生动物占据哺乳动物总数的60%左右,家养动物占40%左右,以野生动物为主。[②]

(12) 陕西省南郑县龙岗寺遗址

龙岗寺遗址包括分别属于不同时期的文化层。动物遗存全部出自年代为距今约6 500~6 000年的仰韶文化半坡类型层。通过对动物遗存进行定性研究,确认腹足纲有中华圆田螺1种,瓣鳃纲有种属不明的蚌1种,硬骨鱼纲有鲤鱼1种,爬行纲有鳖1种,鸟纲有岩鸽、白枕鹤、大白鹭和家鸡等4种,哺乳纲有豪猪、狼、豺、猪獾、野猪、家猪、林麝、小鹿、狍、水鹿、华丽黑鹿、野牛、家牛和羊等14种。鸡、家猪、牛和羊是家养动物。研究者未阐述鸡、牛、羊属于家养动物的理由,也未对动物遗存进行统计。[③] 从报告的内容上分析,野生动物多于家养动物,当时获取的肉食资源以野生动物为主。

---

① 胡松梅.陕西丹凤巩家湾新石器时代动物骨骼分析[J].考古与文物,2001,(6):53~57.
② 王华、王炜林、胡松梅.仰韶时代人类狩猎梅花鹿的策略:以铜川瓦窑沟遗址为案例[J].人类学学报,2014,33(1):90~100.
③ 吴家炎.动、植物遗存[A],见陕西省考古研究所编著:《龙岗寺》,北京:文物出版社,1990,40~42.

第四章 黄河中游及华北地区新石器时代至青铜时代的生业

(13) 陕西省高陵县杨官寨遗址

杨官寨遗址包括分别属于不同时期的文化层。动物遗存出自年代为距今约5 900～5 600年的庙底沟类型层。通过对动物遗存进行定性定量研究,确认瓣鳃纲有圆顶珠蚌和蚌科未定种2种,鸟纲有鸡和鹤2种,哺乳纲有狗、家猪、獐、梅花鹿、马鹿、黄牛和水牛等7种。依据最小个体数的统计,猪等家养动物约占哺乳动物总数的93%,野生动物约占7%。① 肉食资源以家养动物为主。

(14) 陕西省靖边县五庄果墚遗址

五庄果墚遗址的文化内涵接近海生不浪类型,时代相当于中原地区半坡四期发展阶段,年代为距今约5 600～4 900年。通过对动物遗存进行定性定量研究,确认硬骨鱼纲有鲤科1种,爬行纲有鳖1种,鸟纲有鹤和雉2种,哺乳纲有刺猬、褐家鼠、三趾跳鼠、中华鼢鼠、草兔、狗、豺、黄鼬、草原斑猫、马、家猪和黄羊等12种。依据最小个体数的统计,狗和家猪等家养动物约占哺乳动物总数的34%,草兔等野生动物约占66%。② 但是考虑到1个草兔的肉量和1头家猪的肉量的比例大致为1:50。当时的肉食来源应该以家猪为主。

(15) 陕西省横山县杨家沙遗址

杨家沙遗址属于仰韶晚期,年代约为公元前3020～前2890年。通过对动物遗存进行定性定量研究,确认瓣鳃纲有蚌科1种,鸟纲有环颈雉和种属不明的1种,共2种,哺乳纲有刺猬、褐家鼠、中华鼢鼠、甘肃鼢鼠、草兔、狗、黄鼬、家猪、鹅喉羚和绵羊等10种。研究者认为狗和家猪为家养动物,绵羊因为发现的数量太少,暂时归入野生动物。依据最小个体数的统计,家养动物约占哺乳动物总数的44%,野生动物约占56%,因为野生动物草兔的数量占到哺乳动物总数的52%,而草兔的肉量大致仅是家猪肉量的1/50,因此,从统计数量看,当时获取肉食资源的方式是以饲养家猪为主。③

(16) 陕西省横山县大古界遗址

大古界遗址属于仰韶晚期,年代为距今约5 600～4 900年。通过对动物遗存进行定性定量研究,确认瓣鳃纲有蚌科1种,鸟纲有鹤和喜鹊2种,哺乳

---

① 胡松梅、王炜林、郭小宁等.陕西高陵杨官寨环壕西门址动物遗存分析[J].考古与文物,2011,(6):97～107.
② 胡松梅、孙周勇.陕北靖边五庄果墚动物遗存及古环境分析[J].考古与文物,2005,(6):72～84.
③ 胡松梅、孙周勇、杨利平等.陕西横山杨家沙遗址动物遗存研究[J].人类学学报,2013,32(1):77～92.

纲有草兔、狗、貉、狗獾、黄鼬、家猪、鹿、狍和绵羊等 9 种。依据最小个体数的统计,家养动物狗和家猪约占哺乳动物总数的 11%,野生动物约占 89%,肉食资源以野生动物为主。①

(17) 河南省新安县荒坡遗址

荒坡遗址包括分别属于不同时期的文化层。动物遗存主要出自距今约6500年的仰韶文化早期地层。通过对动物遗存进行定性定量研究,确认瓣鳃纲有丽蚌1种,硬骨鱼纲至少有种属不明的1种,鸟纲有雉1种,哺乳纲有猕猴、竹鼠、兔、狗、貉、猪獾、狗獾、家猪、麝、鹿、狍和羊等12种。狗、家猪和羊为家养动物,但是研究者未说明羊为家养动物的依据。依据最小个体数的统计结果,家养动物约占哺乳动物总数的 85%,鹿等野生动物约占 15%左右,肉食资源以家养动物为主。②

(18) 河南省郑州市西山遗址

西山遗址主要以仰韶文化遗存为主,可分为 3 期。通过对动物遗存进行定性定量研究,确认腹足纲有中国圆田螺和硬环棱螺 2 种,瓣鳃纲有杜氏珠蚌、雕饰珠蚌、多瘤丽蚌、薄壳丽蚌、猪耳丽蚌、舌状丽蚌、剑状矛蚌、无齿蚌和文蛤等 9 种,硬骨鱼纲有鲇鱼和青鱼 2 种,爬行纲有中华鳖 1 种,鸟纲有环颈雉 1 种,哺乳纲有竹鼠、野兔、狗、狐狸、貂、貉、虎、豹、猪獾、马、家猪、獐、毛冠鹿、梅花鹿、麋鹿和水牛等 16 种。狗和家猪是家养动物。依据最小个体数的统计,在距今约 6500~6000 年的第一期,猪等家养动物约占哺乳动物总数的 45%,野生动物约占 55%;在距今约 6000~5200 年的第二期,猪等家养动物约占 55%,野生动物约占 45%;在距今约 5200~4800 年的第三期,猪等家养动物约占 77%,野生动物约占 23%,家养动物的数量呈逐渐增多的趋势。③肉食资源基本上以家猪为主。

(19) 河南省洛阳市妯娌遗址

妯娌遗址包括仰韶文化晚期和龙山文化早期遗存,均有动物遗存出土,

---

① 胡松梅、杨利平、康宁武等. 陕西横山县大古界遗址动物遗存分析[J]. 考古与文物,2012,(4):106~112.
② 侯彦峰、马萧林. 新安荒坡遗址出土动物遗存分析[A],见河南省文物管理局、河南省文物考古研究所编著(孙英民主编):《新安荒坡》,郑州:大象出版社,2008,193~214.
③ 陈全家. 郑州西山遗址出土动物遗存研究[J]. 考古学报,2006,(3):385~418.

年代为距今约 5 200～4 800 年。通过对动物遗存进行定性定量研究,确认腹足纲有中国圆田螺和种属不明的螺 2 种;硬骨鱼纲有鲇鱼和种属不明的鱼 1 种,共计 2 种;鸟纲有种属不明的鸟 1 种;哺乳纲有家猪和梅花鹿 2 种。依据最小个体数的统计,家猪约占哺乳动物总数的 60%,梅花鹿占 40%。[1] 肉食资源主要是家猪。

(20) 河南省渑池县笃忠遗址

笃忠遗址属于仰韶晚期至龙山早期的遗存,距今约 5 000 年。经过对遗址出土的动物遗存进行定性定量研究,确认腹足纲有中华圆田螺 1 种,鸟纲有鹰和雉 2 种,爬行纲有乌龟 1 种,哺乳纲有褐家鼠、麝鼠、黄胸鼠、草兔、中华竹鼠、狗、家猪、梅花鹿、牛和绵羊等 10 种。依据最小个体数的统计,家养动物狗和家猪约占哺乳动物总数的 73%,鹿等野生动物占 27%。[2] 肉食资源以家猪为主。

(21) 河南省渑池县班村遗址

班村遗址距今约 5 900～5 600 年的仰韶文化庙底沟类型层里,家养动物占 84%,野生动物占 16%。[3] 肉食来源主要是家养动物。

4. 小结

新石器时代晚期的生业特征是出现 4 种种植农作物的方式,即以粟为主;以粟为主,以稻为辅;粟稻混作,两者的数量相差不多;以稻为主,以粟为辅。当时基本上都以栽培作物的方式获取植物性食物,其中稻的数量较多的遗址均位于黄河以南地区。获取肉食资源的方式有 3 种,即以野生动物为主,家养动物为辅;家养动物数量稍高于野生动物;以家养动物为主,野生动物为辅。其中,内蒙古地区获取肉食资源的方式主要以野生动物为主,家养动物为辅。陕西地区 3 种方式都存在,但是以野生动物为主、家养动物为辅的数量占据的比例较大。特别是关中地区的零口村遗址和姜寨遗址,从早到晚的不同文化

---

[1] 袁靖、杨梦菲.河南省洛阳市妯娌、寨根遗址出土动物遗存研究报告[A],见河南省文物管理局编:《黄河小浪底水库考古报告》(二),郑州:中州古籍出版社,2006,268～271.
[2] 杨苗苗、武志江、侯彦峰.河南渑池县笃忠遗址出土动物遗存分析[A].中原文物,2009,(2):29～36.
[3] 袁靖.中国新石器时代居民获取肉食资源的方式[A].考古学报,1999,(1):1～22.

层中,野生动物的数量逐渐增多,家养动物的数量逐渐减少。陕西地区家养动物较多的遗址以属于庙底沟类型的最为典型。河南地区则基本上以家养动物为主、野生动物为辅,显示出获取肉食资源方式以家养动物为主的稳定发展的态势。到现在为止,虽然仅有分别位于陕西和河南两地的 3 个遗址开展过动植物考古研究,但研究结果反映出来的生业特征是一致的,都以农作物和家养动物为主,农作物中绝大多数是粟,还有黍和水稻,家养动物以猪为主。还需要注意的是,在庙底沟类型时期,陕西地区和河南地区相似,生业方式以种植农作物和饲养家猪为主的现象比较普遍。

(四)新石器时代末期

这个时期开展过动植物考古研究的遗址有 6 处,仅开展过植物考古的遗址有 2 处,仅开展过动物考古的遗址有 14 处。以下分别阐述。

1. 开展过动植物考古研究的遗址
(1) 山西省襄汾县陶寺遗址

陶寺遗址属于陶寺文化,可分为早、中、晚 3 期,早期为距今 4 300～4 100 年,中期为距今 4 100～4 000 年,晚期为距今 4 000～3 900 年。距今约 4 300～3 900 年的陶寺遗址出土的农作物有粟、黍、水稻和大豆等。其中粟占农作物总数的 93%,黍约占总数的 1%,水稻和大豆的比例极低。当时以小米为主。[①]

陶寺遗址各期均有动物遗存出土。通过对动物遗存进行研究,确认瓣鳃纲有圆顶珠蚌和种属不明的蚌 1 种,共计 2 种;鸟纲至少有种属不明的 1 种;哺乳纲有兔、狗、鼬科、熊、中型食肉动物未定种、小型食肉动物未定种、家猪、小型鹿科、梅花鹿、大型鹿科动物未定种、黄牛和绵羊等 12 种。狗、家猪、黄牛和绵羊为家养动物。依据最小个体数的统计结果,早期的家猪等家养动物约占哺乳动物总数的 63%,鹿等野生动物约占 27%;中期的家猪等家养动物约占 81%,鹿等野生动物约占 17%;晚期的家猪等家养动物约占 95%,鹿等野

---

① 赵志军.公元前 2500 年～前 1500 年中原地区农业经济研究[A],见中国社会科学院考古研究所考古科技中心编:《科技考古》第二辑,北京:科学出版社,2007,1～11.

生动物约占 5%,家养动物一直占多数①。2004 年,再次对该遗址出土动物遗存进行研究。通过对动物遗存进行定性定量研究,确认有瓣鳃纲、鱼纲、鸟纲的鸡和雉科未定种 2 种,哺乳纲的鼠科未定种、豪猪、兔、狗、家猪、鹿科、黄牛和绵羊等 8 种。从哺乳动物的可鉴定标本数看,早期的家养动物约占哺乳动物总数的 83%,野生动物约占 17%;中期的家养动物约占 85%,野生动物约占 15%;晚期的家养动物约占 76%,野生动物约占 24%,尽管与前次的研究结果不完全相同,但同样是家养动物占多数。②

这个遗址的生业方式以种植农作物和饲养家畜为主。

(2) 河南省博爱县西金城遗址

西金城遗址距今约 4 600～3 900 年的龙山文化时期的农作物包括粟、黍、大豆和稻谷,可能还有小麦,粟的比例为 88%,稻谷为 10% 左右,其他作物比例很低。③

通过对龙山时期动物遗存进行定性定量研究,确认哺乳动物有狗、家马(未定)、家猪、大型鹿科动物未定种、梅花鹿和黄牛,其中狗、家猪和黄牛为家养动物。依据最小个体数的统计结果,家养动物约占哺乳动物总数的 72%,野生动物约占 28%④,以家养动物为主。

这个遗址的生业方式以种植农作物和饲养家畜为主。

(3) 河南省驻马店市杨庄遗址

杨庄遗址发现炭化稻谷,还发现大量水稻植硅体,研究者推测当时存在一定规模的水稻种植。还发现一些蔷薇科和葡萄科的果核。⑤

杨庄遗址可分为 3 期,即石家河文化、河南龙山文化和二里头文化。动物

---

① 袁靖、黄蕴平、杨梦菲等.公元前 2500 年～公元前 1500 年中原地区动物考古学研究[A],见中国社会科学院考古研究所考古科技中心编:《科技考古》第二辑,北京:科学出版社,2007,12～34.
② 博凯龄.中国新石器时代晚期动物利用的变化个案探究——山西省龙山时代晚期陶寺遗址的动物研究[A],见中国社会科学院考古研究所夏商周研究室编:《三代考古》四,北京:科学出版社,2011,129～182.
③ 陈雪香、王良智、王青.河南博爱县西金城遗址 2006～2007 年浮选结果分析[J].华夏考古,2010,(3):67～76.
④ 宋艳波、王青.河南博爱西金城遗址哺乳动物遗存分析[A],见山东大学东方考古研究中心编:《东方考古》第 8 集,北京:科学出版社,2011,318～329.
⑤ 姜钦华、宋豫秦、李亚东.河南驻马店市杨庄龙山文化遗址的植硅石分析[J].考古,1996,(4):87～90.

遗存主要出自后两期。其中河南龙山文化年代为距今 4 600～3 900 年。通过对动物遗存进行定性研究,发现腹足纲有圆田螺 1 种,哺乳纲有马(未定)、家猪、轴鹿、黄牛和绵羊 5 种。家养动物有家猪、黄牛和绵羊等。研究者对动物遗存未作统计,从报告的内容上分析,家猪是数量最多的动物,以家养动物为主。①

这个遗址的生业方式以种植农作物和饲养家畜为主。

(4) 河南省禹州市瓦店遗址

瓦店遗址属于公元前 2200～前 1900 年的王湾三期文化。②

从植物考古学的研究结果看,在瓦店遗址出土的农作物遗存中,粟的数量比例占所有出土农作物籽粒总数的 52%,黍占 9%,两种谷子合计在农作物籽粒总数中所占比例为 61%,稻谷占 26%,大豆占 13%。根据统计结果,瓦店遗址的农业生产同样以种植粟和黍两种小米为主,但是水稻的数量明显增加,由于发现了水稻的小穗轴,可能是在当地脱粒,即在当地种植的。大豆的形态已经脱离了完全原始的状态,属于农作物。③

动物遗存主要出自龙山文化晚期地层,又分为 3 期;另有少量出自明清地层。通过对动物遗存进行定性定量研究,第一期确认腹足纲有中华圆田螺亚种 1 种,瓣鳃纲有圆顶珠蚌、剑状矛蚌、白河丽蚌、三角帆蚌、楔蚌和蚬等 6 种,哺乳纲有不明种属啮齿动物、小型鹿科动物未定种、梅花鹿、狗、猪和黄牛等 6 种。狗、猪和黄牛是家养动物。第二期确认腹足纲有中华圆田螺 1 种,瓣鳃纲有三角帆蚌、圆顶珠蚌、蚌未定种 3 种和蚬等 6 种,硬骨鱼纲有鲤鱼 1 种,爬行纲有龟科 1 种,鸟纲有种属不明的 1 种,哺乳纲有兔、狗、鼬科、小型食肉动物未定种、野猪、家猪、小型鹿科动物未定种、梅花鹿、黄牛和绵羊等 10 种。狗、猪、黄牛和绵羊是家养动物。第三期确认腹足纲有中华圆田螺 1 种,瓣鳃纲有三角帆蚌、楔蚌、蚌未定种 3 种和圆顶珠蚌等 6 种,硬骨鱼纲有青鱼和不明种属鱼 2 种,爬行纲有龟、鳖和不明种属等 3 种,哺乳纲有豪猪、啮齿动物未定种、兔、狗、小型食肉动物未定种、獾、鼬科未定种、猪、小型鹿科动物未定种、梅花鹿、黄牛和绵羊等

---

① 周军.动物遗存[A],见北京大学考古学系、驻马店市文物保护管理所编著:《驻马店杨庄》,北京:科学出版社,1998,82～85、194～195.
② 河南省文物考古研究所.河南禹州市瓦店龙山文化遗址 1997 年的发掘[J].考古,2000,(2):16～39.
③ 刘昶、方燕明.河南禹州瓦店遗址出土植物遗存分析[J].南方文物,2014,(4):55～64.

12种。狗、猪、黄牛和绵羊是家养动物。依据最小个体数的统计结果,在距今约4 300～4 200年的第一期,家养动物约占哺乳动物总数的64%,野生动物约占36%;在距今约4 100年的第二期,家养动物约占67%,野生动物约占33%;在距今约4 100～3 800年的第三期,家养动物约占73%,野生动物约占27%,始终以家养动物为主。①

这个遗址的生业方式以种植农作物和饲养家畜为主。

(5) 河南省登封县王城岗遗址

王城岗遗址的文化堆积可以分为公元前2020～前1900年的王湾三期文化时期、公元前1800～前1500年的二里头文化时期,以及比这个年代更晚的其他几个时期。② 从植物考古学的研究结果看,王湾三期文化时期粟的数量比例约占所有出土农作物籽粒总数的93%,黍占6%,两种谷子合计在农作物籽粒总数中所占比例为99%。稻谷占0.3%,大豆占0.03%。③

通过对动物遗存进行定性定量研究,王湾三期文化时期确认腹足纲有蜗牛和中华圆田螺2种,瓣鳃纲圆顶珠蚌、丽蚌、蚌未定种和蚬等4种,硬骨鱼纲有鱼未定种,鸟纲未定种1种,哺乳纲有豪猪、鼠未定种、啮齿动物未定种、兔、狗、熊、猪、梅花鹿、黄牛和绵羊/山羊等10种。狗、猪、黄牛、绵羊是家养动物,野生动物以鹿科为主。家养动物约占哺乳动物总数的81%,野生动物约占19%;家养动物中猪的最小个体数约占60%,狗占20%,黄牛和绵羊各占10%左右。二里头文化时期家养动物约占76%,野生动物约占24%。家养动物中狗、猪、黄牛和绵羊各占25%左右。这两个时期都以家养动物为主。从各种家养动物的数量看,家猪的数量在二里头文化时期比王湾三期文化时期减少,相应地,自王湾三期文化到二里头文化时期,黄牛和绵羊的数量有一个明显增加的过程,狗则大致保持一定的比例。④

---

① 吕鹏、杨梦菲、袁靖.禹州瓦店遗址动物遗存的鉴定和研究[A],见北京大学考古文博学院、河南省文物考古研究所:《登封王城岗考古发现与研究(2002～2005)》,郑州:大象出版社,2007,815～901.
② 北京大学考古文博学院、河南省文物考古研究所.登封王城岗考古发现与研究(2002～2005)[M].郑州:大象出版社,2007,782～784.
③ 赵志军.公元前2500年～前1500年中原地区农业经济研究[A],见中国社会科学院考古研究所考古科技中心编:《科技考古》第二辑,北京:科学出版社,2007,1～11.
④ 吕鹏、杨梦菲、袁靖.动物遗存的鉴定和研究[A],见北京大学考古文博学院、河南省文物考古研究所:《登封王城岗考古发现与研究(2002～2005)》,郑州:大象出版社,2007,574～602.

这个遗址的生业方式以种植农作物和饲养家畜为主。

(6) 河南省新密县古城寨遗址

古城寨遗址包括多个时期的文化遗存,在龙山时期发现了黍、粟等炭化农作物种子遗存。粟为主,黍辅之。①

这里需要指出的是,我们对古城寨遗址的动物考古研究结果与上述的几个遗址相似。

这个遗址的生业方式以种植农作物和饲养家畜为主。

2. 仅开展过植物考古的遗址

(1) 河南省西平县上坡遗址

通过采样和浮选,在龙山文化晚期发现黍。②

(2) 陕西省扶风县周原遗址

通过浮选,发现龙山时期的农作物组合为粟、黍、水稻、小麦和大豆等,其中以粟为主,小麦仅发现1粒,水稻的数量也很少。③

3. 仅开展过动物考古的遗址

(1) 陕西省商洛市紫荆遗址

在距今约4 800~4 200年的紫荆龙山文化层里,确认鸟纲有不明种属1种,哺乳纲有鼢鼠、狗、野猫、家猪、獐、梅花鹿和黄牛等7种。狗、家猪和黄牛是家养动物。家猪等家养动物约占75%,鹿等野生动物占25%④,以家养动物为主。

(2) 陕西省旬邑县下魏洛遗址

下魏洛遗址包括多个时期的文化层,均有动物遗存出土。其中仰韶文化晚期的年代为距今约5 600~4 900年,庙底沟二期文化的年代为距今约4 900~4 400年,客省庄二期文化的年代为距今约4 600~4 000年。研究者将动物遗存放到一起进行定性定量研究,确认鸟纲有雉科1种,哺乳纲有竹鼠、兔、狗、

---

① 陈微微、张居中、蔡全法.河南新密古城寨城址出土植物遗存分析[J].华夏考古,2012,(1):54~62.
② 魏兴涛、孔昭宸、余新红.河南西平上坡遗址植物遗存初探[J].华夏考古,2007,(3):75~82.
③ 周原考古队.周原遗址(王家嘴地点)尝试性浮选的结果及初步分析[J].文物,2004,(10):89~96.
④ 王宜涛.紫荆遗址动物群及其古环境意义[A].见周昆叔主编:《环境考古研究》(第一辑),北京:科学出版社,1991,96~99.

马、家猪、梅花鹿、葛氏斑鹿、狍、牛科和山羊等10种。依据最小个体数的统计结果,家猪等家养动物约占哺乳动物总数的70%,鹿等野生动物约占30%,以家养动物为主。①

(3) 陕西省西安市临潼区姜寨遗址

在距今约4 600~4 000年的客省庄二期文化层里,确认哺乳纲有狗、狗獾、家猪、獐、梅花鹿、鹿科动物未定种、黄羊和黄牛等8种。狗和家猪是家养动物。家猪等家养动物占17%,鹿等野生动物占83%,延续了这个遗址自仰韶文化以来家养动物的数量逐渐减少、野生动物逐渐增多的过程。②

(4) 陕西省西安市临潼区康家遗址

康家遗址属于龙山文化晚期阶段,其年代约为公元前2500~2300年,又可分为早、晚两期,均有动物遗存出土。通过对动物遗存进行定性定量研究,确认腹足纲有田螺1种,瓣鳃纲有圆顶珠蚌1种,硬骨鱼纲有鲇鱼和鲤鱼2种,爬行纲有龟1种,鸟纲有雉、乌鸦、天鹅、鹤4种,哺乳纲有鼠、竹鼠、兔、狗、狐、豹、貉、獾、黑熊、虎、猫、家猪、獐、梅花鹿、水牛、黄牛、绵羊和山羊等18种。狗、家猪、黄牛和羊为家养动物。依据可鉴定标本数的统计结果,早期家养动物家猪、黄牛和羊约占哺乳动物总数的52%,鹿等野生动物占48%;晚期家养动物约占46%,鹿等野生动物占54%,家养动物的比例呈下降的趋势。③

(5) 陕西省长安县客省庄遗址

客省庄遗址主要属于客省庄二期文化,年代为距今约4 600~4 000年。通过对动物遗存进行研究,确认腹足纲有种属不明的螺1种,瓣鳃纲有种属不明的蚌1种,鸟纲有种属不明的鸟类,哺乳纲有兔、狗、家猪、獐、黄牛、水牛和绵羊等7种。研究者对动物遗存未作统计,从报告的内容上分析,狗、家猪等家养动物相比半坡遗址明显增多了。④

---

① 张云翔. 旬邑下魏洛遗址动物遗存鉴定报告[A],见西北大学文化遗产与考古学研究中心、陕西省考古研究所编著:《旬邑下魏洛》,北京:科学出版社,2006,546~548.
② 祁国琴. 姜寨新石器时代遗址动物群的分析[A],见西安半坡博物馆、陕西省考古研究所、临潼县博物馆:《姜寨》,北京:文物出版社,1988,504~538.
③ 刘莉、阎毓民、秦小丽. 陕西临潼康家龙山文化遗址1990年发掘动物遗存[J]. 华夏考古,2001,(1):3~24.
④ 李有恒、许觉. "客省庄第二期文化"的兽骨鉴定[A],见中国科学院考古研究所编:《沣西发掘报告》,北京:文物出版社,1963,156~160.

（6）陕西省神木县新华遗址

新华遗址属于新石器时代，年代为距今约 4 200～3 900 年。通过对动物遗存进行定性研究，确认鸟纲有种属不明的 1 种，哺乳纲有狗、家猪、鹿、狍、黄牛、牛、羚羊、山羊和羊等 9 种。[①] 需要指出的是，表示为山羊角的照片应是绵羊角，这个遗址出土的羊全是绵羊还是包括山羊，尚有待于今后的研究。从报告的内容上分析，家猪等家养动物似乎占据多数。

（7）陕西省神木县石峁遗址

石峁遗址属于龙山文化晚期至夏代早期。通过对动物遗存进行定性研究，确认爬行纲有扬子鳄，鸟纲有环颈雉，哺乳纲有褐家鼠、中华鼢鼠、草原鼢鼠、草兔、狗、马、野猪、家猪、狍、梅花鹿、黄牛、山羊和绵羊等 13 种。其中狗、马、家猪、黄牛、山羊和绵羊是家养动物，家养动物约占哺乳动物总数的 92%。当时获取肉食资源的方式以饲养家畜为主。依据最小个体数的统计，家养动物中羊的数量最多，约占家养动物总数的 43%，家猪所占的比例为 39%，黄牛所占的比例为 14%，如果把羊和黄牛的数量加到一起，占到家养动物的半数以上。[②]

（8）陕西省神木县木柱柱梁遗址

木柱柱梁遗址属于龙山文化晚期。通过对动物遗存进行定性研究，确认哺乳纲有狗、驴、马、家猪、黄牛、山羊和绵羊等 7 种，均为家养动物，当时通过饲养家畜的方式获取肉食资源。家养动物中羊的数量最多，约占总数的 57%，家猪和黄牛各占 17% 左右，如果把羊和黄牛的数量加到一起，占到家养动物的 2/3。当时存在开发羊奶和羊毛的行为。[③]

（9）陕西省榆林市火石梁遗址

火石梁遗址属于新石器时代，年代为距今约 4 200～3 900 年。通过对动物遗存进行定性定量研究，确认鸟纲有种属不明的 1 种，哺乳纲有中华鼢鼠、甘肃鼢鼠、草兔、狗、狐、獾、豹猫、虎、马、家猪、梅花鹿、马鹿、狍、黄牛、羚羊、岩羊、绵羊和山羊等 18 种。依据最小个体数的统计结果，家猪等家养动物约

[①] 薛祥煦、李永项、于学峰.陕西神木新华遗址中的动物遗存[A]，见陕西省考古研究所、榆林市文物保护研究所编著：《神木新华》，北京：科学出版社，2005，355～367.

[②] 胡松梅、杨苗苗、孙周勇等. 2012～2013 年度陕西神木石峁遗址出土动物遗存研究[J].考古与文物，2016，(4)：109～121.

[③] 杨苗苗、胡松梅、郭小宁等.陕西省神木县木柱柱梁遗址羊骨研究[J].农业考古，2017，(3)：13～18.

占哺乳动物总数的79%,羚羊等野生动物约占21%。① 以家养动物为主。

(10) 山西省垣曲县东关遗址

东关遗址分为多个时期的文化层,其中龙山文化的年代大致为距今4 400～4 000年。通过对动物遗存进行定性定量研究,确认瓣鳃纲有种属不明的蚌1种,硬骨鱼纲有鲤鱼1种,爬行纲有鳖1种,鸟纲有雉和种属不明的鸟2种,哺乳纲有豪猪、兔、狗、狗獾、犬科动物未定种、马、家猪、梅花鹿、马鹿、小型鹿科动物未定种、黄牛和羊等12种。狗、家猪、黄牛和羊是家养动物。依据最小个体数的统计结果,龙山文化早期家养动物约占哺乳动物总数的47%,野生动物约占53%;龙山文化晚期家养动物约占63%,野生动物约占47%,家养动物的数量逐渐占据多数。②

(11) 山西省侯马市天马-曲村遗址

天马-曲村遗址的动物遗存出自多个文化层。通过对动物遗存进行定性定量研究,确认哺乳纲有狗、马、家猪、梅花鹿、黄牛、绵羊和山羊等7种。狗、马、猪、黄牛、绵羊和山羊为家养动物。依据最小个体数的统计结果,在距今约4 300年左右的天马-曲村龙山文化时期,家养动物约占哺乳动物总数的80%,鹿约占20%。③

(12) 河南省汤阴县白营遗址

白营遗址主要属于河南龙山文化,年代为距今约4 100～3 800年。通过对动物遗存进行定性研究,确认腹足纲有圆田螺1种,瓣鳃纲有厚壳蚌1种,硬骨鱼纲有草鱼1种,爬行纲有鳖1种,鸟纲有鸡1种,哺乳纲有狗、猫、虎、马、野猪、家猪、獐、马鹿、麋鹿、牛和山羊等11种。狗、马、家猪、牛和山羊等是家养动物,但是研究者未说明这些动物为家养动物的原因,对动物遗存未作统计。从报告的内容分析,野生动物数量较少,家养动物数量较多,似乎以家养动物为主。④

---

① 胡松梅、张鹏程、袁明. 榆林火石梁遗址动物遗存研究[J]. 人类学学报,2008,27(3):233～248.
② 袁靖. 垣曲古城东关遗址出土动物骨骼研究报告[A],见中国历史博物馆考古部、山西省考古研究所、垣曲县博物馆编著:《垣曲古城东关》,北京:科学出版社,2001,575～588.
③ 黄蕴平. 天马-曲村遗址兽骨的鉴定和研究[A],见北京大学考古系商周组、山西省考古研究所编著(邹衡主编):《天马-曲村(1980～1989)》,北京:科学出版社,2000,1153～1169.
④ 周本雄. 河南汤阴白营河南龙山文化遗址的动物遗存[A],见《考古》编辑部编辑:《考古学集刊》3,北京:中国社会科学出版社,1983,48～50.

(13) 河南省新安县盐东遗址

盐东遗址属于王湾三期文化。通过对出土的动物遗存进行定性定量研究,确认瓣鳃纲有圆顶珠蚌1种,硬骨鱼纲有草鱼、白鲢、鳙鱼、鲤鱼、鲇鱼等5种,爬行纲有鳖、蛇目未定属等2种,两栖纲有蛙未定种1种,鸟纲有雉鸡1种,哺乳纲有竹鼠、草兔、猪獾、貉、犬、鹿未定种、狍、猫未定种、家猪、牛未定种、羊(绵羊或山羊)等11种。[①] 狗和家猪为家养动物。依据最小个体数的统计,哺乳纲中狗、家猪等家养动物约占总数的56%,鱼类、鹿等野生动物占44%。当时已经有了较为发达的家畜饲养业,渔猎活动也占有一定比例。

(14) 河南省新密市新砦遗址

通过对新砦遗址公元前2200～前1900年的王湾三期文化层中出土的动物遗存进行定性定量研究,确认腹足纲有田螺1种;瓣鳃纲有三角帆蚌、矛蚌、薄壳丽蚌、中国尖嵴蚌、多瘤丽蚌、佛耳丽蚌、背瘤丽蚌、丽蚌、圆头楔蚌和圆顶珠蚌等10种;硬骨鱼纲有种属不明的2种;爬行纲有龟和鳖2种;鸟纲有雉和种属不明的鸟1种,共计2种;哺乳纲有竹鼠、豪猪、野兔、狗、獾、黑熊、家猪、獐、梅花鹿、麋鹿、黄牛、绵羊和山羊等13种。狗、家猪、黄牛、绵羊和山羊等是家养动物。依据最小个体数的统计结果,家养动物约占哺乳动物总数的88%,野生动物约占12%;家养动物中猪的最小个体数约占83%,狗占8%,黄牛占6%,绵羊占4%。[②]

另外,新砦遗址中绵羊的年龄结构中高于3岁的占据多数,与国外学者在西亚地区新石器时代遗址绵羊年龄结构的研究结果进行对比可知,这些绵羊也有可能是用于剪羊毛的。[③]

4. 小结

新石器时代末期的生业特征大致延续了新石器时代晚期的特征,当时种植农作物的方式有3种,即以粟为主;以粟为主,以稻为辅;以稻为主,以粟为

---

① 侯彦峰. 新安盐东遗址出土动物骨骼研究报告[A],见《黄河小浪底水库考古报告(四)——新安盐东》,郑州:中州古籍出版社,2014,220～298.
② 黄蕴平. 动物遗存研究[A],见北京大学震旦古代文明研究中心、郑州市文物考古研究院:《新密新砦》,北京:文物出版社,2008,466～483.
③ 戴玲玲、李志鹏、胡耀武等. 新砦遗址出土羊的死亡年龄及畜产品开发策略[J]. 考古,2014,(1):94～103.

辅。而粟稻混作、两者的数量相差不多的方式没有发现。与这个时期的遗址基本上以农业为主不同,获取肉食资源的方式有3种,即以野生动物为主,家养动物为辅;家养动物数量稍高于野生动物;以家养动物为主,野生动物为辅。其中,仍以陕西地区特色明显,3种方式都存在。位于陕北地区的遗址以家养动物为主,且家养动物中羊的数量最多,把羊和黄牛的数量加到一起,占据家养动物的大多数。获取肉食资源方式以野生动物为主、家养动物为辅的遗址数量占据的比例仍然较高。特别是位于关中地区的康家遗址从早到晚的不同文化层中,野生动物的数量逐渐增多,家养动物的数量逐渐减少,获取肉食资源的方式以渔猎为主。河南地区获取肉食资源的方式则都是以家养动物为主、野生动物为辅,呈现出明显的连续性。到现在为止,河南和山西地区开展过动植物考古研究的遗址中,反映出来的生业特征是一致的,都以农作物和家养动物为主。需要注意的是,不但以家养动物为主的遗址中包括黄牛和绵羊,有些遗址还以黄牛和羊(绵羊或山羊)的数量最多,即便以野生动物为主的遗址中,也往往包括黄牛和羊(绵羊或山羊),黄牛和羊(绵羊或山羊)在这个时期呈现普遍出土的现象。

(五)青铜时代(公元前2000~前221年)

这个时期开展过动植物考古研究的遗址有6处,仅开展过植物考古的遗址有5处,仅开展过动物考古的遗址有30处。以下分别阐述。

1. 新砦-二里头时期

(1) 开展过动植物考古研究的遗址

① 河南省新密市新砦遗址。这个遗址在二里头文化时期,粟的数量比例约占所有出土农作物籽粒总数的67%,黍占13%,两种小米合计在农作物籽粒总数中所占比例为80%。稻谷占12%,小麦占4%,大豆占3%左右。[①]

依据动物考古的研究,距今3850~3750年的新砦文化时期家养动物约占76%,野生动物占24%;家养动物中猪约占71%,绵羊占14%,黄牛占9%,

---

[①] 赵志军.公元前2500年~1500年中原地区农业经济研究[A],见中国社会科学院考古研究所考古科技中心编:《科技考古》第二辑,北京:科学出版社,2007,1~11.

狗占6%。公元前1700～前1500年的二里头文化时期家养动物约占76%,野生动物占24%;家养动物中猪约占46%,绵羊占30%,狗和黄牛各占12%左右。①

这个遗址的生业方式以种植农作物和饲养家畜为主,农作物中5种谷物都具备了,家养动物中绵羊占据较高的比例。

② 河南省偃师市二里头遗址。二里头遗址包括多个时期的文化层,其中二里头文化年代约为公元前1750～前1500年。② 从植物考古学的研究结果看,二里头文化时期粟的数量比例约占所有出土农作物籽粒总数的58%,出土概率为91%;黍占9%,出土概率为64%;两种小米合计在农作物籽粒总数中所占比例为67%。稻谷占32%,出土概率为70%,小麦占0.02%,出土概率为1%;大豆0.8%,出土概率为29%。尽管5种农作物都存在,但是稻谷的比例很高,这可能与出土地点主要位于贵族居住区有关。③

通过对动物遗存进行定性定量研究,二里头一期确认腹足纲有中国圆田螺1种,瓣鳃纲有圆顶珠蚌、鱼尾楔蚌、三角帆蚌、剑状矛蚌、无齿蚌、背瘤丽蚌、洞穴丽蚌、拟丽蚌、丽蚌和文蛤等至少10种,鸟纲有雉1种,哺乳纲有家猪、梅花鹿、小型鹿科动物未定种、黄牛和绵羊等5种。家猪、黄牛和羊等是家养动物。依据最小个体数的统计结果,二里头一期家养动物约占哺乳动物总数的67%,野生动物约占33%。二里头二期确认腹足纲有中国圆田螺1种,瓣鳃纲有圆顶珠蚌、丽蚌、三角帆蚌、剑状矛蚌、二里头1号蚌、洞穴丽蚌、多瘤丽蚌和丽蚌B等8种,硬骨鱼纲有鲤鱼1种,爬行纲有龟、鳖和鳄3种,鸟纲有雉、雁、鸥形目和雕等4种,哺乳纲有豪猪、鼠、兔、熊、豹猫、小型食肉动物未定种、犀牛、狗、猪、梅花鹿、小型鹿科动物未定种、黄牛和绵羊等13种。依据最小个体数的统计结果,二里头二期家养动物约占75%,野生动物约占25%。二里头三期确认腹足纲有中国圆田螺1种,瓣鳃纲有丽蚌、圆顶珠蚌、丽蚌A、三角帆蚌、剑状矛蚌、文蛤和拟丽蚌等7种,硬骨鱼纲有鲤科1种,爬行纲有龟

---

① 黄蕴平. 动物遗存研究[A],见北京大学震旦古代文明研究中心、郑州市文物考古研究院:《新密新砦》,北京:文物出版社,2008,466～483.
② 张雪莲、仇士华、蔡莲珍等. 碳十四测年研究[A],见中国社会科学院考古研究所编著:《二里头》,北京:文物出版社,2014,1215～1238.
③ 赵志军. 植物资源的获取和利用[A],见中国社会科学院考古研究所编著:《二里头》,北京:文物出版社,2014,1295～1313.

和鳖 2 种,鸟纲有雉 1 种,哺乳纲有兔、鼠、熊、小型食肉动物未定种、梅花鹿、小型鹿科动物未定种、狍、獐、狗、猪、黄牛和绵羊等 12 种。依据最小个体数的统计结果,二里头三期家养动物约占 67%,野生动物约占 33%。二里头四期确认腹足纲有中国圆田螺 1 种,瓣鳃纲有圆顶珠蚌、丽蚌、三角帆蚌、丽蚌 A、鱼尾楔蚌、无齿蚌和二里头 1 号蚌等 7 种,硬骨鱼纲有鲤科 1 种,爬行纲有鳖、龟和鳄 3 种,鸟纲有雉 1 种,哺乳纲有豪猪、鼠、兔、熊、貉、狗、虎、小型猫科动物未定种、大型食肉动物未定种、小型食肉动物未定种、梅花鹿、狍、小型鹿科动物未定种、猪、黄牛和绵羊等 16 种。依据最小个体数的统计结果,二里头四期家养动物约占 87%,野生动物约占 13%。二里头遗址一到四期的哺乳动物都以家养动物为主。家养动物中虽然都以家猪占据多数,但猪的比例有减少的迹象,三、四期绵羊和黄牛的数量都比二期要多,而狗的数量一直最少。①二里头遗址四期中,绵羊的年龄结构中也发现高于 3 岁的占据多数,这些绵羊也有可能是用于剪羊毛的。②

这个遗址的生业方式以种植农作物和饲养家畜为主,农作物中 5 种谷物都具备了,家养动物中黄牛和绵羊的数量比例逐渐增加。

③ 河南省登封县王城岗遗址。王城岗遗址的公元前 1800～前 1500 年的二里头文化时期,粟约占 80%,黍占 8%,两种小米合计在农作物籽粒总数中所占比例为 88%。稻谷占 2%,小麦 10%,大豆占 1%。两相比较,二里头文化时期小米的比例略有减少,其他几种谷物则不同程度地有所增加。③

王城岗遗址二里头文化层确认腹足纲有蜗牛和中华圆田螺 2 种,瓣鳃纲有蚌未定种 1 种,硬骨鱼纲有鱼未定种 1 种,鸟纲未定种 1 种,哺乳纲有豪猪、兔、狗、小型食肉动物未定种、猪、梅花鹿、黄牛和绵羊等 8 种。家养动物约占 76%,野生动物约占 24%。家养动物中狗、猪、黄牛和绵羊各占 25% 左右。④

---

① 杨杰.二里头遗址出土动物遗存研究[A],见中国社会科学院考古研究所编:《中国早期青铜文化》,北京:科学出版社,2008,470～539.
② 李志鹏、杨杰、杨梦菲等.家养动物的饲养及开发方式研究[A],见中国社会科学院考古研究所编著:《二里头》,北京:文物出版社,2014,1341～1348.
③ 赵志军.公元前 2500 年～前 1500 年中原地区农业经济研究[A],见中国社会科学院考古研究所考古科技中心编:《科技考古》第二辑,北京:科学出版社,2007,1～11.
④ 吕鹏、杨梦菲、袁靖.动物遗存的鉴定和研究[A],见北京大学考古文博学院、河南省文物考古研究所:《登封王城岗考古发现与研究(2002～2005)》,郑州:大象出版社,2007,574～602.

这个遗址的生业方式以种植农作物和饲养家畜为主,农作物中5种谷物都具备了,家养动物中黄牛和绵羊的数量比例较高。

④ 河南省洛阳市皂角树遗址。皂角树遗址主要属于二里头文化,年代相当于夏代中晚期,即距今约3700年左右。其农作物有粟、黍、大豆、小麦和稻等,其中以粟的出土率最高。①

通过对动物遗存进行定性定量研究,确认腹足纲有圆田螺1种,瓣鳃纲有蚌1种,硬骨鱼纲有鲤鱼1种,爬行纲有鳖1种,鸟纲有雉1种,哺乳纲有鼠、兔、狗、猪獾、家猪、梅花鹿、小型鹿科动物未定种和黄牛等8种。狗、家猪和黄牛等为家养动物,依据最小个体数的统计结果,家养动物约占哺乳动物总数的63%,野生动物约占37%,以家养动物为主。家养动物中猪占53%,狗占26%,黄牛占20%。②

这个遗址的生业方式以种植农作物和饲养家畜为主,农作物中5种谷物都具备了,家养动物中黄牛的数量比例较高。

⑤ 河南省新密市古城寨遗址。古城寨遗址二里头时期,粟在农作物中占有绝对多数的地位,黍、小麦、藜的出土概率要远低于粟。小麦出现于二里头文化时期。当时是以粟为主,其他3种农作物为辅,是典型的早期旱作农业。③

这里需要指出的是,我们对古城寨遗址的动物考古研究结果与上述的二里头遗址相似,由于研究报告尚未发表,这里不便具体阐述。

这个遗址的生业方式以种植农作物和饲养家畜为主。

⑥ 河南省登封市南洼遗址。属于二里头文化时期,农作物组合为粟、黍、水稻、小麦和大豆等,其中以粟为主,其次为黍。④

对二里头文化层出土的动物遗存进行定性研究,确认腹足纲有中华圆田螺、方形环棱螺等2种,瓣鳃纲有射线裂脊蚌、圆顶珠蚌、多瘤丽蚌、细瘤丽蚌、

---

① 刘长江. 果实与种子[A],见洛阳市文物工作队编:《洛阳皂角树》,北京:科学出版社,2002,103~112.
② 袁靖. 古动物环境信息[A],见洛阳市文物工作队编:《洛阳皂角树》,北京:科学出版社,2002,113~119.
③ 陈微微、张居中、蔡全法. 河南新密古城寨城址出土植物遗存分析[J]. 华夏考古,2012,(1):54~62.
④ 吴文婉、张继华、靳桂云. 河南登封南洼遗址二里头到汉代聚落农业的植物考古证据[J]. 中原文物,2014,(1):109~117.

拟丽蚌和珍珠蚌未定种等6种,硬骨鱼纲有鱼不明种属1种,爬行纲有鳖1种,鸟纲有雉未定种1种,哺乳纲有兔未定种、竹鼠、貉、狗獾、麂、狍、梅花鹿、马鹿、猫、狗、猪、黄牛、水牛、绵羊和山羊等15种。研究者对动物遗存的数量未作统计,从其报告的内容看,似乎家养动物的数量较多。①

这个遗址的生业方式以种植农作物和饲养家畜为主。

(2) 仅开展过植物考古的遗址

① 河南省郑州市东赵遗址。通过采样和浮选,在东赵遗址分属于新砦期、二里头期和二里岗期的遗存中发现炭化农作物遗存。其中新砦期的农作物为粟和黍,炭化粟粒的绝对数量占所有农作物种子的93%,炭化黍粒占7%。另外还发现田间杂草如狗尾草属、马唐和稗属植物的炭化种子。当时的旱地农业已经有一定的田间管理。

二里头期新发现了大豆、水稻和小麦3类作物遗存,东赵遗址至此形成了粟、黍、水稻、大豆和小麦5种农作物混种的多种作物种植方式。量化统计结果显示,粟、黍两类旱地作物在本阶段仍是先民栽培农业的绝对主体,炭化大豆的绝对数量相对不多,大豆的种植在本阶段已有一定的规模,是当时先民重要的食物来源之一。水稻和小麦的种植仅有极小的规模。此外还发现旱地杂草狗尾草属、马唐属和喜湿的稗属植物遗存,相比新砦期旱地杂草种子的出土概率下降明显,表明田间管理技术进一步提高。但是稗属杂草种子的出土概率明显上升,显示这个时期的稻田管理水平明显低于旱地。

二里岗文化一至四期的年代为公元前1510~1330年。二里岗期的农作物组成与二里头期相同,包括粟、黍、水稻、小麦和大豆5种,但各类农作物在本阶段的发展水平并不相同。粟、黍仍然是这一阶段农作物种植的绝对主体,这两类农作物的种植比二里头期又有了进一步的发展,大豆在农业结构中的地位相对较为稳定,水稻遗存的出土情况与二里头期也较为相似,小麦的种植在本阶段得到了极大的发展。从出土的杂草种子看,二里岗期旱地农业及其田间管理技术快速稳步发展,而水稻种植及其田间管理技术从二里头期到二里岗期变化不大。

---

① 侯彦峰、张继华、王娟. 河南登封南洼遗址二里头时期出土骨器简析[A]. 动物考古,第2辑,北京:文物出版社,2014,106~113.

东赵遗址的整体状况是,单一种植方式转变为包括稻谷、小麦和大豆在内的五谷皆备的农作物种植方式,农业的整体水平进一步提高。①

② 河南省西平县上坡遗址。通过采样和浮选,在二里头一、二期发现黍、水稻和大豆。二里头文化时期淮河流域北部为稻黍混作区。②

(3) 仅开展过动物考古的遗址

河南省驻马店市杨庄遗址二里头文化年代相当于二里头文化二、三期之交或已进入第三期。通过对动物遗存进行定性研究,发现腹足纲有圆田螺1种,哺乳纲有马(未定)、家猪、轴鹿、黄牛和绵羊5种。家养动物有家猪、黄牛和绵羊等。研究者对动物遗存未作统计,从报告的内容上分析,家猪是数量最多的动物,以家养动物为主。③。

(4) 小结

这个时期的生业方式以种植农作物和饲养家畜为主,农作物中5种谷物都具备了,个别位于河南南部的遗址存在稻黍混作的方式,家养动物中黄牛和绵羊的数量比例较高。

2. 商代

(1) 仅开展过动物考古的遗址

① 北京市昌平区张营遗址。张营遗址主要属于夏商时期,年代约从夏代中晚期延续至商代中期。通过对动物遗存进行定性定量研究,确认硬骨鱼纲有草鱼1种,鸟纲有雉1种,哺乳纲有兔、狗、棕熊、猫、豹、虎、马、驴、家猪、獐、梅花鹿、马鹿、狍、黄牛和羊等15种。狗、马、家猪、黄牛和羊为家养动物。依据最小个体数的统计结果,家猪等家养动物约占哺乳动物总数的53%,鹿科等野生动物约占47%,以家养动物为主。④ 新发现马和驴。

---

① 杨玉璋、袁增箭、张家强等.郑州东赵遗址炭化植物遗存记录的夏商时期农业特征及其发展过程[J].人类学学报,2017,36(1):119~130.
② 魏兴涛、孔昭宸、余新红.河南西平上坡遗址植物遗存初探[J].华夏考古,2007,(3):75~82.
③ 周军.动物遗存[A],见北京大学考古学系、驻马店市文物保护管理所编著:《驻马店杨庄》,北京:科学出版社,1998,82~85、194~195.
④ 黄蕴平.北京昌平张营遗址动物骨骼遗存的研究[A],见北京市文物研究所、北京市昌平区文化委员会编著:《昌平张营》,北京:文物出版社,2007,254~262.

② 河北省藁城市台西遗址。台西遗址属于商代,时代约为二里岗上层或稍早至殷墟早期。通过对动物遗存进行定性研究,发现爬行纲有龟1种,哺乳纲有麋鹿、梅花鹿、狍、黄牛和圣水牛5种。研究者认为圣水牛可能是家养的,但是未作说明。另外,对动物遗存未作统计。①

③ 陕西省铜川市北村遗址。北村遗址主要属于商代,年代从商代前期偏早阶段至商代后期偏早阶段(约武丁前后)。通过对动物上、下颌和牙齿进行定性定量研究,确认哺乳纲有猕猴、狼、黑熊、黄鼬、鼬、家猪、林麝、小鹿、毛冠鹿、马鹿、狍、野牛和黄牛等13种。家猪和黄牛为家养动物。依据可鉴定标本数的统计结果,家猪约占哺乳动物总数的27%,鹿等野生动物约占73%。②由于研究者是选取动物的上下颌和牙齿进行研究,从统计表上看,猪的下颌在各类动物中是数量最多的,其他野生动物往往是牙齿的数量较多,由此得出的结论只能作为参考。

④ 河南省安阳市鄂邓遗址。安阳鄂邓遗址主要属于先商文化遗存,动物遗存均出自先商文化地层。通过对动物遗存进行定性定量研究,确认有瓣鳃纲和鱼纲动物,鸟纲有鸨和雉鸡2种,哺乳纲有草兔、狗、马(未定)、家猪、鹿、牛、绵羊和山羊等8种。狗、家猪、牛、绵羊和山羊等为家养动物。依据最小个体数的统计结果,家养动物约占哺乳动物总数的97%,野生动物约占3%,以家养动物为主。③

⑤ 河南省偃师市二里头遗址。这个遗址二里岗早期,确认腹足纲有中国圆田螺1种,瓣鳃纲有圆顶珠蚌、丽蚌和丽蚌A等3种,鸟纲有雉1种,哺乳纲有豪猪、熊、狗、梅花鹿、小型鹿科动物未定种、猪、黄牛和绵羊等8种。依据最小个体数的统计结果,二里岗早期狗、猪、黄牛和绵羊等家养动物约占83%,野生动物约占17%。二里岗晚期确认腹足纲有中国圆田螺1种,瓣鳃纲有圆顶珠蚌、三角帆蚌、丽蚌、丽蚌A、鱼尾楔蚌、剑状矛蚌、文蛤和无齿蚌等8种,爬行纲有鳖、龟和鳄3种,鸟纲有鹳科未定种1种;哺乳纲有鼠、兔、熊、豹科、狗、小型食肉动物未定种、梅花鹿、獐、小型鹿科动物未定种、猪、黄牛、

---

① 裴文中、李有恒.藁城台西商代遗址中之兽骨[A],见河北省文物研究所编:《藁城台西商代遗址》,北京:文物出版社,1985,181~188.
② 曹玮.耀县北村商代遗址出土动物骨骼鉴定报告[J].考古与文物,2001,(6):68~70.
③ 河南省文物考古研究所.安阳鄂邓[M],郑州:大象出版社,2012,438~451.

绵羊和山羊等13种。依据最小个体数的统计结果,二里岗晚期狗、猪、黄牛、绵羊和山羊等家养动物约占77%,野生动物约占23%。①

⑥ 河南省新郑市王城岗遗址。在王城岗遗址二里岗文化层,确认腹足纲有蜗牛和中华圆田螺2种,瓣鳃纲有三角帆蚌、圆顶珠蚌、中国尖嵴蚌、蚌未定种和蚬等5种,爬行纲未定种1种,鸟纲未定种1种,哺乳纲有兔、狗、大型食肉动物未定种、猪、梅花鹿、小型鹿科动物未定种、鹿科动物未定种、黄牛、绵羊和山羊等10种。依据最小个体数的统计结果,二里岗时期狗、猪、黄牛、绵羊和山羊等家养动物约占73%,野生动物约占27%。殷墟文化层确认腹足纲有中华圆田螺1种,瓣鳃纲有圆顶珠蚌和蚌未定种2种,爬行纲未定种1种,哺乳纲有大型食肉动物、猪、黄牛和绵羊/山羊等4种。依据最小个体数的统计结果,殷墟时期猪、黄牛、绵羊和山羊等家养动物约占75%,野生动物约占25%。②

⑦ 河南省郑州市商代窖藏坑。郑州商代窖藏坑为商代前期晚段青铜器窖藏。动物遗存出自废弃的商代水井,年代相当于二里岗上层一期或稍晚。通过对动物遗存进行定性定量研究,确认哺乳纲有狗、家猪、牛和羊等4种,全部属于家养动物。③

⑧ 河南省新郑市郑国祭祀遗址。郑国祭祀遗址包括多个时期的遗存,均有动物遗存出土。通过对动物遗存进行定性定量研究,确认二里岗时期出土的哺乳纲为狗、马、家猪、黄牛和绵羊等5种,全部是家养动物。④

⑨ 河南省安阳市洹北花园庄遗址。花园庄遗址属于商代,年代整体上早于殷墟大司空村一期,上限接近二里岗文化白家庄阶段。通过对动物遗存进行定性定量研究,确认瓣鳃纲有丽蚌和种属不明的蚌各1种,共计2种;硬骨鱼纲有青鱼1种;鸟纲有鸡1种;哺乳纲有田鼠、狗、犀、家猪、麋鹿、黄牛、水牛

---

① 杨杰.二里头遗址出土动物遗存研究[A],见中国社会科学院考古研究所编:《中国早期青铜文化》,北京:科学出版社,2008,470~539.
② 吕鹏、杨梦菲、袁靖.动物遗存的鉴定和研究[A],见北京大学考古文博学院、河南省文物考古研究所:《登封王城岗考古发现与研究(2002~2005)》,郑州:大象出版社,2007,574~602.
③ 袁靖.郑州南顺城街窖藏坑出土动物骨骼鉴定报告[A],见河南省文物考古研究所、郑州市文物考古研究所编著:《郑州商代铜器窖藏》,北京:科学出版社,1999,128~129.
④ 罗运兵、杨梦菲、袁靖.郑国祭祀遗址动物骨骼研究报告[A],见河南省文物考古研究所编著:《新郑郑国祭祀遗址》(中),郑州:大象出版社,2005,1063~1146.

和绵羊等8种。鸡、狗、家猪、牛和绵羊等为家养动物,依据最小个体数的统计结果,家养动物约占哺乳动物总数的95%,野生动物约占5%,以家养动物为主。① 后来在属于洹北商城的二号基址水井里发现动物遗存,通过定性定量研究,确认瓣鳃纲有蚌科未定种1种,爬行纲有斑鳖(未定)1种,哺乳纲有猫科动物、家猪、黄牛和绵羊等4种。依据最小个体数的统计结果,家猪、黄牛和绵羊等家养动物约占哺乳动物总数的96%,野生动物约占4%②,以家养动物为主。

⑩ 河南省安阳市殷墟。安阳殷墟的年代约从盘庚迁殷延续至帝乙和帝辛时代,属于商代晚期。通过对动物遗存进行定性研究,确认腹足纲有宝贝和榧螺2种,瓣鳃纲有文蛤和毛蚶2种,硬骨鱼纲有鲻鱼、黄颡鱼、鲤鱼、青鱼、草鱼和赤眼鳟等6种,爬行纲有龟1种,哺乳纲有猴、黑鼠、田鼠、竹鼠、兔、狗、狐、狸、熊、獾、猫、豹、虎、鲸鱼、印度象、犀牛、马、貘、家猪、獐、麋鹿、鹿、水牛、牛、扭角羚、山羊和殷羊等27种。③ 研究者未对全部哺乳动物遗存作精确的统计,从报告的内容上分析,以家养动物为主。

⑪ 河南省辉县孙村遗址。孙村遗址包括多个时期的文化遗存,其中以商代晚期文化为主。通过对动物遗存进行定性定量研究,确认瓣鳃纲有剑状矛蚌1种,爬行纲有乌龟1种,哺乳纲有狗、家猪、梅花鹿、狍、黄牛和羊等6种。家养动物有狗、家猪、黄牛和羊等4种。依据最小个体数的统计结果,家养动物占哺乳动物总数的60%,野生动物占40%,以家养动物为主。④

(2) 小结

这个时期仅对遗址开展过动物考古研究,从研究结果看,基本上以家养

---

① 袁靖、唐际根. 河南安阳市洹北花园庄遗址出土动物骨骼研究报告[J]. 考古,2000,(11):75~81.
② 吕鹏. 洹北商城二号基址水井出土动物遗存的鉴定与分析[J]. 考古,2010,(1):18~22.
③ 秉志. 河南安阳之龟壳[A],见李济、傅斯年、董作宾等:《安阳发掘报告》第三期,北平:京华印书局代印,1931,443~446. 德日进、杨钟健. 安阳殷墟之哺乳动物群[J]. 中国古生物志,丙种第十二号第一册,1936. 杨钟健. 安阳殷墟扭角羚之发见及其意义[J]. 中国考古学报,第三册,1948,261~265. 伍献文. 记殷墟出土之鱼骨[J]. 中国考古学报,第四册,1949,139~143. 杨钟健、刘东生. 安阳殷墟之哺乳动物群补遗[J]. 中国考古学报,第四册,1949,145~153. 黑住耐二. 花园庄东地墓葬出土贝类分析[A],见中国社会科学院考古研究所编著:《安阳殷墟花园庄东地商代墓葬》,北京:科学出版社,2007,343~344.
④ 侯彦峰. 附录一辉县孙村遗址动物骨骼遗存研究分析[A],见河南省文物局编著:《辉县孙村遗址》,北京:科学出版社,2012,148~155.

动物为主,家养动物包括狗、猪、黄牛、绵羊、马、鸡等,马和鸡是新出现的家畜,在北京地区还发现有驴。

3. 先周-西周

(1) 仅开展过植物考古的遗址

① 陕西省扶风县周原遗址。通过浮选,发现先周时期的农作物组合为粟、黍、小麦和大豆等,其中以粟为主,其次为小麦,小麦数量较多是一个值得注意的现象。①

② 陕西省扶风县周原庄李铸铜遗址。庄李铸铜遗址属于西周中晚期,农作物组合为粟、黍、小麦和大豆等,其中以粟为主,其次为小麦。小麦数量较多与王家嘴遗址的出土状况类似。②

(2) 仅开展过动物考古的遗址

① 河北省唐县南放水遗址。南放水遗址包括多个时期的遗存。通过对动物遗存的定性定量研究,在西周时期的动物遗存中,确认鱼纲有草鱼和乌鳢2种,爬行纲有鳖1种,鸟纲有雉和个体较大的鸟类1种,共计2种;哺乳纲有野兔、狗、熊、獾、猞猁、马、家猪、獐、梅花鹿、马鹿、麋鹿、鹿、狍、黄牛和山羊等共计15种,家养动物有狗、马、家猪、黄牛和山羊等。依据最小个体数的统计结果,家养动物约占哺乳动物总数的52%,野生动物约占48%,以家养动物为主。③

② 陕西省长武县碾子坡遗址。碾子坡遗址包括多个时期的遗存。动物遗存主要出自先周文化层,通过对动物遗存进行定性定量研究,确认腹足纲有宝贝1种,瓣鳃纲有种属不明的蚌1种,鸟纲有雁和鸡2种,哺乳纲有鼢鼠、狗、狐、马、家猪、麝、马鹿、鹿、狍、黄牛和山羊等11种。依据可鉴定标本数的统计结果,在距今3 200年左右的碾子坡先周文化层,狗、马、家猪、黄牛和山羊等家养动物约占哺乳动物总数的97%,鹿等野生动物约占3%,以家养动物

---

① 周原考古队.周原遗址(王家嘴地点)尝试性浮选的结果及初步分析[J].文物,2004,(10):89~96.
② 周原考古队.周原庄李西周铸铜遗址2003与2004年春季发掘报告[J].考古学报,2011,(2):295~299.
③ 于丹.唐县南放水遗址出土动物遗存鉴定报告[A],见南水北调中线干线工程建设管理局、河北省南水北调工程建设委员会办公室等编著:《唐县南放水:夏、周时期遗存发掘报告》,北京:文物出版社,2011,197~231.

为主。①

③ 陕西省泾阳县高家堡戈国墓。戈国墓属于商周时期,在周人灭殷之际,即公元前1046年前后。通过对动物遗存进行定性研究,确认哺乳纲有獐、牛和羊3种。从研究报告的描述上看,以牛和羊等家养动物为主,野生动物次之。②

④ 陕西省扶风县周原齐家制玦作坊。齐家制玦作坊属于西周早期。通过对出土的动物遗存进行定性定量研究,确认瓣鳃纲有种属不定的蚌科1种,硬骨鱼纲有草鱼1种,鸟纲有鸡1种,爬行纲有乌龟1种,哺乳纲有种属不定的啮齿目、草兔、马、狗、家猪、小鹿、梅花鹿、牛、绵羊和山羊等10种。依据最小个体数的统计结果,狗、马、家猪、牛和绵羊/山羊等家养动物约占哺乳动物总数的89%,野生动物约占11%,以家养动物为主。③

⑤ 陕西省西安市长安区沣西马王村和大原村遗址。马王村和大原村遗址包括先周晚期至西周晚期遗存,均有动物遗存出土。通过对动物遗存进行定性定量研究,确认瓣鳃纲有文蛤和种属不明的蚌各1种,共计2种,鸟纲有鸡1种;哺乳纲有兔、狗、犬科动物、马、家猪、小型鹿科动物未定种、梅花鹿、黄牛、水牛和绵羊等10种。鸡、狗、马、家猪、黄牛、水牛和绵羊为家养动物。依据最小个体数的统计结果,在马王村和大原村遗址距今约3100年左右的先周晚期,家猪等家养动物约占哺乳动物总数的73%,鹿等野生动物约占27%;西周早期家猪等家养动物约占82%,鹿等野生动物约占18%;西周中期猪等家养动物约占85%,鹿等野生动物占15%;西周晚期猪等家养动物约占92%,鹿等野生动物约占8%。始终以家养动物为主。④

⑥ 陕西省西安市长安区沣西新旺村制骨作坊遗址。新旺村制骨作坊遗址属于西周晚期阶段。通过对动物遗存进行定性定量研究,确认哺乳纲有

---

① 周本雄.碾子坡遗址的动物遗存鉴定[A],见中国社会科学院考古研究所编著:《南邠州·碾子坡》,北京:世界图书出版公司北京公司,2007,490~492.
② 周本雄.高家堡商周墓青铜器中的兽骨鉴定[A],见陕西省考古研究所编著:《高家堡戈国墓》,西安:三秦出版社,1995,203~204.
③ 马萧林、侯彦峰.周原遗址齐家制玦作坊出土动物骨骼研究报告[A],见陕西省考古研究院、北京大学考古文博学院、中国社会科学院考古研究所周原考古队编著:《周原——2002年度齐家制玦作坊和礼村遗址考古发掘报告》,北京:科学出版社,2010,724~751.
④ 袁靖、徐良高.沣西出土动物骨骼研究报告[J].考古学报,2000,(2):246~256.

马、家猪、鹿和黄牛 4 种,依据最小个体数的统计结果,马、家猪和黄牛等家养动物约占哺乳动物总数的 92%,鹿等野生动物约占 8%,以家养动物为主①。

⑦ 陕西宝鸡关桃园遗址。关桃园遗址西周时期确认哺乳纲有普氏野马、原麝、狍、梅花鹿、青羊、家猪和黄牛等 7 种。家猪和黄牛是家养动物。其中家猪的最小个体数约占全部哺乳动物总数的 40%,黄牛约占 10%,鹿科等野生动物约占 50%。家畜饲养与狩猎行为大致相当。②

⑧ 山西省侯马市天马-曲村遗址。通过对天马-曲村遗址出自周代文化层的动物遗存进行定性定量研究,确认哺乳纲有狗、马、家猪、梅花鹿、黄牛、绵羊和山羊等 7 种。狗、马、猪、黄牛、绵羊和山羊为家养动物。依据最小个体数的统计结果,西周早期家养动物约占 97%,鹿约占 3%;西周中期家养动物约占 98%,鹿约占 2%;西周晚期家养动物约占 98%,鹿约占 2%,以家养动物为主。③

⑨ 河南省新郑市郑国祭祀遗址。这个遗址西周晚期文化层中确认瓣鳃纲有蚌 1 种,硬骨鱼纲有种属不明的 1 种,爬行纲有鳖 1 种,鸟纲有种属不明的 1 种,哺乳纲有狗、鼬科、虎、食肉动物、马、家猪、梅花鹿、大型鹿科动物未定种、小型鹿科动物未定种、黄牛和绵羊等 11 种。依据最小个体数的统计结果,狗、马、家猪、黄牛和绵羊等家养动物约占哺乳动物总数的 67%,野生动物约占 33%。④

(3) 小结

这个时期的生业方式以农业和饲养家畜为主,陕西地区的农作物中小麦占有一定的比例,绝大多数遗址的家养动物中普遍出现马匹。

4. 春秋战国

(1) 仅开展过植物考古的遗址

① 北京市军都山玉皇庙山戎墓地。年代大致为春秋时期,发现青铜罍里

---

① 祁国琴、林钟雨. 动物骨骼鉴定单[J]. 考古,1992,(11):1002~1003.
② 胡松梅、张云翔、张天恩. 宝鸡关桃园遗址动物环境考古研究[J]. 西北大学学报(自然科学版),2007,(2):115~118.
③ 黄蕴平. 天马-曲村遗址兽骨的鉴定和研究[A],见北京大学考古系商周组、山西省考古研究所编著(邹衡主编):《天马-曲村(1980—1989)》,北京:科学出版社,2000,1153~1169.
④ 罗运兵、杨梦菲、袁靖. 郑国祭祀遗址动物骨骼研究报告[A],见河南省文物考古研究所编著:《新郑郑国祭祀遗址》(中),郑州:大象出版社,2005,1063~1146.

有粟。①

② 北京市房山南正遗址。南正遗址的年代大致为战国晚期至西汉早期，发现浮选样品中有炭化的粟。②

(2) 仅开展过动物考古的遗址

① 北京市房山区镇江营和塔照遗址。镇江营和塔照遗址包括多个时期的遗存。动物遗存的时间从夏末延续至春秋战国时期。通过对动物遗存进行定性定量研究，确认瓣鳃纲有河蚌1种，硬骨鱼纲有种属不明的1种，爬行纲有龟和鳖2种，鸟纲有种属不明的1种，哺乳纲有兔、狼、狗、狐、貉、豹、熊、獾、虎、马、家猪、麝、獐、梅花鹿、麋鹿、狍、黄牛和羊等18种。狗、马、家猪和黄牛等均为家养动物，依据最小个体数的统计结果，家养动物约占哺乳动物总数的61％，鹿科等野生动物约占39％，以家养动物为主。③

② 河北省唐县南放水遗址。在这个遗址东周时期的动物遗存中，确认鱼纲有草鱼和鲇鱼2种，爬行类有鳖1种，鸟纲有雉1种，哺乳纲有野兔、狗、熊、獾、猫、马、家猪、獐、麋鹿、鹿、狍、牛、绵羊和山羊等共计14种，家养动物有狗、马、家猪、牛、绵羊和山羊。依据最小个体数的统计结果，家养动物约占哺乳动物总数的46％，野生动物约占54％，野生动物略占多数。④

③ 山西省侯马市天马-曲村遗址。这个遗址属于春秋时期的动物遗存中，确认哺乳纲有狗、马、家猪、梅花鹿、黄牛、绵羊和山羊等7种。狗、马、猪、黄牛、绵羊和山羊为家养动物。依据最小个体数的统计结果，春秋早期家养动物约占96％，鹿约占4％；春秋中期家养动物约占88％，鹿约占12％；春秋晚期家养动物约占93％，鹿约占7％⑤，以家养动物为主。

④ 山西省太原市晋国赵卿墓。赵卿墓的年代为春秋晚期，距今约2 475～2 450年。通过对动物遗存进行定性研究，确认鸟纲有雁1种，哺乳纲有家猪、

---

① 北京市文物研究所.军都山墓地——玉皇庙(二)[M].北京:文物出版社,2007,903.
② 北京市文物研究所编.房山南正遗址[M].北京:科学出版社,2008,246.
③ 黄蕴平.动物遗存鉴定报告[A],见北京市文物研究所著:《镇江营与塔照》,北京:中国大百科全书出版社,1999,557～565.
④ 于丹.唐县南放水遗址出土动物遗存鉴定报告[A],见南水北调中线干线工程建设管理局、河北省南水北调工程建设委员会办公室、河北省文物局编著:《唐县南放水:夏、周时期遗存发掘报告》,北京:文物出版社,2011,197～231.
⑤ 黄蕴平.天马-曲村遗址兽骨的鉴定和研究[A],见北京大学考古系商周组、山西省考古研究所编著(邹衡主编):《天马-曲村(1980～1989)》,北京:科学出版社,2000,1153～1169.

黄牛和羊 3 种。除雁以外,家猪、黄牛和羊为家养动物,以家养动物为主。另外,马坑中还出土了 44 匹马。①

⑤ 河南省新郑市双楼东周墓地。通过对新郑双楼东周时期墓地随葬器皿内出土的动物遗存进行定性定量研究,确认随葬动物有哺乳纲猪 1 种。随葬猪中大多为乳猪。②

⑥ 河南省渑池县班村遗址。班村遗址战国时代层出土动物遗存较少,家养动物占 80%,野生动物占 20%,以家养动物为主。③

⑦ 河南省新郑市王城岗遗址。王城岗遗址春秋时期文化层确认腹足纲有蜗牛和中华圆田螺 2 种,瓣鳃纲有三角帆蚌、圆顶珠蚌、无齿蚌和蚌未定种等 4 种,爬行纲有龟和鳖 2 种,鸟纲未定种 1 种,哺乳纲有鼠未定种、兔、狗、猫科未定种、马、猪、梅花鹿、麋鹿、小型鹿科动物未定种、鹿科动物未定种、黄牛和绵羊等 12 种。依据最小个体数的统计结果,狗、马、猪、黄牛和绵羊等家养动物约占 72%,野生动物约占 28%。④

⑧ 河南省新郑市郑国祭祀遗址。这个遗址春秋时期狗、马、家猪、黄牛和绵羊等家养动物约占 74%,野生动物约占 26%;战国时期家养动物约占 89%,野生动物约占 11%。⑤

(3) 小结

这个时期的生业方式与西周相似,即以农业和饲养家畜为主,除狗、猪、黄牛和绵羊之外,绝大多数遗址的家养动物中普遍出现马匹,有的遗址中出土的马匹数量较大。

5. 青铜时代小结

青铜时代的生业方式以种植农作物和饲养家畜为主,农作物中粟、黍、水

---

① 周本雄. 太原晋国赵卿墓动物骨骼鉴定[A],见山西省考古研究所、太原市文物管理委员会:《太原晋国赵卿墓》,北京:文物出版社,1996,248~252.
② 曹金萍、王娟. 新郑双楼东周墓地随葬器皿内出土动物骨骼的鉴定报告[A],见河南省文物考古研究院编著:《新郑双楼东周墓地》,郑州:大象出版社,2016,550~571.
③ 袁靖. 中国新石器时代居民获取肉食资源的方式[J]. 考古学报,1999,(1):1~22.
④ 吕鹏、杨梦菲、袁靖. 动物遗存的鉴定和研究[A],见北京大学考古文博学院、河南省文物考古研究所:《登封王城岗考古发现与研究(2002~2005)》,郑州:大象出版社,2007,574~602.
⑤ 罗运兵、杨梦菲、袁靖. 郑国祭祀遗址动物骨骼研究报告[A],见河南省文物考古研究所编著:《新郑郑国祭祀遗址》(中),郑州:大象出版社,2005,1063~1146.

稻、大豆和小麦 5 种谷物都具备了，到西周时期陕西地区的农作物中小麦占有一定的比例，家养动物中包括狗、猪、黄牛、绵羊、马、鸡等，黄牛和绵羊的数量在二里头时期开始增加，马和鸡是商代新出现的家畜，在北京地区还发现有驴，自西周时期开始绝大多数遗址的家养动物中普遍出现马匹，有的遗址中出土的马匹数量较大。结合考古学家对北京地区和内蒙古地区青铜时代墓葬殉牲的研究，发现普遍存在墓葬中殉葬动物的现象，大型牲畜有马和牛，小型牲畜山羊、绵羊和狗则在数量上占据主导地位，随葬动物中出现头蹄葬的特征。[①] 墓葬中大量随葬这些与畜牧及游牧密切相关的家畜，是当时的生业活动中大量饲养这些以食草为主的家养动物的真实反映。

三、讨论

黄河中游及华北地区在新石器时代至先秦时期的生业行为有 3 个特征，以下分别阐述。

（一）生业特征

这个地区的生业形态可以分为 4 个阶段。

第一阶段为新石器时代早期，这个阶段主要以采集渔猎的方式获取食物资源，个别遗址可能已经开始种植小米，但这种行为在这个地区仅是个别现象。在南庄头遗址发现目前所知的中国最早的狗。狗是当时唯一的家养动物，狗对于改变当时的生业方式没有产生明显的作用。出现小米和狗的遗址都位于这个地区的北部边缘地带。

第二阶段为新石器时代中期，这个时期主要以采集渔猎为主、栽培作物和家养动物为辅的生业方式获取食物资源。栽培作物有粟、黍和水稻，黍多于粟，发现水稻的遗址主要分布在黄河中游的南部地区。家养动物有狗和猪。家猪是一种新的家养动物。尽管这个阶段栽培作物和家养动物的数量都不多，但是为后来各个阶段以栽培作物和家养动物为主的生产方式奠定了

[①] 杨建华. 东周时期北方青铜文化墓葬习俗比较[A], 见教育部人文社会科学重点研究基地、吉林大学边疆考古研究中心编：《边疆考古研究》第 1 辑, 北京：科学出版社, 2002, 156~169. 罗丰. 北方系青铜文化墓的殉牲习俗[J]. 考古学报, 2018, (2)：183~200.

基础。

第三阶段为新石器时代晚期,这个时期主要以种植农作物和饲养家畜为主的方式获取食物。农作物中绝大多数是粟,还有黍和水稻,在这个阶段粟取代黍成为主要农作物。家养动物以猪为主。遗址中粟和稻的数量比例依据其所处的地域不同有明显的差异。尽管多数遗址以饲养家畜为主,但是内蒙古西部地区和陕西地区的一些遗址还存在通过狩猎获取肉食的方式。河南地区普遍存在以种植农作物和饲养家畜为主的方式获取食物的现象。河南地区和其他地区生业上的特征差异开始出现。

第四阶段为新石器时代末期至先秦时期,这个时期以种植农作物和饲养家畜为主获取食物的生业方式继续发展。五谷和六畜都是在这个时期形成的,马和鸡是商代新出现的家畜,在陕北地区和北京地区还发现有驴。小麦、黄牛、绵羊、马和鸡都是从别的地区传入的。河南地区以栽培作物和家养动物为主、以采集渔猎为辅的生业方式发展稳定,其持续发展的过程表现得最为典型。在新石器时代末期,陕西地区以家养动物为主的生业方式集中在陕北地区,且羊和黄牛的数量剧增。从整体上看,陕西地区的生业方式与河南地区相比存在明显的差距,但是自商代开始,逐渐趋于一致。到西周时期陕西地区的农作物中小麦占有一定的比例。在二里头时期黄牛和绵羊的数量开始普遍增加,最晚至商代中期,北京地区出现的马和驴为这些动物进入中国的时间和路线提供了线索,自西周时期开始,绝大多数遗址的家养动物中普遍出现马匹,有的遗址中出土的马匹数量较大。这个阶段逐渐形成五谷丰登、六畜兴旺的特征,结合对随葬用牲的研究,华北地区一带饲养的家畜以食草动物为主,与中原地区形成鲜明的对比。

(二)自然环境的作用

通过对山西省宁武县公海钻孔岩芯沉积物的孢粉、粒度、磁化率、总有机质(TOC)、碳酸盐含量、灰分等代用指标的分析,结合高分辨率、高精度的测年,对公海湖泊末次冰消期以来的古环境演化进行了重建。在距今约13 000～12 000年,发生了新仙女木降温事件。木本孢粉浓度、砂组分含量和TOC含量等古气候代用指标均指示了明显的温度下降。从距今约12 000～11 500年开始,温暖持续的环境一直持续到距今约3 000年。乔木花粉等古环境代用指标显示,中全新世期间(距今约 7 500～5 500 年)最为湿润。大约距今 5 500 年以后,夏季风大幅衰退,但湖泊仍然保持高湖面,湖泊周围植被的覆盖情况也较好。[①]

黄河中游及华北地区的气候大部分属于暖温带大陆性季风气候,热量资源比较丰富,降水集中。黄土堆积主要集中在这个地区,黄土疏松多孔,粉砂质,质地均一,富含碳酸钙。在黄土覆盖区,土壤发育深受黄土母质影响,土层持水性较好。黄河、渭河、滹沱河、漳河、淮河等流经这个地区。植被建群种甚为丰富,森林植被的建群种以松科的松属和壳斗科的栎属为主。[②] 气候、土壤和水系等条件都为各种野生植物和野生动物提供了良好的生长及栖息环境,适宜于人类生存和发展。另外,这个地区东面与黄河下游及东北地区为邻,北面与内蒙古地区为邻,西面与黄河上游地区为邻,南面与长江流域为邻,地理位置也为其与各个地区的文化交流创造了条件。黄河中游及华北地区的生业状况与相邻地区在相关时期内的生业状况有相似之处,这种边界效应与交流对于促进黄河中游及华北地区的文化发展也有积极的作用。

(三) 地区生业差异与文明形成

具体地观察,在黄河中游及以北地区的生产力发展过程并非在每个时期的任何一个遗址都整齐划一。比如在新石器时代晚期,内蒙古西部地区的几个遗址就有以采集渔猎为主、栽培作物和家养动物为辅的生业方式,和以栽培作物和家养动物为主、采集渔猎为辅的生业方式共存的现象。陕西地区与内蒙古地区有相似之处,有些遗址以采集渔猎为主,栽培作物和家养动物为辅;有些遗址尽管以栽培作物和家养动物为主,但家养动物的数量比例仅略高于野生动物,当时的渔猎活动还较为频繁。这类两种方式共存的现象到新石器时代末期还存在,在先秦时期也偶有发现。只有河南地区以栽培作物和家养动物为主、采集渔猎为辅的生业方式持续发展,表现得最为典型。这种区域性生业方式的不同反映了各个区域的生业整体水平存在差异。

从整体上看,河南地区在生业方面一直呈现发展的趋势。包括古 DNA

[①] 王宗礼. 末次冰消期以来山西公海湖泊记录年代学与环境变化研究[D]. 兰州大学博士论文,2014.
[②] 赵济主编. 中国自然地理[M]. 北京:高等教育出版社,1995,203～216.

测试在内的研究表明,至少在公元前 2200 年之前,起源于西亚地区的小麦、绵羊、黄牛等均已经过中国西北或北部地区,进入河南地区。即河南地区从龙山时代开始,生业状况存在一个明显的突变过程,新出现了大豆、小麦、黄牛和绵羊等新的生产力要素,到商代还出现了马和鸡。这些新的生产力要素进入河南地区是一个划时代的进步。这些新的生产力要素不仅仅是指新的农作物和家养动物的种类,还包括新的农作物种植技术和新的家畜饲养技术,这些技术可以高效地使用可耕种土地及自然植被,提高有限区域内的农业生产总量,稳定地获取多种肉食来源,开发家畜的功能,在精神领域及战争中发挥重要的作用。

民以食为天,充足的食物资源为人口增长和社会发展奠定了坚实的物质基础。而礼制的形成、军事力量的强化,在壮大国家这个新的社会组织过程中意义重大,所谓"国之大事,在祀与戎"。依据河南地区整个生业形态的发展趋势及中华文明形成和发展于中原地区的事实,我们可以推测,河南地区的生业形态对中华文明的形成及发展起到了明显的促进作用。当然,生业的发展并不是中华文明形成和发展的唯一因素,但绝对是不可或缺的重要原因。

四、结论

黄河中游及华北地区自新石器时代早期以来,出现栽培农作物和饲养家畜的行为。从整体上看,生业方式经历了自采集渔猎逐步发展到以栽培作物和家养动物为主、以采集渔猎为辅的发展过程。良好的自然条件是这个地区生业发展的必要前提。由采集渔猎为主向以栽培作物和家养动物为主的生业方式的发展过程在这个地区内的各个小区域不尽相同,内蒙古西部地区、陕西关中地区在一段时间内呈现出滞后的现象,河南地区生业方式持续、稳定的发展为后来早期中国出现在这个区域奠定了坚实的经济基础。

─── 第五章 ───

黄淮下游地区新石器时代至青铜时代的生业

这里探讨的黄淮下游地区主要指山东全境、安徽和江苏北部(其实河南东部在地理上也应纳入这一地区,出于资料梳理和操作方便等方面的考虑暂不纳入讨论)。这些地区在新石器时代到青铜时代是一个相对独立、自成特色的重要考古学文化区域,即考古学界所谓的海岱地区。海岱地区作为一个考古学用语有比较明确的时空界限,在空间分布上,以泰沂山系为中心,不同时期分布范围有一定的差别[①],但其主体是黄河和淮河下游的山东全省和苏皖两省北部。首先阐述新石器时代至青铜时代这个地区的考古学文化序列,然后介绍迄今为止动植物考古学的研究成果,在此基础上探讨当时的生业状况及相关问题。

一、黄淮下游地区新石器时代至青铜时代的考古学文化序列

黄淮下游地区新石器时代到青铜时代的考古学文化系列的研究成果已经较为成熟[②],这里根据已有的研究成果对该区域内的考古学文化序列依早

---

① 栾丰实.海岱地区考古研究[M].济南:山东大学出版社,1997,1~2.
② 栾丰实.东夷考古[M].济南:山东大学出版社,1996.中国社会科学院考古研究所.中国考古学·新石器时代卷[M].北京:中国社会科学出版社,2010.中国社会科学院考古研究所.中国考古学·夏商卷[M].北京:中国社会科学出版社,2003.中国社会科学院考古研究所.中国考古学·两周卷[M].北京:中国社会科学出版社,2004.

晚顺序进行大致的归纳。

1. 新石器时代早期

目前只在泰沂山区发现山东省沂源县扁扁洞遗址和黄崖遗址两处新石器时代早期遗址,其中扁扁洞遗址采集的人头骨碎片经碳 14 年代测定,为公元前 9000～前 7600 年,黄崖遗址的年代较扁扁洞晚,从文化遗物的特征来看更接近后李文化。①

2. 新石器时代中期

这一时期主要为后李文化(包括其同类文化遗存),主要分布在泰沂山系北麓的山前冲积平原地带,其范围大体包括东起淄河、西到长清的这一狭长地带,其分布可能还应该有更大的范围,尚待今后田野工作的不断开展。其绝对年代约为公元前 7000～前 5300 年。②

在泰山南侧地区,也有类似后李文化或具有后李文化风格的同类遗存的线索,如山东省兖州市西桑园遗址,而地理位置再往南的安徽省东北部,在宿州市古台寺、小山口遗址也发现年代较早的新石器时代文化遗存,与后李文化存在共同之处。③ 在苏北地区则发现了以江苏省泗洪县顺山集遗址、韩井遗址为代表的顺山集文化,以顺山集遗址一、二期为代表的顺山集文化绝对年代约为公元前 6500～前 6000 年,以顺山集遗址第三期文化遗存为代表的顺山集文化绝对年代约为公元前 6000～前 5500 年。④

3. 新石器时代晚期

黄淮下游地区新石器时代晚期的考古学文化依时间早晚为北辛文化-双墩文化、大汶口文化。

(1) 北辛文化与双墩文化

---

① 孙波、崔圣宽. 试论山东地区新石器时代早期遗存[J]. 中原文物,2008,(3):23～28.
② 孙启锐. 后李文化研究[D]. 山东大学历史文化学院考古学及博物馆学专业硕士论文,2014.
③ 栾丰实. 海岱地区考古研究[M]. 济南:山东大学出版社,1997,1～2.
④ 南京博物院、泗洪县博物馆. 顺山集——泗洪县新石器时代遗址发掘报告[M]. 北京:科学出版社,2016.

北辛文化分布于鲁中南地区或汶泗流域、鲁北地区、胶东地区、苏北地区,其绝对年代约为公元前5300～前4200年。① 有的学者认为,胶东地区白石村一期和邱家庄一期时期的文化遗存与北辛文化没有多少发展联系,是独具特色的原始文化,或称之为白石文化②,有些学者则认为属于北辛文化的白石类型③或白石村类型④。这一时期安徽北部分布着双墩文化,绝对年代大致在公元前5300～前5100年之间。⑤

(2) 大汶口文化

大汶口文化主要分布区域为以泰沂山系为中心的广大地区,东达黄海之滨,西至鲁西平原东部和河南东部的部分地区,北邻渤海,南及苏、皖北部,以鲁中南地区为其中心分布区,鲁东南及苏北、胶东半岛、鲁西平原为其次中心地区,皖北、豫东则在一定时期被大汶口文化所包容,其绝对年代约为公元前4200～前2600年。⑥

4. 新石器时代末期

黄淮下游地区新石器时代末期的考古学文化为海岱龙山文化,一般认为海岱龙山文化的范围应包括山东全境、江苏与安徽北部以及河南东部的部分地区,其绝对年代大约为公元前2600～前2000年。⑦

5. 青铜时代

(1) 岳石文化与商文化时期

本地区夏商时期属于岳石文化和商文化的分布区域。

---

① 中国社会科学院考古研究所.中国考古学·新石器时代卷[M].北京:中国社会科学出版社,2010,274.栾丰实.北辛文化研究[J].考古学报,1998,(3):265～288.
② 烟台市博物馆.山东烟台市白石村遗址调查简报[J].考古,1981,(2):185～186、170.严文明.胶东原始文化初论[A],《山东史前文化论文集》,济南:齐鲁书社,1986.
③ 栾丰实.北辛文化研究[J].考古学报,1998,(3):265～288.
④ 中国社会科学院考古研究所.中国考古学·新石器时代卷[M].北京:中国社会科学出版社,2010,274.
⑤ 安徽省文物考古研究所、蚌埠市博物馆.蚌埠双墩——新石器时代遗址发掘报告[M].北京:科学出版社,2008,414.
⑥⑦ 中国社会科学院考古研究所.中国考古学·新石器时代卷[M].北京:中国社会科学出版社,2010,292.

岳石文化的分布范围东至黄海,南达淮河中下游,西到鲁西南和豫东,北抵冀东地区与辽东半岛的南端,整个黄淮下游地区皆为岳石文化分布区。岳石文化的年代上限均晚于龙山文化晚期。岳石文化在其分布区域大多由商文化取代。由于商文化是由西向东逐步推进的,因此岳石文化在各地消亡的年代有所不同,这由各地商文化出现的年代可以大致推知。综合各方面的信息,可知岳石文化的年代约相当于二里头文化二期至中商早期。在个别地区,岳石文化的年代下限也许更晚,有的延续到晚商时期的殷墟文化一期到三期。在更东面的胶东半岛,迄今为止尚未发现商文化。不过那里的岳石文化并未一直延续到商代最晚期,而是演化为另一种考古学文化,即珍珠门文化。①

在早商时期的二里冈文化上层一期,商文化在东进至豫东地区后,进一步扩张到山东的泰沂山以北的山东省济南市大辛庄遗址一带。中商文化时期的二里冈文化上层二期阶段,商文化在本地区的分布地域比早商时有进一步发展,东进到泰沂山脉一线,商文化遗址较前一阶段发现的数量更多。到了晚商时期,山东境内商文化向东保持着微弱的进取势头,在本地区晚商时期商文化分布的大体情况是:泰沂山脉以北,商文化发展到淄河和弥河附近,泰沂山脉以西及鲁西南地区仍为商文化所控,但苏北地区已很少有商文化分布。皖北地区和皖中东部至晚商早期仍为商文化控制,皖中西部今六安一带材料缺乏,面貌不详。②

(2) 两周时期

两周时期本地区基本为周文化的分布区域,以齐鲁文化为代表。

二、黄淮下游地区新石器时代动植物考古研究

这里按考古学文化序列和时代介绍本地区与生业状况有关的研究成果。另外,鉴于个别的动物考古研究结果有待商榷,在应用时有所选择。

---

①② 中国社会科学院考古研究所. 中国考古学·夏商卷[M]. 北京:中国社会科学出版社,2003年.

（一）新石器时代早期

这个时期仅开展过动物考古研究。

（1）动物考古研究

黄淮下游地区发现的早于后李文化的新石器时代早期遗存，目前尚未有动物考古的研究报告发表。有的学者研究，山东省沂源县扁扁洞遗址发现的动物种属包括了竹鼠、小型犬科动物未定种、猪、中型鹿科动物未定种和小型鹿科动物未定种，无法确定猪是否已经驯化，这个遗址动物群中基本为野生动物。[①]

（2）小结

在新石器时代早期，黄淮下游地区发现的遗址很少，目前尚不能确认已经出现家畜或农作物，当时似乎以采集和渔猎方式获取食物资源。

（二）新石器时代中期

这个时期开展过动植物考古的遗址有4处，仅开展过植物考古和动物考古的遗址各1处。以下分别阐述。

1. 开展过动植物考古的遗址

（1）山东省章丘市西河遗址

西河遗址属于后李文化早中期，年代为公元前6030～前6070年。[②] 发现炭化的稻、粟以及稻与粟的植硅体。炭化种子中稻属种子占种子总数的37%；粟只发现2粒，约占种子总数的1%。野生植物种类比较丰富，其中藜属植物数量百分比仅次于稻，占种子总数的21%，远超其他植物种类。其他野生植物资源还包括少量的葡萄属、豆科、苋属、桑属和山桃等可食用植物，以及野西瓜苗、菊科、罂粟科等在内具有药用或其他功能的野生植物[③]，发现

[①] 宋艳波.海岱地区新石器时代的动物考古学研究[D].山东大学历史文化学院2012年博士学位论文,9.

[②③] 吴文婉、张克思、王泽冰等.章丘西河遗址(2008)植物遗存分析[A],见山东大学文化遗产研究院编：《东方考古》第10集,北京：科学出版社,2013,373～390. Guiyun Jin, Wenwan Wu, Kesi Zhang, et al 8000. Year old rice remains from the north edge of the Shangdong highlands, East China [J]. *Journal of Archaeological Science*, 2014,5(1)：34～42.

的块根茎类植物的淀粉粒说明遗址先民还采集和利用过块根茎类植物。① 从出土数量和出土概率看,水稻在先民的食谱中比粟重要。

经过动物考古研究,确认西河遗址腹足纲有螺,瓣鳃纲有蚌,硬骨鱼纲有鲤鱼、草鱼和青鱼,爬行纲有鳖,鸟纲,哺乳纲有啮齿动物、竹鼠、小型犬科动物(可能为貉)、小型食肉动物未定种、猪、牛、麋鹿、梅花鹿和小型鹿科动物未定种。遗址中发现的鱼骨数量最多,占了可鉴定标本数的59%,鸟类占了19%,哺乳动物占了18%,软体动物占了4%,爬行动物数量极少。这个遗址是否存在家猪还未确认,从可鉴定标本数看,即使猪全部为驯化的家猪,也仅占总数的21%,野生的哺乳动物和鸟类占79%;从哺乳动物的最小个体数看,猪占42%,野生动物占总数的近60%。②

这个遗址主要以采集和渔猎方式获取食物资源,栽培农作物和可能存在的饲养家猪占据次要的地位。

(2) 山东省济南市历城区张马屯遗址

张马屯遗址属于后李文化早、中期。浮选结果表明,后李文化时期有粟、黍两种栽培作物,二者出土概率均为6%。从绝对数量来看,以黍最多,但是这类栽培作物在先民食谱中的比重还很低。当时利用的植物种类非常丰富,果实类和其他茎叶可食的野生植物占据了相当大的比重。葡萄属是其中表现最突出的一类,其出土概率和数量百分比都远超其他种类。此外,酸浆属、桑属、李属、芡实等果实都是容易获取的野生植物资源,这些果实类植物共同组成张马屯先民植物性食物中最重要的来源,而地肤、藜属、芸薹属和十字花科植物的嫩叶也可食用。③

经过动物考古研究,确认动物遗存中瓣鳃纲有剑状矛蚌、丽蚌、圆顶珠蚌和矛蚌等,鱼纲,爬行纲有龟,鸟纲,哺乳纲有狗、狗獾、貉、狐、小型犬科动物未定种、猪、梅花鹿、麋鹿和小型鹿科动物未定种。从出土动物的可鉴定标本数看,可能属于家养动物的猪仅占5%,野生动物占95%;从最小个体数看,猪

---

① 吴文婉、杨晓燕、靳桂云.淀粉粒分析在考古学中的应用——以月庄遗址为例[A],见山东大学东方考古研究中心编:《东方考古》第8集,北京:科学出版社,2011,330~348.
② 宋艳波.海岱地区新石器时代的动物考古学研究[D].山东大学历史文化学院博士学位论文,2012.
宋艳波.济南地区后李文化时期动物遗存综合分析[J].华夏考古,2016,(3):53~59.
③ 吴文婉、靳桂云、王兴华.海岱地区后李文化的植物利用和栽培:来自济南张马屯遗址的证据[J].中国农史,2015,(2):3~13.

仅占18%,野生动物占82%,当时主要通过渔猎的方式获取肉食。①

这个遗址主要以采集和渔猎活动获取食物资源,栽培农作物和可能存在的饲养家猪占据极为次要的地位。

(3) 山东省济南市长清区月庄遗址

月庄遗址属于后李文化晚期,发现了炭化黍、粟和稻米等栽培作物,约占所有炭化植物种子总数的30%左右,其中黍的数量最多。其他的植物遗存还有藜属、蓼属、酸模叶蓼、十字花科、紫苏属、马齿苋属、大豆属、葡萄属等。月庄遗址发现的水稻是目前为止发现的7 000年前分布地域最北面的水稻,超出了野生稻的分布范围。② 月庄遗址的磨盘和磨棒上的淀粉粒残留物中鉴定出了3类植物淀粉,包括栎属(橡子类)、稻属以及黍。③ 月庄遗址先民已经开始农业种植,但橡子一类坚果的发现也暗示,采集经济在当时生业模式中仍占有一定比重,总体上可能以采集为主、农作物种植为辅。

经过动物考古研究,确认月庄遗址的硬骨鱼纲有青鱼、草鱼和鲤鱼等,爬行纲有鳖和龟,鸟纲有雉科,哺乳纲有狗、猫科动物、猪、牛、梅花鹿、麋鹿和小型鹿科动物未定种等。月庄遗址的先民既狩猎野猪也饲养家猪。从出土动物的可鉴定标本数来看,即使将遗址中的猪都认为是家猪,也仅占总数的21%,野生动物占79%。从哺乳动物最小个体数来看,即使猪和狗全部为家养动物,其比例也仅为39%,野生动物占61%。④ 月庄遗址先民主要以渔猎的方式获取肉食资源,以饲养家畜为辅。

这个遗址主要以采集和渔猎方式获取食物资源,栽培农作物和饲养家猪占据次要地位。

(4) 江苏省泗洪县顺山集遗址

江苏泗洪顺山集遗址第一、二期考古遗存属于顺山集文化。顺山集遗址

---

① 宋艳波.济南地区后李文化时期动物遗存综合分析[J].华夏考古,2016,(3):53~59.
② [加]Gary W. Crawford、陈雪香、栾丰实等.山东济南长清月庄遗址植物遗存的初步分析[J].江汉考古,2013,(2):107~116.
③ 王强、栾丰实、上条信彦等.山东月庄遗址石器表层残留物的淀粉粒分析:7 000年前的食物加工及生计模式[A],见山东大学东方考古研究中心编:《东方考古》第7集,北京:科学出版社,2010,290~296.
④ 宋艳波.济南长清月庄2003年出土动物遗存分析[A],见北京大学考古文博学院编:《考古学研究》(七),北京:北京大学出版社,2008,519~531.宋艳波.济南地区后李文化时期动物遗存综合分析[J].华夏考古,2016,(3):53~59.

中的植物遗存主要通过分析植硅体、浮选淀粉粒获取。分析获得的植物遗存主要有水稻、马齿苋科、粟米草、菊科等植物种子，石器和陶器上的植物颗粒主要是禾本科薏苡、水稻、葫芦科栝楼跟、小麦族等，其中并没有北方旱作农业典型的农作物粟、黍。在淀粉粒分析中，以薏苡和栝楼根数量最多，出现频率最高，可能是顺山集先民主要的食物来源。通过水稻植硅体的分析，顺山集遗址的水稻从第一期开始已经处于驯化阶段，由于持续存在数量较多的野生稻和中间型水稻遗存，暗示着顺山集文化时期该遗址稻作农业发展水平较低[①]。采集是顺山集遗址先民获取植物类食物资源的主要手段，稻作农业是获取食物的辅助手段。

顺山集遗址出土的动物骨骼经鉴定全部为脊椎动物。第一期遗存大多数为哺乳纲的猪科和鹿科动物；第二期遗存中有爬行纲的龟，哺乳纲的狗、猫科动物未定种、猪科动物未定种、鹿科动物未定种、水牛等；第三期遗存中有哺乳纲的狗、虎、猪科动物未定种、鹿科动物未定种等动物。由于第一期和第二期的动物遗存数量较少，主要考察第二期的情况。第二期中猪的数量可鉴定标本数和最小个体数分别占总数的43%与47%，即便全部为家养动物，当时仍是以狩猎野生动物为主。[②]

这个遗址主要以采集和狩猎的方式获取食物资源，栽培水稻和饲养家猪占次要地位。

2. 仅开展过植物考古的遗址

山东省潍坊市前埠下遗址（后李文化晚期）土样的植硅体分析结果显示，其中有丰富的禾本科植物的植硅体，其集中出土可能反映了人类利用禾本科植物的活动。[③] 当时可能存在栽培农作物的行为。

---

① 张居中、李为亚、尹承龙.江苏泗洪顺山集遗址植物遗存分析的主要收获[A]，见山东大学文化遗产研究院编：《东方考古》第11集，北京：科学出版社，2014，365～373.罗武宏、杨玉璋、张居中等.江苏顺山集遗址稻作农业的植硅体证据[A]，见南京博物院、泗洪县博物馆：《顺山集：泗洪县新石器时代遗址考古发掘报告》，北京：科学出版社，2016，363～373.吴文婉、林留根、甘恢元等.泗洪顺山集二期聚落环境与生业的植硅体证据[J].中国农史，2017，(1)，3～14.
② 陈杰、刘羽阳.江苏泗洪顺山集遗址动物考古学分析[A]，见南京博物院、泗洪县博物馆：《顺山集：泗洪县新石器时代遗址考古发掘报告》，北京：科学出版社，2016，330～350.
③ 靳桂云.前埠下遗址植物硅酸体分析报告[A]，见山东省文物考古研究所著：《山东省高速公路考古报告集(1997)》，北京：科学出版社，2000，106～107.靳桂云.后李文化生业经济初步研究，见山东大学东方考古研究中心编：《东方考古》第9集，济南：山东大学出版社，2012，579～594.

3. 仅开展过动物考古的遗址

山东省章丘市小荆山遗址属于后李文化早、中期。通过动物考古研究，确认瓣鳃纲有圆顶珠蚌、珠蚌、扭蚌、剑状矛蚌、楔蚌、丽蚌和蓝蚬等，硬骨鱼纲有青鱼、草鱼等，爬行纲有鳖，鸟纲有雉，哺乳纲有狼、家犬、狐、貉、野猪、家猪、梅花鹿、羊、牛和马等，家养动物包括家猪和狗。① 研究者未作数量统计，从研究报告的内容看，野生动物的数量较多。

4. 小结

这个时期后李文化和顺山集文化主要以采集的方式获取植物性食物，粟、黍和水稻等农作物所占的比重较低，黍多于粟。其获取的肉食资源以野生动物为主，家养动物猪和狗在肉食中的比例较低。当时获取食物的方式以采集和渔猎为主，种植和饲养为辅。

（三）新石器时代晚期

这里按照时间先后，分为北辛文化-大汶口文化早期和大汶口文化中晚期分别阐述。

1. 北辛文化-大汶口文化早期

由于大部分动植物考古的原始报告都没有分开统计和分析北辛文化时期与大汶口文化早期的动物遗存，这里只能将北辛文化与大汶口文化早期（年代跨度为公元前5500～前3500年）的动植物遗存放在一起讨论。

北辛文化-大汶口文化早期开展过动植物考古的遗址有4处，仅开展过植物考古的遗址有1处，仅开展过动物考古的遗址有6处。另外，胶东半岛不少遗址开展过调查和试掘，虽然出土动物遗存不多，也进行过动物考古的研究。② 以下分别阐述。

（1）开展过动植物考古的遗址

① 山东省济宁市玉皇顶遗址。玉皇顶遗址北辛文化晚期和大汶口文化

---

① 孔庆生. 小荆山遗址中的动物遗骸[J]. 华夏考古，1996，(2)：107～116.
② 中国社会科学院考古研究所. 胶东半岛贝丘遗址环境考古[M]. 北京：科学出版社，1999.

早期发现了粟和黍的稃壳植硅体,表明该遗址中有粟和黍这两种农作物。①

动物遗存主要出自北辛文化与大汶口文化早期地层,年代为距今6 500～6 000年左右。通过对两个文化层的动物遗存的综合研究,确认腹足纲有中华圆田螺1种,瓣鳃纲有圆顶珠蚌、珠蚌、楔蚌、丽蚌、扭蚌等5种,硬骨鱼纲有草鱼1种,鸟纲有鸡1种,哺乳纲有兔、中华鼢鼠、狗、狗獾、野猪、家猪、獐、梅花鹿、麋鹿、种属不明的鹿、牛、羊等12种。至少可以确定狗和家猪为家养动物。② 研究者未对动物遗存作统计,从报告的内容分析,似乎以野生动物为主,家养动物为辅。

这个遗址出现粟和黍两种农作物,获取肉食的方式以渔猎为主,家养动物为辅。

② 山东省兖州市王因遗址。王因遗址包含北辛文化及大汶口文化早期遗存,年代为距今约6 500～5 500年。该遗址的孢粉中发现数粒可能属于水稻的花粉,推测在北辛文化至大汶口文化早期可能有水稻栽培。③

该遗址的动物以大汶口文化早期的为主。④ 通过对动物遗存进行定性定量研究,确认腹足纲有中国圆田螺、角环棱螺、硬环棱螺、双线环棱螺、伶鼬榧螺等5种,瓣鳃纲有杜氏珠蚌、雕饰珠蚌、细纹丽蚌、蔚县丽蚌、多瘤丽蚌、细瘤丽蚌、白河丽蚌、拟丽蚌、天津丽蚌、失衡丽蚌、洞穴丽蚌、角月丽蚌、背瘤丽蚌、薄壳丽蚌、林氏丽蚌、猪耳丽蚌、相关丽蚌、巨首楔蚌、圆头楔蚌、江西楔蚌、鱼形楔蚌、微红楔蚌、中国尖嵴蚌、剑状矛蚌、射线裂脊蚌、高裂脊蚌、厚美带蚌、重美带蚌等28种,硬骨鱼纲有鲤鱼、草鱼、青鱼、圆吻鲴、南方大口鲇、鮊鱼、长吻鮠等7种,爬行纲有乌龟、鳖、扬子鳄等3种,鸟纲有雉、雁、灰鹤等3种,哺乳纲有狼、狗、狐、貉、熊、獾、水獭、猫、虎、野猪、家猪、獐、水鹿、白唇鹿、梅花鹿、麋鹿、狍、水牛、黄牛等19种。依据可鉴定标本数的统计结果,家养动物狗、家猪约占哺乳动物总数的75%,野生动物约占

---

① 靳桂云、赵敏、王传明.山东济宁玉皇顶遗址植硅体分析及仰韶时代早期粟作农业研究[A],见山东省文物考古所编:《海岱考古》第三辑,北京:科学出版社,2010,100～113.
② 钟蓓.济宁玉皇顶遗址中的动物遗存[A],见山东省文物考古所编:《海岱考古》第三辑,北京:科学出版社,2010,98～99.
③ 孔昭宸、杜乃秋.山东兖州王因遗址77sywT4016探方孢粉分析报告[A],见中国社会科学院考古研究所编著:《山东王因》,北京:科学出版社,2000,452～453.
④ 中国社会科学院考古研究所.山东王因[M].北京:科学出版社,2000,414～416.

25%,以家养动物为主,家畜中又以猪为主,仅家猪就占动物可鉴定标本总数的 65%。①

这个遗址存在栽培稻,获取肉食的方式以饲养家猪为主,渔猎为辅。

③ 山东省即墨县北阡遗址。北阡遗址 2007 年发掘的浮选土样中大汶口文化早期的农作物有粟和黍两种,占可鉴定种子总数的 48%;杂草包括黍亚科、豆科、禾本科、早熟禾亚科、唇形科、大戟科、藜科、茄科、莎草科、葫芦科、菊科和蓼科等,占可鉴定种子总数的 52%;果实类只有 1 粒葡萄属,占可鉴定种子总数的 0.5%。在农作物中,粟占可鉴定种子总数的 20%,占出土农作物种子总数的 43%;黍占可鉴定种子总数的 27%,占出土农作物种子总数的 57%。2009 年发掘的浮选土样中大汶口文化早期的农作物同样为粟和黍两种,浮选结果表明,农作物占出土植物遗存总数的 76%,野生植物资源不占明显优势。无论从绝对数量还是出土概率来看,黍始终占绝对优势,约占农作物总数的 97%;粟则处于次要地位,占农作物总数的 3%。北阡遗址大汶口文化早期的旱作农业形成了以黍为主、粟次之的格局。出土的非农作物植物种子还包括野生禾本科如黍属、狗尾草属、马唐属和稗属等种子,可能为野菜资源的藜属、苋属和马齿苋属的种子,不确定是否栽培种的紫苏属遗存,以及野大豆和草木樨属等豆科种子等。利用的果类资源则至少包括李属、苹果属、葡萄属、酸浆属、鼠李科、栎属、猕猴桃属等核果、浆果、坚果类。可见,北阡遗址的生业经济中种植农作物和采集活动共存,农作物的比例高于采集野生植物,需要关注的是农作物中黍多于粟。②

经过动物考古研究,确认北辛文化晚期瓣鳃纲有牡蛎、脉红螺、缢蛏、珠蚌等,甲壳纲有蟹,哺乳纲有啮齿类、狗、猪、大、中、小型鹿科动物未定种和牛等。软体动物的比例最高,占了 50% 以上,哺乳动物数量略次之,鸟和节肢动物数量都极少。不过若从肉食贡献来看,当以哺乳动物数量最多。从可鉴定标本数来看,哺乳动物中以家猪为主,占 67%,野生的鹿类和牛仅占 24%。从

---

① 周本雄.山东兖州王因新石器时代遗址出土的动物遗存[A],见中国社会科学院考古研究所编著:《山东王因》,北京:科学出版社,2000,414~451.
② 靳桂云、王育茜、王海玉.山东即墨北阡遗址(2009)炭化种子果实遗存初步研究[A],见山东大学文化遗产研究院编:《东方考古》第 10 集,北京:科学出版社,2013,239~254.王海玉、靳桂云.山东即墨北阡遗址(2009)炭化种子果实遗存初步研究[A],见山东大学文化遗产研究院编:《东方考古》第 10 集,北京:科学出版社,2013,255~279.

最小个体数来看,哺乳动物中以野生鹿科动物为主,占45%,家猪的比例仅为22%。① 当时获取肉食资源的方式似乎以渔猎活动为主,家畜饲养活动为辅。大汶口文化早期确认的腹足纲有脉红螺、单齿螺、昌螺、滩栖螺、蟹守螺、疣荔枝螺、芋螺、托氏琨螺等,瓣鳃纲有牡蛎、青蛤、文蛤、蛏、缢蛏、蛤仔、毛蚶、蚬、圆顶珠蚌、丽蚌、矛蚌、楔蚌、珠蚌等,头足纲有乌贼,硬骨鱼纲,甲壳纲有蟹,爬行纲有龟、鳖,鸟纲,哺乳纲有食虫目、啮齿类、兔、狗、貉、狗獾、小型猫科动物未定种、猪、獐、梅花鹿、麋鹿、牛等。以软体动物的比例最高,占绝对多数,哺乳动物次之,鱼、爬行动物和鸟发现都比较少。猪和狗都是家养动物。从可鉴定标本数和最小个体数来看,哺乳动物中以家猪为主。②

北阡遗址先民获取植物性食物的方式以种植农作物为主,黍多于粟,采集为辅;获取肉食的方式是饲养动物和渔猎并重,饲养活动占据的比例略高于渔猎活动③。

④ 安徽省濉溪县石山子遗址。石山子遗址年代上限约为公元前4900年,下限不明,更接近北辛文化晚期。④ 这个遗址没有发现炭化植物遗存,通过对石器上的淀粉粒分析,发现有薏苡、小麦族、山药、莲藕、莲子、豇豆属、燕麦属、姜科以及疑似禾本科植物等,推测当时是以采集为主⑤。

通过对动物遗存进行定性定量研究,确认腹足纲有中国圆田螺1种,瓣鳃纲有背瘤丽蚌、环带丽蚌、白河丽蚌、丽蚌、扭蚌、剑状矛蚌、背角无齿蚌、楔蚌等8种,硬骨鱼纲有鲇鱼1种,鸟纲有鸡1种,哺乳纲有猪獾、狗獾、家猪、麝、獐、鹿、梅花鹿、水鹿、麋鹿和短角牛等10种。研究者认为家猪和短角牛可能是家养动物,但是没有阐述理由。依据最小个体数的统计结果,家猪和牛约

---

① 宋艳波.北阡遗址2009、2011年度出土动物遗存初步分析[A],见山东大学文化遗产研究院编:《东方考古》第10集,北京:科学出版社,2013,194~215.
② 宋艳波.即墨北阡遗址2007年出土动物遗存分析[J].考古,2011,(11):14~19.宋艳波.北阡遗址2009、2011年度出土动物遗存初步分析[A],见山东大学文化遗产研究院编:《东方考古》第10集,北京:科学出版社,2013,194~215.
③ 王芬,樊榕,康海涛等.即墨北阡遗址人骨稳定同位素分析:沿海先民的食物结构[J].科学通报,2012,57(12):1037~1044.王海玉,靳桂云.山东即墨北阡遗址(2009)炭化种子果实遗存初步研究[A],见山东大学文化遗产研究院编:《东方考古》第10集,北京:科学出版社,2013,255~279.
④ 孙启锐.后李文化研究[D].山东大学历史文化学院考古学及博物馆学专业硕士论文,2014.
⑤ 董珍,张居中,杨玉璋等.安徽濉溪石山子遗址古人类植物性食物资源利用情况的淀粉粒分析[J].第四纪研究,2014,34(1):114~125.

占哺乳动物总数的40%,野生动物约占60%,以野生动物为主。①

石山子遗址先民获取食物的方式以采集和渔猎为主,出现家养动物。

(2) 仅开展过植物考古的遗址

山东省临沭县东盘遗址包括有北辛文化、龙山文化、岳石文化和西周、春秋及两汉等时期的文化遗存。经过浮选土样及鉴定,发现北辛文化时期的农作物有水稻、粟和黍。这一时期无论从绝对数量还是出土概率看,农作物都不占优势,以杂草类为主②,值得注意的是稻作和旱作农作物共存。

(3) 仅开展过动物考古的遗址

① 山东省滕州市北辛遗址。北辛遗址属于北辛文化,这个遗址没有发表专门的动物考古报告,但经过鉴定,确认腹足纲有中国圆田螺,瓣鳃纲有丽蚌,硬骨鱼纲有青鱼,爬行纲有鳖和乌龟,鸟纲有鸡(原报告如此,根据现有的认识,当时不存在鸡,应该为雉类),哺乳纲有貉、獾、家猪、牛、梅花鹿、麋鹿和獐等,家养动物有猪。③ 当时野生动物和家养动物的数量比例不详。

② 山东省烟台市蛤堆顶遗址。蛤堆顶遗址是典型贝丘遗址,时间自邱家庄一期延续至紫荆山一期(相当于北辛文化至大汶口文化早期),约为距今5 500年。通过对动物遗存进行定性定量研究,确认腹足纲有多形滩栖螺、脉红螺2种,瓣鳃纲有牡蛎、文蛤、蛤仔、毛蚶等4种,硬骨鱼纲有鳟鱼、红鳍东方鲀和黑鲷3种,哺乳纲有猪獾、猪、小型鹿科动物未定种和梅花鹿等4种。依据最小个体数的统计结果,家养动物猪占哺乳动物总数的60%,野生动物占40%,以家养动物为主。④

③ 山东省烟台市大仲家遗址。大仲家遗址是典型贝丘遗址,遗址时间自邱家庄一期延续至紫荆山一期(相当于北辛文化至大汶口文化早期),约为距今5 000年。通过对动物遗存进行定性定量研究,确认腹足纲有多形滩栖螺、

---

① 安徽省文物考古研究所.安徽省濉溪县石山子遗址动物骨骼鉴定与研究[J].考古,1992,(3):253~262.
② 王海玉、刘延常、靳桂云.山东省临沭县东盘遗址2009年度炭化植物遗存分析[A],见山东大学东方考古研究中心编:《东方考古》第8集,北京:科学出版社,2011,357~358.
③ 中国社会科学院考古研究所山东工作队、山东省滕县博物馆.山东滕县北辛遗址发掘报告[J].考古学报,1984,(2):159~191.
④ 袁靖.蛤堆顶贝丘遗址试掘报告[A],见中国社会科学院考古研究所编著:《胶东半岛贝丘遗址环境考古》,北京:科学出版社,1999,154~165.

脉红螺 2 种,瓣鳃纲有毛蚶、牡蛎、蚬、日本镜蛤、文蛤、蛤仔和中华青蛤等 7 种,硬骨鱼纲有红鳍东方鲀、黑鲷和真鲷 3 种,节肢纲有螃蟹 1 种,爬行纲有鳖 1 种,鸟纲有雉 1 种,哺乳纲有狗、猪獾、家猪、小型鹿科动物未定种和梅花鹿等 5 种。依据最小个体数的统计结果,家养动物狗、家猪占哺乳动物总数的 82%,鹿等野生动物占 18%,以家养动物为主。①

④ 山东省乳山市翁家埠遗址。翁家埠遗址是典型贝丘遗址,遗址时间自邱家庄一期延续至紫荆山一期(相当于北辛文化至大汶口文化早期),约为距今 5 500 年。通过对动物遗存进行定性定量研究,确认腹足纲有多形滩栖螺、脉红螺 2 种,瓣鳃纲有泥蚶、牡蛎、蚬、文蛤和中华青蛤等 5 种,硬骨鱼纲有种属不明的鱼 1 种,爬行纲有鳖 1 种,鸟纲有雉、野鸽 2 种,哺乳纲有鼠、兔、貉、狗獾、猪獾、家猪、小型鹿科动物未定种和梅花鹿等 8 种。依据最小个体数的统计结果,家养动物猪约占全部哺乳动物总数的 41%,野生动物占 59%,以野生动物为主。②

⑤ 山东省荣成市东初遗址。东初遗址是一处典型的贝丘遗址,年代为北辛文化晚期到大汶口文化早期。确认腹足纲有疣荔枝螺、拟蟹守螺 2 种,瓣鳃纲有牡蛎、文蛤、蛤蜊和毛蚶等 4 种,哺乳纲有狗、猪、鹿和獐等 4 种。此外还有硬骨鱼纲、爬行纲和鸟纲。软体动物占动物遗存的 90%,其次是哺乳动物,约占全部动物的 8%。从可鉴定标本数看,猪约占哺乳动物总数的 77%;从最小个体数看,猪和鹿都约占 40%。研究者认为东初遗址先民的主要肉食来源为家猪,同时也进行渔猎活动。③

⑥ 江苏省沭阳县万北遗址。万北遗址的第一期与安徽省定远县侯家寨一期的遗存相似④,第二期主体属于北辛文化中晚期。⑤ 万北遗址第一、二期

---

① 袁靖.大仲家贝丘遗址试掘报告[A],见中国社会科学院考古研究所编著:《胶东半岛贝丘遗址环境考古》,北京:科学出版社,1999,126~153.
② 袁靖.翁家埠贝丘遗址试掘报告[A],见中国社会科学院考古研究所编著:《胶东半岛贝丘遗址环境考古》,北京:科学出版社,1999,110~125.
③ 宋艳波.东初遗址出土动物遗存分析[A],见山东大学文化遗产研究院编:《东方考古》第 10 集,北京:科学出版社,2013,189~193.
④ 南京博物院.江苏沭阳万北遗址新石器时代遗存发掘简报[J].东南文化,1992,(1):124~133.
⑤ 栾丰实.北辛文化研究[J].考古学报,1998,(3):265~288.

的年代为公元前4500～前4300年。① 动物遗存主要出于这两期,主要有哺乳纲的狗、猪、梅花鹿和麋鹿,以猪占绝对多数,家养动物有狗和家猪。② 总体来看,当时获取肉食资源的方式以饲养家猪为主,狩猎野生动物为辅。

(4) 小结

这个时期先民获取植物性食物的主要方式仍然以采集为主,种植农作物处于次要地位,有的遗址发现稻旱混作的现象,黍多于粟的现象尚未改变,在个别属于大汶口文化早期的遗址中出现以种植农作物为主的现象。获取肉食的方式处于从以渔猎为主到以家畜饲养为主的过渡阶段。有的遗址以渔猎为主,有的遗址以饲养为主,但是以渔猎方式为主的遗址年代往往较早。

2. 大汶口文化中晚期

这个时期开展过动植物考古的遗址有1处,仅开展过植物考古的遗址有2处,仅开展过动物考古的遗址有7处。以下分别阐述。

(1) 开展过动植物考古的遗址

山东省胶县三里河遗址属于大汶口文化,年代约为距今4500年,在大汶口文化层中发现粟。③

通过对动物遗存进行研究,确认大汶口文化时期腹足纲有锈凹螺、朝鲜花冠小月螺、纵带滩栖螺、珠带拟蟹守螺、疣荔枝螺、脉红螺和中国耳螺等7种,瓣鳃纲有毛蚶、近江牡蛎、文蛤、蛤仔、青蛤、四角蛤蜊、亚克拢蛤、圆顶珠蚌和剑状矛蚌等9种,头足纲有乌贼1种,棘皮纲有海胆1种,节肢纲有蟹(日本鲟)1种,硬骨鱼纲有梭鱼、黑鲷、鳓和蓝点马鲛等4种,墓葬随葬的哺乳纲动物中家猪最多,还有少量鹿和野猪。④ 由于没有统计数量,当时获取肉食的方式不清楚。

---

① 南京博物院. 江苏沭阳万北遗址新石器时代遗存发掘简报[J]. 东南文化,1992,(1):124～133. 中国社会科学院考古研究所实验室. 放射性碳素测定年代报告(一八)[J]. 考古,1991,(7):657～663.
② 李民昌. 江苏沭阳万北新石器时代遗址动物骨骼鉴定报告[J]. 东南文化,1991,(3,4):183～189.
③ 中国科学院植物研究所. 三里河遗址植物种籽鉴定报告[A],见中国社会科学院考古研究所编著:《胶县三里河》,北京:文物出版社,1988,185.
④ 成庆泰. 三里河遗址出土的鱼骨、鱼鳞鉴定报告[A],见中国社会科学院考古研究所编著:《胶县三里河》,北京:文物出版社,1988,186～189. 齐钟彦. 三里河遗址出土的贝壳等鉴定报告[A],见中国社会科学院考古研究所编著:《胶县三里河》,北京:文物出版社,1988,190～191. 中国社会科学院考古研究所. 胶县三里河[M]. 北京:文物出版社,1988,32～37.

这个遗址存在粟作生产,获取肉食的方式有渔猎和饲养家猪两种,尚不清楚比例关系。

(2) 开展过植物考古的遗址

① 山东省栖霞县杨家圈遗址。杨家圈遗址包括大汶口文化和龙山文化两个时期,通过植硅体研究,发现当时的水田遗迹。①

② 山东省日照市徐家村遗址。徐家村遗址属于大汶口文化,发现有水稻、黍、黍亚科和旋花科等植物种子,说明当时已经存在稻黍混作的农业方式。②

(3) 开展过动物考古的遗址

① 山东省潍坊市前埠下遗址。前埠下遗址大汶口文化的年代为距今约5 500~5 000年。通过对后李文化时期和大汶口文化时期的动物遗存进行综合研究,确认腹足纲有中华圆田螺1种,瓣鳃纲有圆顶珠蚌、珠蚌、背瘤丽蚌、失衡丽蚌、丽蚌、扭蚌、蓝蚬、文蛤和青蛤等9种,硬骨鱼纲有青鱼、草鱼、鲤鱼、鲇鱼和黄颡鱼等5种,爬行纲有龟和鳖2种;鸟纲有鸡(未定)1种;哺乳纲有中华鼢鼠、狼、狗、狐、貉、狗獾、虎、猫、野猪、家猪、麂、獐、梅花鹿、种属不明的鹿、羊、黄牛和水牛等17种。③ 由于未对动物遗存进行量化统计,也没有将后李文化和大汶口文化时期的动物遗存分开,仅从报告的内容分析,家养动物似乎占据多数,似乎以家养动物为主。

② 山东省泰安市大汶口墓地。大汶口墓地属于大汶口文化中期至晚期,年代为距今约5 500~4 600年。通过对动物遗存进行研究,确认爬行纲有地平龟、扬子鳄2种,鸟纲有雉1种,哺乳纲有豹猫、猪、獐、麋鹿和梅花鹿等5种。依据可鉴定标本数的统计结果,家养动物猪约占哺乳动物总数的69%,野生动物约占31%,以家养动物为主。④

③ 山东省曲阜市西夏侯遗址。西夏侯遗址属于大汶口文化中期偏晚至

---

① 栾丰实、靳桂云、王富强等.山东栖霞县杨家圈遗址稻作遗存的调查和初步研究[J].考古,2007,(12):78~84.
② 陈雪香.山东日照两处新石器时代遗址浮选土样结果分析[J].南方文物,2007,(1):78~84.
③ 孔庆生.前埠下新石器时代遗址中的动物遗存[A],见山东省文物考古研究所编著:《山东省高速公路考古报告集(1997)》,北京:科学出版社,2000,103~105.
④ 李有恒.大汶口墓群的兽骨及其他动物骨骼[A],见山东省文物管理处、济南市博物馆编:《大汶口》,北京:文物出版社,1974,156~158.

晚期,年代约为距今 5 200～4 600 年。墓葬中随葬完整的猪头骨①,共计 3 个个体。

④ 山东省枣庄市建新遗址。建新遗址的大汶口文化主要为中期偏晚至晚期,约为距今 5 200～4 600 年。通过对 1992～1993 年发掘出土的动物遗存进行研究,确认瓣鳃纲有三角帆蚌和丽蚌 2 种,硬骨鱼纲有鲤鱼 1 种,哺乳纲有兔、家猪和梅花鹿 3 种。② 2006 年,再次对建新大汶口文化遗址进行发掘,对动物遗存进行定性定量研究,确认鸟纲有种属不明的 1 种,哺乳纲有家猪和梅花鹿 2 种。依据最小个体数的统计结果,家养动物猪约占哺乳动物总数的 67%,野生动物约占 33%,以家养动物为主。③

⑤ 山东省兖州市六里井遗址。六里井遗址包括多个时期的遗存。通过对动物遗存进行定性定量研究,确认腹足纲有铜锈黄棱螺 1 种,瓣鳃纲有河蚌、蚬 2 种,哺乳纲有豹猫、狗、野猪、家猪、獐、鹿、梅花鹿、麋鹿、狍和黄牛 10 种。狗和家猪为家养动物。依据可鉴定标本数的统计结果,在距今约 5 000 年的六里井大汶口文化时期,家养动物约占哺乳动物总数的 74%,野生动物占 26%。④

⑥ 山东省滕州市西公桥遗址。西公桥遗址属于大汶口文化晚期,距今约 5 000～4 500 年。确认腹足纲有中华圆田螺 1 种,瓣鳃纲有圆顶珠蚌、珠蚌、楔蚌、丽蚌和扭蚌等 5 种,硬骨鱼纲有草鱼 1 种,鸟纲有鸡(鉴定可能有误,这一时期尚无家鸡) 1 种,哺乳纲有中华鼢鼠、兔、狗、狗獾、家猪、野猪、羊、牛、梅花鹿、獐、麋鹿和鹿科动物未定种等 12 种,除狗和家猪为家养动物外,其余皆为野生动物。⑤ 该遗址未对动物作数量统计。

⑦ 安徽省蒙城县尉迟寺遗址。通过对尉迟寺遗址动物遗存进行定性定量研究,确认腹足纲有田螺 1 种,瓣鳃纲有圆顶珠蚌、鱼尾楔蚌、三角帆蚌、剑

---

① 李有恒、许春华. 山东曲阜西夏侯新石器时代遗址猪骨的鉴定[J]. 考古学报,1964,(2):104～105.
② 石荣琳. 建新遗址的动物遗存[A],见山东省文物考古研究所、枣庄市文化局合编(何德亮、刘志敏主编):《枣庄建新》,北京:科学出版社,1996,224.
③ 宋艳波、何德亮. 枣庄建新遗址 2006 年动物骨骼鉴定报告[A],见山东省文物考古研究所编:《海岱考古》第三辑,北京:科学出版社,2010,224～226.
④ 范雪春. 六里井遗址动物遗存鉴定[A],见国家文物局考古领队培训班编著:《兖州六里井》,北京:科学出版社,1999,214～216.
⑤ 钟蓓. 滕州西公桥遗址中出土的动物骨骼[A],山东省文物考古研究所编《海岱考古》第二辑,北京:科学出版社,2007,238～240.

状矛蚌、射线裂脊蚌及 6 种丽蚌未定种,共计 11 种;硬骨鱼纲有鲤鱼 1 种;爬行纲有扬子鳄、龟和鳖 3 种;鸟纲有雉和种属不明的鸟 1 种,共计 2 种;哺乳纲有兔、狗、貉、熊、猪獾、虎、家猪、獐、小鹿、小型鹿科动物未定种、梅花鹿、麋鹿、黄牛和水牛等 14 种。狗、家猪和黄牛为家养动物。依据最小个体数的统计结果,第一次发掘的距今约 4 800~4 600 年的尉迟寺大汶口(尉迟寺类型)文化层中,家养动物约占哺乳动物总数的 59%,野生动物约占 41%。第二次发掘尉迟寺类型文化层中,家养动物约占哺乳动物总数的 47%,野生动物约占 53%。[①] 家养动物略多于野生动物或野生动物略多于家养动物。

(4) 小结

大汶口文化中期以后,黄淮下游大部分地区先民获取食物的方式可基本上确立为,以种植农作物和饲养家畜为主,以采集和渔猎为辅,农作物中粟多于黍的转变基本完成。有的遗址存在稻黍混作的种植方式。家养动物往往多于野生动物,但未占据绝对优势。

(四) 新石器时代末期

这个时期开展过动植物考古的遗址有 3 处,仅开展过植物考古的遗址有 6 处,仅开展过动物考古的遗址有 7 处。以下分别阐述。

1. 开展过动植物考古的遗址

(1) 山东滕州市庄里西遗址

滕州庄里西遗址属于龙山文化中晚期阶段,年代为距今约 4 000 年。通过水洗浮选,发现水稻(粳稻)、黍、野大豆、葡萄、李属果核等植物遗存。当时是以稻作为主,黍作为辅[②],是稻黍混作的种植方式。

通过对动物遗存的定性定量研究,确认腹足纲有圆田螺 1 种,瓣鳃纲有种属不明的蚌 1 种,硬骨鱼纲有青鱼、草鱼、鲤鱼和鲢鱼 4 种,爬行纲有鳖、龟 2

[①] 袁靖、陈亮. 尉迟寺遗址动物骨骼研究报告[A],见中国社会科学院考古研究所编著:《蒙城尉迟寺》,北京:科学出版社,2001,424~441。罗运兵、吕鹏、杨梦菲等. 动物骨骼鉴定报告[A],见中国社会科学院考古研究所、安徽省蒙城县文化局编著:《蒙城尉迟寺》(第二部),北京:科学出版社,2007,306~328。

[②] 孔昭宸、刘长江、何德亮. 山东滕州市庄里西遗址植物遗存及其在环境考古学上的意义[J]. 考古,1999,(7):59~62.

种,鸟纲至少有种属不明的 1 种,哺乳纲有竹鼠、兔形目动物未定种、家犬、貉、犬科动物未定种、虎、家猪、斑鹿、小型鹿科动物未定种、黄牛和水牛等 11 种,确认的家养动物有狗、猪和黄牛 3 种。依据最小个体数的统计结果,家养动物约占哺乳动物总数的 39%,野生动物约占 67%,以野生动物为主。①

这个遗址获取食物的方式是稻黍混作为主,获取肉食以渔猎为主,饲养家畜为辅。

(2) 山东省日照市两城镇遗址

两城镇遗址是一处典型的龙山文化遗址,年代大致为公元前 2400～前 2200 年。通过水洗浮选和定性定量分析,发现农作物包括水稻、粟、黍和小麦,可能的栽培作物有大豆、赤豆和紫苏,野生植物有藜亚科、蓼属、葡萄和李子等。稻和粟的绝对数量最多,其他作物数量都比较少。粟类作物中 90% 以上是粟,黍的数量很少。水稻在数量上不如粟类作物②,当时稻旱混作,旱作多于稻作。

动物考古研究确认有鸟纲、哺乳纲有狗、家猪、黄牛、山羊/绵羊、麋鹿、鹿属、獐和鹿等 8 种。其中绝大多数是家猪(没有发现野猪),在可鉴定标本数中所占比例超过 93%,在最小个体数中所占比例为 44%。③

这个遗址获取食物的方式是稻粟混作及饲养家畜为主,采集和狩猎为辅。

(3) 山东胶州市三里河遗址

三里河遗址龙山文化的年代为距今约 4 300～3 800 年,发现有粟。④ 通过对动物遗存进行研究,确认龙山文化时期发现较多贝壳,还有少量猪和麋鹿。⑤ 随葬动物以哺乳纲的家猪为最多,其次为腹足纲的疣荔枝螺。

这个遗址获取食物的方式是种植粟及饲养家畜为主,渔猎为辅。

---

① 宋艳波、宋嘉莉、何德亮. 山东滕州庄里西龙山文化遗址出土动物遗存分析[A],见山东大学东方考古研究中心编:《东方考古》第 9 集,北京:科学出版社,2012,609～626.
② [美]凯利·克劳福德、赵志军、蔡风书. 山东日照市两城镇遗址龙山文化植物遗存的初步分析[J]. 考古,2004,(9):73～80. [美]克劳福德、赵志军、李炅娥. 炭化植物种子与果实[A],见中美联合考古队、栾丰实、文德安等著:《两城镇——1998～2001 年发掘报告》,北京:文物出版社,2016,1072～1124. 靳桂云、陈松涛、吴文婉. 植硅体分析与研究[A],见中美联合考古队、栾丰实、文德安等著:《两城镇——1998～2001 年发掘报告》,北京:文物出版社,2016,1124～1153.
③ [美]白黛娜(Deborah Bekken). 动物遗存研究[A],见中美联合考古队、栾丰实、文德安等著:《两城镇——1998～2001 年发掘报告》,北京:文物出版社,2016,1056～1071.
④ 中国科学院植物研究所. 三里河遗址植物种籽鉴定报告[A],见中国社会科学院考古研究所编著:《胶县三里河》,北京:文物出版社,1988,185.
⑤ 中国社会科学院考古研究所. 胶县三里河[M]. 北京:文物出版社,1988,31.

2. 仅开展过植物考古的遗址

(1) 山东省淄博市房家遗址

房家遗址属于龙山文化城子崖类型。采取水洗浮选、定性定量分析和植硅体研究,发现农作物遗存有粟、黍、稻和大豆,非农作物有黍亚科、豆科、野大豆、藜科、苋科、蓼科、菊科、葡萄属和果壳等。出土数量和概率都是农作物高于非农作物。该遗址以旱作农业为主,水稻居于补充地位,农作物中粟的出土概率和数量都是最高的,其次为黍,稻和大豆很少。[①] 当时以种植小米为主,发现少量水稻。

(2) 山东省临沂市苍山县后杨官庄遗址

通过针对性采样、水洗浮选和定性定量分析,发现属于龙山文化的 H18 出土了丰富的炭化植物种子和果实。农作物包括粟、黍和稻 3 类,以稻为主,非农作物包括藜属、紫苏属、野大豆、豇豆属、蓼属、莎草属、桃核残块、葡萄属种子、蔷薇科果核及种子等。[②] 后杨官庄遗址在龙山文化时期形成了稻粟混作的农业种植方式,采集为辅。

(3) 山东省胶州市赵家庄遗址

赵家庄遗址龙山文化层的年代为距今约 4 600～4 300 年,分为 3 期。二期保存有龙山文化的水田。通过针对性采样、水洗浮选和定性定量分析,发现农作物包括水稻、粟、黍、小麦和大麦等,按照数量多少依次为水稻、粟、黍和小麦,数量占总数的比例依次为 61％、33％、11％、1％。[③] 研究者认为,水稻是当时最重要的农作物,其次才是粟和黍。小麦的碳 14 年代为公元前 2500～2270 年。豆科植物包括豆科、野大豆、豆茶决明和野豌豆属,果实类有葡萄属,杂草类有藎蒿、蓼科、赤飑草、葫芦科、紫苏、小鱼仙草、狗尾草、狗尾草属、藜属、藜亚科、禾本科、野西瓜苗、莎草科、刺耳菜、商陆和铁苋菜等,以紫苏为最多。采集的野生植物性食物总体上在居民的植物性食物中占的比例很小。[④] 当时是以稻粟混作的方式获取食物,发现小麦,采集方式仍然存在。

[①] 靳桂云、王传明、张克思等.淄博市房家龙山文化遗址植物考古报告[A],见山东省文物考古研究所编《海岱考古》第四辑,北京:科学出版社,2011,66～71.
[②] 王海玉、何德亮、靳桂云.苍山后杨官庄遗址植物遗存分析报告[A],见山东省文物考古研究所编:《海岱考古》第六辑,北京:科学出版社,2013,133～138.
[③][④] 靳桂云、王传明、燕生东等.山东胶州赵家庄遗址龙山文化炭化植物遗存研究[A],见中国社会科学院考古研究所科技考古中心编:《科技考古》第三辑,北京:科学出版社,2011,36～53.

（4）山东省淄博市临淄区桐林遗址

通过对桐林遗址龙山时代的城址进行针对性采样、水洗浮选和定性定量分析，发现各种炭化植物种子中以农作物遗存为主，包括有粟、黍和水稻3种谷物，占所有出土植物种子总数的63%，其他植物种子经鉴定有禾本科、豆科、藜科、蓼科、苋科和野葡萄等。① 粟、黍和水稻这3种农作物出土的绝对数量分别占出土农作物籽粒总数的44%、35%、21%，当时存在稻粟混作的生产方式。②

（5）山东省临沭县东盘遗址

经过全面而系统的采样浮选，发现龙山文化时期的农作物有水稻、粟、黍、小麦和大麦。稻是最主要的农作物，占全部种子的35%，粟占4%，黍占2%，小麦占2%，大麦占不到1%。杂草中黍亚科成为最主要的种类，其次为豆科（野大豆），主要集中出土于一个灰坑，其次还有一定数量的藜科、苋科和马齿苋属种子，果类遗存中以葡萄属种子为主，其次是蔷薇科。③ 当时以稻粟混作的生产方式获取食物，发现小麦，还存在采集活动。

（6）安徽省蚌埠市禹会村遗址

对属于龙山文化中晚期的禹会村遗址出土的土样进行水洗浮选，发现炭化的水稻、小麦和粟类遗存。其中以水稻的数量最多，占35%左右；小麦的数量也较多，占20%左右；粟的数量较少，占5%左右。还发现以喜水的莎草科为主的杂草类种子和属于藜亚科的杂草种子。当时以稻旱混作的生产方式获取食物，发现小麦。④

3. 仅开展过动物考古的遗址

（1）山东省潍坊市鲁家口遗址

鲁家口遗址主要包括大汶口文化及龙山文化遗存，其中鲁家口大汶口文化的年代为距今约5500~4800年，鲁家口龙山文化的年代为距今约4300~

---

①② 农业研究课题组（赵志军执笔）.3500BC~1500BC 中国文明形成与早期发展阶段的技术与经济研究——农业研究[A].见中国社会科学院考古研究所科技考古中心编：《科技考古》第三辑，北京：科学出版社，2011，1~35.
③ 王海玉、刘延常、靳桂云.山东省临沭县东盘遗址2009年度炭化植物遗存分析[A].山东大学东方考古研究中心编：《东方考古》第8集，北京：科学出版社，2011，357~358.
④ 尹达.安徽蚌埠禹会村遗址出土植物遗存分析[D].中国社会科学院研究生院硕士论文，2011.

4 000 年。研究者把两个文化层的动物遗存合在一起研究,确认腹足纲有螺 1 种,瓣鳃纲有文蛤、毛蚶 2 种,节肢纲有蟹 1 种,硬骨鱼纲有草鱼、青鱼 2 种,爬行纲有龟、鳖 2 种,鸟纲有鸡和大型鸟 2 种,哺乳纲有东北鼢鼠、鼠、狐、貉、獾、猫、家猪、獐、梅花鹿、麋鹿和黄牛等 11 种。动物考古报告中认为鸡、猫、家猪和黄牛为家养动物。依据可鉴定标本数的统计结果,家养动物约占全部动物总数的 79%,野生动物占 21%。① 据现有的研究成果,该地区这一时期应该尚未出现家鸡和家猫,那些动物当为形态特征较为类似的雉科或小型猫科动物。但即使不把所谓的鸡和猫纳入家养动物统计,该遗址动物群仍以家养动物为主。

(2) 山东省济市章丘区城子崖遗址

城子崖遗址属于龙山文化,年代为距今约 4 600～4 000 年。通过对动物遗存进行研究,确认瓣鳃纲有猪耳丽蚌、多瘤丽蚌、背离丽蚌、丽蚌、河蚬等 8 种,哺乳纲有兔、狗、马、猪、獐、麋鹿、鹿、黄牛和绵羊等 9 种。狗和猪为家养动物。② 研究者未对动物遗存作统计,从报告的内容分析,以家养动物为主。

(3) 山东省桓台县前埠遗址

此遗址龙山文化的年代为距今约 4 600～4 000 年。通过对前埠遗址龙山文化的动物遗存进行定性定量研究,确认属于哺乳纲的动物为狗、家猪、黄牛和绵羊,全部是家养动物。③

(4) 山东省泗水县尹家城遗址

尹家城遗址包括多个时期的遗存。通过对动物遗存进行定性定量研究,确认腹足纲有中国圆田螺、梨形环棱螺和纹沼螺 3 种;瓣鳃纲有河蚌、短褶矛蚌、圆顶珠蚌、中国尖嵴蚌和种属不明的蛤 1 种,共计 5 种;硬骨鱼纲有鱤鱼 1 种;爬行纲有龟、鳖和扬子鳄 3 种;鸟纲有种属不明的 1 种;哺乳纲有狗、狐、豹猫、虎、家猪、小鹿、梅花鹿、麋鹿和黄牛等 9 种。狗、猪和黄牛为家养动物。依据可鉴定标本数的统计结果,距今约 4 600～4 000 年的尹家城龙山

---

① 周本雄. 山东潍县鲁家口遗址动物遗存[J]. 考古学报,1985,(3):349～350.
② 梁思永. 墓葬与人类、兽类,鸟类之遗骨及介类之遗壳[A],见傅斯年、李济、董作宾等:《城子崖》,国立中央研究院历史语言研究所,1934,90～91.
③ 宋艳波. 桓台唐山、前埠遗址出土的动物遗存[A],见山东大学东方考古研究中心编:《东方考古》第 5 集,北京:科学出版社,2009,315～345.

文化层里,家养动物约占哺乳动物总数的35%,鹿等野生动物占65%。但我们在动物鉴定报告中发现,龙山文化的墓葬里出土110余副幼猪的下颌,而研究者在统计时仅考虑出自地层堆积和灰坑中的动物遗存,没有将这些猪的下颌骨统计在内。如果将它们合到龙山文化的动物遗存中一并考虑,则当时的动物比例应为猪等家养动物占58%,鹿等野生动物占42%,以家养动物为主。①

(5) 山东省茌平县教场铺遗址

教场铺遗址属于龙山文化,年代为距今约4 600～4 000年。通过对动物遗存进行定性定量研究,确认腹足纲有中华圆田螺和蜗牛2种,瓣鳃纲有圆顶珠蚌、巨首楔蚌、三角帆蚌、剑状矛蚌、射线裂脊蚌、高裂脊蚌、薄壳丽蚌、背瘤丽蚌、猪耳丽蚌、天津丽蚌、绢丝丽蚌、多瘤丽蚌、白河丽蚌、细瘤丽蚌、厚美带蚌和文蛤等16种,鱼纲有鲤鱼、草鱼、青鱼和鲢鱼4种,爬行纲有鳄、龟和鳖3种,鸟纲有种属不明的鸟1种,哺乳纲有兔、竹鼠、豪猪、狗、狗獾、猫、猪、梅花鹿、麋鹿、獐、牛和羊等12种。狗、猪、牛和羊为家养动物,依据最小个体数的统计结果,家养动物约占哺乳动物总数的59%,野生动物占41%。以家养动物为主。②

(6) 山东省兖州市西吴寺遗址

西吴寺遗址主要包括龙山文化和周代时期遗存,均有动物遗存出土。通过对动物遗存进行定性定量研究,确认瓣鳃纲有蚌1种,爬行纲有地平龟1种,鸟纲有鸡1种,哺乳纲有狗、豹猫、家猪、獐、梅花鹿、麋鹿和黄牛等7种。狗、家猪和黄牛是家养动物。依据可鉴定标本数的统计结果,在距今约4 000年的西吴寺龙山文化层中,家养动物占全部哺乳动物总数的53%,野生动物占47%,以家养动物为主。③

(7) 安徽省蒙城县尉迟寺遗址

尉迟寺遗址的狗、家猪和黄牛为家养动物。依据最小个体数的统计结果,第一次发掘的距今约4 400～4 000年的尉迟寺龙山(王油坊类型)文化层

---

① 卢浩泉、周才武.山东泗水县尹家城遗址出土动、植物标本鉴定报告[A],见山东大学历史系考古专业教研室编:《泗水尹家城》,北京:文物出版社,1990,350～352.
② 动物考古课题组.中华文明形成时期的动物考古学研究[A],见中国社会科学院考古研究所科技考古中心编:《科技考古》第三辑,北京:科学出版社,2011,80～99.
③ 卢浩泉:《西吴寺遗址兽骨鉴定报告》,见国家文物局考古领队培训班编著:《兖州西吴寺》,文物出版社,1990年,第248～249页.

中,家养动物约占 58%,野生动物约占 42%。第二次发掘的距今约 4 400～4 000 年的尉迟寺龙山(王油坊类型)文化层中,家养动物约占 55%,野生动物约占 45%。① 以家养动物为主。

4. 小结

这个时期农作物中新出现小麦和大麦,家养动物中新出现黄牛和绵羊。龙山文化时期遗址中发现的植物遗存普遍以水稻、粟和黍等农作物为主,种植农业的比例普遍明显高于采集方式。当时普遍存在稻旱混作(或以水稻为主或以粟类作物为主)的农业生产方式。获取肉食以包括猪、狗、牛和羊在内的家畜饲养方式为主,但是家养动物在全部哺乳动物中的比例往往没有占据绝对多数,与黄河中上游地区有所区别。当时还存在以渔猎方式获取肉食资源的行为,但完全处于次要地位。

(五) 青铜时代

这里按岳石文化、商代和周代的顺序介绍。

1. 岳石文化时期

岳石文化时期开展过动植物考古的遗址有 1 处,仅开展过植物考古的遗址有 2 处,仅开展过动物考古的遗址有 1 处。以下分别阐述。

(1) 开展过动植物考古的遗址

山东省烟台市牟平区照格庄遗址是一座岳石文化时期的居住址,绝对年代在公元前 1800～前 1500 年之间。通过水洗浮选和定性定量分析,发现炭化植物种子以农作物遗存为主,包括有粟、黍、水稻、小麦和大豆 5 个农作物品种,其他植物种子有禾本科、豆科、藜科和苋科等,其中以禾本科的黍亚科植物种子数量居多。农作物遗存中炭化粟粒的出土数量具有绝对优势,炭化黍粒的出土数量相对较少,两种小米出土数量合计在农作物籽粒总数中所占比

---

① 袁靖、陈亮.尉迟寺遗址动物骨骼研究报告[A],见中国社会科学院考古研究所编著:《蒙城尉迟寺》,北京:科学出版社,2001,424～441.罗运兵、吕鹏、杨梦菲等.动物骨骼鉴定报告[A],见中国社会科学院考古研究所、安徽省蒙城县文化局编著:《蒙城尉迟寺》(第二部),北京:科学出版社,2007,306～328.

例高达 99% 以上。①

通过对遗址动物遗存进行研究,确认腹足纲有玉螺、红螺 2 种,瓣鳃纲有毛蚶、大连湾牡蛎、蛤仔、杂色蛤仔、等边浅蛤和文蛤等 6 种,硬骨鱼纲有蓝点马鲛和黑鲷 2 种,爬行纲有鳖 1 种,哺乳纲有狗、貉、野猪、家猪、麋鹿、狍、黑鹿、黄牛和绵羊等 9 种。狗、家猪、黄牛和绵羊是家养动物。研究者未提供动物遗存的数量、比例的统计数据,但指出"在数量上以猪的遗骸最多,可能猪是当时人们饲养的一种主要家畜",遗址居民利用的哺乳动物中当以家养动物为主,遗址中出土较多的海产鱼类和软体动物,说明捕捞活动尤其是海洋捕捞活动在当时人们的经济生活中有一定的重要性。②

这个遗址以种植粟、黍、水稻、小麦和大豆 5 种农作物和饲养狗、家猪、黄牛和绵羊 4 种家畜为主,其中水稻的比例极低,以旱作为主。采集和渔猎方式居于次要地位。

(2) 仅开展过植物考古的遗址

① 山东省淄博临淄区桐林遗址。桐林遗址岳石文化时期的浮选样品中,炭化粟粒占出土农作物总数的 78%,炭化稻米仅占 8%。与龙山时代的浮选结果相比较,岳石文化浮选样品中小米与稻米的绝对数量比例之间的差距明显扩大。桐林遗址发展到岳石文化时期,当地农业有可能开始向典型的古代中国北方旱作农业转变,即以种植粟和黍两种小米为主。③

② 山东省乐陵市尹家遗址。尹家遗址属于岳石文化。通过水洗浮选和定性定量分析,发现属于农作物的种子占植物种子总数的 23%,以粟最多,其次是黍,水稻的数量不多。非农作物种子占植物种子总数的 54%,主要为野大豆、大豆、豆科等,还有藜科、黍亚科、马齿苋属、黍属、锦葵科、大戟科、禾本科牛筋草、茄科、十字花科、唇形科、苋科、酸浆属、紫苏属、翻白草和地黄等可

---

① 农业研究课题组(赵志军执笔).3500BC～1500BC 中国文明形成与早期发展阶段的技术与经济研究——农业研究[A],见中国社会科学院考古研究所科技考古中心编:《科技考古》第三辑,北京:科学出版社,2011,1～35.
② 周本雄.山东牟平县照格庄遗址动物遗存[J].考古学报,1986,(4):476～477.
③ 农业研究课题组(赵志军执笔).3500BC～1500BC 中国文明形成与早期发展阶段的技术与经济研究——农业研究[A],见中国社会科学院考古研究所科技考古中心编:《科技考古》第三辑,北京:科学出版社,2011,1～35.

利用的野生植物。① 以种植小米为主,水稻数量不多。

(3) 仅开展过动物考古的遗址

山东省泗水县尹家城遗址。依据动物考古研究,距今约 3 900～3 600 年的尹家城岳石文化层里,家养动物包括狗、猪、黄牛和绵羊,约占可鉴定标本数的 60%,野生动物约占 40%。② 以家养动物为主。

(4) 小结

在岳石文化时期,古人的生业方式主要以种植农作物和饲养家畜为主,同时也有一定的采集、渔猎方式。龙山时期较为发达的水稻种植业到此时大幅度下降,这个地区可能开始向典型的旱作农业转变。狗、猪、黄牛和绵羊为家养动物,以养猪业为主,渔猎活动也占据一定的比例。

2. 商代

这个时期开展过动植物考古的遗址有 1 处,仅开展过动物考古的遗址有 4 处,以下分别阐述。

(1) 开展过动植物考古的遗址

山东省济南市大辛庄遗址中,经浮选的商代植物遗存数量上以农作物为主,占 83%,其他可食用的植物种类,即果类和块茎所占比例不到 1%。浮选的炭化农作物遗存包括粟、黍、水稻、小麦和大豆,可能为栽培作物的有大麻,农作物的植硅体分析也表明存在水稻、粟和黍。浮选样品中粟的数量占 80%,黍为 1%,水稻为 0.6%,小麦为 0.3%,大豆为 0.1%,大麻为 2%,可见农作物中粟占绝对多数,其他农作物数量都很少。③ 当时以旱作农业为主。

通过对动物遗存进行定性定量研究,确认腹足纲有田螺 1 种,瓣鳃纲有蚌 1 种,哺乳纲有豪猪、狗、虎、家猪、梅花鹿、麋鹿、黄牛和绵羊等 8 种。狗、家猪、黄牛和绵羊为家养动物。依据最小个体数的统计结果,中商时期家养动

---

① 郑晓葭、朱超、王海玉等. 山东乐陵尹家岳石文化遗址植物考古报告[A],见山东省文物考古研究所编《海岱考古》第六辑,北京:科学出版社,2013,139～150.
② 卢浩泉、周才武. 山东泗水县尹家城遗址出土动、植物标本鉴定报告[A],见山东大学历史系考古专业教研室编:《泗水尹家城》,北京:文物出版社,1990,350～352.
③ 陈雪香、方辉. 从济南大辛庄遗址浮选结果看商代农业经济[A],见山东大学东方考古研究中心编:《东方考古》第 4 集,北京:科学出版社,2009,47～68. 靳桂云、方辉. 济南大辛庄商代遗址植硅体研究[A],见山东大学东方考古研究中心编:《东方考古》第 4 集,北京:科学出版社,2009,30～46.

物约占哺乳动物总数的85%,野生动物约占15%,晚商时期家养动物约占81%,野生动物约占19%。① 两个时期都以家养动物为主。

这个遗址获取食物的方式以种植粟、黍、水稻、小麦和大豆5种农作物和饲养狗、家猪、黄牛和绵羊4种家畜为主,粟和家猪分别在农作物和家畜中占主要地位,家养动物占据绝对多数。

(2) 仅开展过动物考古的遗址

① 山东省桓台县唐山遗址。唐山遗址的动物遗存全部出自商代地层,时代约为殷商一期后段。通过对动物遗存进行定性定量研究,确认唐山遗址中瓣鳃纲有杜氏珠蚌、薄壳丽蚌、剑状矛蚌、细纹丽蚌、细瘤丽蚌、鱼形楔蚌、文蛤和青蛤等8种,爬行纲有龟1种,哺乳纲有狗、家猪、梅花鹿、麋鹿、黄牛和绵羊等6种。依据最小个体数的统计结果,家养动物狗、家猪、黄牛和绵羊约占哺乳动物总数的95%,野生动物约占5%,以家养动物为主。②

② 山东省桓台县前埠遗址。通过对前埠遗址的动物遗存进行定性定量研究,确认瓣鳃纲有多瘤丽蚌、细纹丽蚌、剑状矛蚌、文蛤和蚬等5种,爬行纲有龟1种,鸟纲有种属不明的1种,哺乳纲有兔、狗、家猪、獐、梅花鹿、麋鹿、黄牛和绵羊等8种。狗、家猪、黄牛和绵羊为家养动物。依据最小个体数的统计结果,商代家养动物超过哺乳动物总数的80%,野生动物则不足20%,以家养动物为主。③

③ 山东省滕州市前掌大墓地。通过对前掌大墓地的动物遗存进行定性定量研究,确认腹足纲有中国圆田螺、宝贝2种,瓣鳃纲有圆顶珠蚌、中国尖嵴蚌、鱼尾楔蚌、楔蚌、三角帆蚌、矛蚌、射线裂脊蚌、洞穴丽蚌、细纹丽蚌、多瘤丽蚌、细瘤丽蚌、白河丽蚌、林氏丽蚌、丽蚌、无齿蚌、蚬和文蛤等17种,硬骨鱼纲有鲤科类1种,爬行纲有龟、种属不明的鳖2种,鸟纲有种属不明的鸟1种,哺乳纲有兔、狗、貉、熊、马、家猪、獐、麋鹿、梅花鹿、黄牛和绵羊等11种。④ 狗、马、猪、黄牛和绵羊为家养动物。依据最小个体数的统计结果,商代晚期

---

① 宋艳波. 济南大辛庄1984年发掘动物遗存分析[A],见山东大学东方考古研究中心编:《东方考古》第5集,北京:科学出版社,2009,346~355.
②③ 宋艳波. 桓台唐山、前埠遗址出土的动物遗存[A],见山东大学东方考古研究中心编:《东方考古》第5集,北京:科学出版社,2009,315~345.
④ 袁靖、杨梦菲. 前掌大遗址出土动物骨骼研究报告[A],见中国社会科学院考古研究所编著:《滕州前掌大墓地》,北京:文物出版社,2005,728~810.

家养动物约占哺乳动物总数的81%,野生动物约占19%。① 以家养动物为主,出现家马。

④ 山东省阳信县李屋遗址。李屋遗址属于商代晚期,确认的腹足纲有螺、宝贝2种,瓣鳃纲有文蛤、青蛤、毛蚶和细纹丽蚌4种,硬骨鱼纲有草鱼、鲤鱼和青鱼3种,甲壳纲有螃蟹1种,爬行纲有龟、鳖2种,鸟纲1种,哺乳纲有仓鼠、竹鼠、兔、狗、貉、猫、猪、牛、麋鹿、梅花鹿和獐等11种。遗址出土的动物遗存表明当时居民的肉食来源较庞杂,家养的狗、猪、牛和羊占哺乳动物总数的53%,野生动物占47%。② 以家养动物为主,但是野生动物也占有较高的比例。

(3) 小结

商代的农作物包括粟、黍、水稻、小麦和大豆,还有可能为栽培作物的大麻,这一时期持续了岳石文化时期种植农业向典型的古代中国北方旱作农业转变的趋势,小麦在旱作农业中的比重有所增加。家畜饲养业较岳石文化时期有较大的发展,家养动物的数量往往占据绝对多数,出现新的家畜马,但是还不普遍。

3. 周代

这个时期开展过动植物考古的遗址有两处,仅开展过植物考古的遗址有4处,仅开展过动物考古的遗址有六处。以下分别阐述。

(1) 开展过动植物考古的遗址

① 山东省高青县陈庄遗址。陈庄遗址属于西周早期。通过水洗浮选和定性定量分析,发现炭化种子包括粟、黍、小麦、稻、大豆、草木犀属、野大豆、黍亚科、藜科、苋科、锦葵科、牡荆属、蓼科、葫芦科、莎草科、禾本科(粟、黍、黍亚科之外的植物)、茄科、蔷薇科、菊科、马齿苋属、野西瓜苗、大戟科、豇豆属、唇形科、牛筋草属、伞形科、苍耳、葡萄属和枣属,另有未知种子和少量果壳碎

---

① 袁靖、杨梦菲.前掌大遗址出土动物骨骼研究报告[A],见中国社会科学院考古研究所编著:《滕州前掌大墓地》,北京:文物出版社,2005,728~810.
② 宋艳波、燕生东.鲁北地区商代晚期遗址出土的动物遗存[J].古代文明研究通讯,2007,(35):8~23.山东省文物考古研究所、北京大学中国考古学研究中心、山东师范大学齐鲁文化研究中心等.山东阳信县李屋遗址商代遗存发掘简报[J].考古,2010,(3):3~17.宋艳波、燕生东.鲁北地区殷墟时期遗址出土的动物遗存[A],见山东省文物考古研究所编《海岱考古》第四辑,北京:科学出版社,2013,484~500.

片不能确定种属。农作物种子约占出土炭化种子和果实总数的59%,非农作物种子约占出土炭化种子和果实总数的41%。农作物包括粟、黍、小麦、水稻和大豆,从数量百分比和出土概率看,粟最高,黍其次,小麦虽然占比较低,但出土概率比较高,仅次于黍,远远高于大豆和稻。当时以旱作农业为主,在农业之外还有一定的采集经济。

从考古遗址出土的大量蚌壳和一些猪等动物骨骼看,家畜饲养、狩猎野生动物、捕捞各类淡水资源也是生业方式中的不可或缺的内容。[1]

这个遗址种植粟、黍、小麦、水稻和大豆5种农作物,以旱作农业为主,饲养家畜,还存在渔猎方式。

② 安徽省滁州市何郢遗址。通过对属于商周时期的何郢遗址出土的土壤进行植硅体分析,发现当时的农作物主要是水稻,也包括小麦。[2]

通过对动物遗存的定性定量研究,确认瓣鳃纲有楔蚌1种,鱼纲有种属不明的1种,爬行纲有扬子鳄和龟2种,鸟纲有种属不明的1种,哺乳纲有兔、狗、虎、马、家猪、麋鹿、梅花鹿、小型鹿科动物未定种和黄牛等9种。[3] 家养动物包括马、狗、猪和黄牛,马的数量相当少,仅发现于西周中期。依据最小个体数的统计结果,商末周初时家养动物约占哺乳动物总数的77%,野生动物占23%;西周中期时家养动物占62%,野生动物占38%;西周晚期时家养动物占63%,野生动物占37%。从早期到晚期都是以家养动物为主。

这个遗址以种植水稻为主,饲养马、狗、猪和黄牛等家畜,还存在渔猎方式。

(2) 仅开展过植物考古的遗址

① 山东省临沭县东盘遗址。东盘遗址西周时期发现的农作物有水稻、粟、黍和小麦。小麦自西周开始大量增加,无论绝对数量还是出土概率都是最高的,数量为50%;水稻由龙山文化时期的35%下降为7%;粟的比例没有多大变化;黍的数量百分比为1%。杂草类遗存中黍亚科占绝对优势,其次为

---

[1] 靳桂云、郑同修、刘长江等.西周王朝早期的东方军事重镇:山东高青陈庄遗址的古植物证据[J].科学通报,2011,56(35):2996~3002.靳桂云、王传明、郑同修等.山东高青陈庄遗址炭化种子果实研究[J].南方文物,2012,(1):147~155.
[2] 吴妍、黄文川、姚政权.安徽滁州何郢遗址的植硅体分析[J].农业考古,2005,(3):59~64.
[3] 袁靖、宫希成.安徽滁州何郢遗址出土动物遗骸研究[J].文物,2008,(5):81~86.

少量豆科、马齿苋属和蓼科种子，果类仅发现 2 粒蔷薇科果核。① 以旱作农业为主，主要粮食作物可能是小麦，并兼营水稻和粟、黍的栽培。

② 山东省济南市唐冶遗址。唐冶遗址是一处周代的聚落遗址，通过水洗浮选和定性定量分析，发现粟、黍、大豆和小麦。野生植物种子也极为常见，可鉴定的有黍亚科、早熟禾亚科、豆科、莎草科、蓼科、藜科、苋科、茄科、唇形科、菊科、马齿苋属和酸枣核等。农作物为粟、黍、大豆和小麦 4 种，均为旱地作物。粟无论从出土数量和出土概率上都占有绝对的优势。黍的出土数量虽然不多，但是出土概率却比较高。大豆约占出土谷物的 1%，小麦仅发现 1 粒。② 该遗址以旱作农业为主，没有发现水稻。

③ 山东省青岛市即墨区北阡遗址。北阡遗址周代层发现的农作物有粟、小麦、黍、大豆、大麦和水稻，以粟和小麦为主，其次是黍，大豆、大麦和水稻的数量比较少。浮选结果表明，农作物占出土植物遗存总数的 50%，在可食用的植物资源中野生植物资源不占明显优势。③ 北阡遗址以旱作农业为主。

④ 安徽省霍邱县堰台西周遗址。通过对西周时期的堰台遗址的植硅体分析，证明当时以稻作农业为主，兼有麦类种植，不同的两种农作物种植制度并行。通过对西周中期至春秋时期的村落堰台遗址出土的土壤样品进行浮选和鉴定，其结果表明，当时以稻作为主，有少量的麦类和粟，还有少量的田间杂草。④ 当时以稻作农业为主。

(3) 仅开展过动物考古的遗址

① 山东省滕州市前掌大墓地。通过对前掌大墓地动物遗存进行定性定量研究，确认腹足纲有中国圆田螺、宝贝 2 种，瓣鳃纲有圆顶珠蚌、中国尖嵴蚌、鱼尾楔蚌、楔蚌、三角帆蚌、矛蚌、射线裂脊蚌、洞穴丽蚌、细纹丽蚌、多瘤丽蚌、细瘤丽蚌、白河丽蚌、林氏丽蚌、丽蚌、无齿蚌、蚬和文蛤等 17 种，硬骨鱼

---

① 王海玉、刘延常、靳桂云. 山东省临沭县东盘遗址 2009 年度炭化植物遗存分析[A]，见山东大学东方考古研究中心编:《东方考古》第 8 集，北京: 科学出版社，2011, 357～358.
② 赵敏、陈雪香、高继习. 山东省济南市唐冶遗址浮选结果分析[J]. 南方文物，2008, (2): 120～125、115.
③ 靳桂云、王育茜、王海玉等. 山东即墨北阡遗址(2007)炭化种子果实遗存研究[A]，见山东大学文化遗产研究院编:《东方考古》第 10 集，北京: 科学出版社，2013, 240～253.
④ 赵志军. 堰台遗址浮选结果分析报告[A]，见安徽省文物考古研究所编著:《霍邱堰台》，北京: 科学出版社，2010, 479～490.

纲有鲤科类 1 种,爬行纲有龟、种属不明的鳖 2 种,鸟纲有种属不明的鸟 1 种,哺乳纲有兔、狗、貉、熊、马、家猪、獐、麋鹿、梅花鹿、黄牛和绵羊等 11 种。狗、马、猪、黄牛和绵羊为家养动物。依据最小个体数的统计结果,西周早期家养动物约占 82%,野生动物约占 18%;东周时期家养动物约占 42%,野生动物约占 58%,东周时期的野生动物略多于家养动物。①

② 山东省兖州市西吴寺遗址。通过对西吴寺遗址周代的动物遗存进行定性定量研究,确认瓣鳃纲有蚌 1 种,爬行纲有地平龟 1 种,鸟纲有鸡 1 种,哺乳纲有狗、豹猫、家猪、獐、梅花鹿、麋鹿和黄牛等 7 种。狗、家猪和黄牛是家养动物。依据可鉴定标本数的统计结果,周代层(西周早期至春秋晚期)中,家养动物占 60%,野生动物占 40%,以家养动物为主。②

③ 山东省兖州市六里井遗址。通过对六里井遗址东周时期的动物遗存进行定性定量研究,确认腹足纲有不明种属螺壳碎片,瓣鳃纲有河蚌 1 种,爬行纲有地平龟 1 种,哺乳纲有狗、马、野猪、家猪、獐、梅花鹿、狍和黄牛 8 种。狗、马和家猪为家养动物。依据可鉴定标本数的统计结果,东周时期(春秋至战国早期)家养动物约占全部哺乳动物总数的 89%,野生动物占 11%③,以家养动物为主。

④ 山东省泗水县尹家城遗址。通过对尹家城遗址商周时期的动物遗存进行定性定量研究,确认腹足纲有中国圆田螺、梨形环棱螺、纹沼螺 3 种;瓣鳃纲有河蚌、短褶矛蚌、圆顶珠蚌、中国尖嵴蚌、种属不明的蛤 1 种,共计 5 种;硬骨鱼纲有鳡鱼 1 种;爬行纲有龟、鳖和扬子鳄 3 种;鸟纲有种属不明的 1 种;哺乳纲有狗、狐、豹猫、虎、家猪、小鹿、梅花鹿、麋鹿和黄牛等 9 种。狗、猪和黄牛为家养动物。依据可鉴定标本数的统计结果,商周时期家养动物约占 59%,野生动物约占 41%④,以家养动物为主,野生动物为辅。

---

① 袁靖、杨梦菲.前掌大遗址出土动物骨骼研究报告[A],见中国社会科学院考古研究所编著:《滕州前掌大墓地》,北京:文物出版社,2005,728~810.
② 卢浩泉.西吴寺遗址兽骨鉴定报告[A],见国家文物局考古领队培训班编著:《兖州西吴寺》,北京:文物出版社,1990,248~249.
③ 范雪春.六里井遗址动物遗存鉴定[A],见国家文物局考古领队培训班编著:《兖州六里井》,北京:科学出版社,1999,214~216.
④ 卢浩泉、周才武.山东泗水县尹家城遗址出土动、植物标本鉴定报告[A],见山东大学历史系考古专业教研室编:《泗水尹家城》,北京:文物出版社,1990,350~352.

⑤ 山东省新泰周家庄墓地。山东省新泰市周家庄墓地为春秋晚期至战国中期的齐国墓地。周家庄墓地共发现 40 座墓葬随葬有动物遗存。确认瓣鳃纲有毛蚶、河蚬、文蛤和蚌,哺乳纲有兔、狗、猪、羊和牛等。23 座墓葬中随葬有狗,22 座墓葬中随葬有猪,12 座墓葬随葬有羊,5 座墓葬随葬有宝贝,5 座墓葬随葬有毛蛤,2 座墓葬中随葬有牛,随葬兔、文蛤和河蚬的墓葬各有 1 座。① 以家养动物为主,也包括一些通过渔猎方式获取的动物。

⑥ 山东省济南市仙人台遗址。通过对仙人台遗址西周早期至战国时期的全部哺乳动物遗存进行定性定量研究,确认腹足纲有角环棱螺、中国圆田螺和田螺 3 种,瓣鳃纲有背瘤丽蚌、多瘤丽蚌、细纹丽蚌、拟丽蚌、丽蚌、巨首楔蚌、射线裂脊蚌、高裂脊蚌和圆顶珠蚌等 9 种,硬骨鱼纲有白鲢 1 种,鸟纲有种属不明的 1 种,哺乳纲有种属不明的啮齿目 1 种、狗、狗獾、马、家猪、梅花鹿、小型鹿科动物未定种、黄牛和羊共计 9 种。狗、马、家猪、黄牛和羊为家养动物。研究者没有阐述各个时期家养与野生动物的具体数量比例,从最小个体数的柱状图看,各个时期都是以家养动物为主,其比例逐步增加。②

4. 小结

这个地区在周代的种植农业继续保持典型的古代中国北方旱作农业的特点,多数遗址以粟为主,小麦在旱作农业中的比重逐渐增加。有的遗址小麦出土概率在农作物中仅次于粟、黍,远高于大豆和水稻。当时的淮河下游地区可能以稻作农业为主。位于不同地区的古代先民都是适应当地的自然条件,开展农业活动。周代的家畜饲养保持稳定发展的趋势,家养动物比例占据绝对多数的遗址数量较多,同时发现家马的遗址数量也增多了。

三、讨论

黄淮下游地区在新石器时代至先秦时期的生业行为有 3 个特征,以下分

---

① 山东省文物考古研究所、新泰市博物馆.新泰周家庄东周墓地[A],北京:文物出版社,2014,529~555.
② 宋艳波.山东济南仙人台遗址 1995 年出土动物遗存分析[A],见山东大学东方考古研究中心编:《东方考古》第 6 集,北京:科学出版社,2009,367~382.

别阐述。

(一) 生业特征

这个地区的生业形态可以分为 4 个阶段。

第一阶段为新石器时代早期,这个阶段以采集和渔猎方式获取食物资源,尚不能确认已经出现家畜或农作物。

第二阶段为新石器时代中期,这个时期主要以采集渔猎的方式获取食物,出现粟、黍和水稻等农作物及家养动物猪和狗,但是这些农作物和家畜在食物中所占的比例较低,农作物中黍的数量多于粟。当时获取食物的方式以采集和渔猎为主,种植和饲养为辅。

第三阶段为新石器时代晚期,这个时期获取食物资源的方式,由以采集和渔猎为主、种植和饲养为辅转变为基本上确立了以种植农作物和饲养家畜为主、以采集和渔猎为辅的生业方式,粟的数量多于黍。有的遗址还存在稻黍混作的种植方式。

第四阶段为新石器时代末期至青铜时代,这个时期仍然延续了以种植农作物和饲养家畜为主,以采集和渔猎为辅的生业方式。农作物中普遍以水稻、粟和黍等农作物为主,出现小麦和大麦,当时普遍存在稻粟混作(或以水稻为主或以粟类作物为主)的农业生产方式。获取肉食以包括猪、狗、牛和羊在内的家畜饲养方式为主,其中黄牛和绵羊是新出现的家养动物,值得注意的一个现象是,家养动物的数量比例不像黄河中上游地区那样普遍占据绝对多数。当时还存在渔猎方式,但处于次要地位。到了岳石文化时期,种植业出现转折,由稻粟混作的农业方式向旱作农业转变,家畜饲养没有发生变化。到商周时期,农业生产以旱作为主,家畜种类中新出现了马,在多个遗址中家养动物的数量开始占据绝对多数。

(二) 自然环境对生业特征的影响

江苏淮北地区距今 7 000～5 000 年前的几个遗址的孢粉分析表明,当时的木本植物花粉以栎、桦等落叶阔叶树种为主,另外还发现水青冈等常绿阔叶树种和松等针叶树;草本植物花粉以禾草科、藜科、蒿属为主,另外还有毛茛科等水生植物花粉。所反映的植被为亚热带落叶常绿阔叶混交林,说明亚热带气候至少向北推进 1.5 个纬度。①

　　黄淮下游地区的主体是海岱地区,这个地区气候温暖,雨量适中,属温带大陆性季风气候。新石器时代到青铜时代,该地区的温度、湿度和降水量都比现在高。全新世大暖期极盛期,亚热带的北界曾推进到北纬 37°附近,即海岱地区北部。② 淮河下游地区所在的淮河流域地处长江流域和黄河流域两大农业区之间,历来是一个南北气候摆动带,是中国暖温带半湿润气候与亚热带湿润气候的交界地区,是北亚热带与暖温带的分界线。黄淮下游地区的主要河流有黄河、淮河以及黄河与淮河下游的各支流,但在整个青铜时代,黄河在大部分时间流经华北平原北部,在渤海西岸入海。③ 现在的黄河下游在青铜时代流经的大河是古代称为"四渎"之一的济水。据有的学者考证,济水从河南荥阳东流,经山东济南北,再东流入渤海。④ 这些河流为整个黄淮下游地区提供了丰富、便利的水资源。总体来说,整个黄淮下游地区平原地区适宜农业发展,沿海地区与河流湖泊附近可以开展渔捞活动,山区适宜采集和狩猎,这些都为黄淮下游地区新石器时代到青铜时代生业的发展提供了较为优越的地理环境和自然资源。地理环境和自然资源的多样化,使得黄淮下游地区先民在自然环境迥异的情况下选择了不同的生业。由于全新世大暖期的影响,黄淮下游地区在岳石文化气候开始变干冷以前,气温等总体状况优于现代,相对有利水稻种植,这可能是在距今 9 000～4 000 年整个全新世大暖期,稻旱混作的模式分布较为广泛的重要原因。在岳石文化之后则除了淮河下游和某些条件适宜的地区之外,大部分地区的稻作农业已经走向衰落,向典型的北方旱作农业发展。有学者指出,岳石文化时期,我国北方地区的降水明显减少,气温降低,原来龙山文化时期能种植水稻的地区到岳石文化时期不再具备种植水稻的环境和气候条件,所以,这时的稻作农业已经走向衰落。⑤

---

① 安徽省文物考古研究所.安徽省濉溪县石山子遗址动物骨骼鉴定与研究[J].考古,1992,(2).
② 宋豫秦.中国文明起源的人地关系简论[M].北京:科学出版社,2002,95～118.
③ 谭其骧.《山经》河水下游及其支流考[A],见谭其骧主编:《黄河史论丛》,上海:复旦大学出版社,1986,1～16. 吴忱.华北平原古河道研究论文集[M].北京:中国科学技术出版社,1991.
④ 史念海.济水变迁史考[A],见《济源古代文化研究》,郑州:中州古籍出版社,2006.
⑤ 郑晓蕖、朱超、王海玉等.山东乐陵尹家岳石文化遗址植物考古报告[A],见山东省文物考古研究所编《海岱考古》第六辑,北京:科学出版社,2013,139～150.

（三）生业经济对考古学文化发展的作用

这个地区的考古学文化的发展过程与生业发展过程密切相关。生业从采集和渔猎开始转变，出现农作物栽培和家畜饲养，再到农作物栽培和家畜饲养为主、采集和渔猎为辅。山东龙山文化时期考古学文化达到新的高度，发现多处城址；墓葬的等级差别鲜明，大墓规模宏大，棺椁制度完备，随葬品精美而丰富；出现与冶金相关的遗物，陶器制作技术提高，出现蛋壳黑陶器和白陶器等精美器物，玉器的镂雕技术高超，绿松石镶嵌工艺独特。山东龙山文化的玉器和相应的礼制影响到中原地区。当时普遍推广稻粟混作方式，以饲养狗、猪、黄牛和绵羊的方式作为获取肉食的主要手段，这些文化成就是建立在这个基础之上的。商周时期考古学文化的发展更加迅猛，比如，出土高级贵族墓、甲骨卜辞、大量陶、石、骨、蚌、铜器的大辛庄遗址，出土大墓、牺牲、殉人、车马坑、随葬青铜器、玉器、漆器等的前掌大遗址。这些都与这个地区商周时期农业与饲养业经济的稳定发展密切相关。

四、结论

黄淮下游地区新石器时代到青铜时代的生业特征总体上经历了从采集和渔猎到出现农作物栽培和家畜饲养，再到农作物栽培和家畜饲养为主、采集和渔猎为辅的发展过程。在胶东地区和淮河下游地区渔捞活动一直占有一定的比重。黄淮下游地区水稻在农作物中的比重和重要性则更为突出，稻粟混作模式在新石器时代末期最为典型，但是自岳石文化开始转为旱作方式。黄淮下游地区文化特征的形成与自然环境、气候的制约及其提供的便利条件有关，也与古人自身的选择和能动发展相关。这个地区生业的兴盛阶段与山东龙山文化的发展和商周时期方国的兴起密切相关。

第六章

长江上游地区新石器时代至青铜时代的生业

长江上游一般是指长江源头至湖北宜昌这一江段。长江上游地区主要包括西藏、青海、云南、贵州、四川、重庆以及湖北西部等地,该地区地形复杂,高原、山地、丘陵以及平原交错,河谷纵横,地势高差悬殊,垂直气候明显,生态多样性极为丰富。复杂的自然地理条件和独特的文化背景,使得该地区古代生业开发多姿多彩,极具个案研究意义。这里围绕新石器时代至青铜时代长江上游地区的生业状况开展探讨,首先阐述新石器时代至青铜时代这个地区的考古学文化序列,然后介绍动植物考古的研究成果,在此基础上探讨当时的生业状况及相关问题。

一、区域考古学文化发展序列

根据动植物考古材料积累情况,为讨论方便,这里大致分为西藏高原、云贵高原、川西北高原及川西南山地、成都平原、川东岭谷(包括川东北与峡江地区)几个区域。

(1) 西藏高原

考古工作比较薄弱,文化序列尚不完整,目前已命名的考古学文化主要包括澜沧江上游及其支流地区的卡若文化(距今约 5 300~4 300 年)和雅鲁藏布江及其支流地区的曲贡文化(距今约 3 700～3 400 年)。①

(2) 云贵高原

云贵地区地理条件复杂,文化类型丰富,面貌多样。史前有洱海周围的白羊村类型(距今约 4 100 年)、金沙江中游地区的大墩子类型(距今约 4 000 年)等。青铜时代主要有滇池地区的石寨山文化(距今约 2 700～2 300 年)、滇西地区以洱海为中心的昆明人文化、澜沧江支流小黑江流域的石佛洞类型(距今约 3 500～3 000 年),以及黔西北、滇东北金沙江下游的鸡公山文化(距今约 3 300～2 700 年)等。②

(3) 川西北高原及川西南山地

这是一个南北走向的文化走廊地带,可分为 3 个小区域:

①川西北高原峡谷区(岷江上游和大渡河上游):新石器时代遗存以营盘山遗址为代表,主体年代距今约 5 500～4 500 年。

②大渡河中游河谷区:新石器时代遗存以麦坪遗址为代表,主体年代距今 5 000～4 000 年。

③川西南高山河谷区(安宁河和雅砻江流域):新石器时代遗存以横栏山遗址为代表,主体时代距今约 4 500～3 500 年。③

(4) 成都平原

文化序列相对完整,依次为桂圆桥一期(距今约 5 100～4 600 年)、宝墩文化(距今约 4 600～3 700 年)、三星堆文化(距今约 3 700～3 200 年)、十二桥文化(距今约 3 200～2 600 年)、晚期巴蜀文化(距今约 2 600～2 200 年)。④

(5) 川东岭谷

材料集中于峡江地区(这里特指峡江重庆段),文化系列为玉溪下层遗存(距今约 7 600～6 300 年)、大溪文化(距今约 6 300～5 300 年)及大体同时的玉溪上层遗存、玉溪坪文化(距今约 5 300～4 600 年)、中坝文化(距今约

---

① 中国社会科学院考古研究所.中国考古学·新石器时代卷[M].北京:中国社会科学出版社,2010,723.
② 肖明华.云南考古述略[J].考古,2001,(12):3～15.张合荣,罗二虎.试论鸡公山文化[J].考古,2006,(8):57～66.
③④ 赵殿增.四川考古的世纪回顾与展望[J].考古,2004,(10):3～13.江章华,王毅,张擎.成都平原先秦文化初论[A],见成都文物考古研究所编著:《成都考古研究》(一),北京:科学出版社,2009,1～22.

4 600~3 700 年)。① 进入夏商西周时期,主要是受成都平原三星堆文化、十二桥文化影响而形成的峡江类型。东周时期主要是巴文化和楚文化。川东北材料仅见于宣汉罗家坝遗址。

二、动植物考古研究成果

下面分区域按遗址主体遗存的时间早晚顺序,对相关的动植物考古研究成果进行综合叙述,再概述各区域生业经济发展过程。

(一) 西藏高原

这个地区开展过动植物考古、植物考古和动物考古的遗址各 1 处,以下分别阐述。

1. 开展过动植物考古的遗址

西藏自治区昌都县卡若遗址新石器时代的遗存命名为卡若文化,年代距今约 5 300~4 300 年,属于新石器时代晚期至末期。从该遗址的植物考古工作来看,早先的 3 次考古发掘采集的植物考古样品中,仅发现有粟的遗存。② 2002 年发掘中浮选出农作物粟和黍,粟的数量较多,此外还有悬钩子属等野生果实。③

综合 1978 年、1979 年和 2002 年出土动物遗存的定性研究结果来看,硬骨鱼纲有黄河裸鲤 1 种,鸟纲有藏马鸡 1 种,哺乳纲有鼠兔、兔、高原兔、喜马拉雅旱獭、猕猴、马熊、狼、藏狐、猪、赤鹿、马麝、獐、狍、白臀鹿、白唇鹿、水鹿、马鹿、青羊、苏门羚、藏羚、藏原羚、岩羊和牛等④,家养动物仅猪 1 种。猪的饲

---

① 邹后曦. 重庆考古 60 年[J]. 四川文物,2009,(6):34~47. 白九江. 重庆地区的新石器文化——以三峡地区为中心[M]. 成都:巴蜀书社,2010,25.
② 吴玉书、于浅黎、孔昭宸. 卡若遗址的孢粉分析与栽培作物的研究[A],见西藏自治区文物管理委员会、四川大学历史系:《昌都卡若》,北京:文物出版社,1985,167~169.
③ 玳玉、吕红亮、李永宪. 西藏高原的早期农业:植物考古学的证据[J]. 南方民族考古,2015,(11):91~114.
④ 黄万波、冷健. 卡若遗址兽骨鉴定与高原气候的研究[A],见西藏自治区文物管理委员会、四川大学历史系:《昌都卡若》,北京:文物出版社,1985,160~166. 李永宪. 卡若遗址动物遗存与生业模式分析——横断山区史前农业观察之一[J]. 四川文物,2007,(5):50~56.

养规模较小,而且并未随着时间的推移出现明显的发展。①

这个遗址的生业以采集渔猎为主,作物种植和家畜饲养只是辅助方式。

2. 仅开展过植物考古的遗址

西藏自治区贡嘎县昌果沟遗址属曲贡文化,年代距今约 3 500 年。发现大量麦类作物的炭化种子,经鉴定大部分为青稞(裸大麦);仅有 4 粒为类似小麦属的炭化种子,其中一粒被鉴定为普通小麦。1995 年对 H2 出土的烧灰进行浮选,发现青稞和粟。② 这些结果表明,青稞是昌果沟遗址的主要粮食作物,粟在当时的粮食生产中亦占有一定比重。

3. 仅开展过动物考古的遗址

西藏自治区拉萨市曲贡遗址的早期文化遗存被命名为曲贡文化,年代大约距今 3 700～3 400 年,属于青铜时代的年代范围。通过对动物遗存的定性研究,确认硬骨鱼纲有种属不明的鱼;鸟纲有秃鹫和种属不明 1 种,共 2 种;哺乳纲有狗、藏野驴、野猪、鹿、麝、牦牛和藏绵羊等 7 种。其中,家养动物主要是牦牛和藏绵羊,狗的骨骸发现较少。曲贡的牦牛骨骸是目前所知年代最早的家养牦牛证据。③ 该遗址家畜饲养并不占优势,其肉食来源以渔猎为主。

4. 小结

属于新石器时代晚期至末期的距今 5 300～4 300 年的卡若遗址的研究结果显示,西藏高原地区最早种植的农作物是粟和黍,饲养的家畜主要是猪。粟、黍这种旱作农作物组合应是马家窑文化西向传播的结果。④ 家猪可能是与粟作农业同时传入的,但是家猪饲养在之后的 1 000 年中呈现出逐渐衰退的趋势。卡若文化的生业模式一直是以狩猎采集经济为主,谷物种植和家畜

---

① 李永宪.卡若遗址动物遗存与生业模式分析——横断山区史前农业观察之一[J].四川文物,2007,(5):50～56.
② 傅大雄.西藏昌果沟遗址新石器时代农作物遗存的发现、鉴定与研究[J].考古,2001,(3):66～74.
③ 周本雄.曲贡遗址的动物遗存[A],见中国社会科学院考古研究所、西藏自治区文物局编著:《拉萨曲贡》,北京:中国大百科全书出版社,1999,237～243.
④ 陈崇凯.西藏地方经济史[M].兰州:甘肃人民出版社,2008,48.李健胜.从考古材料看青藏高原的原始农业与畜牧业的发展历程[J].农业考古,2012,(4):1～7.

饲养为辅。不晚于距今3 500年,源自西亚的麦作农业已经辗转传播至西藏高原,并逐渐完成由粟、青稞混合种植向以青稞为主的种植方式的演变。在新石器时代末期至青铜时代年代范围的距今4 000～3 000年的曲贡文化时期,西藏高原出现了粟和青稞混作的农业格局。家养动物主要有青藏高原地区特有的藏系绵羊和牦牛,这些动物更适于高海拔高寒地区气候,是青藏地区原始先民重点选择培育的家畜品种,并逐渐成为了该地区畜牧业发展的主要对象。距今3 500年左右,较成熟的农业生产模式开始在雅鲁藏布江谷地出现,但是采集渔猎传统依然存在。从卡若文化的粟、黍与猪、狗这种西北地区史前遗址中常见的组合,到向曲贡文化的青稞、粟和牦牛、藏绵羊的生业模式转变,确立了后来青藏高原农牧经济的主要内容,这种生业模式也奠定了青藏高原早期农业文明的经济基础。

(二)云贵高原

这个地区开展过动植物考古的遗址有5处,仅开展过植物考古的遗址有6处,仅开展过动物考古的遗址有1处,以下分别阐述。

1. 开展过动植物考古的遗址

(1) 云南省永仁县菜园子和磨盘地遗址

两处遗址相距仅300 m,文化面貌相同,同属新石器时代末期的大墩子类型。其中菜园子遗址年代距今4 200年左右,磨盘地遗址略晚。磨盘地遗址浮选出炭化稻米,研究者认为其属粳稻类型栽培稻。

通过对菜园子遗址出土的动物遗存进行定性研究,确认鸟纲有鸡,哺乳纲有猕猴、狗、猪、鹿、水鹿、牛和羊等7种。狗是家养动物,研究者未对家养动物进行研究。磨盘地遗址出土动物种属与菜园子遗址基本一致。[①]

这两个遗址的生业方式包括种植水稻,以狩猎的方式获取肉食资源,家养动物有狗,是否还有其他家养动物不详。

(2) 云南省宾川县白羊村遗址

---

① 戴宗品、周志清、古方. 云南永仁菜园子、磨盘地遗址2001年发掘报告[J]. 考古学报,2003,(2):263~396. 赵志军. 云南永仁磨盘地新石器时代遗址出土稻谷遗存分析报告[J]. 考古学报,2003,(2):393~395.

这个遗址的年代为距今 4 100 年左右,属于新石器时代末期。在遗址发掘过程中发现大量灰白色的粮食粉末与稻壳和稻秆的印痕。

出土动物遗存中有属于哺乳纲的松鼠、狗、黑熊、野猪、猪、鹿、麝鹿、牛和羊等 9 种。[①] 上述鉴定还有待确认,特别是猪、牛和羊,是否为家养动物还不清楚。

这个遗址的生业方式包括种植水稻,以狩猎的方式获取肉食资源,家养动物有狗,是否还有其他家养动物不详。

(3) 云南省元谋县大墩子遗址

这个遗址的年代约为距今 4 000～3 600 年,属于新石器时代末期。该遗址浮选出土的农作物有粟、黍和稻 3 种,以粟为主,黍和稻数量不多,并伴出马唐、狗尾草等旱田杂草以及蘑草、漂浮草等稻田杂草。同时还有豇豆属、野豌豆、葫芦科等果实类种子,但比例均极低。研究者认为稻与粟在遗址中具有同等的地位,农业为旱稻混作,是获取食物资源的主要方式。[②]

出土动物遗存有属于腹足纲的田螺,瓣鳃纲有蚌,鱼纲有鱼,鸟纲有鸡(未定),哺乳纲有蝙蝠、猕猴、松鼠、竹鼠、鼠、豪猪、兔、狗、西藏黑熊、家猪、赤鹿、水鹿、麋鹿、大额牛和羊等 15 种。其中猪和狗为家畜,牛、羊、鸡可能也是家养动物。[③] 报告中提到水生和陆生的野生动物数量最多[④],渔猎活动在当时占据主要地位。

这个遗址的农业为旱稻混作,以旱作为主。主要以渔猎的方式获取肉食资源,家养动物有狗和家猪,数量不多。

(4) 云南省剑川县海门口遗址

这个遗址的遗存分为 3 期,第一期大致距今 3 700～3 400 年,第二期距今 3 400～3 000 年,第三期距今 2 700～2 350 年,属于青铜时代的年代范围。浮选所获植物遗存中,第一期发现水稻、粟和藜属,水稻数量最多,显示出稻粟混作农业的结构;第二期发现水稻、粟、黍、小麦和大麦,新出现麦作,但水稻和粟仍是作物生产的主体;第三期发现水稻、粟、黍、小麦、大麦和荞麦,小麦成为本阶段最

[①] 阚勇.云南宾川白羊村遗址[J].考古学报,1981,(3):349～368.
[②] 金和天、刘旭、闵锐等.云南元谋大墩子遗址浮选结果及分析[J].江汉考古,2014,(3):109～114.
[③] 张兴永.元谋大墩子新石器时代遗址出土的动物遗骨[J].云南文物,1985,(7):29～34.
[④] 云南省博物馆.元谋大墩子新石器时代遗址[J].考古学报,1977,(1):44～74.

重要的农作物。①

动物考古仅列出动物种类,为哺乳纲的狗、野猪、家猪、梅花鹿、水鹿、轴鹿、赤鹿和水牛等 8 种②,狗和家猪为家养动物。

这个遗址的农业为旱稻混作,以旱作为主,新发现小麦。当时以狩猎和饲养的方式获取肉食资源,但是何种为主不详。

(5) 云南省耿马县石佛洞遗址

这个遗址是一处大型洞穴遗址,年代大约为距今 3 500~3 000 年,属于青铜时代的年代范围。经鉴定,在遗址发现的植物种子以炭化稻米为主,还包括粟、豆类,以及谷糠、果核等。由于出土稻谷遗存的数量最多,研究者推测这些稻谷有可能是在当地种植的。③

通过对动物遗存的定性定量研究,确认瓣鳃纲有珠蚌、理纹格特蛤 2 种,哺乳纲有猕猴、松鼠、竹鼠、豪猪、狗、黑熊、小灵猫、驴、家猪、小鹿、水鹿、梅花鹿和牛等 13 种。依据最小个体数的统计结果,狗、家猪和牛等家养动物约占哺乳动物总数的 35%,野生动物约占 65%,以野生动物为主。④

这个遗址的农业为稻旱混作,以稻作为主。主要以渔猎为主、饲养为辅的方式获取肉食资源。

2. 仅开展过植物考古的遗址

(1) 云南省泸水县石岭岗遗址

这个遗址是一处青铜时代晚期遗址,年代约为距今 2 500 年。植物浮选出土炭化植物种子分属 16 个种属。其中作物有水稻和粟,其他植物种子中,尼泊尔蓼、紫苏和藜出土概率较高。微体遗存鉴定出水稻植硅体、粟植硅体

---

① 李小瑞. 云南植物考古现状[J]. 南方文物,2016,(1):166~170. 黎海明、左昕昕、康利宏等. 植物大化石和微体化石分析揭示的云贵高原新石器-青铜时代农业发展历程[J]. 中国科学:地球科学,2016,(7):926~938.
② 云南省博物馆. 云南省剑川海门口青铜时代早期遗址[J]. 考古,1995,(9):783.
③ 赵志军. 石佛洞遗址植物遗存分析报告[A],见云南省文物考古研究所、中国社会科学院考古研究所、成都文物考古研究所等编著:《耿马石佛洞》,北京:文物出版社,2010,368~373.
④ 何锟宇. 石佛洞遗址动物遗存分析报告[A],见云南省文物考古研究所、中国社会科学院考古研究所、成都文物考古研究所等编著:《耿马石佛洞》,北京:文物出版社,2010,354~367.

和黍植硅体。① 表明距今约 2 500 年前,水稻和粟已成为石岭岗遗址先民的重要食物来源,而且明显以稻作为主,粟作为辅,属于稻旱混作。

(2) 云南省江川县光坟头遗址

这个遗址属石寨山文化类型,年代为春秋战国至西汉。植物遗存浮选发现作物种类包括小麦、稻、粟、黍和裸大麦 5 种,作物中小麦数量最多,水稻其次,从长宽比统计结果来看应该是粳稻;粟、黍和裸大麦的数量较少。杂草种类繁多,包括有旱田和水田杂草。表明这是一种以小麦为主的旱稻混作的生业方式。②

(3) 云南省澄江县学山遗址

该遗址属石寨山文化,年代为距今 2 500 年左右。通过植物浮选鉴定出小麦、水稻、粟、大豆和大麦等炭化作物种子。麦类的绝对数量占优势,其次为水稻,体现出旱稻混作方式,麦作占优势地位。③

(4) 云南省昆明市东川区玉碑地遗址

该遗址是一处不晚于战国时期的青铜时代遗址。该遗址通过浮选,发现有水稻、粟、大豆和小麦等农作物遗存,其中水稻占绝对优势。④

(5) 贵州省威宁彝族回族苗族自治县鸡公山遗址

该遗址属鸡公山文化,年代为距今 3 300~2 700 年。该遗址开展了植物浮选工作,发现炭化作物种子包括稻谷、粟和黍 3 种,以稻谷为主⑤,表明当时实行以稻作为主的稻旱混作方式。

(6) 贵州省威宁彝族回族苗族自治县吴家大坪遗址

该遗址属鸡公山文化。在遗址的稻谷坑中出土了数量巨大的炭化稻谷,表明当时稻作已达一定水平。⑥

---

① 黎海明、左昕昕、康利宏. 植物大化石和微体化石分析揭示的云贵高原新石器-青铜时代农业发展历程[J]. 中国科学:地球科学,2016,(7):926~938.
② 李小瑞,刘旭. 云南江川光坟头遗址植物遗存浮选结果及分析[J]. 农业考古,2016,(3):20~27.
③④ 李小瑞. 云南植物考古现状[J]. 南方文物,2016,(1):166~170. 黎海明、左昕昕、康利宏等. 植物大化石和微体化石分析揭示的云贵高原新石器-青铜时代农业发展历程[J]. 中国科学:地球科学,2016,(7):926~938.
⑤ 赵志军. 贵州威宁鸡公山遗址浮选结果简报[J]. 转引自孙华:《四川盆地史前谷物种类的演变》,《中华文化论坛》2009 年增刊,147~154.
⑥ 赵小帆、张合荣、罗二虎. 贵州威宁县吴家大坪商周遗址[J]. 考古,2006,(8):28~39.

3. 仅开展过动物考古的遗址

云南省保山县塘子沟遗址的年代为距今约 8 000~7 000 年属于新石器时代中期。在遗址中没有发现陶器和磨制石器,骨器较发达。通过对动物骨骼的定性研究,确认哺乳纲有灰叶猴、猕猴、树鼩、巨松鼠、黑鼠、竹鼠、豪猪、大熊猫、小熊猫、西藏黑熊、棕熊、豺、黄喉貂、猪獾、水獭、花面狸、灵猫、金钱豹、虎、爪哇犀、野猪、黄麂、赤麂、水鹿、毛冠鹿、青羊、圣水牛和大额牛等 28 种,均为野生动物。[①]

4. 小结

从新石器时代中期的塘子沟类型遗存来看,云贵地区在距今 7 000 年以前,还完全处于采集渔猎经济阶段。稻作农业因素出现的时间为距今 4 200 年左右,属于新石器时代末期。当时的农业生产还处于辅助地位,主要依靠采集渔猎活动获取食物。距今 4 000~3 500 年的新石器时代末期,云贵高原出现了旱作农业。距今约 4 000~3 400 年阶段,云南境内出现了稻、粟和黍混作的农业模式,并且成为当时居民主要的植物性食物来源。云贵高原的旱作农业可能是由川西或者是西藏东部传入的。猪、狗等家畜饲养已有一定发展,但当时获取肉食资源仍然主要依靠渔猎方式。大约在距今 3 400~3 000 年,滇西北的剑川海门口新出现了麦类作物,进入两周时期后,云贵高原初步形成了稻、粟和麦兼有的混合型农业格局,并成为当时居民的主要食物来源。饲养家畜在这个地区似乎一直没有很好地发展起来。

(三) 川西北高原及川西南山地

这个地区开展过动植物考古的遗址有 2 处,仅开展过植物考古的遗址有 6 处,以下分别阐述。

1. 开展过动植物考古的遗址

(1) 四川省马尔康市哈休遗址

---

① 耿德铭.塘子沟文化人类生活环境试探[J].云南民族大学学报(哲学社会科学版),1995,(1):49~55.

该遗址包含有土著文化、仰韶文化晚期和马家窑文化等文化因素,其年代为距今 5 500～4 700 年,属于新石器时代晚期。初步鉴定确认有粟类作物,表明当地先民已种植小米。[①]

通过对动物骨骼进行定性定量研究,确认鸟纲有雉,哺乳纲有藏酋猴、豪猪、狗、黑熊、猪獾、豹属、野猪、小鹿、水鹿、梅花鹿、狍属动物未定种、黄牛和斑羚等 13 种。家养动物可确定的仅有狗,猪和黄牛因材料太少,难以判断。从可鉴定标本数和最小个体数来看,狗的比例均不足 2%,即使加上猪和黄牛也不足 6%,明显以野生动物为主,其中鹿科动物占绝对优势,狩猎经济所占比例很高。[②]

该遗址以种植农作物和狩猎为主的方式获取食物资源。

(2) 四川省茂县营盘山遗址

该遗址的年代为距今 5 300～4 600 年,属于新石器时代晚期。浮选出土炭化植物种子中,农作物有粟、黍两种,其他可食用的植物种子有野大豆、紫苏、葡萄属和桃、梅、杏等,数量较少。旱地谷物和农田常见杂草种类的出土,表明当时谷物生产属于典型的中国北方旱作农业,而且在生业中占有重要地位。[③]

通过对动物骨骼进行定性定量研究,确认瓣鳃纲有蚌,硬骨鱼纲有种属不明的鱼,爬行纲有龟和鳖 2 种,鸟纲有石鸡、环颈雉和大鸨 3 种,哺乳纲有兔、竹鼠、藏酋猴、狗、黑熊、猪獾、家猪、小鹿、水鹿、梅花鹿、黄牛和斑羚等 12 种。家养动物有狗、猪和黄牛。按最小个体数统计,家养动物占总数 65%,野生动物占 35%。其中猪占家畜总数的 91%,狗和黄牛各占 4%。肉食资源明显以家养动物为主,家猪饲养已相当发达。[④]

该遗址以种植农作物和饲养家畜的方式获取食物资源。

[①] 何锟宇.马尔康哈休遗址史前文化与生业——兼论岷江上游地区马家窑类型的生业方式[J].考古,2015,(5):72～82.陈剑、陈学志.大渡河上游史前文化寻踪[J].中华文化论坛,2006,(3):5～10.
[②] 何锟宇、陈剑.马尔康哈休遗址出土动物骨骼鉴定报告[A],见成都市文物考古研究所编著:《成都考古发现(2006)》,北京:科学出版社,2008,424～436.
[③] 赵志军、陈剑.四川茂县营盘山遗址浮选结果及分析[J].南方文物,2011,(3):65～73.
[④] 何锟宇、蒋成、陈剑.浅论动物考古学中两种肉量估算方法——以营盘山遗址出土的动物骨骼为例[J].考古与文物,2009,(5):95～99.

2. 仅开展过植物考古的遗址

(1) 四川省汉源县麦坪遗址

该遗址新石器时代遗存的年代为距今 4 700～4 500 年,属于新石器时代晚期。从该遗址 H9 土样中提取了水稻植硅体样品,经鉴定主要为栽培稻,另有黍属稃片植硅体。① 表明稻作经济已经存在,同时可能还种植有黍,有稻旱混作的特征。

(2) 四川省汉源县龙王庙遗址

这个遗址的年代与麦坪遗址大致相当。发掘过程中浮选出炭化水稻、豇豆属、葡萄属、桃核等。表明早在距今 4 500 年以前,水稻是当地先民的重要谷物。②

(3) 四川省盐源县皈家堡遗址

这个遗址的遗存分早晚两期,属于新石器时代晚期至末期早期不晚于距今 4 800 年,晚期距今 4 800～4 300 年。③ 浮选所获炭化种子包括粟、黍和狗尾巴草属、黍属、稗属、蓼属等。以农作物粟和黍为主,显示了与北方旱作农业一样的特点。④

(4) 四川省西昌市横栏山遗址

这个遗址的年代为距今约 4 500～4 200 年,属于新石器时代末期。浮选土样中发现植物种子以杂草类为主。农作物有稻谷、粟和黍,出土概率明显以稻谷占优,粟次之,黍则较少。⑤ 可以确定这个遗址新石器时代的作物生产以水稻为主,辅之以粟和黍,有稻旱混作、以水稻为主的特征。

(5) 四川省西昌市沙坪站遗址

---

① 黄翡、郭富、金普军.麦坪遗址新石器时代晚期水稻植硅体的发现及其意义[J].四川文物,2011,(6):79～83.
② 郭富.四川汉源龙王庙遗址 2009 年发掘简报[A],见山东大学东方考古研究中心编:《东方考古》(第 8 集),北京:科学出版社,2011,406～442.
③ 左志强、周志清、孙策.四川盐源发现目前川西南最早新石器遗存——皈家堡遗址发掘的重要收获[N].中国文物报,2017 年 12 月 1 日第 8 版.
④ 成都文物考古研究所、凉山彝族自治州博物馆、盐源县文物管理所(闫雪、姜铭、刘祥宇、刘灵鹤、补琦、李田).2015 年盐源县皈家堡遗址、道座庙遗址出土植物遗存分析报告[A],见成都文物考古研究所编著:《成都考古发现(2014)》,北京:科学出版社,2016,147～154.
⑤ 成都文物考古研究所、凉山彝族自治州博物馆、西昌市文物管理所(姜铭、闫雪、刘祥宇等).西昌市横栏山遗址 2014 年浮选结果及初步研究[A],见成都文物考古研究所编著:《成都考古发现(2014)》,北京:科学出版社,2016,115～134.

这个遗址的年代为距今3 000～2 800年,属于青铜时代。通过植物浮选研究发现,农作物种子包括稻和粟。其他种子以蓼属和豆科(包括豆科、豇豆属和野大豆)为主。表明这个遗址延续了安宁河流域新石器时代以来形成的稻粟混作、以稻为主的农业传统。①

(6)四川省冕宁县高坡遗址

这个遗址的年代为商代晚期至西周早期(距今约3 400～3 000年)。该遗址浮选炭化植物种子包括稻谷和黍,以稻谷为主。② 显示出当时的农业生产以稻作为主的特点。

3. 小结

在新石器时代晚期,川西北高原和川西南山地的高山河谷作为南北走向的文化走廊地带,最晚至距今5 300年左右,甘青地区的仰韶文化晚期与马家窑文化已经传播至岷江上游和大渡河上游地区③,同时带来了北方的旱作农业和家畜品种。距今5 000年左右,农作物种植和家畜饲养已是岷江上游河谷地带的主要生业方式。距今4 700～4 500年,稻作农业已传播至大渡河中游地区。不晚于距今4 200年的新石器时代末期,稻作农业传入安宁河流域,并形成以稻作为主、稻旱混作的谷物生产体系。随后,稻作农业在相邻的川西南安宁河河谷平原地区发展更为迅速,并一直延续至商周时期,该区域的作物生产一直表现为稻作为主,粟、黍为辅的稻旱混作方式。但区域内部农业经济发展极不平衡,其获取肉食资源的方式既有以家养动物为主,也有以狩猎野生动物为主。

(四)成都平原

与成都平原相邻的川中丘陵阆中郑家坝遗址在此一并介绍。这个地区

---

① 成都文物考古研究所、凉山彝族自治州博物馆、西昌市文物管理所(闫雪、姜铭、左志强等).2014年西昌市沙坪站遗址出土植物遗存分析报告[A],见成都文物考古研究所编著:《成都考古发现(2014)》,北京:科学出版社,2016,155～162.
② 姜铭、耿平、刘灵鹤.冕宁县高坡遗址2011年度浮选结果鉴定简报及初步分析[A],见成都文物考古研究所编著:《成都考古发现(2011)》,北京:科学出版社,2013,331～337.
③ 陈剑、何锟宇.大渡河上游史前文化、环境与生业初析[J].四川文物,2007,(5):57～65.何锟宇.马尔康哈休遗址史前文化与生业——兼论岷江上游地区马家窑类型的生业方式[J].考古,2015,(5):72～82.

开展过动植物考古的遗址有 1 处,仅开展过植物考古的遗址有 8 处,仅开展过动物考古的遗址有 2 处,以下分别阐述。

1. 开展过动植物考古的遗址。

四川省成都市商业街船棺墓葬。墓葬属于晚期蜀文化,年代约为战国早期。墓葬送检样品鉴定出有炭化稻谷,属粳稻类,另有梅核、普通桃核和薄皮甜瓜籽。[①]

通过对动物遗存进行定性定量研究,确认鸟纲有鸡,哺乳纲有藏酋猴、狗、马、家猪、小鹿、水鹿、黄牛和羊等 8 种。依据最小个体数的统计结果,鸡、狗、马、家猪、黄牛和羊等 6 种家养动物约占哺乳动物总数的 37%,野生动物约占 63%,以野生动物为主。研究者认为这种随葬习俗显示墓葬的级别较高。[②] 这代表了一种与丧葬习俗有关的文化选择,相关比例不宜作为评估家畜饲养业水平状况的依据。

当时以种植水稻、狩猎和饲养的方式获取食物资源,实际的狩猎和饲养的比例不详。

2. 仅开展过植物考古的遗址

(1) 四川省什邡市桂圆桥遗址

这个遗址包含新石器时代、商、西周等时期的遗存,其新石器时代遗存分为 3 期:桂圆桥一期,距今 5 100~4 600 年;桂圆桥二期,距今约 4 600~4 300 年;桂圆桥三期,距今约 4 300~4 000 年,大致属于新石器时代末期。桂圆桥一期浮选样品中发现的炭化农作物种子有黍和粟,以黍为主。另有较多的藜属种子。桂圆桥二期发现有水稻、粟和黍,显示出生业方式由依赖粟和黍为主转向以水稻、小米组合为主的稻旱混作农业方式。桂圆桥三期则以水稻为主,伴有少量的粟和黍,可食性种子还有野生燕麦、野豌豆、豇豆属和桃属的炭化遗存。西周时期的农作物种子仍是以水稻为主,兼有粟。综合分析显

[①] 崔海亭. 成都商业街船棺葬出土植物残体鉴定报告[A],见成都文物考古研究所编著:《成都商业街船棺葬》,北京:文物出版社,2009,168~169.
[②] 何锟宇、颜劲松、陈云洪. 成都市商业街船棺墓葬出土动物骨骼研究[J]. 四川文物,2006,(6):42~50.

示,桂圆桥一期的居民表现出对黍的偏爱,宝墩文化时期(桂圆桥二、三期),则转变为依赖以水稻为主的稻旱混作方式,但采集经济仍然存在。①

(2) 四川省新津县宝墩遗址

宝墩遗址年代距今 4 500～4 000 年,属新石器时代末期的宝墩文化。浮选结果显示,食物类有水稻、粟、薏苡属、野豌豆属和可豆属,杂草类有莎草科、飘拂草属、蕉草属、莎草属和马唐属等。宝墩文化各阶段均以水稻种植为主,对小穗轴的分类统计显示已是成熟的驯化品种。而粟的种植,在宝墩一期占有少量比例,到后期逐渐绝迹。② 浮选结果显示,宝墩文化一期各地点稻谷的出土数量和出土概率均占优势。③ 可见宝墩文化的农作物生产一直以稻作为主,粟作则由开始时的少量存在到最后绝迹。

(3) 四川省成都市中海国际社区遗址

这个遗址的年代为新石器时代末期至商周时期。经过浮选发现,新石器时代末期的宝墩文化晚期灰坑中,出土的农作物种子包括水稻、粟和黍,水稻占较大比例。青铜时代的十二桥文化早期灰坑中出土水稻、粟、黍和小麦,水稻仍占据优势,此时已出现了对小麦的利用。两个时期均为稻旱混作,以水稻种植为主。除杂草类外,还发现有较多豆科种子,其中又以豌豆属最多。④

(4) 四川省成都市宋家河坝遗址

该遗址属三星堆文化向十二桥文化过渡阶段,年代为距今约 3 500～3 000 年。出土植物遗存除农作物稻和粟外,另有桃、野葡萄等果实,和禾本科、苋科杂草种子。农作物中以水稻为主。⑤ 明显是稻旱混作、以稻作为主。

---

① 玳玉,万娇. 四川什邡市桂圆桥遗址浮选结果与分析[J]. 四川文物,2015,(5):81～87.
② 姜铭、玳玉、何锟宇等. 新津宝墩遗址 2009 年度考古试掘浮选结果分析简报[A],见成都文物考古研究所编著:《成都考古发现(2009)》,北京:科学出版社,2011,68～82.
③ 石涛、何锟宇、左志强等. 新津县宝墩遗址 2010～2011 年出土植物遗存分析报告[M]. 北京:科学出版社,2015,66～87. 成都文物考古研究所(闫雪、姜铭、何锟宇等). 新津县宝墩遗址 2013～2014 年出土植物遗存分析报告[A],见成都文物考古研究所编著:《成都考古发现(2013)》,北京:科学出版社,2015,88～103.
④ 成都文物考古研究所(闫雪、周志清、姜铭). 成都市中海国际社区遗址浮选结果及初步分析[A],见成都文物考古研究所编著:《成都考古发现(2012)》,北京:科学出版社,2014,240～252.
⑤ 成都平原国际考古调查队. 宋家河坝:成都平原青铜时代小型聚落的田野调查、发掘及地球物理勘探[A],见四川大学博物馆、四川大学考古学系、成都文物考古研究所编:《南方民族考古》第十一辑,北京:科学出版社,2015,232～245.

(5) 四川省成都市金沙遗址的金牛区 5 号 C 地点和阳光地二期地点

金牛区 5 号 C 地点浮选植物遗存来自商末至西周阶段的十二桥文化,炭化植物种子中以水稻和粟为主,其中水稻数量占绝对优势。除黍属、稗属和狗尾草属等杂草种子外,还发现有紫苏和野大豆等可食性种子。① 明显是稻旱混作、以稻作为主。

阳光地二期地点的年代为西周早中期,属十二桥文化。浮选获取炭化植物种子包括稻、粟,其他为杂草种子,以狗尾草属和马唐属为主。② 明显是稻旱混作、以稻作为主。

(6) 四川省成都市郫县菠萝村遗址

这个遗址是一处规模较大的商末周初时期的聚落,属十二桥文化。浮选出土的植物种子中农作物有稻、粟和黍 3 种,数量较多,非农作物类有藜属、狗尾草属、稗属和紫苏、努桃等 12 种。明显是以稻作为主、辅以粟黍的稻旱混作农业形态。③

(7) 四川省成都市双流区三官堂遗址

这个遗址主要为商周时期遗存。通过浮选,在商末周初(十二桥文化)样品中,发现稻谷、粟,稻谷占绝对优势,该期未见黍。在西周时期土样中,发现稻谷、粟和黍。综合来看,稻谷仍占主导,粟略次,黍则极少。战国时期(晚期蜀文化)发现稻谷、粟,黍未见。这一阶段粟的重要性已大幅下降。作物结构一直为稻旱混作、以稻作为主,稻作的重要性不断提高。④

(8) 四川省阆中县郑家坝遗址

这个遗址的年代为十二桥文化早期。土样浮选获取农作物种子包括粟、黍、稻和大麦,从粒型判断稻为粳稻。粟在农作物组合中占绝对优势。杂草类种子有黍亚科、蓼科和藜科等,数量不多;果实类种子有茄科、葡萄属、猕猴

---

① 姜铭、赵德云、黄伟等.四川成都城乡一体化工程金牛区 5 号 C 地点考古出土植物遗存分析报告[A],见成都文物考古研究所编著:《成都考古研究(2011)》,北京:科学出版社,2013,68～72.
② 成都文物考古研究所.成都市金沙遗址"阳光地带二期"地点浮选结果及初步分析[A],见成都文物考古研究所编著:《成都考古发现(2012)》,北京:科学出版社,2014,233～239.
③ 成都文物考古研究所(姜铭、刘雨茂、杨占风).郫县菠萝村遗址"觉锦"地点 2011 年浮选结果及分析[A],见成都文物考古研究所编著:《成都考古发现(2012)》,北京:科学出版社,2014,222～230.
④ 成都文物考古研究所、四川大学历史文化学院考古系、双流县文物保护管理所(姜铭、黄伟、刘雨茂等).双流县三官堂遗址 2009～2010 年度植物大遗存浮选结果及其初步研究[A],见成都文物考古研究所:《成都考古发现(2013)》,北京:科学出版社,2015,319～337.

桃属、李属、梅,数量极少。表明当时是以粟为主的旱作农业,还有极少量的水稻。①

3. 仅开展过动物考古的遗址

(1) 四川省成都市指挥街遗址

这个遗址的周代遗存属十二桥文化。通过对动物遗存的定性定量研究,确认有硬骨鱼纲,爬行纲有龟,鸟纲有鸡,哺乳纲有狗、马、野猪、猪、小鹿、梅花鹿、水鹿、白唇鹿和黄牛等9种。家养动物有鸡、狗、马、猪、黄牛。从最小个体数统计来看,家猪的材料最多,约有30个个体,至少占哺乳动物总数的60%。② 以家养动物为主。

(2) 四川省成都市十二桥遗址

动物遗存出自商周地层,年代为殷墟三期至西周早期,属十二桥文化早期。通过对动物遗存的定性定量研究,确认硬骨鱼纲有鲟鱼、鲤鱼2种,爬行纲有种属不明的1种,鸟纲有绿头鸭1种,哺乳纲有藏酋猴、狗、猪獾、黑熊、犀科、马、家猪、麂、小鹿、水鹿、梅花鹿和黄牛等12种。按最小个体数的统计,狗、马、家猪和黄牛等家养动物约占哺乳动物总数的65%,野生动物约占35%,以家养动物为主。③

另外,在新一村地点第9层(西周晚期至春秋时期,属十二桥文化晚期)鉴定出哺乳纲有兔、藏酋猴、狗、黑熊、马、犀牛、猪、水鹿、梅花鹿、麂、牛和羊等12种,狗、马、猪、牛和羊等为家养动物。按最小个体数的统计,猪约占66%,狗占7%,马、牛、羊各占2%,家畜共占76%,鹿科动物等在肉食资源的比例较低。④ 明显以家养动物为主。

---

① 闫雪、郭富、王育茜等.四川阆中市郑家坝遗址浮选结果及分析——兼谈四川地区先秦时期炭化植物遗存[J].四川文物,2013,(4):74~85.
② 朱才伐.成都指挥街周代遗址出土动物骨骼鉴定[A],见四川大学博物馆、四川大学考古学系、成都文物考古研究所编:《南方民族考古》第一辑,北京:1987,171~209.
③ 何锟宇.十二桥遗址出土动物骨骼及其相关问题研究[J].四川文物,2007,(4):41~46.
④ 成都文物考古研究所(何锟宇、周志清、邱艳、左志强、易立).成都市十二桥遗址新一村地点动物骨骼报告[A],见成都文物考古研究所编著:《成都考古发现(2012)》,北京:科学出版社,2014,273~294.

4. 小结

成都平原的新石器时代文化始于 5 100～4 600 年的桂圆桥遗址一期遗存,属于新石器时代晚期。这一时期首先传入的是以种植黍、粟为代表的北方旱作农业方式,可能来自川西北高原的史前文化。[①] 到新石器时代末期,不晚于距今 4 500 年,来自长江中游地区的成熟稻作农业传入成都平原,平原地区水稻种植的优势使其迅速取代了原有的旱作谷物,成为这一地区主要的农业种植方式。从宝墩文化至十二桥文化再至晚期蜀文化阶段,成都平原一直维持以种植水稻为主,粟、黍为辅的稻旱混作农业种植模式,但仍然存在小规模的采集经济。靠近成都平原周围的丘陵地带则较多地保留了旱作农业的传统,部分遗址表现出种植粟和黍为主,稻作为辅的农业种植方式。在商代中期,小麦已经传播至成都平原地区。总之,自宝墩文化以来,成都平原进入成熟农业主导的生产模式,奠定了成都平原先秦文化繁荣的经济基础。十二桥文化时期,虽然野生动物在遗址动物群中还占有一定比例,但其肉食来源主要以家畜饲养为主,狗、猪、牛、羊、马和鸡六畜齐备。

(五) 川东岭谷

材料集中出自重庆峡江地区,川东北山地目前材料仅见于宣汉罗家坝遗址。这个地区开展过动植物考古和植物考古的遗址各 2 处,仅开展过动物考古的遗址有 3 处,以下分别阐述。

1. 开展过动植物考古的遗址

(1) 重庆市丰都县玉溪遗址

这个遗址新石器时代下层遗存的年代为距今约 7 600～6 300 年,上层遗存年代为距今 6 200 年左右,大致属于新石器时代的中期到晚期。通过采样浮选,发现了珊瑚朴、南酸枣、接骨木、葡萄属、马唐属、牛筋草、藜科、禾本科等植物种子,未见农作物种子。[②] 很可能当时尚未出现谷物种植,也有可能是采集样品太少,缺乏代表性。

[①] 万娇,雷雨.桂圆桥遗址与成都平原新石器文化发展脉络[J].文物,2013,(9):59～62.
[②] 马晓娇、白九江、邹后曦.重庆丰都玉溪遗址 2004 年度浮选结果及分析[J].农业考古,2017,(6):40～44.

通过对动物遗存的定性定量研究,确认腹足纲有螺,瓣鳃纲有蚌,硬骨鱼纲有鲟鱼、草鱼、青鱼、鲢鱼和鲇鱼等5种,爬行纲有龟和鳖2种,鸟纲为种属不明的鸟1种,哺乳纲有猕猴、竹鼠、豪猪、狗、黑熊、猪獾、花面狸、狸猫、豹猫、虎、犀牛、家猪、黄鹿、水鹿和水牛等15种。狗和家猪是家养动物。依据最小个体数的统计,玉溪下层时期家养动物约占哺乳动物总数的16%,野生动物约占84%;玉溪上层时期家养动物约占36%,野生动物约占64%。① 另据对T0403浮选的重浮样品的鉴定统计,发现玉溪下层的鱼类骨骼极其丰富。② 这些材料表明,玉溪遗址在城背溪文化时期的捕渔业相当发达。

当时以采集渔猎为主的方式获取食物资源,可能还没有种植谷物,家养动物数量较少,但呈逐渐增加的趋势。

(2) 重庆市忠县中坝遗址

这个遗址的年代约为公元前2500～前200年,自新石器时代末期到青铜时代。通过对浮选样本的植物种属鉴定和分析,发现炭化植物种子中的农作物有黍、粟和稻米。另有紫苏、商陆、豇豆属、蓼科等植物种子和块茎类残块,黍和粟数量较多。③ 这是一种以种植粟和黍为主、稻作为辅的旱稻混作方式。

通过对动物遗存的定性定量研究,确认硬骨鱼纲有鲟鱼、鲤鱼、草鱼、青鱼、鲢鱼和鳙鱼等6种,两栖动物有鲵,爬行纲有龟,鸟纲有种属不明的鸟,哺乳纲有猕猴、叶猴、金丝猴、松鼠、中华竹鼠、黑家鼠、豪猪、兔、狗、狐、貉、熊、貂、狗獾、獭、猫科动物、犀牛、家猪、獐、黄鹿、马鹿、白唇鹿、麋鹿、毛冠鹿、黄牛和水牛等26种。研究者认为,狗和家猪等家养动物在哺乳动物中所占比例很低,鱼骨数量比哺乳动物遗存数量多3倍左右,明显以野生动物为主。④

这个遗址的生业方式是以旱作为主的旱稻混作的农业,获取肉食资源以渔猎活动为主。

---

① 赵静芳、袁东山. 玉溪遗址动物骨骼初步研究[J]. 江汉考古,2012,(3):103～112.
② 马晓娇、白九江、邹后曦. 重庆丰都玉溪遗址2004年度浮选结果及分析[J]. 农业考古,2017,(6):40～44.
③ 赵志军、傅罗文. 中坝遗址浮选结果分析报告[A],见李水城、罗泰主编:《中国盐业考古》(第三集),北京:科学出版社,2013,393～408.
④ 傅罗文、袁靖. 重庆忠县中坝遗址动物遗存的研究[J]. 考古,2006,(1):79～88.

2. 仅开展过植物考古的遗址

(1) 重庆市巫山县大水田遗址

这个遗址的主体遗存为新石器时代晚期的大溪文化,年代约为距今6 000~5 500年。通过浮选,从大溪文化第二期开始发现了较多黍、粟的炭化种子,其中还有一些未成熟的种子,表明这些旱作谷物是本地种植的。同时还发现有少量稻谷遗存。这是峡江地区目前发现最早的作物遗存。① 显示出旱稻混作的特征。

(2) 四川省宣汉县罗家坝遗址

这个遗址新石器时代的遗存面貌与玉溪坪文化大体相同,年代为距今5 300年~4 500年,大致为新石器时代晚期。浮选结果表明,遗址的农作物有稻、粟和黍等,但总量很少。② 尚不清楚是以旱作为主,还是以稻作为主的旱稻混作方式。

3. 开展过动物考古的遗址

(1) 重庆市酉阳县清源遗址

该遗址包括新石器时代末期的玉溪坪文化、商周等时期的遗存。通过对动物遗存的定性定量研究,确认硬骨鱼纲有鲤鱼和青鱼2种,爬行纲有乌龟和鳖2种,鸟纲有雉和鸭2种,哺乳纲有猕猴、竹鼠、豪猪、狗、黑熊、大熊猫、猪獾、豹猫、虎、象、犀牛、家猪、小鹿、水鹿、梅花鹿、牛和苏门羚等17种。狗、家猪和黄牛为家养动物。依据最小个体数的统计,距今4 800~4 600年的玉溪坪文化时期,家养动物约占哺乳动物总数的15%,野生动物占85%;到商周时期,家养动物约占30%,野生动物占70%。③ 家养动物有逐渐增加的趋势。

(2) 重庆市忠县瓦渣地遗址

该遗址主要为新石器时代末期的中坝文化和东周时期的堆积。通过对动物遗存的定性定量研究,确认腹足纲有田螺,瓣鳃纲有蚌,硬骨鱼纲有鲟

---

① 重庆市文化遗产研究院、巫山县文物管理所.重庆市巫山县大水田遗址大溪文化遗存发掘简报[J].考古,2017,(1):42~60.稻谷遗存的浮选发现承领队 2018 年相告.
② 吴晓铃.罗家坝遗址发现新石器时代遗存[N].四川日报,2 017 年 12 月 7 日第 11 版.
③ 何锟宇.出土动物骨骼[A].见重庆市文物考古所等编著:《酉阳清源》,北京:科学出版社,2009,246~277.

鱼、鲤鱼、草鱼、青鱼、白鲢、花鲢和鲇鱼等 7 种,爬行纲有龟和鳖 2 种,鸟纲有家鸡,哺乳纲有仓鼠、竹鼠、豪猪、狗、猪獾、犀、家猪、麝、鹿、水鹿和牛等 11 种。鱼骨占全部动物遗存总数的 2/3 以上,研究者认为家鸡、狗、家猪和牛为家养动物。依据最小个体数的统计结果,中坝文化时期家养动物约占哺乳动物总数的 43%,野生动物占 57%;春秋战国时期家养动物(新出现鸡)和野生动物各占 50%,家养动物略有增多的趋势。①

(3) 重庆市巫山县蓝家寨遗址

通过对该遗址春秋时期灰坑 H1 出土动物遗存进行定性定量研究,确认硬骨鱼纲有三角鲂、草鱼、鲤鱼、乌鳢和中华鲟等 5 种,鸟纲有鸡,哺乳纲有小竹鼠、赤腹松鼠、金丝猴、狗、鼬獾、马、猪、黄牛和山羊等 9 种。其中鸡、狗、马、猪、黄牛和山羊为家养动物。按最小个体数的统计,其中家养动物占哺乳动物总数的 40%,野生动物占 60%,以野生动物为主。②

4. 小结

川东岭谷地区在新石器时代中期的城背溪文化时期的生业以采集和渔猎为主,家猪饲养相当有限。到新石器时代晚期的大溪文化中期,台地旱作农业已成为采集渔猎经济的重要补充。到新石器时代晚期,距今 5 300~4 600 的玉溪坪文化时期,川东岭谷地区迎来区域文化的高峰期。峡江西区仍以渔猎经济占据主导地位,但家畜种类新增加了黄牛。川东北山地出现典型的旱稻混作生产,不过仍然是采集渔猎经济的补充。到新石器时代末期,距今 4 600~3 700 年的中坝文化阶段,家畜饲养已有一定规模,谷物种植以黍、粟为主,稻作比例极小。③ 商周时期当地仍以旱作的黍、粟为主,家畜饲养仍不发达。东周时期六畜已出现,不过整体上传统的渔猎经济仍占据主要地位,尤其捕鱼较为盛行。

---

① 黄蕴平、朱萍.忠县瓦渣地遗址 T363 动物遗骸初步观察[A],见重庆市文物局、重庆市移民局编:《重庆·2001 三峡文物保护学术研讨会》,北京:科学出版社,2001,273~278.
② 武仙竹、邹后曦、黄秒斌.巫山蓝家寨遗址家畜的动物骨骼[J].人类学学报,2015,(3):353~366.
③ 赵志军、傅罗文,中坝遗址浮选结果分析报告[A],李水城、罗泰主编:《中国盐业考古》(第三集),北京:科学出版社,2013,393~408.

三、讨论

长江上游地区在新石器时代至先秦时期的生业行为有 3 个特征,以下分别阐述。

(一)生业特征

综合各区域生业经济的具体进程,可以分为 3 个阶段。

第一阶段为新石器时代的中晚期,以渔猎采集经济的方式获取食物。

第二阶段以新石器时代晚期为主,开始以采集渔猎为主、种植谷物和饲养家畜为辅的方式获取食物。距今 6 000~5 500 年,局部区域开始以谷物种植作为补充,出现家猪饲养。距今 5 300 年以来,长江上游地区出现较大范围的农业开发,以旱作为主,家畜品种新出现黄牛。距今 5 000 年左右,旱作种植和家畜饲养在川西北已有初步发展;不晚于距今 5 000 年,旱作农业人群已扩散至西藏;同时川东北山地也出现旱稻混作。距今 5 000~4 500 年,稻作种植传入大渡河中游谷地。

第三阶段为新石器时代末期至青铜时代,农业经济在长江上游地区的成都平原确定主导地位,以稻作为主,兼有少量旱作。距今 4 200 年左右,稻作传入川西南安宁河谷地;距今 4 100 年左右,传入云贵高原金沙江中游一带。距今 4 000~3 500 年,云贵高原出现旱稻混作方式;距今 3 500 年左右,麦作最先传入西藏高原;距今 3 200 年左右,进入成都平原;大体同时或略早传入云南,并在距今 2 500 年左右,在滇池等地成为主要农作物。这里需要强调的是,除成都平原外,其他地区在相当长的时间里仍以采集渔猎活动为主,农业生产仅是一种补充,这种局面直至商周时期才得以在大范围改观。距今 3 500 年左右,西藏高原新出现家养牦牛和藏系绵羊。

(二)自然环境对生业的制约

云南省洱海湖泊沉积物的有机碳稳定同位素记录及硅藻分析结果表明,距今 8 100~7 400 年前(校正情况不明),气候暖湿,湖面较高。距今 7 400~6 900 年前,气候冷干,湖面较低。距今 6 900~5 900 年前,气候暖干,湖面也较低。距今 5 900～4 700 年前,气温略有下降,气候温湿,但在距今 5 300 年前后,发生了一次明显的冷干事件。距今 4 700～4 000 年前,气候又趋于暖干。在距今 4 000 年之后的 500 年中,气候呈现出冷湿的特征。[①]

长江上游地区地域广阔,其不同地理单元在地形地貌、物种资源以及水文气候等方面都存在着显著的差异,同时,数千年间气候波动也客观存在。这些都对生业发展有明显影响。

整个长江上游地区除川西存在较大范围的平原外,整体上都是高山褶皱地带,峰岭众多,峡谷纵横,地面崎岖,土地破碎,不利于农耕。不过也有一些面积不大的山间断陷盆地或谷地(多由河川沿岸一、二级阶地组成),这些山间盆地多比较平坦,俗称坝子,适于农耕开发,但由于整体面积有限,所以农耕难以大规模发展。四川盆地周缘以及相邻的云贵高原,其复杂的地形和地貌使得其气候在水平和垂直上均有变化,形成了多种多样的生态系统,复杂的自然环境为野生动植物提供了多种多样的生活条件和生存空间,也为古人提供了丰富的狩猎采集资源。这就是西南山地整体上渔猎采集经济得以持续发展的环境原因。同时,也因为山川阻隔,文化交流不便,导致不同地理小单元的农作物种类和结构不尽相同。当然,这不单纯是环境的制约,也受到文化选择的影响。

特别要指出的是,峡江地区的生业模式是深受环境制约的典型个案。该地区以渔猎为主体的生业特征本质上是一种对环境的主动适应。一方面,峡江地区由于峡谷深切,土壤贫瘠,缺乏较大面积粮食种植的地理条件。另一方面,这里水系众多,鱼类资源丰富,长江干流还是青、草、鲢和鳙等考古遗址最常见鱼类的相对固定的产卵场(即渔场),较易捕获鱼类。所以峡江地区的遗址多沿河谷分布,多在支流交汇处呈聚集状态,这与河流交汇处鱼类资源丰富有关。[②] 特定的地理环境与资源应当是这里捕鱼业发达的先决条件。

稻作农业在成都平原的兴起与鼎盛也有其适宜的环境因素。与盆地周

[①] 张振克、王苏民、吴瑞金. 全新世中期洱海湖泊沉积记录的环境演化与西南季风变迁[J]. 科学通报,1998,43(19):2127～2128. 张振克、吴瑞金、王苏民等. 近 8kaB.P. 来云南洱海地区气候演化的有机碳稳定同位素记录[J]. 海洋地质与第四纪地质,1998,18(3):23～29. 张振克、吴瑞金、王苏民等. 全新世大暖期云南洱海环境演化的湖泊沉积记录[J]. 海洋与湖沼,2000,32(2):210～214.
[②] 朱诚、马春梅、李兰等. 长江三峡库区全新世环境考古研究进展[J]. 地学前缘,2010,(3):222～232.

缘山地高原不同,成都平原地势平坦,土壤肥沃,雨量充沛,热量丰富,能满足稻作的高温要求。水网交错也使得当时居民改造水稻生长所需的灌溉系统相对容易。① 而水稻产量远高于小米,宝墩文化时期形成的以稻作为主、旱作为辅的农业模式刺激了成都平原早期文明的发展。也正因为成都平原地势平坦,缺乏纵深,野生动物资源相对匮乏,发展农作物种植的空间需要更加剧了这种匮乏,所以发展家畜饲养是必然选择。这可能是成都平原新石器时代至青铜时代家畜饲养发达的环境因素。与成都平原稻作农业兴盛形成鲜明对照的是,其边缘丘陵山地展示出不同的谷物生产图景。如郑家坝遗址,尽管与成都平原同时期的遗址同属十二桥文化,但由于其位于嘉陵江西岸的一级阶地上,背靠大雁山,属典型丘陵区,比成都平原纬度偏北,地貌地形与热量条件可能是当地古人选择旱作农业的主要原因。②

西藏高原生业模式的更替则更多地反映了气候波动的环境制约,西藏高原先民在历史长河中最后选择了一种以种植青稞和饲养藏绵羊、牦牛为基础的生业方式,这主要是对高寒气候环境的一种适应。青稞高产、早熟、抗寒、耐旱、耐瘠,无须脱壳,经过长期的自然选择和人工选择,青稞以其对高原农业生态独特的适应性而逐渐取代了粟作。③ 家畜品种也是如此。这些都生动地反映了自然环境的制约作用。

(三)生业特征与文化的关系

长江上游地区内部5个区域生业发展的进程不尽相同,不但各个区域生业的具体内容分化明显,多样性突出,而且区域间发展不平衡,农业经济主导地位确立的时间不一致。西藏高原距今5 000年左右最先发展起来的是粟类种植和家猪饲养相结合的传统北方农业生产方式。距今4 000年以来,随着高原气候日益寒冷,西藏高原在引进西亚麦作和牛、羊等家畜品种的基础上,重点培植和驯养适于高寒气候的青稞谷物和藏绵羊和牦牛,此后高原农耕逐渐由粟麦混作向以青稞为主的作物种植演变,家猪饲养也逐渐被藏绵羊和牦

---

① 玳玉、万娇.四川什邡市桂圆桥遗址浮选结果与分析[J].四川文物,2015,(5):81~87.
② 闫雪、郭富、王育茜.四川阆中市郑家坝遗址浮选结果及分析——兼谈四川地区先秦时期炭化植物遗存[J].四川文物,2013,(4):74~85.
③ 傅大雄.西藏昌果沟遗址新石器时代农作物遗存的发现、鉴定与研究[J].考古,2001,(3):66~74.

牛的畜牧所取替。以青稞种植和牦牛、藏绵羊畜牧为主导的生业模式一直为高原早期文明所继承。作为四川盆地中心地区的成都平原尽管开发偏晚,但后来居上,通过成熟稻作农业的引入,迅速替代了更早传入的旱作谷物,在较短的时间奠定了成都平原在长江上游的区域经济中心地位。一直到巴蜀文化时期,其生业经济稳定地以高度发达的稻作种植为主要特征,同时辅以少量的旱作。多种类谷物种植的快速发展,同时也促进了家畜的饲养。四川盆地周缘则相反,尽管农业经济因素传入的时间较早,但多发展缓慢,整体农业经济比例较低,广谱性的渔猎采集经济生业方式突出,特别是峡江地区渔猎采集经济一直占据主要地位,而且多以捕鱼作为主要生业内容。云贵地区渔猎采集经济也很有特色,如云南地区因湖泊众多,贝丘遗址非常多见,捞捕贝类等水产资源应是重要生计活动,该地区农业经济的大繁荣晚至滇文化时期才出现。

长江上游地区远离农业起源中心,除牦牛是在青藏高原首先驯化之外,基本上所有的农作物品种和家畜种类最初都是外地传入的。长江上游地区农业经济的形成主要是受相邻地区的传播影响,整体上表现为南方稻作北上与北方旱作(及相关家畜品种)南下的传播与融合,呈现出多元交融格局。

长江上游旱作农业的出现一般认为来自甘青地区的传播,甘青地区的农业人群受仰韶文化晚期以来气候日趋干冷的影响南迁,同时带来了北方旱作农业和家畜。此外,汉中盆地很可能是旱作农业传入川东地区的源头,其传播途径,一是翻越巫山经大宁河进入峡江地区,二是翻越大巴山顺嘉陵江上游及其支流南下至川东北。如果将马家窑文化看作仰韶文化在甘青地区的发展,那么长江上游地区新石器时代至青铜时代的旱作农业可以找到一个共同的根基,这就是仰韶文化。小麦和大麦传入长江上游地区,很可能与甘青地区的齐家文化、卡约文化对川西和滇西北产生的强烈影响有关。[①] 还有一种可能是麦类作物自南亚西北部向东传播。[②] 另外,中国的家鸡、家养水牛与瘤牛都有可能来自南亚地区。一般认为稻作的传入来自长江中游,但也

---

① 陈苇. 先秦时期的青藏高原东麓[M]. 北京:科学出版社,2012,297~324.
② 吕红亮. 跨喜马拉雅视角下的西藏西部新石器时代[J]. 考古,2014,(12):77~89.

不能排除稻作农业从汉中盆地经嘉陵江南下进入川东北甚至四川盆地其他地区。

总之,伴随文化的传播,外来农业因素的不断传入,逐渐丰富了长江上游地区新石器时代至青铜时代古人的生业方式,这些不同的生业方式与长江上游地区众多考古学文化的独特面貌的形成是密切相关的。

四、结论

长江上游地区新石器时代以来的生业特征深受自然环境的客观制约,受甘青地区、汉中盆地等周边地区文化传播的影响也非常强烈,但更多的是古人在适应环境基础上的文化选择。长江上游地区的农业开发相对偏晚,整体上以采集渔猎的方式获取食物,而且延续的时间较长。复杂的地理环境和多样的地域文化,使得长江上游地区的区域生业分化明显,拥有农牧生产、渔业开发、稻作种植及典型山地经济等多样性,呈现出多样化的生业方式格局。

第七章

长江中游地区新石器时代至青铜时代的生业

长江中游地区一般是指西起湖北宜昌、东至江西湖口的长江干流及其支流流经的广大区域,主要涉及湖北、湖南、江西、河南西南部等地。这一地区地形复杂,除平原外,多山地、丘陵,自然资源丰富。从旧石器时代开始,就有人类在这片广阔的区域内繁衍生息,古文化绵延不断,也是中国稻作农业起源、发展的核心区域,在中国文明史上有着极其重要的地位。[①] 这里围绕新石器时代至青铜时代长江中游地区的生业状况开展探讨,首先阐述新石器时代至青铜时代这个地区的考古学文化序列,然后介绍迄今为止动植物考古的研究成果,在此基础上探讨当时的生业状况及相关问题。

一、区域考古学文化发展序列

长江中游地区核心区域是两湖平原(包括湖北的江汉平原和湖南的洞庭湖平原),其次是赣鄱地区(赣江中下游与鄱阳湖地区)和文化交汇地带的汉水中游地区(鄂西北豫西南),鄂西峡江地区这里按人文地理归入长江中游地区一并讨论。

---

① 赵辉.稻作农业与长江中游史前社会——赵辉教授在"中国城头山世界稻作文明论坛"上的演讲,中国考古网,2017 年 9 月 26 日.

(1) 两湖平原

该地区主体脉络是彭头山文化(距今约 9 000~7 800 年)、城背溪文化(距今约 8 500~6 800 年)、大溪文化(距今约 6 800~5 300 年)、屈家岭文化(距今约 5 300~4 500 年)、石家河文化(距今约 4 500~4 200 年)、后石家河文化(距今约 4 200~3 900 年)、商周遗存(夏商周时期文化面貌多呈碎片化状态,除中原二里头、商文化、周文化的地方类型外,地方土著文化也极为多样,暂统称商周遗存)。另外,洞庭湖平原文化序列前段为彭头山文化、皂市下层文化(距今约 7 800~6 800 年)、汤家岗文化(距今约 6 800~6 300 年)。还要指出的是江汉平原汉水以东与汉水以西也明显不同。①

(2) 汉水中游地区

该地区主要有前仰韶文化(距今约 8 700~8 000 年)、仰韶文化(距今约 6 800~5 000 年)、屈家岭文化、石家河文化、后石家河文化或王湾三期文化、商周遗存。

(3) 鄂西峡江地区

该地区包括位置相邻、环境相近的清江流域。史前文化序列与江汉平原汉西地区一致,为城背溪文化、大溪文化、屈家岭文化、石家河文化、后石家河文化(白庙类型)。进入青铜时代,峡江地区早期主要是受成都平原三星堆文化、十二桥文化影响而形成的峡江类型。东周时期主要是巴文化和楚文化。

(4) 赣鄱地区

该地区主要有仙人洞与吊桶环新石器时代早期遗存(距今约 12 500 年)、樊城堆文化(距今约 5 000~4 000 年)、商周遗存(如吴城文化)。②

二、动植物考古研究成果

这里分区域按遗址主体遗存的时间早晚顺序,汇总相关的动植物考古研

---

① 何介钧. 湖南考古的世纪回眸[J]. 考古,2001,(4):3~12. 陈振裕. 湖北考古的世纪回顾与展望[J]. 考古,2000,(8):1~12. 孟华平. 长江中游史前文化结构[M]. 武汉:长江文艺出版社,1997. 郭伟民. 新石器时代澧阳平原与汉东地区的文化和社会[M]. 北京:文物出版社,2010.
② 昌青海. 江西考古 60 年综述[J]. 南方文物,2009,(4):7~15.

究成果(重点选择经专业鉴定的材料)。

(一) 两湖平原

这个地区开展过动植物考古的遗址有5处,仅开展过植物考古的遗址有6处,仅开展过动物考古的遗址有5处,以下分别阐述。

1. 开展过动植物考古的遗址

(1) 湖南省澧县彭头山与八十垱遗址

彭头山遗址主体文化为属于新石器时代中期的彭头山文化。彭头山遗址发现的稻作遗存,主要是一些稻壳,都是在陶器胎内及红烧土块中观察到的。红烧土块中还可观察到稻秆和稻叶印痕,并呈现出被驯化的性状。动物遗存仅拣选收集到5块鸟骨和2颗牛牙,皆为野生动物。

八十垱遗址属于新石器时代中期的彭头山文化偏晚阶段,年代在距今8 000年左右。八十垱遗址的古河道中出土大量的稻谷和稻米,经鉴定为原始古栽培稻类型。古河道内还出土大量的植物种籽果实,其中可食用或可能被食用的有梅、山毛桃、中华猕猴桃、悬钩子、野大豆、君迁子、葡萄、芡实、菱、紫苏、栝楼、薄荷等。由于植物种子主要通过肉眼拣选所获,很难评估这些野生植物资源和炭化稻米在生计中的大致贡献比例。经过对动物遗存的定性研究,确认有贝类1种(种属不明),硬骨鱼纲有鲤鱼、草鱼、青鱼、鲇鱼、黄颡鱼和乌鳢等6种,爬行纲包括龟和鳖2种,鸟纲至少1种,哺乳纲有黑鼠、猪、鹿、水鹿、麂和牛等6种。研究者认为基本上都属于野生动物。[①]

这个遗址的生业方式包括种植水稻和采集野生植物,以渔猎的方式获取肉食资源。

(2) 湖北省宜都市城背溪遗址

这个遗址属于新石器时代中期的城背溪文化,年代大约为距今8 000~7 500年。遗址出土的陶器胎内发现有炭化稻谷。

经过对动物遗存的定性研究,确认瓣鳃纲有蚌1种,硬骨鱼纲有草鱼、青

---

① 湖南省文物考古研究所.彭头山与八十垱[M].北京:科学出版社,2006,182、512~517、518~534、634~636.

鱼等3种,爬行纲有鳖1种,哺乳纲有鹿、水牛、圣水牛和牛4种。从报告的内容来看,鱼骨和鳖甲数量较多。出土的动物遗存全部属于野生动物。[①]

这个遗址的生业方式包括种植水稻和采集野生植物,以渔猎的方式获取肉食资源。

(3)湖南省澧县城头山遗址

这个遗址的动植物遗存主要出自属于新石器时代晚期的汤家岗文化和大溪文化时期堆积中。汤家岗文化时期,遗址发现有稻田遗迹,其年代可早至汤家岗一期(测年数据在距今6500年左右),是目前已知年代最早的水稻田遗迹。稻田内淤积的青灰色黏土中有含量很高的水稻植硅体和炭化的稻叶与稻米。大溪文化遗存中,通过系统采样和水洗浮选,所获炭化植物遗存共56个种属,除农作物水稻和粟以外,还有丰富的野生食物资源(如悬钩子、野葡萄、猕猴桃、南酸枣、薏苡、芡实、紫苏、山胡椒属、桃、野李、李属等),大量跟栽培有关的湿地和旱地杂草如藜属、马唐、狗尾草等,占植物遗存总数的半数以上。可食性植物种类中,稻的比例最高,粟的数量很少。[②] 表明大溪文化阶段,稻作农业已经成为生业的主要内容之一,但采集野生植物仍是获取植物性资源的重要方式。这一时期出现了粟,不过数量很少,是否本地种植还不明确。

经过对动物遗存的定性定量研究,确认年代约为距今6300～5300年的大溪文化地层里,包括硬骨鱼纲1种,两栖纲有蛙1种,爬行纲有龟1种,鸟纲1种,哺乳纲有黑鼠、狗、貉、鼬獾、獾、大灵猫、象、家猪、麂、水鹿、鹿、黄牛和水牛等13种。依据最小个体数的统计,家养动物仅有家猪,约占哺乳动物总数的16%,野生动物约占84%,以野生动物为主。[③]

这个遗址的生业方式以种植水稻为主,发现少量粟,可能存在稻粟混作。

[①] 李天元. 宜都城背溪遗址南区出土的动物遗存鉴定表[A], 见湖北省文物考古研究所编:《宜都城背溪》,北京: 文物出版社,2001,291.

[②] Hiroo Nasu, Haibin Gu, Arata Momohara, etal, Land-use change for rice and foxtail millet cultivation in the Chengtoushan site, central China, reconstructed from weed seed assemblages [J]. *Archaeological and Anthropological Sciences*, 2012,(4): 1～14.

[③] 袁家荣. 城头山遗址出土动物残骸鉴定[A]. 袁靖. 城头山遗址出土猪骨鉴定[A],均见湖南省文物考古研究所、日本国际文化研究中心:《澧县城头山——中日合作澧阳平原环境考古与有关综合研究》,北京: 文物出版社,2007,121～124.

获取肉食的方式以渔猎为主,家猪的比例很低。

(4) 湖南省安乡县汤家岗遗址

这个遗址分属于新石器时代晚期的汤家岗文化和大溪文化两个时期(距今约 6 800～5 500 年)。大溪文化的一个灰坑中出土了少量的炭化大米和稻谷,研究者认为其中栽培稻已占 75%。水稻植硅体研究显示,汤家岗文化时期栽培稻的数量占出土水稻的 64%,大溪文化时期则可占到 70%～77%。研究者认为,这个时期古人已大量食用水稻,种植水稻已进入一个繁盛阶段。①

经过对出自汤家岗文化晚期的壕沟内的动物遗存的定性定量研究,确认除鸟纲至少 1 种外,哺乳纲有狗、家猪、野猪、牛、鹿、小鹿和赤鹿等 6 种。其中家养动物有狗和家猪两种,以猪为主。按可鉴定标本数统计,家养动物占60%,按最小个体数统计结果,家养动物占 54%。② 表明当时的家畜饲养已有一定规模,而且以饲养家猪为主。

这个遗址的生业方式以种植水稻为主,家养动物的比例略高于野生动物。

(5) 湖北省天门市石家河遗址群

这个遗址群浮选所获植物遗存主要出自属于新石器时代末期的谭家岭遗址石家河文化层和三房湾遗址屈家岭文化晚期文化层。经鉴定,植物遗存共 40 余种,包括稻、粟两种农作物遗存,桃、葡萄属、猕猴桃属、甜瓜属、悬钩子属、构属和芡实等野生食物资源遗存,以及 34 种杂草种子。其中农作物的数量最多,野生食物资源及杂草类较少。农作物中以水稻遗存为主,粟类的比例很低。由此看出,石家河遗址群的屈家岭文化晚期和石家河文化的谷物生产以稻作为主,兼及少量粟作,稻作农业占绝对优势。③

尽管没有发现动物遗存,但是石家河遗址群出土了大量的陶塑动物,种类繁多,有鱼类、鸟类、爬行类和哺乳类等,暗示古人的肉食资源来源广泛。从动物造型来看,其中狗和猪可确定为家养动物。除牛的形象完全难以辨识

---

① 顾海滨.汤家岗遗址古水稻综合研究[A],见湖南省文物考古研究所编著:《安乡汤家岗:新石器时代遗址发掘报告》,北京:科学出版社,2013,501～509.
② 袁家荣.汤家岗遗址动物骨骼鉴定意见[A],见湖南省文物考古研究所编著:《安乡汤家岗:新石器时代遗址发掘报告》,北京:科学出版社,2013,493～496.
③ 邓振华、刘辉、孟华平.湖北天门市石家河古城三房湾和谭家岭遗址出土植物遗存分析[J].考古,2013,(1):91～99.

外,还有不少羊的形象,陶鸡较多。① 是否意味着鸡已经被驯化,尚难下结论。

这个遗址的生业方式以种植水稻为主,发现少量粟,可能存在以稻作为主的稻粟混作方式,获取肉食资源的方式包括渔猎和饲养,两者的比例不详。

2. 仅开展过植物考古的遗址

(1) 湖南省临澧县杉龙岗遗址

这个遗址的年代属于新石器时代中期的彭头山文化晚期。通过系统取样和浮选,发现可食用植物包括稻属、君迁子属、葡萄属 3 种,其中稻属数量最多。杂草类植物以水田伴生杂草莎草为主。依据对炭化米中完整个体的测量,研究者判定其中古栽培稻占 44%,古野生稻占 56%。② 整体上,尽管古栽培稻的利用已有一定比例,但采集野生植物资源依然占据主导地位。

(2) 湖北省孝感市叶家庙遗址

这个遗址浮选所获植物遗存主要来自属于新石器时代晚期的屈家岭文化晚期(距今约 4 800～4 600 年)。其中农作物有水稻和粟两种,非农作物有狗尾草属、稗属、黍亚科、唇形科等,以禾本科和莎草科为主。炭化稻米出土数量最多,而粟的数量很少,因伴出相当数量的狗尾草属和黍亚科等旱地杂草,表明粟可能是本地种植的。叶家庙遗址屈家岭文化时期的农业属于典型的南方稻作农业,同时兼营少量粟作。③

(3) 湖南省澧县鸡叫城遗址

这个遗址属于新石器时代末期的石家河文化堆积,通过水洗浮选和定性定量分析,发现植物种子 28 种,大多属于杂草类植物,如莎草科的藨草属、飘拂草属、苔草属等,炭化稻米数量很少。④ 从所占比例来看,其稻作农业并不突出,这可能与遗址的保存状况有关。

---

① 武仙竹.邓家湾遗址陶塑动物的动物考古学研究[J].江汉考古,2001,(4):65～72.
② 顾海滨、David Joel Cohen、吴小红等.杉龙岗遗址植物遗存研究[A],见郭伟民主编:《湖南省文物考古研究所建所三十周年纪念文集》,北京:科学出版社,2016,120～127.
③ 吴传仁、刘辉、赵志军.从孝感叶家庙遗址浮选结果谈江汉平原史前农业[J].南方文物,2010,(4):65～69.
④ 农业研究课题组(赵志军执笔).3500BC～1500BC 中国文明形成与早期发展阶段的技术与经济研究——农业研究,见中国社会科学院考古研究所科技考古中心编:《科技考古》(第三辑),北京:科学出版社,2011,1～35.

(4) 湖南省澧县孙家岗遗址

这个遗址的主体属于新石器时代末期的后石家河文化,年代为公元前 2200～前 1800 年。① 通过对后石家河文化时期壕沟、地层以及灰坑等遗迹采集土样的浮选,以及炭化植物遗存的鉴定分析,发现主要是农作物种子,包括稻、粟和黍 3 种,其余为杂草类种子,包括稗属、马唐属、狗尾草属、龙葵、败酱、紫苏、水莎草、萤蔺、萹蓄以及红蓼等,还有少量的可食用果实如悬钩子属与菱角。农作物中水稻种子最多,粟和黍数量极少。研究者认为,当时以水稻种植为主,兼营少量旱作粟、黍,伴有少量植物资源采集,且这一时期水稻的田间管理技术已经较为成熟。②

(5) 湖北省大冶市蟹子地遗址

这个遗址的文化堆积包括属于新石器时代末期和青铜时代的石家河文化期、后石家河文化期和西周时期。石家河文化阶段发现 1 粒残碎的稻米;后石家河文化出土大量炭化稻米;西周早期发现炭化稻和粟。在新石器时代末期和西周早期,水稻一直是当地先民的主要农作物,只是西周时期北方旱作农业的粟在全部农作物中已经占有较高的比重。③

(6) 湖北省鄂州市城子山遗址

这个遗址的文化堆积可分为属于新石器时代末期和青铜时代的石家河文化、西周遗存。该遗址石家河文化堆积中出土大量炭化稻米,另外还发现少量炭化粟和杂草种子狗尾草等。这一时期农作物中稻占有绝对优势,但已经出现了粟的利用。西周时期发现炭化稻和粟,杂草种子有狗尾草等,粟的数量增多。研究者认为,该遗址的农业生产特征显著,石家河文化和西周时期均以稻作农业为主,至西周时期,北方旱地作物粟已经普遍为当地居民所利用。④

3. 仅开展过动物考古的遗址

(1) 湖北省枝江市关庙山遗址

---

① 赵亚锋、周华、罗斯奇等.湖南澧县孙家岗遗址 2016 年发掘简报[J].江汉考古,2018,(3):15～40.
② 范宪军、吴瑞静.澧县孙家岗遗址植物遗存分析[J].江汉考古,2018,(3):104～109.
③ 唐丽雅、罗运兵、陶洋等.湖北省大冶市蟹子地遗址炭化植物遗存研究[J].第四纪研究,2014,(1):97～105.
④ 唐丽雅、罗运兵、赵志军.湖北鄂州城子山遗址炭化植物遗存研究[J].江汉考古,2017,(2):108～115.

这个遗址包括属于新石器时代晚期的大溪文化和屈家岭文化两个时期。通过对动物遗存进行定性定量研究,确认腹足纲有螺1种,瓣鳃纲有蚌1种,硬骨鱼纲有青鱼、草鱼和白鲢3种,爬行纲有龟和鳖2种,哺乳纲有猕猴、家猪、野猪、马鹿、麂、牛、獐和亚洲象等8种。其中家畜仅见家猪,按可鉴定标本数统计,大溪文化时期(集中出土于第二期)哺乳动物中家猪占60%,屈家岭时期家猪占78%。家畜饲养已是当时主要的肉食来源。①

(2) 湖北省江陵市荆南寺遗址

这个遗址的动物遗存主要出自夏商和西周时期堆积中。通过对动物遗存的定性定量研究,确认腹足纲有蚌1种,硬骨鱼纲有青鱼1种,爬行纲有龟和鳖2种,鸟纲至少1种,哺乳纲有鼠、兔、狗、虎、象、马、家猪、梅花鹿、黄牛、圣水牛和绵羊等11种。狗、家猪、黄牛和绵羊为家养动物。依据最小个体数的统计,夏商时期家养动物约占哺乳动物总数的48%,野生动物约占52%。西周时期,家养动物约占哺乳动物总数的39%,野生动物约占61%。两个时期都以野生动物为主。②

(3) 湖北省沙市周梁玉桥遗址

这个遗址的年代相当于商代后期。通过对动物遗存进行定性定量研究,确认腹足纲有铜锈环棱螺1种,瓣鳃纲有扭蚌、背瘤丽蚌、背角无齿蚌和河蚬等4种,硬骨鱼纲有鲤鱼、青鱼、南方大口鲇和鳜鱼等4种,爬行纲有扬子鳄、龟和鼋3种,哺乳纲有豪猪、兔、狗、貙、野猪、家猪、鹿和水牛等8种。依据最小个体数的粗略统计,家养动物狗、家猪约占哺乳动物总数的40%,野生动物约占60%,以野生动物为主。③

(4) 湖北省荆州市天星观二号墓

天星观二号墓为战国时期楚大夫级墓葬。随葬动物除5条鲤鱼、6条鲫鱼、7条乌鳢和2条红鲌外,还包括6只鸡、3头猪、1头水牛和1头黄牛,除鱼

---

① 周本雄.湖北枝江关庙山新石器时代遗址的动物遗存[A],见中国社会科学院考古研究所编:《枝江关庙山》,北京:文物出版社,2017.1011~1019.
② 陶洋.荆南寺遗址动物骨骼遗存研究[A],见荆州博物馆编:《荆州荆南寺》,北京:文物出版社,2009.237~260.
③ 彭锦华.沙市周梁玉桥商代遗址动物骨骼的鉴定与研究[J].农业考古,1988,(2):336~342.

以外,都是家养动物。①

(5) 湖北省荆门市包山二号墓

包山二号墓为战国时期楚大夫级墓葬。随葬动物除鲫鱼外,还有家鸡、家猪、水牛和山羊等。除鲫鱼外,家鸡、家猪、水牛和山羊都是家养动物。②

4. 小结

两湖平原水稻栽培的发端始于新石器时代中期的距今9 000年左右的彭头山遗址,到距今8 000年左右的彭头山文化晚期,澧阳平原种植水稻虽然已较为普遍,但仍属于水稻栽培的初级阶段。动物资源利用主要依赖丰富的各类野生动物。这一时期的生业方式应以采集和渔猎为主,谷物栽培仅是辅助方式。最迟在新石器时代晚期的汤家岗文化时期,在两湖地区已经出现家猪饲养。从距今6 500年左右,该地区稻作农业已基本成形,家猪饲养已有一定规模,但先民的肉食来源仍然主要依靠渔猎方式获取。大溪文化时期,稻作农业继续发展,北方粟类作物此时可能已传至两湖平原;家猪饲养已占据当时肉食的主要来源。从新石器时代晚期至末期的屈家岭文化到石家河文化,稻作农业在两湖平原持续发展。后石家河文化时期,两湖地区稻作农业经济仍占有明显的优势地位,一些地区也发现少量粟、黍旱作农业成分。但到了西周时期,北方粟类作物在当地人们的主食结构中逐渐开始占有重要地位,较高等级聚落中的家畜比例尽管明显增高,但仍略低于野生哺乳动物,东周楚文化时期,六畜齐备,楚国的家畜饲养业已相当发达。

(二) 汉水中游地区

这个地区开展过动植物考古的遗址有3处,仅开展过植物考古的遗址有5处,仅开展过动物考古的遗址有1处,以下分别阐述。

---

① 金升藻、刘晓娜. 天星观二号墓动物骨骼鉴定[A],见湖北省荆州博物馆编:《荆州天星观二号楚墓》,北京:文物出版社,2003,227~229. 余文斌、罗静文、刘晓娜. 天星观二号墓8号铜鼎出土鱼骨鉴定[A],见湖北省荆州博物馆编:《荆州天星观二号楚墓》,北京:文物出版社,2003,230~231.
② 刘华才. 包山二号楚墓动物遗存的鉴定[A],见湖北省荆沙铁路考古队:《包山楚墓》,北京:文物出版社,1991,445~447.

1. 开展过动植物考古的遗址

(1) 河南省淅川县下王岗遗址

这个遗址浮选的植物遗存主要出自分属于新石器时代晚期、末期的仰韶文化、屈家岭文化、王湾三期文化和西周时期堆积。农作物占多数,其他炭化植物种子包括野大豆、藜、紫苏、天蒜和盐肤木等。其中仰韶文化时期作物仅见粟和黍;屈家岭文化时期新出现稻谷。王湾三期文化时期新出现少量小麦和大豆,并延续至西周时期。下王岗遗址各期最主要的农作物是粟,其次为稻米,再次为黍,稻作比例仅次于粟。[1]

通过对动物遗存进行定性研究,确认硬骨鱼纲有鲤属和鲇鱼属2种,爬行纲有龟和鳖2种,鸟纲有孔雀属1种,哺乳纲有猕猴、豪猪、狗、貉、犬科、黑熊、大熊猫、狗獾、猪獾、水獭、豹猫、豹、虎、亚洲象、苏门犀、野猪、家猪、麝、鹿、水鹿、梅花鹿、鹿、轴鹿属、狍、黄牛、水牛和苏门羚等动物27种。其中狗、家猪和黄牛是家养动物。狗和猪最早出现于仰韶早期文化层,而黄牛骨骼均出自西周文化层,研究者未对动物遗存作正式统计。[2]

这个遗址自新石器时代晚期的仰韶文化开始就以种植粟类为主,到新石器时代晚期至末期的屈家岭文化时期出现水稻,到西周时期形成旱稻混作的方式,家养动物在仰韶时期是狗和家猪,到西周时期新增黄牛。但是渔猎方式也一直存在,饲养和渔猎两者的比例不详。

(2) 湖北省郧县青龙泉遗址

这个遗址包括新石器时代晚期至末期的屈家岭文化和石家河文化。通过对土样进行了水洗浮选,共出土粟、黍、水稻和小麦4种农作物,粟占绝对优势,其他为常见的杂草类种子以及野大豆、紫苏、葡萄属、猕猴桃属和藜属等植物种子,数量较少。小麦出现于石家河文化时期。[3] 青龙泉遗址两个时期农作物结构变化并不明显,均以旱作为主,主要是粟,兼营稻作。

青龙泉遗址屈家岭文化和石家河文化时期墓葬材料显示,随葬动物种类

---

[1] 唐丽雅. 江汉地区新石器时代晚期至青铜时代农业生产动态的植物考古学观察[D]. 中国社会科学院研究生院博士学位论文,2014.
[2] 贾兰坡、张振标. 河南淅川县下王岗遗址中的动物群[J]. 文物,1977,(6):41~49.
[3] 吴传仁. 湖北郧县青龙泉遗址出土植物遗存分析[D]. 中国社会科学院研究生院硕士学位论文,2011.

有硬骨鱼纲,鸟纲有雁,哺乳纲有兔、猪和鹿等3种。家养动物猪占全部哺乳动物的90%以上,当时的家猪饲养相当兴盛。①

这个遗址以旱稻混作的方式种植农作物,以种植粟为主,获取肉食以饲养家猪为主,存在渔猎行为。

(3) 湖北省枣阳市雕龙碑遗址

这个遗址的年代约为距今6 300~4 800年,遗址分为3期,一期属于新石器时代晚期的仰韶文化,二、三期兼具南北方不同文化系统的特点,大致相当于新石器时代晚期的油子岭文化至屈家岭文化时期。该遗址在发掘过程中曾于雕龙碑三期的房址中发现有稻、粟和黍的植物遗存②,但是比例不详。

通过对雕龙碑遗址第三期文化层(约距今5 200~4 800年)出土的动物遗存进行定性定量研究,确认腹足纲有圆田螺1种,瓣鳃纲有蚌1种,硬骨鱼纲有种属不明的1种,爬行纲有鳖1种,哺乳纲有狗、家猪、獐、鹿和梅花鹿等5种。依据最小个体数的统计结果,家养动物狗和家猪约占哺乳动物总数的85%,野生动物约占15%,以家养动物为主。③ 猪骨材料主要出自墓葬。

这个遗址以旱稻混作的方式种植农作物,获取肉食以饲养家猪为主,存在少量的渔猎行为。

2. 仅开展过植物考古的遗址

(1) 河南省邓州市八里岗遗址

这个遗址包括新石器时代中期的前仰韶(贾湖文化一期)、新石器时代晚期的仰韶、屈家岭、新石器时代末期的石家河、龙山晚期(王湾三期文化)以及两周时期的文化遗存。经过植物考古研究,发现距今约8 500年左右的贾湖文化一期,出土植物种子主要有稻和橡子两种,以稻为主。研究者根据穗轴形态统计,显示驯化稻已占64%。距今约6 800~5 000年的仰韶时期新出现了粟和黍。研究者认为,农业在生业经济中占主体地位,其中又以水稻略占

---

① 罗运兵、陶洋、朱俊英.青龙泉遗址墓葬出土猪骨的初步观察[J].江汉考古,2009,(3):58~65.
② 王杰.湖北枣阳雕龙碑遗址的考古收获[J].江汉考古,1997,(4):23~26.
③ 袁靖、杨梦菲.雕龙碑出土动物骨骼研究报告[A],见中国社会科学院考古研究所编著:《枣阳雕龙碑》,北京:科学出版社,2006,364~375.

优势。这一时期果实类植物仅见有菱角,不过数量很少。距今约 5 000～4 500 年的屈家岭文化时期,农作物生产明显以稻作为主,粟和黍为辅,这一时期稻作的重要性得以强化,形成了稻作的绝对主导地位。距今约 4 500～4 200 年的石家河文化时期,作物组合基本上维持了屈家岭时期以稻作为主的状况,作物结构较屈家岭时期变化不大。距今约 4 200～3 900 年的龙山晚期,稻的优势地位有所减弱,粟和黍相应提高,但稻仍然在绝对数量上占有优势。这个时期首次出现了小麦,但从出土概率和绝对数量来看,小麦在当时的食物资源中无足轻重。两周时期的谷物包含有稻、粟、黍和小麦,西周时期以粟为主。[①] 从前仰韶时期到龙山时期,八里岗遗址中稻的比例虽时有起伏,但始终是最高的,稻作主导地位十分明显,但也包括少量旱作农作物,到西周时期则以粟为主。

(2) 河南省淅川县沟湾遗址

这个遗址包含分别属于新石器时代晚期至末期仰韶、屈家岭、石家河和王湾三期文化 4 个时期的遗存。从仰韶文化初期到石家河文化时期,农作物以黍、粟和稻为主,黍始终占绝对优势,而稻的数量或出土概率在仰韶文化晚期和屈家岭文化时期虽然显著增多,但都没有超过黍[②],这个遗址一直以旱稻混作的方式种植农作物。

(3) 湖北省房县计家湾遗址

这个遗址的植物遗存主要来自新石器时代晚期的仰韶文化、屈家岭文化和西周时期堆积中。通过浮选发现,计家湾遗址的炭化植物遗存主要为农作物,另外还发现少量狗尾草、马唐、紫苏、盐肤木、藜、眼子菜和葡萄属等炭化植物种子。各个时期均以粟的数量最多,出土概率也最高,明显占有绝对优势。其次为黍和稻。稻谷遗存在屈家岭文化时期其绝对数量和出土概率达到高峰,高于仰韶时期,到了西周时期,明显式微。[③] 这个遗址一直以种植粟为主,旱稻混作的方式种植农作物。

---

① 邓振华、高玉.河南邓州八里岗遗址出土植物遗存分析[J].南方文物,2012,(1):156～163.
② 王育茜、张萍、靳桂云等.河南淅川沟湾遗址 2007 年度植物浮选结果与分析[J].四川文物,2011,(2):80～92.
③ 唐丽雅.江汉地区新石器时代晚期至青铜时代农业生产动态的植物考古学观察[D].中国社会科学院研究生院博士学位论文,2014.

(4) 湖北省郧县大寺遗址

这个遗址的浮选土样来自新石器时代晚期至末期的仰韶文化、屈家岭文化和后石家河文化3个时期。其中农作物遗存有粟、黍和水稻3种,非农作物包括狗尾草、紫苏、藜、野大豆、堇菜以及猕猴桃、接骨木属的种子,其中以紫苏种子最多。自仰韶文化到后石家河文化的3个时期中粟的绝对数量和出土概率都占有绝对优势,其次是黍,而稻的比例最小,可能为辅助性粮食作物,即便在屈家岭文化时期也无明显上升趋势。① 这个遗址以种植粟为主,旱稻混作的方式种植农作物。

(5) 湖北省宜城市黄岗遗址

这个遗址属于东周时期的楚文化,年代为公元前400年左右。通过植物浮选,发现炭化种子以水稻最多,粟较少,另发现赤豆和狗尾草种子。从绝对数量和出土概率看,农作物中以水稻占据优势,旱地作物粟则较少。② 这个遗址以种植水稻为主、稻旱混作的方式种植农作物。

3. 仅开展过动物考古的遗址

(1) 湖北省郧县黑家院遗址

这个遗址属于新石器时代末期的石家河文化。通过对动物遗存进行定性定量研究,确认腹足纲有静水椎实螺、小弟拟管螺和同型巴蜗牛等3种,瓣鳃纲有圆顶珠蚌、环带丽蚌、河蚌和河蚬等4种,硬骨鱼纲有白鲢、鳙鱼、南方大口鲇和黄颡鱼等4种,爬行纲有鳖1种,鸟纲有鹅1种,哺乳纲有豪猪、狗、黄腹鼬、水獭、豹、犀、家猪、獐、水鹿、黄牛、水牛、绵羊/山羊等14种。狗、家猪和黄牛、羊为家养动物(鹅、水牛作为家养动物的证据不足)。依据最小个体数的统计结果,家养动物约占哺乳动物总数的32%,野生动物约占68%,以野生动物为主。③

---

① 唐丽雅、黄文新、郭长江.湖北郧县大寺遗址出土植物遗存分析——兼谈鄂西北豫西南山区史前农业特点[A],见文化遗产研究与保护技术教育部重点实验室、西北大学文化遗产与考古学研究中心编著:《西部考古》(第11辑),北京:科学出版社,2016,73~85.
② 唐丽雅、胡长春、宋贵华.湖北宜城黄岗遗址浮选结果分析[J].江汉考古,待刊.
③ 动物考古课题组.中华文明形成时期的动物考古学研究[A],见中国社会科学院考古研究所科技考古中心编:《科技考古》(第三辑),北京:科学出版社,2011,80~99.

4. 小结

这一地区新石器时代中期的前仰韶时期最早出现的是稻作农业,不见旱作谷物。新石器时代晚期的仰韶文化时期,稻旱混作经济形成,这种格局一直延续至商周时期。其中,南阳盆地的平原地带有的以稻作农业为主,有的以旱作农业为主;其他地区则是以粟和黍为代表的旱作农业经济占有较大比重,但在新石器时代晚期到末期的屈家岭文化至石家河文化时期,稻作的影响也有明显强化的趋势。至龙山晚期,新出现了小麦和大豆,作物品种变得更为多样。至西周时期,汉水中游地区稻作农业已明显式微,旱作农业占据主导地位。但东周时期,靠近江汉平原的汉水中游谷地则仍以稻作为主。汉水中游地区形成了两种不同的农业结构:以南阳盆地平原地带为代表,稻作为主导;汉水中游丘陵谷地以旱作为主导。汉水中游地区的家猪饲养在仰韶文化早期即已出现,迟至仰韶文化晚期,这一地区的家猪饲养已相当发达。到屈家岭文化和石家河文化时期,墓葬中随葬的动物绝大部分为家猪。该地区自仰韶文化晚期以来已形成以饲养家畜为主,渔猎活动为辅的肉食资源获取方式。

(三) 鄂西峡江地区

这个地区仅开展过动物考古的遗址有 6 处,以下分别阐述。

1. 开展过动物考古研究的遗址

(1) 湖北省巴东县楠木园遗址

这个遗址的动物遗存主要出自新石器时代中期的年代约距今 7 500～7 000 年的城背溪文化层,可分为早、晚两期。通过对动物遗存进行定性定量研究,确认硬骨鱼纲有鲟鱼、草鱼、青鱼、鲢鱼、鳙鱼、黄颡鱼、鳜鱼和鲃亚科等 8 种,爬行纲有扬子鳄和龟 2 种,鸟纲有 1 种,哺乳纲有猴、豪猪、狗、熊、獐、象、家猪、鹿、麋鹿和圣水牛等 10 种。依据可鉴定标本数的统计结果,早、晚两期鱼骨的数量都占据全部动物总数的 90% 以上。狗和家猪是家养动物。依据最小个体数的统计,早期家养动物约占哺乳动物总数的 15%,野生动物约占 85%,晚期家养动物约占哺乳动物总数的 11%,野生动物约占 89%,明显以野生动物为主。① 捕鱼活动相当兴盛,家养动物数量较少。

(2) 湖北省秭归县东门头遗址

这个遗址最早的文化遗存属于新石器时代中期的城背溪文化晚期,年代距今约7 000年。通过对动物遗存进行定性研究,确认腹足纲有螺1种,瓣鳃纲有蚌1种,硬骨鱼纲有草鱼、青鱼、白鲢、鳡鱼、鲤科和鳜鱼等7种,哺乳纲有熊猴、猪獾、貉、虎、普氏野马、猪、小麂、獐、水鹿、青羊、苏门羚、野牛、圣水牛等14种。基本上都是野生动物。② 其中的鱼骨数量最多,但是未作统计。

(3) 湖北省长阳县桅杆坪遗址

这个遗址属于新石器时代晚期的大溪文化,年代约为距今6 300～5 300年。通过对动物遗存进行定性定量研究,确认硬骨鱼纲有青鱼和鲇鱼2种,哺乳纲有猕猴、红面猴、竹鼠、豪猪、黑熊、大熊猫、狗、豺、猪獾、猞猁、食蟹獴、豹猫、豹、猎豹、苏门犀、中国貘、野猪、家猪、麝、獐、小麂、黑鹿、梅花鹿、水鹿、麋鹿、圣水牛和苏门羚等27种。依据最小个体数的统计,家养动物狗和家猪约占哺乳动物总数的14%,鹿等野生动物约占86%,以野生动物为主。③ 当时主要以渔猎方式获取肉食资源,家养动物数量较少。

(4) 湖北省长阳县沙嘴遗址

这个遗址属于新石器时代晚期的大溪文化中期,年代约为距今5 500年。通过对动物遗存进行定性定量研究,确认瓣鳃纲有剑状矛蚌和重美带蚌2种,硬骨鱼纲有草鱼和青鱼2种,哺乳纲有红面猴、豪猪、狗、黑熊、大熊猫、苏门犀、野猪、家猪、獐、水鹿、水牛和苏门羚等12种。依据最小个体数的统计,家养动物狗和家猪约占哺乳动物总数的20%,野生动物约占80%,以野生动物为主。④ 当时主要以渔猎方式获取肉食资源,家养动物数量较少。

(5) 湖北省秭归县何光嘴遗址

---

① 袁靖、杨梦菲、陶洋等.动物研究[A],见国务院三峡工程建设委员会办公室、国家文物局编著:《巴东楠木园》,北京:科学出版社,2006,139～158.
② 武仙竹、孟华平.东门头遗址动物遗骸研究报告[A],见国务院三峡工程建设委员会办公室等编著:《秭归东门头》,北京:科学出版社,2010,415～453.
③ 陈全家、王善才、张典维.桅杆坪大溪文化遗址动物遗存研究[A],见陈全家、王善才、张典维著:《清江流域古动物遗存研究》,北京:科学出版社,2004,49～85.
④ 陈全家、王善才、张典维.沙嘴大溪文化遗址动物遗存研究[A],见陈全家、王善才、张典维著:《清江流域古动物遗存研究》,北京:科学出版社,2004,102～116.

这个遗址的年代约为青铜时代的二里头文化晚期至商末周初。通过对动物遗存进行定性定量研究,确认腹足纲有中华圆田螺和蜗牛2种,瓣鳃纲有圆顶珠蚌、剑状矛蚌和三角帆蚌3种,硬骨鱼纲有中华鲟、鲤鱼、草鱼、青鱼、鲢鱼、鳡鱼、圆口铜鱼、三角鲂和黄颡鱼等9种,鸟纲有鹈鹕、鸭和鸡3种,哺乳纲有猕猴、狗、熊、野猪、家猪、獐、鹿、水鹿、水牛和羊等10种。依据最小个体数的统计结果,家养动物狗和家猪约占哺乳动物总数的29%,野生动物约占71%,以野生动物为主。① 当时主要以渔猎方式获取肉食资源,家养动物数量较少。

(6) 湖北省长阳县香炉石遗址

这个遗址属于夏商周时期,年代约为距今4 000~2 500年。第7层为新石器时代,第6层为早商时期,第5层为商代中晚期,第4层为商末至西周,第3层为东周时期。通过对动物遗存进行定性定量研究,确认腹足纲有环纹货贝1种,瓣鳃纲有剑状矛蚌1种,硬骨鱼纲有鲤鱼、鳙鱼和鲇鱼3种,爬行纲有乌龟和中华鳖2种,鸟纲有鹰、环颈雉和鹤等3种,哺乳纲有刺猬、猕猴、红面猴、竹鼠、华南豪猪、狗、狐狸、豺、黑熊、大熊猫、猪獾、食蟹獴、豹、虎、苏门犀、马、野猪、家猪、喜马拉雅麝、赤鹿、黑鹿、菲氏鹿、黄麂、水鹿、圣水牛和苏门羚等26种。依据最小个体数的统计,第7至5层家养动物有狗和猪,家养动物在哺乳动物中的比例分别为10%、23%和26%,第4层家养中新增加有马,共占哺乳动物总数的28%;第3层家畜占29%,各时期均以野生动物为主。渔猎为肉食资源的主要获取手段②,家养动物数量较少,商周时期发现家马。

2. 小结

在属于新石器时代中期的城背溪文化晚期,西陵峡宽谷地带可能存在小规模的水稻种植,当时驯化的动物有狗和猪两种,但比重很小,生业应以采集和渔猎为主。在属于新石器时代晚期的大溪文化时期,峡江地区家猪饲养较普遍存在,但仍以渔猎占主导地位。直至楚文化传入,渔猎经济比重才略有下降,家畜饲养的比例略有增加,但该地区生业方式并未有大的变化。这一

---

① 武仙竹.动物群[A],见国务院三峡工程建设委员会办公室、国家文物局编著:《秭归何光嘴》,北京:科学出版社,2003,118~131.
② 陈全家、王善才、张典维.香炉石巴文化遗址动物遗存研究[A],见陈全家、王善才、张典维著:《清江流域古动物遗存研究》,北京:科学出版社,2004,134~181.

地区先民的主要肉食来源很可能来自于适合本地环境的发达的渔业捕捞经济。

（四）赣鄱地区

这个地区开展过动植物考古的遗址有1处,仅开展过植物考古的遗址有3处,以下分别阐述。

1. 开展过动植物考古的遗址
（1）万年仙人洞与吊桶环遗址

这是两处旧石器时代晚期至新石器时代早期的遗址,年代约为距今12 500年。通过对这两处遗址的植硅体分析,发现了野生稻和栽培稻的植硅体,当时以采集野生稻为主,在距今约10 000年前的新石器时代初期发现了最早的栽培稻遗存。[①]

通过对这两处遗址的动物遗存进行定性定量研究,确认瓣鳃纲有褶纹冠蚌1种,爬行纲有乌龟和鳖2种,鸟纲有大型涉禽、野鸡、雉和鸭4种,哺乳纲有野兔、仓鼠、竹鼠、巨松鼠、猕猴、金丝猴、豺、狼、貉、黑熊、猪獾、青鼬、石貂、花面狸、虎、豹、豹猫、大灵猫、小灵猫、野猪、梅花鹿、獐、毛冠鹿、赤麂、黄麂、麝和羊等27种。未发现明确驯化的动物,狩猎的野生动物以鹿科动物为主,其次是野猪。[②]

当时主要以采集渔猎的方式获取食物资源,距今约10 000年似乎出现水稻栽培的迹象。

2. 开展过植物考古的遗址
（1）江西省樟树县樊城堆、筑卫城、新余县拾年山、永丰县尹家坪遗址

这些遗址均属于新石器时代晚期的樊城堆文化类型,距今约5 000～4 000年。通过对这些遗址出土的石器进行淀粉粒分析,发现当时被人利用

---

① 王巍.中国考古学大辞典[M].上海:上海辞书出版社,2014,141. 江西省文物考古研究所、北京大学考古文博学院.仙人洞与吊桶环[M].北京:文物出版社,2014,250.
② 江西省文物考古研究所、北京大学考古文博学院.仙人洞与吊桶环[M].北京:文物出版社,2014,108～129、209～230、242～254.

的植物包括水稻、薏米、豇豆属、姜科及其他块根、块茎类植物,反映出当时人利用植物的多样性和存在稻作。①

(2) 江西省上饶市广丰区社山头遗址

这个遗址的年代约为距今4 500～3 500年,属于新石器时代末期。对陶器内壁残留物的淀粉粒分析显示,可鉴定淀粉粒中包括稻类7粒、粟类9粒、块根块茎类2粒。表明当时利用的植物种类包括了稻类、粟类和部分块根块茎类植物。② 当时存在旱稻混作的方式种植农作物。

(3) 江西省新干县牛城遗址

这个遗址的主体文化为商代。植物浮选发现农作物有水稻、粟和黍,杂草类包括黍亚科、早熟禾亚科、蓼科、莎草科、唇形科,果类包括梅核、桃核、悬钩子属和猕猴桃种子等,另有漆树科种子。除水稻外,粟类作物数量最大,粟类伴生杂草黍亚科出土概率较高,表明粟类应是本地种植的。当时存在旱稻混作的方式种植农作物。研究者认为,粟类在居民食谱中的地位提升,应是中原文化与本地文化融合的产物,其背后的人群移动带动了当地粟类作物的种植。③

3. 小结

这个地区似乎在距今10 000年左右已开始水稻栽培利用,但并没有形成真正意义的稻作种植方式。当时获取食物的方式是采集和狩猎活动。这个地区新石器时代早、中期的农业发展状况还不清楚。至新石器时代晚期的樊城堆文化时期,该地区的稻作农业有所发展。自距今4 500年的新石器时代末期以来,该地区出现旱稻混作的生产模式,粟类作物似乎占据更大的比重。

三、讨论

长江中游地区在新石器时代至先秦时期的生业行为有3个特征,以下分

---

① 万智巍、杨晓燕、葛全胜等. 淀粉粒分析揭示的赣江中游地区新石器晚期人类对植物的利用情况[J]. 中国科学: 地球科学,2012,(10): 1582～1589.
② 万智巍、杨晓燕、葛全胜等. 基于淀粉粒分析的江西广丰社山头遗址植物资源利用[J]. 地理科学进展,2012,(5): 639～645.
③ 陈雪香、周广明、宫玮. 江西新干牛城2006～2008年度浮选植物遗存初步分析[J]. 江汉考古,2015,(3): 100～108.

别阐述。

（一）生业特征

长江中游地区的生业特征可以分为4个阶段。

第一阶段为新石器时代早期，这个时期是旧石器向新石器时代过渡时期，主要以采集渔猎的方式获取食物。吊桶环遗址旧石器晚期地层和新石器早期地层中野生稻和栽培稻的植硅体证据表明，这里的古人可能很早就开始栽培水稻，但尚未发现炭化的水稻遗存，也未发现家养动物。

第二阶段为新石器时代中期，长江中游地区获取食物的方式以采集渔猎为主，水稻种植的初级阶段始于洞庭湖地区的彭头山文化时期。在距今8 000年左右，该地区的水稻为原始栽培稻。① 但是栽培作物和饲养家畜在生业经济中处于次要的地位。

第三阶段为新石器时代晚期。这个时期的生业方式有两大类，第一类以种植农作物的方式获取食物，渔猎在获取肉食方面占据较大的比例。主要是洞庭湖地区、两湖平原及相邻地区，洞庭湖地区最迟距今6 500年左右，生业状况发生了重要的转变，农业生产已比较完备，稻作农业的分布范围此时也开始覆盖整个两湖平原地区。到大溪文化时期，北方的粟作也从汉水中游地区传至两湖平原地区。但是相邻的赣鄱地区的稻作经济并没有迅速发展起来，呈现滞后的状态。家猪饲养业已有相当规模，但渔猎行为似乎仍然是古人获取肉食的主要方式，或占据较大的比重。第二类以种植农作物和饲养家畜的方式获取食物，主要是北部的汉水中游地区。南阳盆地的中心区域到仰韶文化早中期以后，农业经济形态表现为以水稻为主，粟和黍兼有或以旱作为主，兼有水稻的混作模式。而盆地周边的丘陵山地，先民们虽然也种植水稻，但主要还是种植粟和黍等旱地作物。家猪的饲养在汉水中游地区从前仰韶时期即已经出现，至仰韶时期已成为主要的肉食来源。

第四阶段为新石器时代末期至青铜时代，以种植农作物和饲养家畜的方式获取食物，其主要变化为，家畜饲养已经取代渔猎，成为获取肉食资源的主

---

① 顾海滨.湖南考古遗址炭化米胚的研究[A], 见湖南省文物考古研究所编:《湖南考古辑刊》（第9集），长沙：岳麓书社，2011，240～246.

要方式。长江中游进入到屈家岭至石家河文化时期,稻作农业的发展呈现出鼎盛的局面,尤其是江汉平原地区,这里已经成为长江中游地区稻作经济发展的中心区域。尽管北方粟作农业经由随枣走廊和大洪山以西汉水中游地区,较为普遍地向南传播,但是江汉平原地区水稻的种植始终占据绝对优势。以北的汉水中游地区,除了南阳盆地中心区域是以水稻为主,粟、黍为辅的稻旱混作形式之外,丹江上游和鄂西北地区主要都是旱作为主的农业经济结构,然而在屈家岭至石家河文化时期,这些地区均显示稻作农业的占比上升并达到顶峰的状况,屈家岭至石家河文化时期稻作农业在长江中游地区呈现繁荣发展的局面。伴随着农业的发展,家养动物的比例也相比之前有了显著的提升。而从后石家河文化(龙山晚期)至商周时期,可能由于中原文化冲击或气候变迁等多种因素的影响,长江中游的稻作经济似乎受到了一定的冲击,尽管稻作在南方地区仍然强势,但粟作农业所占的比例上升。在汉水中游地区对应王湾三期文化堆积中,还发现有小麦和大豆,反映出新兴农业作物的传播。这里特别要强调的是,相比长江中游的其他地区,峡江地区显得较为特殊。这里不存在较大规模的农业种植经济,相反,丰富的动物遗存材料显示,渔猎经济在该地区先民的生业经济中表现得尤为重要。

(二)自然环境对生业特征的影响

长江中游地域广阔,其不同区域单元在地形地貌、水文热量以及物种资源等地理条件上都存在着显著的差异。另外,自新石器时代至商周时期,数千年的时间跨度里,气候条件也存在着一定的动态变化。这些因素都有可能对古代生业产生影响。

对湖北省仙桃市沔城镇钻孔剖面的孢粉分析显示,距今 10 000～8 900 年前(校正情况不明),喜冷的针叶树种逐渐减少,暖性阔叶树成分呈上升趋势,常绿树种不断增多,气候好转,为全新世初期的升温阶段。距今 8 900～3 900 年前,植被演替为常绿阔叶、落叶阔叶和针叶混交林,森林中的主要建群种有青冈栎、栲、栗和松等,气候总体上温暖湿润或半湿润。本时段内部存在明显的次级波动,表现为3次明显的降温,年代分别为距今 7 500～6 700 年前、距今 4 900～4 800 年前及距今 4 400～4 200 年前。此外,从水热条件上看,距今 8 900～6 700 年前和距今 4 200～3 900 年前,气候暖偏干或半湿润,而水热配置的最佳时期出现在距今 6 500～4 400 年前,该段的暖湿气候最为稳定。①

地理条件对生业经济结构的制约,可以通过一些地形交错地带先民生业经济形式的比较得到反映,如汉水中游地区。南阳盆地中心平原地带稻作为主,兼营粟、黍的农作物生产模式以邓州八里岗遗址最为典型,这个遗址贾湖文化一期就发现有驯化水稻遗存。在仰韶文化早中期至龙山文化晚期阶段,虽然以粟、黍为代表的旱作农业比例存在波动,但稻作却始终在其生业经济中占据着主导地位。这种产业结构可能更多与遗址所处环境有关,相对广阔平坦的平原地带更有利于发挥水稻种植的规模效益,因为水稻种植的平均产量远远超过旱作农业。而在汉水中游的丘陵谷地,则普遍以旱作为主导。如豫西南丹江中下游的沟湾和下王岗遗址,这些遗址从仰韶文化时期开始,虽然也存在着水稻的种植,但始终是以黍或粟的旱作农业经济为主。鄂西北山区遗址如青龙泉、计家湾、大寺遗址的情况比较类似,均是以粟、黍为主的旱作农业占据主导,稻作农业居次。即便是屈家岭文化时期,稻作农业北上影响达到巅峰阶段也是如此。因为粟、黍的种植在这种山区更能够发挥优势,而且基本上都是以粟作为主。相对独特的是,沟湾遗址从仰韶初期至石家河文化时期,黍一直占据绝对的优势,这种以黍为主的谷物生产格局,或与遗址附近土壤的微碱性有关,因为黍的耐盐碱耐贫瘠能力明显高于粟。②

朱诚等对长江三峡库区全新世环境考古的研究表明,长江三峡库区旧石器时代至宋代 677 处遗址的时空分布总趋势是,从西往东、从高往低逐渐增加,遗址多沿江河分布,且在河流交汇处呈聚集状态,这与人类多选择河流 1～2 级阶地为生、河流交汇处鱼类资源丰富有关。③ 此外,峡江地区考古遗址所见的鱼类品种虽然很多,但主要是青、草、鲢和鳙等半洄游性鱼类,这些鱼类也是长江干流中的主要经济鱼类,都有相对固定的产卵场,其中最大的一处就在三峡及其附近的水体。这些特定的地理环境与资源应当是这里捕鱼业发达的先决条件。

---

① 羊向东、朱育新、蒋雪中等.泻阳地区一万多年来孢粉记录的环境演变[J].湖泊科学,1998,10(2):23～29.
② 王育茜、张萍、靳桂云.河南淅川沟湾遗址 2007 年度植物浮选结果与分析[J].四川文物,2011,(2):80～92.
③ 朱诚、马春梅、李兰等.长江三峡库区全新世环境考古研究进展[J].地学前缘,2010,(3):222～232.

(三) 文化因素对生业特征的影响

生业特征的形成与发展除受其本地的自然地理条件和环境变迁的影响外,还受自身文化发展状况的根本制约,这种文化主导性因素除相对固定的文化传统外,还包括区域间的文化交流和传播等。

生活于长江中游广袤的平原地区的古人以稻作农业为基本生业特征,其形成与巩固过程植根于这一地区古代人群的文化实践,在他们从山前丘陵地带洞穴遗址走向平原地区的延续不断发展壮大过程中,逐渐形成了稻作农业文化传统,长江中游地区考古学文化自身发展与稻作农业的形成与发展相辅相成。

距今6 000～4 000年间,长江中游的稻作农业随着文化交流和扩张,传播至汉水上游-关中-甘肃地区。[①] 其中,汉水中游地区的文化通道作用比较突出。汉水中游地区稻旱混作的农业结构明显直接与南北方文化交流有关,这里是中原地区仰韶文化、龙山文化分布的南缘地带,同时也是长江中游地区文化北上扩张的前沿。屈家岭文化至石家河文化时期,鄂西北豫西南地区受到江汉平原考古学文化的影响,形成了屈家岭文化青龙泉类型和石家河文化青龙泉类型。江汉平原史前文化的持续北渐,使得南阳盆地的稻作农业生产呈强化的趋势,并在屈家岭文化时期达到顶峰。这种稻作文化对丹江山间河谷地带的农业生产也产生了一定的影响。

与此同时,北方地区粟作经济也开始往南扩散。城头山遗址在大溪文化早中期(距今6 000年左右)就出现粟的遗存。近年发掘的屈家岭遗址植物考古材料,也为距今5 600～5 300年之间,粟作向两湖地区的南传提供了重要的实物和年代学证据。屈家岭文化晚期至石家河文化早中期,北方的旱地作物粟随着南北文化的交流,持续扩散至江汉平原如天门石家河、孝感叶家庙等核心区域,最远到达赣鄱地区。从目前的材料来看,粟自北向南传播的力度远不及水稻自南向北传播的力度大,也就是说粟在长江中游史前时期影响还十分有限,这可能与该地区悠久而强烈的稻作种植传统及饮食习俗有关。商

[①] 秦岭.中国农业起源的植物考古研究与展望[A],见北京大学考古文博学院、北京大学中国考古研究中心编:《考古学研究》(九),北京:文物出版社,2012,260～315.

周时期这种局面有所改观,赣鄱地区的粟作农业伴随商文化南传而在一些重要据点成为优势作物。西周时期,大洪山以东的随枣走廊地区是以粟作种植为主,这应与西周至春秋时期随枣走廊地区是"汉阳诸姬"的所在地有关,它直接承袭的是中原宗周文化旱作传统。[①] 另外,鄂东南的长江南岸地区新石器时代一直是典型的稻作农业经济,但至迟在西周时期,粟已经传播到此并占据了一定的比重。北方地区文化对长江中游地区的影响不仅反映在粟作的扩张,很可能家养黄牛和家养羊在长江中游地区的出现也与这种文化交流有关。

四、结论

自新石器时代至青铜时代,长江中游地区中心地带的两湖平原总体上经历了稻作农业产生的初级阶段(彭头山文化时期)、发展阶段(大溪文化时期)和成熟阶段(屈家岭—石家河文化时期)三个过程,生业模式由采集和渔猎为主,向稻作栽培和家畜饲养为主逐步过渡。其北部的汉水中游地区则与中原仰韶文化旱作农业之间,相互渗透,此消彼长,旱作农业也经由这个地区向两湖地区传播,但在新石器时代其影响较小。与此同时,汉水中游地区家畜的饲养也更多地受到中原文化的影响。江汉平原边缘的鄂东南地区在石家河文化时期以稻作农业经济为主。但在进入西周时期以后,受中原周人势力南下的影响,以粟为代表的北方旱作农业影响得到了显著的提升。长江中游东缘赣鄱地区水稻栽培起步较早,中间阶段的发展状况尚不明确,至新石器时代晚期、青铜时代早期,受到来自中原旱作文化的影响,而出现了稻旱混作的农业生产模式。鄂西峡江地区由于其自然地理条件等因素,虽然很早就存在家畜饲养,但一直经营着以鱼类捕捞为主的渔猎经济,谷物种植也一直不发达。

[①] 唐丽雅. 江汉地区新石器时代晚期至青铜时代农业生产动态的植物考古学观察[D]. 中国社会科学院研究生院博士学位论文,2014.

第八章

长江下游地区新石器时代至青铜时代的生业

长江下游在地理上是指自江西省九江市湖口县到上海市与江苏省交界处入海的区域范围,干流流经安徽、江苏,汇入东海。结合新石器时代考古学文化的分布,将研究区域定义为北至江苏高邮、西至江苏宁镇一带、南到浙江永康-仙居一线、东至上海的范围内。这里围绕新石器时代至青铜时代长江下游地区的生业状况开展探讨,首先阐述新石器时代至青铜时代这个地区的考古学文化序列,然后介绍迄今为止动植物考古的研究成果,在此基础上探讨当时的生业状况及相关问题。

一、时空范围

长江下游地区自距今11 000年以来的新石器至青铜时代文化序列完整,各文化面貌比较清晰,由南到北大致可归纳出4个相对自成体系的区域,即浙闽丘陵区、宁绍平原、太湖平原、江淮东部平原。以下对各小区考古学文化的早晚关系进行简单的梳理和介绍。各地理分区的考古学文化序列如下:

(1) 浙闽丘陵区

新石器时代有上山文化(约公元前9400~前6500年)、跨湖桥文化(约公元前6200~前5000年)、河姆渡文化(约公元前5000~前3800

年)①、楼家桥类型(约公元前 4700～前 3800 年)②、良渚文化(约公元前 3300～前 2300 年)③、好川文化(约公元前 2300～前 1700 年)④。青铜时代属越文化的区域范围。⑤

(2) 宁绍平原

新石器时代有跨湖桥文化(约公元前 6300～前 5200 年)、河姆渡文化(约公元前 5000～前 3800 年)、良渚文化(约公元前 3300～前 2300 年)。青铜时代有越文化(相当于周)。

(3) 太湖平原

新石器时代有马家浜文化(约公元前 5000～前 4000 年)、崧泽文化(约公元前 4000～前 3300 年)⑥、良渚文化(约公元前 3300～前 2300 年)、钱山漾文化(约公元前 2300～前 2000 年)⑦、广富林文化(约公元前 2300～前 2000 年)⑧、马桥文化(约公元前 1900～前 1200 年)⑨。青铜时代有吴越文化(相当于周)。

(4) 江淮东部地区

新石器时代有龙虬庄文化(约公元前 4600～前 3000 年)⑩、北阴阳营文化(约公元前 4000～前 3000 年)⑪、良渚文化(约公元前 3300～前 2300 年)。青铜时代有湖熟文化(相当于商至西周)。⑫

二、动植物考古研究结果

这里分为 4 个区域分别阐述长江下游各地区新石器时代至青铜时代考古遗址出土的动植物遗存。

---

① 蒋乐平.钱塘江史前文明史纲要[J].南方文物,2012,(2):86～97.蒋乐平,雷栋荣.万年龙游:龙游史前文化探源[M].北京:中国文史出版社,2016,78～79.王巍(总主编).中国考古学大辞典[M].上海:上海辞书出版社,2014,156～157、273～274、276、345、224、227、277、280、323、230、344、276、225、229.
② 浙江省文物考古研究所,诸暨博物馆,浦江博物馆.楼家桥、壹塘山背、尖山湾[M].北京:文物出版社,2010,300～303、300、127～130、281～282、284～287.
③ 韩建业.良渚、陶寺与二里头——早期中国文明的演进之路[J].考古,2010,(11):71～78.
④ 浙江省文物考古研究所,遂昌县文物管理委员会.好川墓地[M].北京:文物出版社,2001,112.王巍(总主编).中国考古学大辞典[M].上海:上海辞书出版社,2014,156～157、273～274、276、345、224、227、277、280、323、230、344、276、225、229.
⑤ 王巍(总主编).中国考古学大辞典[M].上海:上海辞书出版社,2014,156～157、273～274、276、345、224、227、277、280、323、230、344、276、225、229.
⑥⑦⑧⑨⑩⑪⑫ 王巍(总主编).中国考古学大辞典[M].上海:上海辞书出版社,2014,156～157、273～274、276、345、224、227、277、280、323、230、344、276、225、229.

(一) 浙闽丘陵区

这个区域开展过动植物考古研究的遗址有 2 处,仅开展过植物考古研究的遗址有 3 处,仅开展过动物考古研究的遗址有 1 处。以下分别阐述。

1. 开展过动植物考古的遗址

(1) 浙江省诸暨市楼家桥遗址

这个遗址的文化层包含楼家桥类型、良渚文化、马桥文化与商周时期,其中楼家桥类型的年代为距今约 6 700～5 800 年,是与河姆渡和马家浜文化并行的另一支文化,属于新石器时代晚期。[①] 对该遗址各地层出土植硅体的分析发现了大量稻属硅酸体。硅酸体形态分析表明,楼家桥遗址及其周边从距今 6 000 多年以前就有水稻栽培,水稻一直是先民淀粉类食物的重要组成部分。研究者指出,楼家桥类型时期的植硅体表现出一些中间类型的特点,可能意味着早期栽培稻是高度多样化或分化不完全的群体,到良渚和马桥及商周时代,本地栽培稻出现向粳稻演化的特征,成为优势种群。[②]

楼家桥遗址的动物遗存皆出自年代距今约 7 000～5 900 年的文化层,即与河姆渡文化同时期的地层。动物骨骼的定性研究确认,爬行纲有鼋 1 种,哺乳纲有亚洲象、犀牛、家猪、梅花鹿、鹿、水牛和牛等 7 种。研究者未统计动物遗存。[③]

这个遗址自良渚文化开始,水稻成为主要农作物,家养动物仅有家猪,渔猎活动也是当时获取肉食资源的方式,但是数量比例不详。

(2) 浙江省诸暨市尖山湾遗址

这个遗址没有具体的碳 14 测定年代,发掘者依陶器形制判断其文化面貌与广富林和钱山漾遗址相似,应属晚于良渚、早于商周的阶段,大致为新石器时代末期。[④]通过水洗所得的植物遗存有稻、野葡萄、桃、悬钩子、南酸枣、狭叶蓼、山靛、臭常山和紫苏等种子或果核。其中水稻数量最多。研究者依据炭

[①] 浙江省文物考古研究所、诸暨博物馆、浦江博物馆. 楼家桥、塘山背、尖山湾[M]. 北京:文物出版社,2010,300～303、300、127～130、281～282、284～287.

[②] 郑云飞、蒋乐平、松井章等. 从楼家桥遗址的硅酸体看新石器时代水稻的系统演化[J]. 农业考古,2002,(1):104～114.

[③④] 浙江省文物考古研究所、诸暨博物馆、浦江博物馆. 楼家桥、塘山背、尖山湾[M]. 北京:文物出版社,2010,300～303、300、127～130、281～282、284～287.

化稻粒形态和同地层水稻硅酸体形态的分析数据,认为该稻群可能属于粳稻,并指出这是一种小粒型的稻种,或为密穗型。

考古报告极为简略地提及遗址出土了鹿颌骨、鹿角等动物遗存。[①]

这个遗址的生业形态以种植水稻占据主导地位,当时还存在狩猎活动。

2. 仅开展过植物考古的遗址

(1) 浙江省浦江县上山遗址

这个遗址上山文化早期与中期地层年代为距今 11 400～8 600 年,大致相当于新石器时代早、中期。仅浮选出炭化稻粒遗存 2 粒,由于数量过少,无法判断其驯野属性。[②] 对上山遗址出土多件研磨石器表面植硅体与淀粉颗粒的分析发现,这些石质工具曾用来处理过稻、稗草、菱、小麦族和壳斗科坚果等植食。[③] 对上山出土的数件打制石器工具刃部进行植硅体分析后发现,它们用于割取稻、芦苇、莎草等的禾草类植物。[④] 对龙游市荷花山遗址出土石磨盘和石磨棒表面的植硅体和淀粉粒分析发现,它们用于加工水稻、竹亚科、小麦族、薏苡等植物。[⑤] 针对浦江上山[⑥]、嵊州小黄山[⑦]、龙游荷花山[⑧]诸遗址文化层与出土陶片中所含稻属植硅体的分析表明,在上山文化时期,水稻很可能已经被古人栽培。上山遗址的跨湖桥文化层出土了炭化水稻遗存,为稻米和

[①] 浙江省文物考古研究所、诸暨博物馆、浦江博物馆. 楼家桥、蜀塘山背、尖山湾[M]. 北京:文物出版社,2010,300～303、300、127～130、281～282、284～287.

[②] 赵志军、蒋乐平. 浙江浦江上山遗址浮选出土植物遗存分析[J]. 南方文物,2016,(3):109～116.

[③] Yang, Xiaoyan, Dorian Fuller, et al. Barnyard grasses were processed with rice around 10000 years ago [J]. Scientific Reports 5,2015, 16251, published online. DOI: 10.1038/srep16251.

[④] 王佳静、蒋乐平. 浙江浦江上山遗址打制石器微痕与残留物初步分析[J]. 南方文物,2016,(3):117～121.

[⑤] 尹承龙、杨玉章、李为亚等. 浙江龙游荷花山遗址出土石器、陶器表面植物微体遗存研究[A],见浦江博物馆(编):《上山文化论集》,北京:中国文史出版社,2018,112～123.

[⑥] 郑云飞、蒋乐平. 上山遗址出土的古稻遗存及其意义[J]. 考古,2007,(9):19～25. 郇秀佳、李泉、马志坤. 浙江浦江上山遗址水稻扇形植硅体所反映的水稻驯化过程[J]. 第四纪研究,2014,34(1):106～113. Wu Yan, Leping Jiang, Yunfei Zheng, et al. Morphological trend analysis of rice phytolith during the early Neolithic in the Lower Yangtze [J]. *Journal of Archaeological Science*, 2014,49(2):326～331.

[⑦] 郑云飞、陈旭高、王海明. 浙江嵊州小黄山遗址的稻作生产[J]. 农业考古,2013,(4):11～17.

[⑧] 吴妍、蒋乐平. 荷花山遗址植硅体研究[J],未刊稿. 转引自蒋乐平、雷栋荣(编著):《万年龙游:龙游史前文化探源》,北京:中国文史出版社,2016,48～49.

小穗基盘。还有柿属的种子,数量较少①,不具有统计意义。上山遗址的新石器时代晚期地层年代约为距今 6 500 年,相当于河姆渡文化时期,浮选出土炭化的稻、粟、柿、莹蔺、飘拂草、稗草和马唐等植物遗存。其中已表现出驯化性状的粟是迄今中国南方所出年代最早的粟。② 研究者根据扇形植硅体的分析推测,从上山文化晚期到河姆渡文化时期,水稻的驯化过程可能有过短暂停滞。③ 商周时期地层出土的农作物包括水稻和粟,非农作物有莹蔺、稗草、葡萄,另有一粒炭化样品疑似红小豆。④ 结合本遗址河姆渡时期地层出土的粟来看,尽管本地先民主要种植的谷物是水稻,但同时也接受了由北方传来的农作物并发展出了相应的栽培技术。

(2) 浙江省永康市湖西遗址

这个遗址属上山文化晚期,年代为距今 9 000~8 400 年,属于新石器时代中期。浮选出土植物遗存类型包括稻、芡实、夏枯草、野黍、狗尾草、马唐、飘拂草、蓼科和莎草科。研究者根据其中稻属小穗基盘的形态特征,认为该古稻种群已出现由野生向粳型栽培稻演变的迹象。⑤

(3) 浙江省遂昌县好川墓地

这个遗址又名老鼠山遗址,年代为距今 4 300~3 700 年,以该遗址命名为好川文化,属于新石器时代末期。⑥ 对遗址地层出土植硅体的研究表明,水稻颖壳的双峰形植硅体形态表明这属于一个栽培稻种群,以此可推测当时浙东南地区可能已经有了农业生产,先民们可能在山脚下的滩涂上种植水稻,并将收获的稻谷携入山上的居住区。⑦

---

①② 赵志军、蒋乐平. 浙江浦江上山遗址浮选出土植物遗存分析[J]. 南方文物,2016,(3):109~116.
③ 郇秀佳、李泉、马志坤等. 浙江浦江上山遗址水稻扇形植硅体所反映的水稻驯化过程[J]. 第四纪研究,2014,34(1):106~113.
④ 赵志军、蒋乐平. 浙江浦江上山遗址浮选出土植物遗存分析[J]. 南方文物,2016,(3):109~116.
⑤ Zheng Yunfei, Gary Crawford, Leping Jiang, et al. Rice domestication revealed by reduced shattering of archaeological rice from the Lower Yangtze valley [J]. *Scientific Reports* 6,2016,28136,published online. DOI:10.1038/srep28136. 郑云飞、蒋乐平、Gary Crawford. 稻谷遗存落粒性变化与长江下游水稻起源和驯化[J]. 南方文物,2016,(3):122~130.
⑥ 王巍(总主编). 中国考古学大辞典[M]. 上海:上海辞书出版社,2014,156~157、273~274、276、345、224、227、277、280、323、230、344、276、225、229.
⑦ 姚政权、吴妍、王昌燧等. 温州老鼠山遗址的植硅石分析[J]. 农业考古,2005,(1):54~58.

3. 仅开展过动物考古的遗址

浙江省象山县塔山遗址

这个遗址分为新石器时代的下、中、上3层及商周文化层。新石器时代下层和中层与河姆渡文化晚期相当,属于新石器时代晚期。通过对动物骨骼进行定性定量分析,确认下层出土的哺乳纲有家猪、赤鹿、水鹿、梅花鹿、鹿科动物和水牛等6种,家养动物猪约占哺乳动物可鉴定标本数的26%,野生动物占74%。中层出土的哺乳纲有家猪、赤鹿、小鹿、水鹿、梅花鹿和水牛等6种,家猪约占24%,野生动物占76%。上层的年代与良渚文化相当,属于新石器时代晚期至末期。哺乳纲有家猪、赤鹿、水鹿和水牛等4种,家猪约占20%,野生动物占80%。由此可见,这个遗址新石器时代的肉食来源以狩猎为主,家养动物为辅。在商周地层出土的哺乳纲有赤鹿、水鹿和水牛3种,均为野生动物。①

4. 小结

浙闽丘陵区目前开展的动植物考古研究还比较少,因此我们对该区动植物遗存的了解相当有限。在新石器时代早、中期的上山文化时期,已有人类栽培水稻的迹象,跨湖桥文化时期情况不明,这两期均未见动物遗存报道。到新石器时代晚期的河姆渡文化时期,水稻栽培是植物性食物的来源之一,获取动物以狩猎为主,家猪饲养居相当次要地位。在新石器时代晚期至末期的良渚时期,以栽培水稻占优,辅以多种水果和叶类品种,获取动物资源延续了前一时期的方式。商周时期,在传统的水稻栽培以外,还有北方旱地粟作传入,获取动物仍以狩猎为主。

(二) 宁绍平原

这个地区开展过动植物考古的遗址有6处,仅开展植物考古的遗址有1处,以下分别阐述。

1. 开展过动植物考古的遗址

(1) 浙江省杭州市萧山区跨湖桥遗址

这个遗址的年代约为距今8 200~7 000年,属于新石器时代中期。浮选发

---

① 吕鹏、蒋乐平.塔山遗址动物遗存鉴定[A],见浙江省文物考古研究所、象山县文物管理委员会(编著):《象山塔山》,北京:文物出版社,2014,295~300.

现植物种子或果实部分为炭化状态,部分为饱水状态。植物考古鉴定确认有水稻、菱、芡实、桃、梅、南酸枣、柿、楝、麻栎、白栎、栓皮栎、蓼、眼子菜、藨草、莎草和疑似的慈姑块茎等13个科或属,17个种,分别来自淡水湿地、海湾和林缘等生态过渡地带。① 对炭化稻粒、小穗基盘和植硅体的详细分析,从多方面证明,跨湖桥的水稻是经过人类相当长时间栽培和选择的结果,这个稻群已处于驯化的过程中。② 研究者同时也指出,跨湖桥水稻与非水稻种实的比例表现出从早到晚持续降低的趋势,可能暗示了水稻在食谱中的地位下降,由此可见,水稻的驯化程度与它在人类食谱中的重要性并不总是同步发展的。③

通过对动物遗存进行定性定量研究,确认节肢纲有蟹1种;硬骨鱼纲有鲤鱼、乌鳢和种属不明1种,共计3种;爬行纲有扬子鳄和龟2种;鸟纲有天鹅、雁、鸭、鹰、雕、灰鹤、丹顶鹤、鸽及另外种属不明的4种,共计12种;哺乳纲有鼠、狗、貉、獾、豹猫、虎、海豚、野猪、家猪、小型鹿科动物未定种、梅花鹿、麋鹿、水牛和苏门羚等14种。狗和家猪为家养动物。依据最小个体数的统计结果,在年代约为距今8 200~7 300年的早期和中期,家养动物约占哺乳动物总数的29%,野生动物约占71%;在年代约为距今7 200~7 000年的晚期,家养动物约占23%,野生动物约占77%;始终以野生动物为主。④

这个遗址的生业形态为采集和种植水稻共存,当时处于栽培稻的初级阶段,以渔猎和饲养的方式获取肉食,饲养动物的比例很低,以渔猎为主。

(2) 浙江省杭州市萧山区下孙遗址

这个遗址的文化层年代与跨湖桥遗址晚期相当,属于新石器时代中期。⑤ 植物遗存有炭化稻和菱角,未经量化统计。⑥

---

① 浙江省文物考古研究所、萧山博物馆. 跨湖桥[M]. 北京:文物出版社,2004,270~277、273~277、241~270、317~318、312、312~313. 潘艳、郑云飞、陈淳. 跨湖桥遗址的人类生态位构建模式[J]. 东南文化,2013,(6):54~65.

② 浙江省文物考古研究所、萧山博物馆. 跨湖桥,文物出版社,2004年,270~277、273~277、241~270、317~318、312、312~313. 郑云飞、孙国平、陈旭高. 7 000年前考古遗址出土稻谷的小穗轴特征[J]. 科学通报,2007,9(52):1037~1041. Pan Yan, Yunfei Zheng, Chun Chen. Human ecology of the Neolithic Kuahuqiao Culture in East China [A]. In Habu, Junko, J. Olsen, P. Lape (Eds.) *Handbook of East and Southeast Asian Archaeology*, New York: Springer Science+Business Media, 2017, 347~337.

③ 潘艳、郑云飞、陈淳. 跨湖桥遗址的人类生态位构建模式[J]. 东南文化,2013,(6):54~65.

④⑤⑥ 浙江省文物考古研究所、萧山博物馆. 跨湖桥[M]. 北京:文物出版社,2004,270~277、273~277、241~270、317~318、312、312~313.

动物骨骼数量不多,经过对动物遗存的定性研究,确认瓣鳃纲有长牡蛎、近江牡蛎和团聚牡蛎3种,节肢纲有锯缘青蟹1种,硬骨鱼纲有鲤和黄颡鱼2种,哺乳纲有水牛、狗和猪3种,狗和猪为家养动物。①

这个遗址的生业方式包括种植水稻和采集,获取肉食的方式包括渔捞和饲养,但是种植与饲养在生业经济中所占的比例不详。

(3) 浙江省余姚市河姆渡遗址

这个遗址的年代约为距今7 000～6 000年,属于新石器时代晚期。动植物遗存均出土于最早的第一期。由于发掘年代较早,未开展系统浮选,拣选出明显可辨的种子或果实有稻、菱、麻栎、白栎、南酸枣、芡实、槐树子、薏苡、葫芦、圆柏、枫香、桃和喜树等。② 对炭化稻米和植硅体的分析表明,河姆渡遗址的水稻很可能是先民栽培的农作物。③

通过对动物遗存进行定性研究,确认腹足纲有方形环棱螺1种,瓣鳃纲有无齿蚌1种,节肢纲有锯缘青蟹1种;软骨鱼纲有真鲨1种,硬骨鱼纲有鲟、鲤、鲫鱼、鳙、鲇、黄颡鱼、鲻鱼、乌鳢和灰裸顶鲷等9种,爬行纲有中华鳄相似种、海龟、黄缘闭壳龟、乌龟、陆龟和中华鳖等6种,鸟纲有鹈鹕、鸬鹚、鹭、雁、鸭、鹰科、鹤和鸦科等8种,哺乳纲有猕猴、红面猴、黑鼠、穿山甲、豪猪、狗、貉、豺、黑熊、青鼬、黄鼬、猪獾、普通水獭、江獭、大灵猫、小灵猫、花面狸、食蟹獴、豹猫、虎、鲸、亚洲象、苏门犀、爪哇犀、野猪、家猪、獐、小鹿相似种、大角鹿、水鹿、梅花鹿、麋鹿、圣水牛和苏门羚等34种。狗和家猪为家养动物。④ 研究者未对动物遗存进行统计,从报告的内容分析,以野生动物为主。

---

① 浙江省文物考古研究所、萧山博物馆.跨湖桥[M].北京:文物出版社,2004,270～277、273～277、241～270,317～318,312,312～313.
② 浙江省文物考古研究所.河姆渡——新石器时代遗址考古发掘报告[M].北京:文物出版社,2003,216～217.俞为洁,徐耀良.河姆渡文化植物遗存的研究[J].东南文化,2000,(7):24～32.
③ 游修龄.对河姆渡遗址第4层出土稻谷和骨耜的几点看法[A],见浙江省文物考古研究所:《河姆渡——新石器时代遗址考古发掘报告》,[M]北京:文物出版社,2003,424～428.周季维.浙江余姚河姆渡新石器时代遗址出土稻粒形态分析鉴定,见浙江省文物考古研究所:《河姆渡——新石器时代遗址考古发掘报告》[M].北京:文物出版社,2003,429～430.郑云飞、游修龄、徐建民等.河姆渡遗址稻的硅酸体分析[J].浙江农业大学学报,1994,(1):81～85.
④ 魏丰、吴维棠、张明华等:浙江余姚河姆渡新石器时代遗址动物群[M].北京:海洋出版社,1989.魏丰.动物遗骸[A],见浙江省文物考古研究所:《河姆渡——新石器时代遗址考古发掘报告》,北京:文物出版社,2003,154～216.

这个遗址的生业中种植水稻的比例不详,获取肉食的方式以渔猎为主。

(4) 浙江省余姚市田螺山遗址

这个遗址的年代为约距今 7 000~4 500 年,大部分动植物遗存来自距今 7 000~6 000 年的文化层,属于新石器时代晚期。汇总目前为止发表的 3 批植物遗存分析记录,总计有 61 个科,107 属/种,以及无法明确鉴定科属的芽苞、块根和坚果仁等。① 植物种类包括菱、芡实、稻、莲、薏苡、橡子、柿、桃、梅、南酸枣、榕属、乌桕、樟科、楝、豆科、葫芦科、莎草科、葡萄科、堇草、百里香和白屈菜等。以出土数量来看,菱角是所有植物中量最大的,应当是田螺山先民最主要的淀粉类植物性食物。大量橡子成坑出土,多为完整的果实,因此是一种储备性的食物。水稻最初不占优势,在淀粉类食物中的比重有从早到晚增多的趋势;芡实的数量则从早到晚递减。其他植物种类在数量级上都不能与这 4 种等量齐观。② 水稻植硅体分析显示该种群比较接近粳稻。③ 田螺山遗址揭示的古水田遗迹见证了先民的稻作活动,可能包括烧荒、翻地、播种和收获等多种行为。但是水田内没有灌溉设施,水稻生长所需的水分很可能依赖降雨或湿地本身的储水。大量湿地杂草种子的出土也表明先民很少为水田除草,因此这种水田管理的劳力和物质投入都比较有限。根据植硅体密度折算的水稻产量为早期(距今 7 000~6 500 年)830 公斤/公顷,总计 6.3 公顷水田可产出 5 000 公斤、晚期(距今 6 000~4 500 年)950 公斤/公顷,总计 7.4 公顷水田可产出 7 000 公斤。④ 晚期较早期在水田单位产量、总产量和耕作面积等多方面的增长与水稻驯化的逐渐强化是一致的。

---

① 傅稻镰、秦岭、赵志军等.田螺山遗址的植物考古分析——野生植物资源采集与水稻栽培、驯化的形态学观察[A],见北京大学中国考古学研究中心、浙江省文物考古研究所编:《田螺山遗址自然遗存综合研究》,北京:文物出版社,2011,47~96.郑云飞、陈旭高、孙国平.田螺山遗址出土植物种子反映的食物生产活动[A],见北京大学中国考古学研究中心、浙江省文物考古研究所编:《田螺山遗址自然遗存综合研究》,北京:文物出版社,2011,97~107.潘艳.长江三角洲与钱塘江流域距今 10 000~6 000 年的资源生产:植物考古与人类生态学研究[D].复旦大学博士论文,2011,368~378.潘艳.人类生态视野中的长江下游农业起源[M].上海:上海辞书出版社,2017,268~286.
② 潘艳.人类生态视野中的长江下游农业起源[M].上海:上海辞书出版社,2017,268~286.
③ 宇田津彻朗、郑云飞.田螺山遗址植物硅酸体分析[A],见北京大学中国考古学研究中心、浙江省文物考古研究所编:《田螺山遗址自然遗存综合研究》,北京:文物出版社,2011,162~171.
④ Zheng Yunfei, Guoping Sun, Ling Qin, et al. Rice fields and modes of rice cultivation between 5000 and 2500 BC in east China [J]. Journal of Archaeological Science,2009 36(12):2609~2616. Zheng Yunfei, Guoping Sun, Xugao Chen. Response of rice cultivation to fluctuating sea level during the Mid~Holocene [J]. Chinese Science Bulletin,2012,57(4):370-378.

经过对出土的动物遗存进行定性定量分析,确认鱼类骨骼遗存出自 T406 第 7 层,年代约为距今 6 100~5 800 年,有软骨鱼纲 1 种,硬骨鱼纲以乌鳢科、鲤鱼科和鲇鱼科为主,还有鲻科、鲫鱼、鲈鱼和鲻鱼科,共 8 种。① 爬行纲有草龟,同样出自第 7 层。② 鸟纲有雉科、鸭科(包括雁亚科、鸭亚科、真鸭属、铃鸭属)、鹲鹧科、潜鸟科、鹳鸟科、鹈科、鹈鹕科、鹭鸶科、秧鸡科、海鸥科和鹰科等 11 科,出自距今 7 000~6 500 年。在可鉴定标本中,鸭科和秧鸡合计占到 90%,其他类别数量较少。③ 哺乳纲有猕猴、豪猪、狗、貉、黑熊、水獭、青鼬、獾、花面狸、豹、猫、野猪、家猪、麋鹿、水鹿、梅花鹿、黄麂、大角鹿、獐和水牛等 20 种。狗和家猪为家养动物。以最小个体数计,野生动物在哺乳动物中的百分比早期约为 50%,中期约为 58%,晚期约为 67%。④ 以野生动物为主。

这个遗址的生业状态为种植稻、桃和葫芦,饲养狗和猪,而大量非驯化物种的存在则反映了采集和渔猎方式在当时占据主要地位。

(5) 浙江省宁波市傅家山遗址

这个遗址的年代约为距今 7 000~5 300 年,属于新石器时代晚期,文化层包括河姆渡时期与良渚时期。植物遗存未经系统浮选采集,发掘中在居住区内干栏式建筑底部发现大量菱角、橡子、南酸枣和松球果等。⑤

通过对出土的动物遗存进行定性定量研究,确认硬骨鱼纲有乌鳢和鲈形目未定种 1 种,共 2 种;爬行纲有鳖 1 种;鸟纲有䴉和琵鹭 2 种;哺乳纲有猕猴、獾、水獭、猫科、犀、家猪、鹿、梅花鹿、水鹿、麋鹿和水牛等 11 种。猪为家养动物,依据最小个体数的统计结果,家养动物家猪占哺乳动物总数的 15%,野

---

① 松井章、真贝理香、丸山真史等. 田螺山遗址出土鱼类遗存的研究(初报)[A],见松井章、菊地大树(编):《中国新石器时代家畜、家禽的起源和东亚地区扩散的动物考古学研究》,奈良文化财研究所,2016,7~14.
② 平山廉、松井章、孙国平. 田螺山遗址出土的淡水龟类研究[A],见松井章、菊地大树(编):《中国新石器时代家畜、家禽的起源和东亚地区扩散的动物考古学研究》,奈良文化财研究所,2016,15~21.
③ 江田真毅、松井章、孙国平. 田螺山遗址鸟类动物利用的研究[A],见松井章、菊地大树(编):《中国新石器时代家畜、家禽的起源和东亚地区扩散的动物考古学研究》,奈良文化财研究所,2016,23~42.
④ 张颖、袁靖、黄蕴平. 田螺山遗址 2004 年出土哺乳动物遗存的初步分析[A],见北京大学中国考古学研究中心、浙江省文物考古研究所编:《田螺山遗址自然遗存综合研究》,北京:文物出版社,2011,172~205.
⑤ 宁波市文物考古研究所. 植物遗存[A]. 见《傅家山——新石器时代遗址发掘报告》,北京:科学出版社,2013,144~145.

生动物占85%,以野生动物为主。①

结合同时期的其他遗址的研究结果可知,当时这个遗址可能存在种植水稻,但采集占据的比例较大,尽管存在家猪,当时主要以渔猎的方式获取肉食。

(6) 浙江省余姚市鲻山遗址

这个遗址的年代与河姆渡遗址第2~4层相当,约为距今7 000~6 000年,属于新石器时代晚期。植物遗存有橡子、葫芦、芦苇和炭化水稻。

当时存在软骨鱼纲鲨鱼1种,爬行纲有鼋和中华鳖2种,哺乳纲有貉、猪、梅花鹿、赤麂和麋鹿等5种②,猪可能为家养动物。

尽管未对动植物遗存作定量统计,结合其他同时期的遗址的研究结果可知,当时的生业方式似乎以采集和渔猎为主,种植和饲养居于次要地位。

2. 仅开展过植物考古的遗址

浙江省宁波市慈湖遗址新石器时代的文化堆积分为上、下两层,上层属于良渚文化,年代约为距今5 400年;下层属于河姆渡文化,年代约为距今5 800年,均属于新石器时代晚期。良渚文化层出土过植物遗存,未经系统浮选和定性定量研究,发掘报告提及有酸枣、麻栎果和桃核等。③ 主要以采集野生植物为主。

3. 小结

宁绍平原在新石器时代中期的跨湖桥文化时期,动植物遗存以非驯化物种为主,但是已经存在以水稻栽培和家猪、狗的饲养为代表的农业因素,生业经济表现出以资源多样化为基础的特点。新石器时代晚期的河姆渡文化时期,是本区生业发展的一个高潮,除了原有的农业因素得到强化以外,农业形

---

① 罗鹏. 傅家山遗址出土动物骨骼遗存鉴定和研究[A],见宁波市文物考古研究所、宁波市文物管理所编著:《宁波文物考古研究文集》,北京:科学出版社,2008,61~73。
② 浙江省文物考古研究所、厦门大学历史系. 浙江余姚市鲻山遗址发掘简报[J]. 考古,2001,(10):14~25. 张文绪、王海明. 鲻山遗址古栽培稻研究[A],见裴安平、张文绪:《史前稻作研究文集》,北京:科学出版社,2009,129~135。
③ 浙江省文物考古研究所、宁波市文物考古研究所. 宁波慈湖遗址发掘简报[A],见浙江省文物考古研究所编:《浙江省文物考古研究所学刊:建所十周年纪念(1980~1990)》,北京:科学出版社,1993,104~118。

式还得到拓展和丰富,以桃树栽培为代表的林缘树种管理、以菱角为代表的湿地资源管理、以葫芦为代表的陆生果实种植,反映了先民管理生境和操纵物种的多种尝试。获取肉食资源的方式以渔猎为主,同时饲养少量的家猪和狗。良渚文化时期的动植物遗存记录较为欠缺,目前还难以判断该时段生业形态的整体面貌和趋势,但至少还存在采集和渔猎行为。

(三) 太湖平原

该区域开展过动植物考古的遗址有24处,仅开展过植物考古的遗址有9处,仅开展过动物考古的遗址有2处,以下分别阐述。

1. 开展过动植物考古的遗址

(1) 浙江省嘉兴市马家浜遗址

这个遗址的年代约为距今7 000~6 000年,属于新石器时代晚期。[①] 通过对植物遗存进行定性定量分析,发现大量芡实和菱角果实的残块,以及炭化水稻遗存。从绝对数量上判断,菱和芡实可能是当时比水稻更加重要的淀粉类食物。此外,还有很少量的禾本科、藜科、莎草科、十字花科和马齿苋等的杂草类种子。[②]

通过对动物遗存进行定性研究,确认瓣鳃纲有蚌1种,硬骨鱼纲有鲤科1种,爬行纲有水龟1种,哺乳纲有狐狸、野猪、麝、鹿和水牛等5种,以水牛和鹿为最多[③],均为野生动物。

这个遗址发现水稻遗存,但是野生植物种类较多,动物遗存均为野生动物,当时的生业形态似乎主要为采集和渔猎。

(2) 江苏省苏州市草鞋山遗址

这个遗址的文化堆积包含新石器时代晚期的马家浜文化、崧泽文化等多个时代的遗存,马家浜文化层年代为距今6 300~6 000年。[④]植物遗存有炭化水稻,田野发掘和植硅体分析揭示了马家浜晚期的水稻田。稻作区位于居住

---

①④ 王巍.中国考古学大辞典[M].上海:上海辞书出版社,2014,156~157、273~274、276、345、224、227、277、280、323、230、344、276、225、229.
② 高玉.环太湖地区新石器时代植物遗存与生业经济形态研究[D].北京大学硕士论文,2012.
③ 浙江省文物管理委员会.浙江嘉兴马家浜新石器时代遗址的发掘[J].考古,1961,(7):345~351、354.

村落外围,共揭露水田 44 块,水田系统由人工水塘、田块、水路、水井以及配套的水口组成。① 植硅体形态分析和炭化稻粒古 DNA 分析均判断,草鞋山遗址周围栽培的水稻属于粳稻类型,但与现代粳稻仍有区别。② 崧泽时代的植物遗存相当少,多个遗迹单位中曾出土数粒瓜类的种子。其中两粒经过形态比较后,认为一粒类似现代的葫芦,另一粒类似甜瓜,但尺寸小得多。初步的 DNA 检测未能判别它们所属的种类。③

通过对出土动物骨骼进行定性研究,确认腹足纲有田螺 1 种,硬骨鱼纲有种属不明的鱼,爬行纲有龟,哺乳纲有狗、猪、梅花鹿、麋鹿、獐和圣水牛等 6 种。狗和猪为家养动物。④

这个遗址的生业包括种植水稻和饲养家畜,但是渔猎占据较大的比例。

(3) 江苏省昆山市绰墩遗址

这个遗址的文化堆积包含新石器时代晚期的马家浜文化、崧泽文化、新石器时代晚期至末期的良渚文化及马桥文化和东周文化。马家浜时期地层浮选出的植物种子有水稻、菱、柿、大豆、水毛花和蔗草等类型,还有疑似山楂和朱砂根的种子,因数量较少,无法量化统计。⑤ 研究者对炭化稻粒和水稻植硅体进行测量分析后,认为先民已在此栽培水稻,稻群特征异于野生稻,并表现出偏向粳稻的分化。⑥ 马家浜文化时期水稻田的揭露进一步支持了以上分析结果,较早的水田约当马家浜早期偏晚阶段⑦,较晚的水田年代约为距今 6 300～5 900 年。⑧ 孢粉分析发现,在稻属植硅体浓度较高的土壤中,禾本科花粉比例较高,其他水生植物花粉比例较低,这说明当时水田耕作方式中可能

---

① 谷建祥、邹厚本、李民昌等. 对草鞋山遗址马家浜文化时期稻作农业的初步认识[J]. 东南文化,1998,(3):15～24.
②③ 宇田津彻朗、汤陵华、王才林. 中国的水田遗构探查[J]. 农业考古,1998,(1):138～155. 汤陵华、佐藤洋一郎、宇田津彻朗等. 中国草鞋山遗址古代稻种类型[J]. 江苏农业学报,1999,15(4):193～197.
④ 南京博物院. 江苏吴县草鞋山遗址[J]. 文物资料丛刊,1980,(3)1～24. 谷建祥、邹厚本、李民昌等. 对草鞋山遗址马家浜文化时期稻作农业的初步认识[J]. 东南文化,1998,(3):15～24.
⑤ 秦岭、傅稻镰. 绰墩遗址与澄湖出土的部分植物遗存[A],见苏州市考古研究所编著:《昆山绰墩遗址》,北京:文物出版社,2011,334～342.
⑥⑧ 曹志洪、杨林章、林先贵. 绰墩遗址新石器时期水稻田、古水稻土剖面、植硅体和炭化稻形态特征的研究[J]. 土壤学报,2007,44(5):838～847. 汤陵华. 绰墩遗址稻作遗存鉴定与植物硅酸体分析[A],见苏州市考古研究所编著:《昆山绰墩遗址》,北京:文物出版社,2011,329～333.
⑦ 谷建祥. 绰墩遗址马家浜文化时期水稻田[J]. 东南文化,2003(增刊1):42～45.

已包括除草行为。① 对各地层多环芳烃、正构烷烃和脂肪酸等物质含量的测定指示,马家浜时期先民的耕作活动有大量用火的迹象。② 马家浜时期的动物遗存很少,以可鉴定标本数计,仅发现麋鹿骨骼1块。③

良渚时期出土的植物种子非常少,仅见零星的稻米、楝、莎草科、小型豆科和疑似樱属的种子。④ 通过对动物遗存进行定性定量研究,确认鱼纲有种属不明的1种,爬行纲有种属不明的龟1种,哺乳纲有狗、家猪、梅花鹿、麋鹿和水牛等5种。狗和家猪为家养动物。依据对全部动物的可鉴定标本数统计,良渚时期哺乳动物约占83%,鱼类占17%,以哺乳动物为主。在哺乳动物中,以最小个体数计,家猪占67%,梅花鹿占17%,水牛占16%,以家养动物为主。⑤

相当于马桥文化时期的地层含有多种人为产生的多环芳烃种类,暗示存在水稻耕作的可能性。⑥ 马桥文化时期出土动物遗存中,以最小个体数计,哺乳动物占80%,爬行动物占20%,以哺乳类为主。在哺乳动物中,以可鉴定标本数计,梅花鹿占67%,猪占17%,狗占8%,水牛占8%,总体上以野生动物为主。⑦

东周时期出土动物遗存很少,仅发现梅花鹿角尖1块和带角的头骨1件,均有砍痕。

这个遗址在各个文化中大多发现水稻遗存,同时发现水田或耕作活动中的用火迹象。马家浜时期发现野生动物,良渚时期获取肉食的方式以饲养家畜为主,到马桥时期和东周时期,又转变为以狩猎为主。

(4) 江苏省昆山市少卿山遗址

---

① 李春海、章钢娅、杨林章. 绰墩遗址古水稻土隐粉学特征初步研究[J]. 土壤学报,2006,43(3):452~460.
② 李久海、董元华、曹志洪. 6000年以来水稻土剖面中多环芳烃的分布特征及来源初探[J]. 土壤学报,2007,44(1)41~46. 李夏、刘本定、代静玉. 绰墩遗址古、今水稻土的正构烷烃的正脂肪酸特征分析[J]. 土壤通报,2009,40(5)977~980.
③⑤⑦ 刘羽阳、袁靖. 绰墩遗址出土动物遗存研究报告[A],见苏州市考古研究所编著:《昆山绰墩遗址》,北京:文物出版社,2011,372~380.
④ 秦岭、傅稻镰. 绰墩遗址与澄湖出土的部分植物遗存[A],见苏州市考古研究所编著:《昆山绰墩遗址》,北京:文物出版社,2011,334~342.
⑥ 李久海、董元华、曹志洪. 6000年以来水稻土剖面中多环芳烃的分布特征及来源初探[J]. 土壤学报,2007,44(1)41~46.

这个遗址包括马家浜、崧泽、良渚和春秋战国的文化堆积。① 马家浜时期仅发现动物遗存,经鉴定为梅花鹿。②

良渚时期的年代约为距今 5 300～4 100 年,属于新石器时代晚期至末期。出土动植物遗存比较丰富。在良渚早期房址 F1 发现炭化米粒、葫芦籽、楝树种子和大量鱼骨。在地面黑灰层土样检测出稻属植硅体密度高于一般的稻田土,证明地上曾铺垫稻草③,说明水稻的副产品已经用于先民的日常生活。对文化层和房址内水稻植硅体的分析表明遗址周围曾有大量水稻生长,且可能属于粳稻类型。④ 对动物遗存进行定性定量研究,确认鱼纲有种属不明的鲤科 1 种,爬行纲有种属不明的龟 1 种,哺乳纲有家猪和梅花鹿 2 种。家养动物家猪约占哺乳动物总数的 75%,野生动物约占 25%,以家养动物为主。⑤

这个遗址在良渚时期种植水稻,其获取肉食资源的方式在马家浜时期为狩猎,到良渚时期以饲养家猪为主,也存在渔猎活动。

(5) 江苏省苏州市吴江区广福村遗址

这个遗址的文化堆积以马家浜文化为主,年代约为距今 6 000 年,属于新石器时代晚期。⑥ 对文化层土样中所含植硅体的研究表明,广福村遗址的先民起初在低湿地带开垦洼地栽种水稻,随着稻作的发展,湿地逐渐为较干旱的环境所取代,特别是出现了在现代水田中常见的与水稻共生的稗属植物,表明遗址周围的水田稻作方式日趋成熟。从扇形植硅体形态分析推测当时的稻种可能属于粳稻类型。⑦

对动物遗存未经定性定量分析,仅报道有哺乳纲的狗、猪、鹿、麂和牛等 5 种,数量不明。⑧

这个遗址当时种植水稻,获取肉食资源的方式包括饲养家畜和狩猎野生动物,但是两者的比例不详。

---

①② 奚彩萍. 少卿山遗址发掘成果[A],见南京博物院编:《绰墩山——绰墩遗址论文集》(《东南文化》2003 年增刊 1),149～151.
③⑤ 刘羽阳、袁靖. 绰墩遗址出土动物遗存研究报告[A],见苏州市考古研究所编著:《昆山绰墩遗址》,北京:文物出版社,2011,372～380.
④ 王才林、丁金龙. 江苏昆山市少卿山遗址的植物蛋白石分析[J]. 考古,2000,(4):87～92.
⑥⑧ 苏州博物馆、吴江市文物陈列室. 江苏吴江广福村遗址发掘简报[J]. 文物,2001,(3):41～51.
⑦ 王才林、丁金龙. 吴江广福村遗址的古稻作研究[J]. 农业考古,2001,(3):97～103.

(6) 浙江省桐乡市罗家角遗址

这个遗址的年代为距今约 7 000 年,属于新石器时代中晚期。出土为数较多的炭化水稻,另有葫芦残片和芦苇。① 小穗基盘形态分析显示野生型占 49%,驯化型占 51%,说明先民已在此栽培并驯化水稻。② 虽然炭化稻粒的形态测量显示该群体中类似现代粳稻和籼稻的个体共存③,但扇形植硅体分析表明它们整体上与现代籼稻更相近。④

通过对动物遗存进行定性研究,确认瓣鳃纲有蚌 1 种,硬骨鱼纲有鲤、鲫、青鱼和鳢等 4 种,爬行纲有乌龟、中华鳖和鼋 3 种,鸟纲至少有雁 1 种,哺乳纲有狗、貉、鲸、亚洲象、野猪、家猪、獐、梅花鹿、麋鹿和水牛等 10 种。狗、家猪和水牛可能是家养动物(但研究者未说明水牛是家养动物的理由,此处存疑)。⑤ 研究者未对动物遗存进行统计,特别提到鱼骨很多,从报告的内容上分析,以野生动物为主。

这个遗址当时种植水稻,获取肉食的方式以渔猎为主,家养动物的比例不高。

(7) 浙江省桐乡市新桥遗址

这个遗址的堆积属于新石器时代晚期的马家浜文化。遗址出土植物遗存有芡实和菱角,未经定量分析。

通过对动物遗存进行定性定量研究,确认硬骨鱼纲有未知种属的鱼类,数量较多,爬行纲有龟、鳖和鼋 3 种,鸟纲有种属不明的鸟类,哺乳纲有亚洲象、狗、猪、梅花鹿、麋鹿和牛等 6 种。狗和猪为家养动物。依据可鉴定标本数统计,哺乳动物中野生动物占 77%,家养动物占 23%,以野生动物为主。⑥

这个遗址未发现农作物,当时存在采集的行为,获取肉食资源的方式以

---

① 罗家角考古队. 桐乡县罗家角遗址发掘报告[A],见浙江省文物考古所编著:《浙江省文物考古所学刊》,北京:文物出版社,1981,1~42.
② 郑云飞、孙国平、陈旭高. 7000 年前考古遗址出土稻谷的小穗轴特征[J]. 科学通报,2007,52(9):1037~1041.
③ 罗家角考古队. 桐乡县罗家角遗址发掘报告[A],见浙江省文物考古所编著:《浙江省文物考古所学刊》,北京:文物出版社,1981,1~42. 周季维. 长江中下游出土古稻考察报告[J]. 云南农业科技,1981,(6):1~6.
④ 郑云飞、芮国耀、松井章等. 罗家角遗址水稻硅酸体形状特征及其在水稻进化上的意义[J]. 浙江大学学报(农业与生命科学版),2001,27(6):691~696.
⑤ 张明华. 罗家角遗址的动物群[A],见浙江省文物考古所编著:《浙江省文物考古所学刊》,北京:文物出版社,1981,43~53.
⑥ 张梅坤. 桐乡新桥遗址试掘报告[J]. 农业考古,1999,(3):77~87.

渔猎活动为主,家养动物的数量比例较低。

(8) 江苏省常州市圩墩遗址

这个遗址的马家浜文化层保存较好,年代为距今 6 210 年左右,属于新石器时代晚期。① 依据历次发掘报告,确认植物遗存有炭化稻米和葫芦。炭化稻米的粒型分析显示该稻群表型形态的多样性程度较高。②

通过对动物遗存进行定性定量研究,确认腹足纲有中国圆田螺 1 种,瓣鳃纲有杜氏珠蚌、反扭蚌、巨首楔蚌、短褶矛蚌、背瘤丽蚌、环带丽蚌、丽蚌、背角无齿蚌和蚬等 9 种,硬骨鱼纲有鲤鱼、鲫鱼、草鱼、青鱼、黄颡鱼和鲻鱼等 6 种,爬行纲有乌龟、中华鳖和鼋等 3 种,鸟纲有鹭、雁、野鸭、鹰、秧鸡、鹬和鸽等 7 种,哺乳纲有狗、貉、獾、小灵猫、獴、野猪、家猪、獐、鹿、梅花鹿、麋鹿和水牛等 12 种。依据可鉴定标本数的统计结果,家养动物狗和家猪约占哺乳动物总数的 30%,野生动物约占 70%,以野生动物为主。③

这个遗址种植水稻,也包括采集,获取肉食资源的方式包括渔猎和饲养,以渔猎为主。

(9) 江苏省宜兴市骆驼墩遗址

这个遗址主要属于新石器时代晚期的马家浜文化,在马家浜时期当地有类似湖泊、沼泽的湿地环境。④ 在马家浜文化层中发现 2 000 余粒炭化稻米。⑤

这个遗址发现最厚处达 1.6 m 深的贝类和螺壳堆积,动物遗存未经定性定量研究,当时有属于腹足纲的螺类和属于瓣鳃纲的贝类,硬骨鱼纲的鲤鱼,

---

① 王巍.中国考古学大辞典[M].上海:上海辞书出版社,2014,156~157、273~274、276、345、224、227、277、280、323、230、344、276、225、229.

② 游修龄.圩墩遗址出土炭化稻鉴定[J].考古学报,2001,(1):109~110.陈娟英.试析常州圩墩新石器时代遗址的原始农业因素[J].农业考古,2000,(1):101~103,108.江苏省圩墩遗址考古发掘队.常州圩墩遗址第五次发掘报告[J].东南文化,1995,(4):69~88.

③ 黄文几.圩墩新石器时代遗址出土动物遗骨的鉴定[J].考古,1978,(4):241~243.黄象洪.常州圩墩新石器时代遗址第四次(1985年)发掘出土的动物遗存研究[A],见上海市自然博物馆编:《考察与研究》,上海:上海科学技术文献出版社,1990,20~30.黄象洪.圩墩遗址出土动物遗骸鉴定[J].考古学报,2001,(1):108.

④ 李兰、朱诚、林留根.江苏宜兴骆驼墩遗址地层 7500~5400BC 的海侵事件记录[J].地理学报,2008,63(11):1189~1197.

⑤ 南京博物院、宜兴市文物管理委员会.江苏宜兴骆驼墩遗址发掘报告[J].东南文化,2009,(5):26~44.南京博物院考古研究所.江苏宜兴市骆驼墩新石器时代遗址的发掘[J].考古,2003,(7):3~9.

爬行纲的鼋,哺乳纲有狗、猪、梅花鹿、麋鹿和牛等5种。① 狗和猪可能为家养动物。

这个遗址种植水稻,获取肉食主要为渔猎活动,可能也包括饲养少量的家畜。

(10) 江苏省宜兴市西溪遗址

这个遗址主要属于马家浜文化,年代约为距今7 000～6 000年,属于新石器时代晚期。马家浜文化堆积分为早晚两大时期,其中早期又分为两个阶段,晚期分为4个阶段。通过筛选发现炭化稻米②,是否还有其他植物遗存尚不明确。

通过对动物遗存进行定性定量研究,发现腹足纲有环棱螺和种属不明的螺等2种,瓣鳃纲有蚬、丽蚌、楔蚌、曲蚌、珠蚌和帆蚌等6种,硬骨鱼纲有鲤鱼、青鱼和乌鳢等3种,爬行纲有龟科、鳖科、小型鳖和大型鳖等4种,鸟纲可分为大型、中型、小型3类,哺乳纲有啮齿目、兔、猪獾、貉、狗、家猪、獐、梅花鹿、鹿、麋鹿和牛等11种。狗和猪为家养动物。早期一段家养动物为42%,野生动物为58%;早期二段家养动物为17%,野生动物为83%;晚期一段家养动物为38%,野生动物为62%;晚期二段家养动物为27%,野生动物为73%;晚期三段家养动物为25%,野生动物为75%;晚期四段家养动物为24%,野生动物为76%;在各个阶段野生动物都是最多的。③

这个遗址种植水稻,获取肉食主要为渔猎活动,可能也包括饲养少量的家畜。

(11) 江苏省溧阳市神墩遗址

文化遗存堆积主体为新石器时代晚期的马家浜文化,并可分为早、中和晚3个时期。早期遗存相当于马家浜文化早期,绝对年代约为距今7 000～

---

① 南京博物院考古研究所.江苏宜兴市骆驼墩新石器时代遗址的发掘[J].考古,2003,(7):3～9.
② 南京博物院、宜兴市文物管理委员会.江苏宜兴西溪遗址发掘纪要[J].东南文化,2009,(5):59～62.
③ 宋艳波、田名利.江苏宜兴西溪新石器时代遗址脊椎动物研究报告[A],见山东省文物考古研究所编:《海岱考古》(第九辑),北京:科学出版社,2017,335～357.南京博物院、宜兴市文物管理委员会.江苏宜兴西溪遗址发掘纪要[J].东南文化,2009,(5):59～62.黄宝玉、朱祥根、蔡华伟.江苏宜兴骆驼墩、西溪遗址全新世软体动物[J].海洋科学,2005,29(8):84～94.

6 500 年,中晚期遗存相当于马家浜文化晚期,绝对年代为距今约 6 500～5 900 年。① 遗址出土炭化水稻遗存,对炭化米形态测量数据的初步分析表明,已接近现代栽培稻,但粒型偏小。植硅体分析表明各地层均有水稻植硅体存在,且形态偏粳型,佐证了当地可能有较长的稻作农业历史。②

已分析的动物遗存全部属于早期,可鉴定标本有 41 件,属于至少 13 个个体。定性定量分析确认硬骨鱼纲仅有 1 枚青鱼咽齿骨,爬行纲有龟、鳖等 2 种;哺乳纲有牛、梅花鹿、小型鹿和猪等 4 种。因动物遗骸数量较少,且保存状况不佳,研究者很难判断其中哪些属于家养动物,但根据与同时期遗址出土动物比较,鹿类、龟鳖类和鱼属于野生动物。从动物数量来看,先民的肉食主要来自哺乳动物,占 74%,其次为爬行动物,占 24%。从哺乳动物的构成来看,无论是可鉴定标本数、最小个体数,还是肉量统计,都以野生动物为主。③

这个遗址种植水稻,获取肉食主要为渔猎活动,可能也包括饲养少量的家畜。

(12) 江苏省常州市金坛区三星村遗址

这个遗址包含马家浜文化与北阴阳营文化因素,但又有其自身连续发展的鲜明特点,故有"三星村文化类型"一说,年代为距今 6 500～5 500 年,属于新石器时代晚期。许多灰坑出土炭化稻,初步鉴定认为属人工栽培稻,粒型接近现代粳稻,但个体较小。

通过对动物遗存进行定性研究,确认腹足纲有种属不明的螺,硬骨鱼纲有种属不明的鱼,爬行纲有龟和鳖 2 种,鸟纲有种属不明的鸟,哺乳纲有狗、猪、麂、鹿和牛等 5 种④,狗和猪为家养动物。家养动物和野生动物的数量比例不清。

这个遗址种植水稻,获取肉食似乎主要为渔猎活动,可能也包括饲养少量的家畜。

---

① 南京博物院、常州博物馆、溧阳市文化局. 江苏溧阳神墩遗址发掘简报[J]. 东南文化,2009,(5):45～58.
② 汤陵华. 炭化稻米分析[A],见南京博物院、常州博物馆、溧阳市文化广电体育局编著:《溧阳神墩》,北京:文物出版社,2016,483～487.
③ 宋艳波、田名利. 江苏溧阳神墩新石器时代遗址动物遗存分析报告[A],见山东省文物考古研究所编:《海岱考古》(第九辑),北京:科学出版社,2017,358～364.
④ 江苏省三星村联合考古队. 江苏金坛三星村新石器时代遗址[J]. 文物,2004,(2):4～26.

(13) 江苏省南京市高淳区薛城遗址

这个遗址以马家浜文化和崧泽文化为主,年代跨度约为距今6 500～5 500年,属于新石器时代晚期。遗址地层中的植硅体分析表明,遗址周围自距今6 500年前就有稻作生产活动,并一直持续到崧泽时期。植硅体形态分析显示当时所种的古稻种偏粳稻类型。①

通过对马家浜文化中、晚期的动物遗存进行定性研究,确认腹足纲有中国圆田螺1种,瓣鳃纲有丽蚌、裂齿蚌和蓝蚬3种,硬骨鱼纲有鲤鱼、青鱼和乌鳢3种,爬行纲有中华鳖和鼋2种,哺乳纲有狗、猪和獐3种。② 狗和猪为家养动物。从报告的描述判断,似乎以野生动物为主。

这个遗址种植水稻,获取肉食主要为渔猎活动,可能也包括饲养少量的家畜。

(14) 江苏省张家港市东山村遗址

这个遗址的动植物遗存均出自马家浜文化地层,其年代约为距今6 300～6 000年,属于新石器时代晚期。③ 通过对植物遗存进行定性分析,确认农作物仅水稻一种。非驯化种中,果实类有菱、芡实、莲子、葫芦、栝楼、葡萄、桃、梅、李、樱、山楂、朴属、山胡椒属和朱砂根等,其他草本种子有荸草、薹草和苍耳等。对炭化稻米形态的测量分析显示,东山村的水稻总体上粒型较小,并表现出历时性变小的趋势。④ 对文化层、红烧土和陶片中所含水稻植硅体的分析,确认在马家浜时期存在稻作,并发现其稻种属粳稻型,与草鞋山遗址马家浜时期的水稻比较相近。⑤

通过对动物遗存进行定性定量研究,确认鱼纲有鲤科、鲟鲨、鲻鱼、花鲈、无鳔鲉和真鲹等6种;鸟纲有鸭、䴙䴘、鸦属和鸥类等4种;爬行纲有龟、鳖和蛙类等3种,以及尚且存疑的蛇;哺乳纲有兔、松鼠、狗、貉、小形犬科动物未定

---

① 王才林、周裕兴、王志高.江苏高淳县薛城遗址的植物蛋白石分析[J].农业考古,2002,(3):55～61.
② 南京市文物局、南京市博物馆、高淳县文管所.江苏高淳县薛城新石器时代遗址发掘简报[J].考古,2000,(5):1～20.
③ 南京博物院、张家港市文管办、张家港博物馆.东山村:新石器时代遗址发掘报告[M].北京:文物出版社,2016,349.
④ 秦岭.东山村遗址出土植物遗存分析[A],见南京博物院、张家港市文管办、张家港博物馆编著:《东山村:新石器时代遗址发掘报告》,北京:文物出版社,2016,605～624.
⑤ 王才林、丁金龙.张家港东山村遗址的古稻作研究[J].农业考古,1999,(3):88～97.

种、猪、梅花鹿、中小型鹿等8种。其中,狗是家养动物,由于猪的遗存数量较少。无法判明是否家养,其他均为野生动物。[①]

这个遗址的生业形态以采集和渔猎为主,栽培农作物和驯化家畜为辅。

(15) 上海市青浦区崧泽遗址

这个遗址包括马家浜、崧泽等几个文化的堆积,以崧泽文化为主体,属于新石器时代晚期。马家浜文化层年代为距今6 300～5 800年,出土了大批动植物遗存。[②] 植物遗存有炭化水稻、桃和梅等3种。[③] 崧泽文化层年代约为距今5 800～5 100年[④],出土植物遗存为壳斗科坚果[⑤],种属不明。

由于未对马家浜和崧泽文化出土的动物遗存进行区分,故一并阐述,通过定性定量研究,确认硬骨鱼纲有鲤鱼1种,爬行纲有乌龟1种,哺乳纲有狗、獾、水獭、家猪、獐、梅花鹿和麋鹿等7种。依据可鉴定标本数的统计结果,家养动物狗和家猪约占哺乳动物总数的30%,野生动物占70%,以野生动物为主。[⑥]

这个遗址种植水稻,还包括采集活动,以渔猎为主的方式获取肉食资源,饲养少量的家畜。

(16) 江苏省嘉兴市南河浜遗址

这个遗址包括崧泽与良渚两个文化的堆积,以崧泽文化为主,年代约为距今6 000～5 100年,属于新石器时代晚期。[⑦] 对崧泽文化地层和陶片中的植物植硅体分析表明,当时出现过两次稻作生产的高峰期,可能存在农田遗

[①] 董宁宁.东山村遗址出土动物骨骼鉴定报告[A],见南京博物院、张家港市文管办、张家港博物馆编著:《东山村:新石器时代遗址发掘报告》,北京:文物出版社,2016,586～604.

[②] 上海市文物保管委员会.崧泽——新石器时代遗址发掘报告[M].北京:文物出版社,1987,87～88.中国社会科学院考古研究所.中国考古学中碳十四年代数据集(1965～1991)[M].北京:文物出版社,1991,99.

[③⑤] 叶常丰、游修龄.崧泽遗址古代种子鉴定报告[A],见上海市文物保管委员会:《崧泽——新石器时代遗址发掘报告》,北京:文物出版社,1987,129～130.

[④] 上海市文物保管委员会.崧泽——新石器时代遗址发掘报告[M].北京:文物出版社,1987,87～88.

[⑥] 黄象洪、曹克清.崧泽遗址中的人类和动物遗存[A],见上海市文物保管委员会:《崧泽——新石器时代遗址发掘报告》,北京:文物出版社,1987,108～114.

[⑦] 浙江省文物考古研究所.南河浜——崧泽文化遗址发掘报告[M].北京:文物出版社,2005,6～17、203～209.

迹。水稻的植硅体形态特征偏向现代粳稻。①

通过对动物遗存进行定性研究,确认哺乳纲有家猪、獐、麋鹿和鹿科动物,从报告的描述看,似乎家猪骨骼数量最多。②

这个遗址以种植水稻和饲养家猪为主,还包括狩猎活动。

(17) 上海市青浦区福泉山遗址

这个遗址主要为崧泽文化和良渚文化的堆积。③ 动植物遗存都出自崧泽文化层,年代约为距今 5 600～5 300 年,属于新石器时代晚期。仅发现 5 颗葫芦种子。④ 通过对动物遗存进行定性研究,确认哺乳纲有狗、家猪、獐、鹿、梅花鹿和麋鹿等 6 种,其中狗和家猪为家养动物。从报告的内容上分析,以野生动物为主。⑤

这个遗址的生业形态以采集和狩猎为主,驯化家畜为辅。

(18) 江苏省海安市青墩遗址

这个遗址包括崧泽文化和良渚文化的堆积,崧泽文化的年代约为距今 6 000～5 500 年,良渚文化的年代约为距今 5 500～5 000 年,大致均在新石器时代晚期的范围内。⑥ 崧泽文化的植物遗存有桃、芡实、菱和炭化稻等,在一些硬结的粪块中包含未消化的稻壳。⑦ 陶片中所含植硅体的分析表明,当时可能存在水田耕作,稻种类型偏粳稻。⑧

通过对崧泽文化和良渚文化的动物遗存进行定性分析,确认瓣鳃纲有丽蚌和篮蚬 2 种,鱼纲有种属不明的鱼,爬行纲有金龟和鳖等 2 种,鸟纲有种属

---

① 郑云飞.南河浜遗址植物硅酸体分析报告[A],见浙江省文物考古研究所编著:《南河浜——崧泽文化遗址发掘报告》,北京:文物出版社,2005,387～393.
② 金幸生.南河浜遗址动物骨骸鉴定报告[A],见浙江省文物考古研究所编著:《南河浜——崧泽文化遗址发掘报告》,北京:文物出版社,2005,377～379.
③ 上海市文物管理委员会.福泉山——新石器时代遗址发掘报告[M].北京:文物出版社,2000,125～133.
④ 游修龄.青浦福泉山遗址出土种子的鉴定[A],见上海市文物管理委员会编著:《福泉山——新石器时代遗址发掘报告》,北京:文物出版社,2000,170.
⑤ 黄象洪:青浦福泉山遗址出土的兽骨[A],见上海市文物管理委员会编著:《福泉山——新石器时代遗址发掘报告》,北京:文物出版社,2000,168～169.
⑥ 南京博物院.江苏海安青墩遗址[J].考古学报,1983,(2):147～190. 燕生东.海安青墩遗存再分析——江淮东部地区考古学文化研究之一[J].东南文化,2004,(4):25～33.
⑦ 南京博物院.江苏海安青墩遗址[J].考古学报,1983,(2):147～190.
⑧ 宇田津彻朗、邹厚本、藤原宏志.江苏省新石器时代遗址出土陶器的植物蛋白石分析[J].农业考古,1999,(1):36～45.

不明的鸟,哺乳纲有狐、鼬、狗、犀、家猪、野猪、麂、梅花鹿、麋鹿、獐和牛等 11 种。狗和家猪为家养动物,但是家养动物和野生动物的比例不清。①

这个遗址除种植水稻,饲养家猪外,还包括采集和渔猎,但是种植饲养和采集渔猎的比例不详。

(19) 浙江省杭州市余杭区卞家山遗址

这个遗址属于良渚文化,年代约为距今 4 900～4 500 年,属于新石器时代晚期。② 该遗址出土的农作物有稻米和粟,坚果包括菱、芡实、壳斗科和樟,瓜果包括桃、梅、杏、柿、南酸枣、葡萄、乌桕梅、瓠瓜、甜瓜、楝和构树,还有马甲子、防己、马交儿、金鱼藻、眼子菜、葎草、莎草科和蓼科等陆生和水生杂草类。稻米的数量最多。③ 当时稻米已成为主食,而粟的出现暗示着南北方谷物交流的可能性,大量瓜果种实的存在反映了良渚人食物的多样性。④ 此外,通过对该地区距今 7 600～3 400 年间出土桃核的系统研究显示,来自良渚时期的茅山和卞家山遗址的桃核形态更大而扁长,是中国目前所知年代最早的形态接近现代栽培桃的证据。这说明在长江下游人类对桃树的栽培和选育至少已有 3 000 年的历史。⑤

通过对出土的动物遗存进行定性定量研究,确认腹足纲有方形环棱螺、似梨形环棱螺 2 种,瓣鳃纲有河蚬、圆顶珠蚌、中国尖脊蚌、扭蚌、鱼尾楔蚌、矛蚌和背瘤丽蚌等 7 种⑥,爬行纲有龟和鳖 2 种,鸟纲有大雁、天鹅和鸭等 3 种,哺乳纲有狗、家猪、梅花鹿、水鹿和水牛等 5 种。狗和家猪为家养动物。依据可鉴定标本数,家猪约占总数的 93%,野生动物占 7%,以家养动物为主。⑦

这个遗址种植水稻,还发现粟和可能种植的桃,采集的野生植物也占有

---

① 徐志楠. 青墩遗址的动物遗存[A],见李春涛、王其银编著:《青墩考古》,苏州:苏州大学出版社,2010,87～92.
② 浙江省文物考古研究所编著. 卞家山[M]. 北京:文物出版社,2014,382～389.
③④ 郑云飞. 植物种子和果实遗存的分析[A],见浙江省文物考古研究所编著:《卞家山》,北京:文物出版社,2014,418～424.
⑤ Zheng Yunfei, Gary Crawford, Xugao Chen. Archaeological evidence for peach (Prunus persica) cultivation and domestication in China [J]. PlosOne, 2014,9(9): e106595.
⑥ 金幸生、野田芳和. 软体动物的鉴定和研究[A],见浙江省文物考古研究所编著:《卞家山》,北京:文物出版社,2014,433～437.
⑦ 张颖. 动物骨骼的鉴定和研究[A],见浙江省文物考古研究所编著:《卞家山》,北京:文物出版社,2014,424～432.

一定比例,获取肉食以家猪为主,渔猎活动十分有限。

(20) 江苏省苏州市吴江区龙南遗址

这个遗址良渚文化的年代约为距今 5 400～4 200 年,属于新石器时代晚期至末期。[①] 通过对植物遗存的鉴定,确认有稻米、菱角、甜瓜、芝麻(存疑[②])、葫芦和南酸枣等 7 种。[③] 此外,遗址地层和红烧土中发现含有水稻、芦苇、茭白等种类的植硅体,稻属扇形植硅体形态分析表明,良渚时期存在稻作栽培,当时的稻种接近现代粳型稻。[④]

通过对动物遗存进行定性定量研究,确认腹足纲有田螺 1 种,瓣鳃纲有蚬 1 种,硬骨鱼纲有鲤鱼 1 种,鸟纲有种属不明的 1 种,哺乳纲有狗、野猪、家猪、獐、梅花鹿、麋鹿和牛未定种等 7 种。依据可鉴定标本数的统计结果,家养动物狗和家猪约占全部哺乳动物总数的 70%,野生动物约占 30%,以家养动物为主。[⑤]

这个遗址种植水稻,采集的野生植物也占有一定比例,获取肉食以家猪为主,渔猎活动十分有限。

(21) 上海市松江区广富林遗址

这个遗址包括良渚文化、广富林文化和周代等多个时期的堆积,良渚文化的年代为距今 5 300～4 200 年,属于新石器时代晚期至末期。[⑥] 经过对植物遗存的系统浮选分析,发现良渚文化出土的植物遗存包括葫芦、甜瓜、稻、桃、芡实、菱、楝和南酸枣,其中芡实所占百分比最高,其次是葫芦和桃,其他种类比例均较低。[⑦] 对遗址地层所含植硅体的分析表明,当时的水稻种植已

---

① 苏州博物馆、吴江县文物管理委员会.江苏吴江龙南新石器时代村落遗址第一、二次发掘简报[J].文物,1990,(7):1～27. 苏州博物馆、吴江市文物管理委员会.吴江梅堰龙南新石器时代村落遗址第三、四次发掘简报[J].东南文化,1999,(3):17～26.
② 郑云飞、陈旭高.甜瓜起源的考古学研究——从长江下游出土的甜瓜属种子谈起[A],见浙江省文物考古研究所编:《浙江省文物考古研究所学刊》(第八辑),北京:科学出版社,2006,578～585.
③ 苏州博物馆、吴江县文物管理委员会.江苏吴江龙南新石器时代村落遗址第一、二次发掘简报[J].文物,1990,(7):1～27.
④ 郑云飞、游修龄、徐建民等.龙南遗址红烧土植物蛋白石分析[J].中国水稻科学,1994,8(1):55～56. 汤陵华、邹江石、王才林等.江苏梅埝龙南遗址古稻作的调查[J].农业考古,1992,(1):70～73.
⑤ 吴建民.龙南新石器时代遗址出土动物遗骸的初步鉴定[J].东南文化,1991,(3,4):179～182.
⑥ 陈杰、陈中原、李春海.上海松江区广富林遗址的环境分析[J].考古,2007,(7):71～79.
⑦ 王海玉、翟杨、陈杰等.广富林遗址(2008 年)浸水植物遗存分析[J].南方文物,2013,(2):139～147.

相当广泛,可能在水稻收获季节还有集中脱粒、储藏稻谷和焚烧秸秆的行为。① 广富林文化出土的植物有水稻、菱、芡实、葫芦、甜瓜、冬瓜、桃、楝、樟科、野大豆、葎草、稗属、藜属、藨草、飘拂草属、拉拉藤属和千金子等17种。以绝对数量计,水稻在总数中的比例最大,其次为葎草、葫芦和桃。② 研究者指出,葫芦、甜瓜和桃都很可能已是人类种植的。③ 表明当时以栽培种植为主。广富林遗址周代地层出土的植物遗存包括稻、葫芦、甜瓜、桃、芡实、菱、楝、樟科、柿、葎草、紫苏、拉拉藤属和千金子等13种④,其中稻米占据的数量比例较大,应为主要农作物。⑤ 其次,葫芦和桃的数量也较多,研究者推测它们当时是人类种植的,是重要的日常食物。

这个遗址出土的动物遗存经过定性定量分析,虽然正式报告尚未发表,但我们已经知道主要为野生动物。⑥

这个遗址在各个时期都是以种植水稻为主,其他栽培的种类还包括葫芦、甜瓜和桃等,但是各个时期都主要以渔猎的方式获取动物资源。

(22) 上海市闵行区马桥遗址

这个遗址包括属于新石器时代晚期至末期的良渚文化及属于青铜时代时间框架内的马桥文化等多个文化堆积。马桥文化的年代约为距今3 900～3 200年。⑦ 通过植硅体分析,发现稻亚科扇形植硅体的含量在良渚文化层的堆积中含量较高,而在马桥文化的堆积中含量较低。⑧

通过对动物遗存进行定性定量研究,发现良渚文化中腹足纲有田螺1种,瓣鳃纲有牡蛎、文蛤和青蛤3种,软骨鱼纲有种属不明1种,硬骨鱼纲有种属不明1种,爬行纲有鳖1种;哺乳纲有狗、家猪、梅花鹿、麋鹿、不明种属的小型

---

① 张玉兰、张敏斌、宋建.从广富林遗址中的植硅体组合特征看先民农耕发展[J].科学通报,2003,(1):96～99.
②③④ 王海玉、翟杨、陈杰.广富林遗址(2008年)浸水植物遗存分析[J].南方文物,2013,(2):139～147.陈航、周云、赵志军.上海广富林遗址2003年浮选结果分析报告[A],见上海博物馆编:《广富林考古发掘与学术研究论集》,上海古籍出版社,2014,336～345.
⑤ 承上海博物馆周云老师告知.
⑥ 承上海博物馆陈杰研究员告知.
⑦ 上海市文物管理委员会.马桥:1993～1997年发掘报告[M].上海:上海书画出版社,2002,296～300.
⑧ 宋建.生存环境和生存形式[A],见上海市文物管理委员会编著:《马桥:1993～1997年发掘报告》,上海:上海书画出版社,2002,341～344.

鹿科和牛等6种。狗和家猪为家养动物。依据最小个体数的统计结果,家养动物约占哺乳动物总数的56％,野生动物约占44％,以家养动物为主。马桥文化中瓣鳃纲有牡蛎、文蛤2种,软骨鱼纲有鲨鱼1种,硬骨鱼纲有鲈鱼1种,爬行纲有鳖1种,鸟纲有雉1种,哺乳纲有海豚、狗、貉、猪獾、虎、犀、家猪、野猪、梅花鹿、麋鹿和水牛等11种,狗和家猪为家养动物。依最小个体数计,马桥文化前期家养动物约占16％,野生动物约占84％;马桥文化后期家养动物约占29％,野生动物约占71％,都以野生动物为主。①

这个遗址在良渚文化时期普遍种植水稻,但在马桥文化时期种植水稻较少。获取肉食资源的方式,在良渚文化时期,饲养家猪的比例略高于渔猎活动,而自马桥文化开始以渔猎为主,家猪所占的比例相当低。

(23) 浙江省湖州市钱山漾遗址

这个遗址包含属于新石器时代末期的钱山漾文化一期、二期和属于青铜时代时间框架内的马桥文化的文化堆积,钱山漾一期年代为距今4 400～4 200年,钱山漾二期年代为距今4 000年前后。马桥文化的年代为距今3 500～3 300年,部分遗迹可晚至距今3 100年左右。② 经过对植物遗存的定性定量分析,确认钱山漾一期有稻、甜瓜、葫芦、菱、桃、梅、杏、柿、壳斗科、葡萄、乌蔹莓、石蒜、防己、芡实、蓼属、酸模、毛茛、细辛、莎草科、白屈菜、金鱼藻、眼子菜和葎草等18科20余种,以栽培作物为主。钱山漾二期有稻米、甜瓜、菱角、桃、柿、壳斗科、石蒜和芡实等8科8种,以菱角为主,而不是栽培稻。马桥文化有稻、甜瓜、菱角、葫芦、桃、梅、南酸枣、柿、壳斗科、八角枫、葡萄、乌蔹莓、石蒜、芡实、蓼属、酸模、蟛蜞菊、毛茛、苋菜、莎草科、金鱼藻和葎草等,以稻米为主,其他种类数量均较少。③

通过对主要出自钱山漾一期的动物遗存进行定性定量分析,确认硬骨鱼纲有青鱼1种,爬行纲有鼋和龟2种,哺乳纲有亚洲象、狗、家猪、麋鹿、獐和水牛等6种。狗和家猪为家养动物。根据最小个体数统计结果,家养动物占

---

① 袁靖.自然遗存(二)——动物[A],见上海市文物管理委员会编著:《马桥:1993～1997年发掘报告》,上海:上海书画出版社,2002,347～369.
② 浙江省文物考古研究所、湖州市博物馆.钱山漾第三、四次发掘报告[M].北京:文物出版社,2014,452～464.
③ 郑云飞.植物种子和果实遗存分析报告[A],见浙江省文物考古研究所、湖州市博物馆编著:《钱山漾第三、四次发掘报告》,北京:文物出版社,2014,431～437.

56%,以家养为主。①

这个遗址各个时期都主要种植水稻,也包括采集野生植物。在钱山漾一期饲养家畜的比例略高于通过渔猎活动获取的野生动物的比例。

(24) 浙江省桐乡市董家桥遗址

这个遗址包含新石器时代至东周时期的文化堆积。② 通过对出自新石器时代晚期至末期的崧泽晚期至良渚时期的动物骨骼进行定性定量研究,确认哺乳纲有狗、家猪、麋鹿、獐、羊和牛等6种,其中家猪约占34%。当时主要以狩猎方式获取肉食。马桥时期仅发现猪骨。③

东周时期的植物遗存包括水稻、粟、莎草科、黍亚科、早熟禾亚科、蓼科、豆科、唇形科、菊科、酢浆草科和泽泻科等11种,绝对数量以水稻为主。④ 这与该地区东周以前出土植物以水生和喜湿类型为主不同,它反映了一种偏干的陆生生态。东周时期的动物骨骼属于哺乳纲,有狗、马、家猪、獐、麋鹿、鹿、牛和羊等8种。狗、马、猪和牛为家养动物,约占哺乳纲动物总数的37%。

这个遗址新石器时代的农作物状况不清楚,东周时期以种植水稻为主,还发现粟,各个时期都主要以狩猎的方式获取肉食,但是在东周时期家养动物中新出现马和牛。

2. 仅开展过植物考古的遗址

(1) 江苏省昆山市姜里遗址

这个遗址包含新石器时代晚期的马家浜、崧泽等多个新石器时代和历史时期的文化层。⑤ 马家浜文化层的植物遗存有水稻、禾本科、莎草科、荨麻科、

---

① 张颖. 动物遗存分析报告[A],见浙江省文物考古研究所、湖州市博物馆编著:《钱山漾第三、四次发掘报告》,北京:文物出版社,2014,437~447.
② 浙江省文物考古研究所、桐乡市博物馆. 桐乡董家桥遗址 2011 年度发掘简报[A],见浙江省文物考古研究所编:《浙江省文物考古研究所学刊》第十辑,北京:文物出版社,2015,130~158.
③ 王华、游晓蕾、田正标. 浙江桐乡董家桥遗址动物遗存初步分析[A],见浙江省文物考古研究所编:《浙江省文物考古研究所学刊》第十辑,北京:文物出版社,2015,165~170.
④ 宫玮、游晓蕾、胡继根. 浙江桐乡董家桥遗址 2011 年度浮选植物遗存分析[A],见浙江省文物考古研究所编:《浙江省文物考古研究所学刊》第十辑,北京:文物出版社,2015,159~164.
⑤ 苏州市考古研究所、昆山市文物管理所、昆山市张浦镇文体站. 江苏昆山姜里新石器时代遗址 2011 年发掘简报[J]. 文物,2013,(1):4~24.

蓼科、蓼属和小二仙草科等种类。① 对马家浜文化层所含植硅体的分析确认水稻田的存在。② 崧泽文化层以水稻为代表的禾本科、莎草科、荨麻科、蓼科和小二仙草科等种类比马家浜时期减少或消失，而狗尾草、莎草、眼子菜、酸模、马唐、薹草和马齿苋等种类以较高的密度出现。同时，崧泽文化层中炭屑浓度相较马家浜文化明显降低，可能反映了稻作从粗放的刀耕火种向较为精细的耕作方式转变。③ 崧泽文化层中可能存在水稻田。④

（2）江苏省无锡市杨家遗址

这个遗址包括新石器时代晚期的马家浜文化等多个文化堆积。马家浜文化晚期的年代约为距今 6 270～5 920 年，通过对这个时期的植物遗存进行浮选分析，发现有水稻、狗尾草、薹草、飘拂草、酢浆草，以及禾本科、莎草科、黍亚科、藜科、小二仙草科、豆科和报春花科等 12 个科属。水稻应为主要农作物。⑤

（3）浙江省余杭市南庄桥遗址

这个遗址主要属于新石器时代晚期的马家浜文化和新石器时代晚期至末期的良渚文化，马家浜文化层的年代约为距今 6 500～5 800 年，良渚文化层的年代约为距今 5 500～4 000 年。发现炭化的稻米和稻壳。对土壤和陶片所含植硅体分析可知，遗址及周围地区在距今 6 000 年前就已经有水稻栽培了，扇形植硅体形态特征分析表明，马家浜文化早中期的栽培稻可能是表型多样性较高的未分化群体，到马家浜文化晚期，栽培稻群体现出向粳稻分化的趋势。对良渚文化水稻的扇形植硅石的分析表明，当时可能存在水田耕作，且水稻由马家浜文化时未分化的多样性原始群体向良渚文化的粳稻方向演进。⑥

（4）江苏省苏州市吴中区澄湖遗址

---

①③ 邱振威、蒋洪恩、丁金龙. 江苏昆山姜里新石器时代遗址植物遗存研究[J]. 文物，2013，(1)：90～96.

② 邱振威、蒋洪恩、丁金龙. 江苏昆山姜里遗址马家浜文化水田植硅体分析[A]，见山东大学文化遗产研究院编：《东方考古》第 11 集，北京：科学出版社，2014，374～386.

④ Qiu Zhenwei, Hongen Jiang, Jinlong Ding, et al. Pollen and phytolith evidence for rice cultivation and vegetation change during the Mid‐Late Holocene at the Jiangli site, Suzhou, East China [J]. *PlosOne* 2014,1(9): e86816.

⑤ 邱振威、刘宝山、李一全等. 江苏无锡杨家遗址植物遗存分析[J]. 中国科学：地球科学，2016，46(8)：1051～1064.

⑥ 郑云飞、刘斌、松井章等. 从南庄桥遗址的稻硅酸体看早期水稻的系统演变[J]. 浙江大学学报（农业与生命科学版），2002，28(3)：340～346.

这个遗址包括新石器时代晚期的崧泽文化等多个文化的堆积。① 浮选分析发现的植物遗存有楝、葫芦、甜瓜和紫苏。② 此外，还发掘了崧泽文化的水田遗迹，年代为公元前 3 520～前 3 260 年。除田块以外，还有配套的池塘、水井、水路和水口等农田排溉系统。古稻田土样中出土炭化米粒，伴生杂草数量极少。③ 这些都表明崧泽文化的田间管理活动已强化。

（5）浙江省海宁市小兜里遗址

这个遗址的主要文化堆积是崧泽文化末期至良渚文化早中期营建、扩建和使用过程中形成的土台，距今约 5 400～5 000 年，属于新石器时代晚期。④ 经过植物考古研究发现，崧泽文化末期的主要植物种类为稻米，瓜果有桃、甜瓜、葡萄和柿等，此外还有数量较少的楝、芡实和菱，以及小型种子如蓼科、藜科、莎草科、禾本科、马齿苋、百合科和眼子菜科等。农作物主要是水稻。良渚文化早中期的植物遗存以水稻为主，还有少量的芡实、构树、蓼科、藜科、禾本科、莎草科、大戟科、马齿苋、旋花科和十字花科等。⑤

（6）浙江省杭州市余杭区莫角山遗址

这个遗址是良渚文化的中心遗址，属于新石器时代末期。⑥ 在这个遗址发现一个填满大量炭化稻米的灰坑，推测可能是两次火灾导致。据测算，这两次火灾造成的稻谷损失为 1 万～1.5 万公斤。⑦

（7）浙江省杭州市余杭区茅山遗址

这个遗址包含良渚文化和广富林文化等多个文化的堆积，属于新石器时

---

① 丁金龙、朱伟峰、金怡.澄湖遗址甪直区崧泽文化聚落[J].古代文明研究通讯,2004,(20)：16～20.
② 秦岭、傅稻镰.绰墩遗址与澄湖出土的部分植物遗存[A],见苏州市考古研究所编著：《昆山绰墩遗址》,北京：文物出版社,2011,334～342.
③ 丁金龙、朱伟峰、金怡.澄湖遗址甪直区崧泽文化聚落[J].古代文明研究通讯,2004,(20)：16～20. 丁金龙、张铁军.澄湖遗址发现崧泽时期水稻田[J].中国文化遗产,2004,(创刊号)：70～71.
④ 浙江省文物考古研究所、海宁市博物馆编著：《小兜里》,北京：文物出版社,2015.
⑤ 高玉、秦岭.小兜里遗址出土植物遗存分析[A],见浙江省文物考古研究所、海宁市博物馆编著：《小兜里》.北京：文物出版社,2015,397～402.
⑥ 浙江省文物考古研究所.余杭莫角山遗址 1992～1993 年的发掘[J].文物,2001,(12)：4～19. 刘斌、王宁远.2006～2013 年良渚古城考古的主要收获[J].东南文化,2014,(2)：31～38.
⑦ 刘斌、王宁远.2006～2013 年良渚古城考古的主要收获[J].东南文化,2014,2：31～38.

代末期。① 发现了良渚文化的稻田遗迹。良渚文化中期稻田的平面形状有长条形和不规则圆形等多种,面积大小自 1~2 m² 至 30~40 m² 不等。田块之间有生土埂,并有纵横交错分布的小河沟,部分有明显的排灌水口。良渚文化晚期的稻田形态和稻作活动比中期更趋复杂。稻田由河道、河堤兼道路、灌溉水渠和田埂构成,南北走向的 9 条田埂和东西走向的 2 条灌溉水渠分隔出长方形的田块,面积为 1 000~2 000 m²。稻田耕作层土样中鉴定出植物 27 种,多为草本,木本极少。良渚文化晚期的水田杂草群落主要包括华东蘼草、酸模、夏飘拂草、水葱、狗尾草、眼子菜、碎米莎草、褐穗苔草和野慈姑等,多年生种类多于一年生种类,表明当时可能还没有采用深耕移栽技术。② 伴随着稻田形态的变化,灌溉系统也发生了根本性的变化。土壤微形态分析暗示,晚期水田含水饱和持续时期更长,可能存在有控制的灌溉。此外,微形态和粒度分析都表明,动物和人的粪块被作为土壤改良剂刻意添加到耕作土中,良渚文化晚期比良渚文化中期更加丰富。焚烧也被广泛应用于土地的生态管理。③ 对河道沟渠的采样和浮选发现了 100 多种植物遗存,水稻遗存的比例略低,约为 50%,小穗基盘形态表明均为驯化种群。可食用瓜果有葫芦、甜瓜、悬钩子、猕猴桃、紫苏和楝等;杂草绝大多数为水生或喜湿种类,有荇菜、眼子菜、毛茛科、莎草科、金鱼藻、茨藻科、禾本科和藜属等。④ 广富林时期的农耕层发现有沟渠等遗迹,伴有大型偶蹄类动物(牛)脚印和零散的人脚印。据古稻田稻属植硅体含量估算,自良渚文化晚期至广富林文化时期,稻田的平均亩产量可达 141 公斤,高出田螺山遗址河姆渡文化稻田的平均亩产量 2 倍多。水田杂草群落主要有酸模、华东蘼草、眼子菜、露珠草、蛇

---

① 丁品、郑云飞、陈旭高等.浙江余杭临平茅山遗址[N].中国文物报,2010 年 4 月 6 日.丁品、赵晔、郑云飞等.浙江余杭茅山史前聚落遗址第二、三期发掘取得重要收获[N].中国文物报,2011 年 12 月 30 日.
② 郑云飞、陈旭高、丁品.浙江余杭茅山遗址古稻田耕作遗迹研究[J].第四纪研究,2014,34(1):85~96.
③ 庄奕杰、丁品、Charles French(著),宿凯、靳桂云(译).中国长江下游茅山遗址新石器时代晚期水稻耕作的水资源管理及农业集约化[A],见山东大学文化遗产研究院编:《东方考古》第 12 集,北京:科学出版社,2015,398~415.
④ 高玉.环太湖地区新石器时代植物遗存与生业经济形态研究[D].北京大学硕士论文,2012.

床、碎米莎草和夏飘拂草等种类。①

(8) 浙江省杭州市余杭区玉架山遗址

这个遗址属于良渚文化,属于新石器时代晚期至末期。② 通过植物考古研究,确认水稻始终占有较大比例,多见小穗基盘,确认属于驯化种群。瓜果有甜瓜、南酸枣、柿和猕猴桃等种类,但数量非常少。小型草本种子有禾本科、莎草科、蓼科、马鞭草、茄科、眼子菜、石竹科和马齿苋等,数量相当少。③

(9) 江苏省昆山市朱墓村遗址

这个遗址的堆积主要属于良渚文化中期,年代为距今4 920～4 410年,属于新石器时代晚期至末期。④ 通过植物考古研究,确认水稻、酸模叶蓼,另有少量小二仙草科、甜瓜属、稗属、酸浆属和莎草科等种类,绝大部分是水生或喜湿习性,基本体现了水田植物种群的构成。⑤

3. 仅开展过动物考古的遗址

(1) 浙江省长兴县江家山遗址

这个遗址包含新石器时代晚期的马家浜文化等多个文化的堆积。⑥ 通过对马家浜文化晚期地层出土的动物遗存进行定性定量分析,确认爬行纲有鳖1种,鸟纲有鹅和鹤2种,哺乳纲有猴、狗、猪、梅花鹿、水鹿、獐和水牛等7种。猪为家养动物,约占哺乳动物的24%,以野生动物为主。⑦

(2) 浙江省杭州市美人地遗址

这个遗址属于良渚文化,属于新石器时代晚期至末期的。⑧ 通过对出土动物骨骼进行定性定量分析,确认爬行纲有淡水龟1种,鸟纲有雁族1种,哺

---

① 郑云飞、陈旭高、丁品. 浙江余杭茅山遗址古稻田耕作遗迹研究[J]. 第四纪研究,2014,34(1):85～96.
② 楼航、刘斌、丁品. 浙江余杭玉架山遗址[N]. 中国文物报,2012年2月24日第4版.
③ 高玉. 环太湖地区新石器时代植物遗存与生业经济形态研究[D]. 北京大学硕士论文,2012.
④ 苏州市考古研究所、昆山市文物管理所. 江苏昆山朱墓村遗址发掘简报[J]. 东南文化,2014,(2):39～56.
⑤ 邱振威、丁金龙、蒋洪恩. 江苏昆山朱墓村良渚文化水田植物遗存分析[J]. 东南文化,2014,(2):57～67.
⑥ 楼航、梁奕建. 长兴江家山遗址发掘的主要收获[A],见浙江省文物考古所编:《浙江省文物考古所学刊》第八辑,北京:文物出版社,2006,586～599.
⑦ 张颖. 田螺山、江家山和卞家山遗址的动物遗存和相关问题探讨[D]. 北京大学硕士论文,2009.
⑧ 刘斌、王宁远. 2006～2013年良渚古城考古的主要收获[J]. 东南文化,2014,(2):31～38.

乳纲有猪、鹿和水牛。猪为家养动物,占动物总数的 77%,以家猪为主。①

4. 小结

这个地区在新石器时代晚期的马家浜文化时期,人工水田初具规模,种植水稻。获取的肉食资源以野生动物为主,家养动物的比例较低。崧泽文化时期的生业延续了前一时段的特点,除水稻栽培以外,采集活动仍然存在。获取的肉食资源大多以野生动物为主,个别遗址出现家养动物占多数或家养动物与野生动物比例相当的状况。到新石器时代晚期至末期的良渚文化时期,农业得到全面发展,出现灌溉设施较为完善的大型水田,家猪饲养成为肉食的主要来源,这两者构成了生业经济的两大支柱。钱山漾和广富林文化时期体现了良渚文化式微后生业的转型,稻作生产的强化程度降低,家养动物比例也下降。在时间进入青铜时代年代框架内的马桥文化时期的农业生产表现出较明显的衰退,稻作农业处于低谷,肉食来源再度以野生动物为主。进入东周时期,尽管水稻仍是主要农作物,但生业中出现了非本地的新的生产力要素,北方地区的粟、驯化的牛和马传入这个地区。

(四) 江淮东部地区

本区开展过动植物考古研究的遗址有 2 处,仅开展过植物考古的遗址有 1 处,仅开展过动物考古的遗址有 4 处,以下分别阐述。

1. 开展过动植物考古的遗址

(1) 江苏省高邮市龙虬庄遗址

这个遗址属于新石器时代晚期的龙虬庄文化,文化堆积分为 3 期,第一期年代为距今 6 600~6 300 年,第二期为距今 6 300~5 500 年,第三期为距今 5 500~5 000 年。② 植物遗存出自第一、第二期地层,发现了炭化稻米、芡实和

---

① 松井章、菊地大树、松崎哲也等. 良渚遗址群美人地遗址出土的动物遗存(初报)[A],见松井章、菊地大树编:《中国新石器时代家畜、家禽的起源和东亚地区扩散的动物考古学研究》,奈良文化财研究所,2016,51~53.
② 龙虬庄遗址考古队. 龙虬庄:江淮东部新石器时代遗址发掘报告[M]. 北京:科学出版社,1999,189~204.

菱角。① 两期都是以水稻为主,特别是菱角和芡实的数量从早到晚不断递减,水稻数量持续增长,反映了禾本科谷物种植在生业经济中的重要性不断提高。植硅体研究也印证了这一过程。对各地层所含植硅体的分析表明,水稻植硅体在第一期早期密度较小,到第一期末出现了一次急速增长,一直持续到第二期中期,这对应了水稻种植的第一个高峰期;在第二期晚期,水稻植硅体密度再次跃上新高,表明稻作生产发生了一次质的变化。② 到距今5 500年左右,水稻形态已接近现代粳稻。扇形植硅体形态分析也显示其属于粳稻类型。③

通过对动物遗存进行定性定量研究,确认腹足纲有中国圆田螺1种,瓣鳃纲有曲蚌、楔蚌、裂齿蚌、丽蚌和篮蚬5种,硬骨鱼纲有鲤鱼、青鱼和乌鳢3种,爬行纲有乌龟、中华鳖和鼋3种,哺乳纲有狗、猪獾、家猪、獐、麂、梅花鹿和麋鹿等7种。依据最小个体数的统计结果,家养动物狗和家猪约占哺乳动物总数的53%,鹿等野生动物约占47%,以家养动物为主。④ 需要说明的是,出土的狗多数都是完整的,主要用于殉葬和奠基等,并非食用。

这个遗址的生业形态以种植水稻和饲养家畜为主,家畜的数量略高于野生动物,渔猎活动也占有较高的比例。

(2) 江苏省丹阳市凤凰山遗址

这个遗址的堆积主要包含新石器时代晚期的马家浜文化晚期和湖熟文化两个阶段的文化遗存。湖熟文化时期出土较多的动植物遗存,均未经详细的定性定量分析,初步确认,植物种子有桃和菱角,动物遗存有猪和牛的骨头与牙齿,还有鹿角和象牙。⑤

这个遗址当时的生业形态尚不清楚,至少存在饲养家畜和狩猎活动。

---

① 汤陵华.龙虬庄遗址稻作遗存的鉴定与分析[A],见龙虬庄遗址考古队编著:《龙虬庄:江淮东部新石器时代遗址发掘报告》,北京:科学出版社,1999,440~448.
② 王才林.龙虬庄遗址水稻植物蛋白石的分析[A],见龙虬庄遗址考古队编著:《龙虬庄:江淮东部新石器时代遗址发掘报告》,北京:科学出版社,1999,448~458.
③ 汤陵华.龙虬庄遗址稻作遗存的鉴定与分析[A],见龙虬庄遗址考古队编著:《龙虬庄:江淮东部新石器时代遗址发掘报告》,北京:科学出版社,1999,440~448.
④ 李民昌.自然遗物——动物[A],见龙虬庄遗址考古队编著:《龙虬庄:江淮东部新石器时代遗址发掘报告》,北京:科学出版社,1999,464~492.
⑤ 镇江博物馆、丹阳市文化局.丹阳凤凰山遗址第二次发掘[J].东南文化,2002,(3):44~50.

2. 仅开展过植物考古的遗址

江苏省镇江市丁家村遗址包含西周早、中期和春秋早期的文化堆积,年代约为距今 3 000~2 850 年。① 发现农作物包括稻、粟、黍、小麦和大豆 5 种,非驯化物种有黍亚科、牛筋草、豆科、藜属、苋属、马齿苋属、苍耳、大戟科、唇形科、葡萄属、蛇葡萄属、梅、栎、木防己属、红豆杉科和未知种属的块茎等 16 个种类。以种子的绝对数量计,农作物占绝对多数。在农作物中,小麦比例最高,其次为粟和水稻,黍和大豆数量极少。② 把农作物组合和杂草种类相结合进行判断,当时很可能实行以旱作农业为主的旱稻混作方式。

3. 仅开展过动物考古的遗址

(1) 江苏省兴化市蒋庄遗址

这个遗址属于新石器时代晚期至末期的良渚文化。通过对动物遗存进行定性定量研究,确认爬行纲有龟 1 种,鸟纲有种属不明的鸟类,哺乳纲有小型犬类、虎、猪、鹿科和牛等 5 种。猪为家养动物,占哺乳动物总数的占 14%左右,以鹿科为主的野生动物占 86%左右,以野生动物为主。③

(2) 江苏省句容市浮山果园遗址

这是属于湖熟文化的一处西周时期家族墓地。墓中出土的陶罐和原始瓷罐中盛装了作为陪葬的粮食和肉类。粮食遗存已腐烂,未经种属鉴定。动物骨骼有鲤科的鱼骨、未知种属的鸟类、偶蹄类动物的趾骨。另有两件原始瓷罐中保存有较完整的蛋壳数十只,从形态上推测应为鸡蛋和鸭蛋,表明当时已经养鸡和养鸭,禽蛋已成为先民饮食的重要组成部分。④

(3) 江苏省南京市太岗寺遗址

这个遗址属于湖熟文化,发现大量螺壳和贝类堆积,经鉴定有腹足纲的中华圆田螺、瓣鳃纲的丽蚌和帆蚌 2 种,以中华圆田螺数量最多,均为食用后废弃的垃圾。⑤

---

① 镇江博物馆,复旦大学文史研究院.江苏镇江丁家村遗址发掘简报[J].东南文化,2017,(1):39~55.
② 吴文婉,司红伟,王书敏等.江苏镇江丁家村遗址炭化植物遗存的初步分析[J].东南文化,2017,(5):78~88.
③ 承复旦大学科技考古研究院董宁宁博士告知.
④ 镇江市博物馆浮山果园古墓发掘组.江苏句容浮山果园土墩墓[J].考古,1979,(2):107~118.
⑤ 江苏省文物工作队太岗寺工作组.南京西善桥太岗寺遗址的发掘[J].考古,1962,(3):117~124.

(4) 江苏省淮安市运河村战国墓

这是一座属于大夫一级的贵族墓葬,年代约为战国中晚期之交。通过对殉葬的动物遗存进行定性研究,确认为哺乳纲的家猪、牛和羊 3 种家养动物。[1]

4. 小结

江淮东部地区在新石器时代晚期的龙虬庄文化时期,农业已得到相当的发展,生业以稻作和家猪饲养为主。新石器时代晚期至末期的良渚文化的农作物情况不清楚,获取的动物资源以野生动物为主,与浙江莫角山良渚文化核心区域以家养动物为主的状况不同,这可能是核心区域与边缘区域的差异所致。两周时期出现了新的生产力要素,相当于西周的湖熟文化时期,北方地区的农作物小麦、粟、黍和大豆传入这个地区,在遗址中发现以旱作为主的旱稻混作方式。发现禽蛋,当时已经喂养鸡和鸭。到战国时期,家养动物除了家猪以外,还有北方地区传入的牛和羊。

三、讨论

长江下游地区在新石器时代至青铜时代的生业行为有 3 个特征,以下分别阐述。

(一)生业特征

长江下游地区新石器时代至青铜时代,生业经济的变迁过程可以分为 4 个阶段。

第一阶段为新石器时代早期至中期前段,以上山文化为代表,狩猎、捕鱼和采集是生业的主体,同时含少量水稻栽培的成分,是长江下游农业的孕育和准备期。

第二阶段为新石器时代中期后段至晚期,以跨湖桥、河姆渡、马家浜、龙虬庄和崧泽文化为代表,是长江下游农业经济的持续发展期,形成植物资源

---

[1] 淮安市博物馆(沈玉军主编).淮安运河村战国墓[M].北京:文物出版社,2011,59~60.

从以粗放管理为主过渡到农作与湿地、园圃管理并行的方式,水田稻耕技术逐步完善。以渔猎为主、饲养为辅的方式获取动物资源。

第三阶段为新石器时代晚期至末期前段,以良渚文化为代表,是长江下游地区新石器时代农业发展的巅峰时期,以强化水稻生产和饲养家猪为支撑的农业经济模式完全确立,果树栽培、湖塘管理等多样化的农业方式得到进一步开发。同时,随着社会分层的加剧,生业结构相应地表现出政治中心以种植水稻和饲养家畜为主,偏远区域除种植水稻之外,渔猎方式仍占据较大比例的地区差异。

第四阶段为新石器时代末期至青铜时代,以钱山漾、广富林、马桥和湖熟文化为代表,是长江下游地区农业经济的衰落和重组期。随着良渚文化的式微,农耕和家畜饲养都有所萎缩,但此前发展成熟的农业技术并未被抛弃。到春秋战国时期,新的农作物和家养动物由北方地区传入这个地区,出现以麦、粟、黍和大豆等旱作农作物为主的旱稻混作方式,家养动物除家猪之外,还包括牛和羊,另外,还饲养鸡和鸭等,生业方式逐步进入新的发展阶段。

(二) 自然环境的影响

气候分析的研究显示,基于洞穴石笋氧同位素分析和孢粉分析结果,中国南方的全新世古气候可分为 3 个阶段:末次盛冰期至全新世早期(距今 12 000～8 000 年)、全新世气候适宜期(距今 8 000～4 000 年)、全新世晚期(距今 4 000 年以来)。[①] 新仙女木事件结束后,在距今 10 300～9 000 年期间,

---

① An Z., Porter S. C., Kutzbach J. E., et al., Asynchronous Holocene optimum of the East Asian monsoon [J]. *Quaternary Science Reviews*, 2000, 19(8): 743 - 762. Dykoski, C. A., Edwards, R. L., Cheng, H., et al. A high-resolution, absolute-dated Holocene and deglacial Asian monsoon record from Dongge Cave, China [J]. *Earth and Planetary Science Letters*, 2005, 233(1-2): 71 - 86. Dong J., Wang Y., Cheng H., et al., A high-resolution stalagmite record of the Holocene East Asian monsoon from Mt Shennongjia, central China. *The Holocene*, 2010, 20(2): 257 - 264. Innes, J. B., Zong, Y., Wang, Z., et al. Climatic and palaeoecological changes during the mid-to Late Holocene transition in eastern China: high-resolution pollen and non-pollen palynomorph analysis at Pingwang, Yangtze coastal lowlands [J]. *Quaternary Science Reviews*, 2014, 99(1): 164 - 175. Wang, Y. J., Cheng, H., Edwards, R. L., et al. The Holocene Asian monsoon: links to solar changes and North Atlantic climate [J]. *Science*, 2005, 308(5723): 854 - 886. Yi, S., Saito, T., Zhao, Q. and Wang, P. Vegetation and climate changes in the Changjiang (Yangtze River) Delta, China, during the past 13,000 years inferred from pollen records [J]. *Quaternary Science Reviews*, 2003, 22(14): 1501 - 09.

长江三角洲地区孢粉组合的变化表明当地的气候变暖。① 进入全新世气候最适宜期(距今 8 000～5 000 年),当地气候条件继续得到改善。学者们在这一时期的孢粉谱中发现了许多种类的亚热带植物②,洞穴石笋氧同位素分析的结果也揭示,该时段中国南方的气候更加温暖湿润。③ 暖湿的气候为长江下游早期稻作农业发展提供了理想的自然条件。大约在距今 4 200 年时,长江下游的气候条件迅速变得干冷,洞穴石笋和孢粉的古环境记录都表明了中国南方在几百年的时间里气温迅速降低。在广富林时期,喜暖物种的数量降低,更多松科和柏科植物的花粉出现,标志着长江三角洲地区气候的转冷。④ 与此同时,禾本科花粉的数量也开始下降,表明从那时开始,当地农业的集约化程度降低。⑤

---

① Yi, S., Saito, T., Zhao, Q. and Wang, P. Vegetation and climate changes in the Changjiang (Yangtze River) Delta, China, during the past 13,000 years inferred from pollen records [J]. *Quaternary Science Reviews*, 2003, 22(14): 1501 – 09.

② Chen, Z., Wang, Z., Schneiderman, J., et al. Holocene climate fluctuations in the Yangtze delta of eastern China and the Neolithic response [J]. *The Holocene*, 2005, 15(5): 915 – 924. Zong Y., Innes J. B., Wang Z. et al., Environmental change and Neolithic settlement movement in the lower Yangtze wetlands of China [J]. *The Holocene*, 2012, 22(6): 659 – 673. Zong Y., Wang Z., Innes J. B. et al., Holocene environmental change and Neolithic rice agriculture in the lower Yangtze region of China: A review [J]. *The Holocene*, 2012, 22(6): 623 – 635.

③ Dykoski, C. A., Edwards, R. L., Cheng, H., et al. A high-resolution, absolute-dated Holocene and deglacial Asian monsoon record from Dongge Cave, China [J]. *Earth and Planetary Science Letters*, 2005, 233(1 – 2): 71 – 86. Wang, Y. J., Cheng, H., Edwards, R. L., et al. The Holocene Asian monsoon: links to solar changes and North Atlantic climate [J]. *Science*, 2005, 308(5723): 854 – 886. Li, L., Zhu, C., Qin, Z., Storozum, M. J. and Kidder, T. R., Relative sea level rise, site distributions, and Neolithic settlement in the early to middle Holocene, Jiangsu Province, China [J]. *The Holocene*, 2018, 28(3): 354 – 362.

④ Chen, Z., Wang, Z., Schneiderman, J., et al. Holocene climate fluctuations in the Yangtze delta of eastern China and the Neolithic response [J]. *The Holocene*, 2005, 15(5): 915 – 924. Itzstein-Davey, F., Atahan, P., Dodson, J., et al. Environmental and cultural changes during the terminal Neolithic: Qingpu, Yangtze delta, eastern China [J]. *The Holocene*, 2007, 17(14), 875 – 887.

⑤ Tao J., Chen M. T. and Xu S., A Holocene environmental record from the southern Yangtze River delta, eastern China. Palaeogeography, Palaeoclimatology [J], *Palaeoecology*, 2006, 230(1): 204 – 229. Jin, Y., Mo, D., Li, Y., et al. Ecology and hydrology of early rice farming: geoarchaeological and palaeo-ecological evidence from the Late Holocene paddy field site at Maoshan, the Lower Yangtze [J]. *Archaeological and Anthropological Sciences*, 2019, 11(5): 1851 – 1863. Yi, S., Saito, T., Zhao, Q. and Wang, P., Vegetation and climate changes in the Changjiang (Yangtze River) Delta, China, during the past 13,000 years inferred from pollen records [J]. *Quaternary Science Reviews*, 2003, 22(12): 1501 – 09.

除气候条件外,长江下游地区较大范围的地理环境利于水稻耕作,具有较为丰富的野生动植物资源,为新石器时代各个文化的发展提供了很好的自然环境基础。① 但是,上海马桥遗址的环境考古研究证实,在良渚文化的发展过程中曾两次遭遇水灾,这两次水灾并非由于海侵,而可能是海面升高后导致地下水位的相应抬升,以至湖沼面积扩大造成的;或者是因为洪水泛滥的侵害。由于洪水层堆积被良渚文化的墓葬所打破,因此那次水灾并未对当地的良渚文化造成毁灭性的打击。② 由于良渚文化靠近海岸,多种海岸灾害可能会影响良渚文化的发展。台风、洪水、海平面上升和地下水盐类组成的变化,都会对良渚文化造成不同的环境压力。刘演等多位学者的研究证实,良渚文化时期的气候趋于凉湿,良渚文化末期水生植被增多,沼泽、湿地化加剧,水中的含盐量增加,这些变化可能影响到良渚文化的发展,甚至摧毁了良渚文化。③ 莫多闻等研究人员发现,在良渚文化层之上有洪水冲积层堆积,当时可能遇到了较大的自然灾害。④ 我们推测,持续数千年的新石器时代的多个文化,在漫长的时间段里可能遭遇过多种自然灾害,这些文化应该是在较为成功地应对过多种自然灾害的过程中持续发展起来的。但是,当良渚文化时期较大的自然灾害与统治集团的应对能力出现问题结合到一起,就可能对良渚文化带来极大的破坏。

(三)以湿地为中心的生业经济

把长江下游地区考古遗址中出土的动、植物遗存组合起来,作为一个完整生态系统的产出来看,我们会发现其中包含着一个完整的淡水湿地群落

---

① 陈杰.良渚文明兴衰的生态史观[J]东南文化,2005,(5):33~40.
② 宋建,洪雪晴.上海马桥遗址古环境探析[J]考古,1999,(8):81~85.
③ 刘演、李茂田、孙千里.中全新世以来杭州湾古气候、环境变迁及对良渚文化的可能影响[J]湖泊科学,2014,26(2):322~330. LIU, F. & FENG, Z. A dramatic climatic transition at 4000 cal. yr BP and its cultural responses in Chinese cultural domains [J]. *The Holocene* 22(12):1181-1197. Wu, W., Liu, T. S. Possible rate of the "Holocene event 3" on the collapse of Neolithic cultures around the central plain of China [J]. *Quaternary International*, 2004,117(1):153-166. Liu, Y., Sun, Q., Thomas, I., et al. Middle Holocene coastal environment and the rise of the Liangzhu City complex on the Yangtze delta, China [J]. *Quaternary Research*, 2015,84(3):326-334.
④ 承北京大学城市与环境学院莫多闻教授告知.

构成。遗存中常见菱、芡实、淡水螺类、蚌类、鱼类、乌龟、鳖、麋鹿、水牛和迁徙鸟类等共出，这反映了长江下游先民对淡水资源和陆地水环境的高度依赖，并尝试对某些物种进行管理甚至驯化。对河流、湖泊、河口和沼泽等类型的内陆湿地的开发是整个新石器时代极具本地特色的生业经济特征。

长江下游地区新石器时代人类与湿地的长期互动，也是水稻驯化与稻作农业在此成功的基础。稻田是一种典型的人工湿地，也遵循湿地生态系统的演化规律。古人能够长期管理和使用水稻田，说明他们不仅了解湿地的物种类型、生长周期、演替规律和水文生态等知识，还能利用这些知识对这个小生态系统加以改造和操纵，引导它向着人类需要的方向发展。自河姆渡、马家浜、崧泽至良渚文化，稻田形态变得更加复杂和多样，稻作管理包括用火烧地、灌溉和施肥等多种实践。《史记·平准书》提到"江南火耕水耨"的生业方式，东汉应劭注解为："烧草，下水种稻，草与稻并生，高七八寸，因悉芟去，复下水灌之，草死，独稻长，所谓火耕水耨也。"火耕水耨的技术特点是放火烧草，灌水湿润土，直播稻种，灌水淹死旱生杂草，不用牛耕、蹄耕，没有中耕，其最重要的技术环节是灌溉，这些都在考古发现中得到了佐证。由此可见，长江下游地区的稻作农业是建立在人类与湿地生境长期互动，对湿地生态高度了解的基础之上，稻作农业形态变迁与湿地生境的改造和维护紧密相关。

四、结论

长江下游地区新石器时代至青铜时代生业的变迁经历了农业起源，河姆渡文化和马家浜文化开始出现，逐渐强化农业及"后良渚"至马桥时期的农业衰落，再到两周时期农业重新兴盛的过程。良渚文化时期是长江下游地区新石器时代稻作农业的巅峰期，无论是稻米产量，还是稻田系统都达到了前所未有的高度，这个地区的早期文明化进程就是在这个基础上形成的。长江下游地区生业的特征是，尽管水稻的栽培技术出现后，稻作生产逐步成为当时人获取植物性食物的主要方式，但是在获取肉类资源方面，则在相当长的时间内以渔猎为主。到良渚文化时期，在中心区内饲养家猪的方式占据主要地位,而在边缘地区仍然以渔猎为主。这种以稻作生产和在广大区域内渔猎方式占据主要地位的现象,到先秦时期似乎有所改变。长江下游地区的生业状况与当地的自然环境密切相关,对当地的文化发展进程也具有紧密的关系。

第九章

岭南及周边地区新石器时代至青铜时代的生业

岭南及周边地区包括广西、广东,以及中国香港、福建和中国台湾地区。探讨岭南及周边地区自新石器时代至青铜时代的生业状况,首先阐述新石器时代至青铜时代这个地区的考古学文化序列,然后介绍迄今为止动植物考古的主要研究成果,在此基础上探讨当时的生业状况及相关问题。

一、不同区域的考古学文化序列

考古学文化序列是探讨生业状况的时空框架,这里按由西向东的顺序依次排列各个区域,对每个区域内的考古学文化序列依早晚顺序进行大致的归纳。由于本地区该阶段遗存发现的数量还不多,研究工作大都处于起步阶段,考古学文化序列等方面的问题还不十分明晰。

(1) 广西地区

新石器时代有甑皮岩一期遗存(距今12 000~11 000 年)[1]、甑皮岩二至四期遗存(距今11 000~8 000 年,含顶蛳山一期遗存,距今10 000~9 000 年)[2]、顶

---

[1] 中国社会科学院考古研究所. 中国考古学·新石器时代卷[M]. 北京:中国社会科学出版社,2010,101.

[2] 中国社会科学院考古研究所. 中国考古学·新石器时代卷[M]. 北京:中国社会科学出版社,2010,97、107.

狮山文化(距今 8 000～7 000 年)①、顶狮山四期文化遗存(距今 6 500～4 000 年)。② 青铜时代的考古遗存只有一些零星发现。③

(2) 广东及香港地区

该地区还有新石器时代早期遗存(距今 12 000～8 000 年)、咸头岭文化(距今 6 300～5 000 年)④、石峡文化及涌浪类文化遗存(距今 5 000～4 000 年)。⑤ 青铜时代有以东澳湾遗址为代表的沙丘遗址类型、以村头遗址为代表的贝丘遗址类型、石峡中层、后山类遗存(分布范围为粤东闽南)、浮滨文化(分布范围为粤东闽南)。⑥

(3) 福建地区

该地区还有壳丘头文化(距今 6 000～5 500 年)⑦、昙石山文化及牛鼻山文化(距今 5 000～4 000 年)。⑧ 青铜时代有黄瓜山文化、黄土仑文化、马岭类遗存、白主段类遗存。⑨

(4) 台湾地区

新石器时代有大坌坑文化(距今 6 000～前 3 500 年)⑩、圆山文化(距今 4 500～2 000 年)及芝山岩文化(距今 4 000～3 500 年)。⑪ 相当于中原地区青

---

① 中国社会科学院考古研究所. 中国考古学·新石器时代卷[M]. 北京：中国社会科学出版社,2010,191.
② 中国社会科学院考古研究所. 中国考古学·新石器时代卷[M]. 北京：中国社会科学出版社,2010,510.
③ 中国社会科学院考古研究所. 中国考古学·夏商卷[M]. 北京：中国社会科学出版社,2003,658.
④ 中国社会科学院考古研究所. 中国考古学·新石器时代卷[M]. 北京：中国社会科学出版社,2010,498.
⑤ 中国社会科学院考古研究所. 中国考古学·新石器时代卷[M]. 北京：中国社会科学出版社,2010,705.
⑥ 中国社会科学院考古研究所. 中国考古学·夏商卷[M]. 北京：中国社会科学出版社,2003,643～658.
⑦ 中国社会科学院考古研究所. 中国考古学·新石器时代卷[M]. 北京：中国社会科学出版社,2010,504.
⑧ 中国社会科学院考古研究所. 中国考古学·新石器时代卷[M]. 北京：中国社会科学出版社,2010,713、717.
⑨ 中国社会科学院考古研究所. 中国考古学·夏商卷[M]. 北京：中国社会科学出版社,2003,635～642.
⑩ 中国社会科学院考古研究所. 中国考古学·新石器时代卷[M]. 北京：中国社会科学出版社,2010,505.
⑪ 中国社会科学院考古研究所. 中国考古学·新石器时代卷[M]. 北京：中国社会科学出版社,2010,718～719.

铜时代的有营埔文化、大湖文化、卑南文化、麒麟文化(距今 3 500～2 000 年)。①

二、动植物考古研究

这里按照上述的区域(广东及香港地区还包括临近广东的湖南南部地区)阐述动植物考古研究成果。鉴于个别的动物考古研究结果有待商榷,在应用时有所选择。

(一) 广西地区

这个地区开展过动植物考古的遗址有 2 处,仅开展过植物考古的遗址有 1 处,仅开展过动物考古的遗址有 3 处。以下分别阐述。

1. 开展过动植物考古的遗址
(1) 广西壮族自治区桂林市甑皮岩遗址

这个遗址属于新石器时代早、中期,年代为距今约 12 000～7 000 年。植物考古研究确认三黄皮、笔罗子、粗糠柴、米碎木、水翁、畏芝、朴树、苦楝、桂花、梅、毛椽、山核桃属、葡萄属、山矾属、珍珠茅属等炭化种子,大多是适宜于生长在石灰岩地区的喜钙或适钙植物,没有发现水稻的遗存。由于当地的植物遗存中始终包含块茎类植物,所以不能排除当时存在种植块茎类植物的可能性。

通过对动物遗存进行定性定量研究,确认腹足纲有斯氏扁脊螺、中国圆田螺、中华圆田螺河亚种、中华圆田螺高旋亚种、桶田螺、方形田螺铜螺亚种、削田螺、方形环棱螺、净洁环棱螺、放逸短沟蜷、细小真管螺、真管螺未定种、大口伞管螺、太平丽管螺和细钻螺等 15 种,瓣鳃纲有珍珠蚌、圆顶珠蚌、杜氏珠蚌、圆头楔蚌、甑皮岩楔蚌、近矛形楔蚌、剑状矛蚌、短褶矛蚌、付氏矛蚌、凸圆矛蚌、厚重假齿蚌、弯边假齿蚌、坚固假齿蚌、梯形裂齿蚌、背瘤丽蚌、佛耳丽蚌、满氏丽蚌、长方丽蚌、精细丽蚌、卵形丽蚌、金黄雕刻蚌、背角无齿蚌、船

---

① 蔡彦. 从史前聚落地理变迁看台湾原住民文化的发展[J]. 华夏考古,2015,(2):68～78.

室无齿蚌、射䶉蚌、广西射䶉蚌、膨凸锐棱蚌、美好蓝蚬、斜截蓝蚬、原坚蓝蚬、曲凸蓝蚬、卓丁蓝蚬和横廷蓝蚬等32种,软甲纲有螃蟹1种,硬骨鱼纲有鲤鱼科1种,爬行纲有鳄鱼和鳖2种,鸟纲有池鹭、草鹭、鹭、鹳、天鹅、雁、鸭、雕、石鸡、原鸡、白马鸡、雉、鹤、沙鸡、鹦鹉科、似三宝鸟、伯劳、鸦和潜水鸟等20种;哺乳纲有猕猴、红面猴、仓鼠、绒鼠、中华竹鼠、姬鼠、褐家鼠、白腹巨鼠、豪猪、兔、貉、豺、熊、狗獾、猪獾、水獭、大灵猫、小灵猫、椰子猫、花面狸、食蟹獴、猫、豹、虎、亚洲象、犀、野猪、麝、獐、赤鹿、小鹿、水鹿、梅花鹿、秀丽漓江鹿、大型鹿科、水牛和苏门羚等37种,全部属于野生动物。①

当时以采集和渔猎的方式获取食物。

(2) 广西壮族自治区南宁市邕江流域史前遗址

在这个流域的豹子头遗址、灰窑田遗址、顶蛳山遗址、牛栏石遗址、凌屋遗址和螺蛳山遗址等6个遗址开展了动植物考古研究。由于遗址相邻分布,且年代相近、文化性质相似,这里对这些遗址的动植物考古研究结果进行综合阐述。这些遗址的年代约为距今10 000～6 000年。其中顶蛳山遗址分为4期,通过对这个遗址取样进行植硅体分析,发现禾本科、非禾本科单子叶、非禾本科双子叶植硅体等,其植硅体所代表的植物种类以热带和亚热带混生为主。在距今约10 000年的第一期和距今约8 000～7 000年的第二、三期,相当于新石器时代的早期至中期,没有发现稻属植硅体,当时的生业方式是以采集狩猎为主。在新石器时代晚期、距今约6 000年的第四期突然出现大量的稻属植硅体,说明稻作方式此时已经传入这一地区。

通过对动物遗存进行定性定量研究,确认腹足纲有松迈环口螺、高大环口螺、海南圆田螺、方形环棱螺、斜口环棱螺、沟槽环棱螺、塔形环棱螺、多带环棱螺、韦氏环棱螺、双旋环棱螺、肋环棱螺、大胆环棱螺、厄氏环棱螺、瓶环棱螺、环棱螺未定种、磁河螺、红口河螺、螺蛳、光肋螺蛳、豆螺未定种、塔锥短

---

① 赵志军.植物遗存的研究[A],摄取植物的种类及方式[A],见中国社会科学院考古研究所、广西壮族自治区文物工作队、桂林甑皮岩遗址博物馆等编著:《桂林甑皮岩》,北京:文物出版社,2003,286～296,341～346.袁靖.水陆生动物所反映的生存环境[A],《摄取动物的种类及方式[A],见中国社会科学院考古研究所、广西壮族自治区文物工作队、桂林甑皮岩遗址博物馆等编著:《桂林甑皮岩》,北京:文物出版社,2003,270～285,344～346.袁靖、杨梦菲.水陆生动物遗存的研究[A],见中国社会科学院考古研究所、广西壮族自治区文物工作队、桂林甑皮岩遗址博物馆等编著:《桂林甑皮岩》,北京:文物出版社,2003,297～341.

沟蜷、海南沟蜷、脊真管螺、细纹钻螺、海南坚齿螺、坚齿螺未定种、同型巴蜗牛和红齿口蜗牛等 28 种；瓣鳃纲有壳菜、珍珠蚌、圆顶珠蚌、尖嵴蚌、三型矛蚌、背瘤丽蚌、多瘤丽蚌、环带丽蚌、失衡丽蚌、佛耳丽蚌、刻纹丽蚌、丽蚌、无齿蚌和河蚬等 14 种；软甲纲有蟹 1 种；硬骨鱼纲有鲤鱼、中鲤、草鱼、青鱼、鳡鱼和鲍鱼等 6 种，爬行纲有鳄、龟、鳖和鼋等 4 种；鸟纲至少包含 4 种，种属待定；哺乳纲有猴、田鼠、竹鼠、中国豪猪、河狸、兔、狗、貉、小型犬科、黑熊、猪獾、水獭、果子狸、中型猫科、小型猫科、亚洲象、犀、野猪、赤鹿、小鹿、水鹿、梅花鹿和水牛等 23 种。除数量极为有限的狗是家养动物之外，绝大多数都是野生动物。①

这些遗址一直以采集和渔猎的方式获取食物，到距今 6 000 年左右，稻作方式可能传入这个地区。

2. 仅开展过植物考古的遗址

广西壮族自治区资源县锦晓遗址属于新石器时代的中期至末期，年代为距今约 7 000～3 500 年，分为 3 期，通过对出土的土壤样品进行水洗浮选，属于距今 7 000 年左右的第一期没有发现任何水稻遗存，而在距今约 6 000～5 500 年的第二期和距今约 5 000～3 500 年的第三期出现大量的水稻遗存。由此可见，一期到二期之间随着稻作方式的传入，当地的经济形态发生过一场较大的转变。②

3. 仅开展过动物考古的遗址

(1) 广西壮族自治区桂林市庙岩洞穴遗址

这个遗址处于旧石器时代向新石器时代的过渡阶段。通过对动物遗存进行定性定量研究，确认腹足纲有中华圆田螺、桶田螺和方形环棱螺 3 种，瓣鳃纲有杜氏珠蚌、甑皮岩楔蚌、近矛形楔蚌、短褶矛蚌、付氏矛蚌、弯边矛蚌、精细丽蚌、卵形丽蚌、斜截蓝蚬和曲凸蓝蚬等 10 种，哺乳纲有竹鼠、豪猪、帚尾

---

① 吕鹏.广西邕江流域贝丘遗址动物群研究[J].第四纪研究,2011,31(4):715～722.赵志军、吕烈丹、傅宪国.广西邕宁县顶蛳山遗址出土植硅石的分析与研究[J].考古,2005,(11):76～84.
② 赵志军.摄取植物的种类及方式[A],见中国社会科学院考古研究所、广西壮族自治区文物工作队、桂林甑皮岩遗址博物馆等编著:《桂林甑皮岩》,北京:文物出版社,2003,341～346.

豪猪、野兔、貉、黑熊、猪獾、野猫、虎、野猪、赤鹿、水鹿、梅花鹿、秀丽漓江鹿、水牛和羚羊等16种,全部属于野生动物。①

(2) 广西壮族自治区柳州市白莲洞洞穴遗址

这个遗址属于旧石器时代向新石器时代过渡的连续性堆积洞穴遗址,其中新石器时代文化层的年代约为距今11 000～7 000年。动物遗存出自第四期(新石器时代早期前段)与第五期(新石器时代中期前段)地层。通过对动物遗存进行定性研究,确认腹足纲有双棱田螺、李氏环棱螺、乌螺和大蜗牛4种,瓣鳃纲有道氏珠蚌1种,硬骨鱼纲有鲤鱼和青鱼2种,两栖纲有蛙1种,爬行纲有陆龟1种,鸟纲有种属不明的1种,哺乳纲有蝙蝠、猕猴、金丝猴、竹鼠、鼠、狐、貂、花面狸、野猪、赤鹿、梅花鹿、秀丽漓江鹿、鹿、水牛和羊等15种,全部属于野生动物。②

(3) 广西壮族自治区百色市革新桥遗址

这个遗址暂归入革新桥文化,年代为距今约6 000年,属于新石器时代的晚期。通过对动物遗存进行定性定量研究,确认硬骨鱼纲有鲤鱼、青鱼、草鱼、鲶鱼和种属不明的1种,共计5种;爬行纲有龟和鳖2种;鸟纲有雁行目未定种1种;哺乳纲有猕猴、竹鼠、豪猪、黑熊、猪獾、象、犀牛、猪、麝、鹿、水鹿、梅花鹿和水牛等13种。猪可能是家养动物。依据最小个体数的统计结果,猪约占哺乳动物总数的16%,野生动物约占84%,以野生动物为主。③

4. 小结

这个地区获取食物资源的方式可以分为两个阶段:在属于新石器时代早期至晚期的距今12 000～6 000年之间,除了数量极为有限的狗是家养动物之外,食物资源绝大多数都是依靠采集野生植物和以渔猎的方式获取野生动物,当时存在种植块茎类植物的可能性;在属于新石器时代晚期的距今6 000年以来,出现了大量的水稻遗存,可能还开始了家猪饲养,说明稻作和饲养家

---

① 张镇洪、谌世龙、刘琦等.桂林庙岩遗址动物群的研究,见英德市博物馆、中山大学人类学系、广东省博物馆编:《中石器文化及有关问题研讨会论文集》,广州:广东人民出版社,1999,185～195.
② 叶亮.水陆生动物所反映的古动物古生态环境[A],见广西柳州白莲洞洞穴科学博物馆编著(蒋怀远主编):《柳州白莲洞》,北京:科学出版社,2009,125～138.
③ 宋艳波、谢光茂.广西革新桥遗址动物遗存的鉴定与研究[A],河南省文物考古研究所编:《动物考古》第1辑,北京:文物出版社,2010,219～231.

猪已经传入这一地区,稻作活动可能占据的比例较大,但是获取肉食资源的方式仍然以渔猎为主。

(二)广东(包括临近广东的湖南南部)及香港地区

这个地区开展过动植物考古的遗址有 1 处,仅开展过植物考古的遗址有 2 处,仅开展过动物考古的遗址有 4 处。

1. 开展过动植物考古的遗址

中国香港特别行政区深湾遗址的文化层可分为 A、B、C 和 F 层。F 层的年代约为距今 6 000～4 000 年,相当于新石器时代晚期至末期,通过植物考古研究,发现蓖麻和苋属植物的种子。

通过对动物遗存进行鉴定,确认有硬骨鱼纲的断斑石鲈和硬头海鲇等 2 种,哺乳纲有猪和鹿等 2 种。由于现在南丫岛也存在野猪,研究者推测距今 6 000～4 000 年之间出土的猪骨骼属于野猪。C 层的年代约为距今 4 000～2 200 年,相当于新石器时代的末期至青铜时代,确认软骨鱼纲有魟属 1 种;硬骨鱼纲有断斑石鲈、硬头海鲇、鹦嘴鱼 3 种,还有可能属于真鲷科、笛鲷属、海鳗属等的遗存;哺乳纲有海豚、猪、豪猪和牛等 4 种。研究者未对哺乳动物遗存进行量化和测量。①

这个遗址主要以采集和渔猎的方式获取食物。

2. 仅开展过植物考古的遗址

(1) 广东省深圳市咸头岭遗址

这个遗址属于咸头岭文化,年代约为距今 7 000～6 000 年,属于新石器时代的晚期。通过对植硅体进行鉴定,确认虎尾草亚科、早熟禾亚科、黍亚科、稻亚科、棕榈科、莎草科、竹芋科和木棉科等 8 种,现在尚不能确定稻亚科植物的植硅体是野生稻还是栽培稻。②

(2) 广东省曲江县石峡遗址

---

① 秦维廉.南丫岛深湾考古遗址调查报告[C].香港考古学会专刊第三本,1978,247～270.
② 吕烈丹.附录五 咸头岭遗址植物硅酸体的初步研究[A],见深圳市文物考古鉴定所编著:《深圳咸头岭》,北京:文物出版社,2013,422～431.

这个遗址属于石峡文化,年代约为距今 5 000～4 000 年,属于新石器时代的末期。通过对植物遗存进行鉴定,在文化层和 9 座二次葬墓葬中发现人工栽培稻、山枣和桃等炭化种子。① 最新的 AMS 碳 14 测年结果显示,石峡遗址出土的一粒炭化水稻的年代是距今 3 810 年左右②,表明当时已经存在水稻种植。③

3. 仅开展过动物考古的遗址

(1) 湖南省道县玉蟾岩遗址

这个遗址的年代至少距今 12 000 年,属于新石器时代早期。通过对动物遗存的定性研究,发现贝类有 26 种,其中腹足纲包括桶田螺、中国田螺双涨亚种、割田螺、沟田螺和方形田螺方形亚种等 5 种;瓣鳃纲包括重美带蚌、短褶矛蚌、珍珠蚌、河北蓝蚬和篮蚬等 5 种;硬骨鱼纲有鲤鱼、草鱼、青鱼、鳡鱼和鮠科等 5 种;爬行纲有隐颈龟和鳖 2 种,鸟纲有 27 种,其中包括鹭、雁、天鹅、鸭、鹤和鸳鸯等;哺乳纲有鼠、竹鼠、豪猪、兔、猕猴、貉、熊、青鼬、狗獾、猪獾、水獭、斑灵猫、大灵猫、小灵猫、椰子狸、花面狸、食蟹獴、野猫、野猪、麝、赤鹿、小鹿、梅花鹿、水鹿、牛和羊等 26 种。研究者认为出土的动物遗存全部属于野生动物。④

(2) 广东省英德市牛栏洞洞穴遗址

这个遗址处于旧石器时代向新石器时代的过渡阶段,年代约为距今 12 000～8 000 年。通过对动物遗存进行定性研究,确认哺乳纲有麝鼩、大马蹄蝠、南蝠、猕猴短尾亚种、长臂猿、布氏田鼠、竹鼠、小巢鼠、姬鼠、黑鼠、针毛鼠、豪猪、华南豪猪、野兔、狐狸、貉、中国黑熊、大熊猫洞穴亚种、鼬、猪獾、水獭、大灵猫、化石小灵猫、花面狸、小野猫、金猫、云豹、虎、野

---

① 广东省博物馆、曲江县文化局、石峡发掘小组.广东曲江石峡墓葬发掘简报[J].文物,1978,(7):1~15.
② Yang, X., Wang, W., Zhuang, Y., et al. New radiocarbon evidence on early rice consumption and farming in south China [J]. *Holocene*, 2016,(27)7: 1045~1051.
③ 刘莉、陈星灿著.中国考古学:旧石器时代晚期到早期青铜时代[M].北京:三联书店,2017,258.
④ 袁家荣.湖南道县玉蟾岩 1 万年以前的稻谷和陶器[A],见严文明、安田喜宪主编:《稻作 陶器和都市的起源》,北京:文物出版社,2000,31~41.

猪、獐、赤鹿、水鹿、梅花鹿、野牛、水牛和鬣羚等 36 种,全部属于野生动物。[①]

(3) 广东省遂溪县鲤鱼墩遗址

这个遗址属于新石器时代,年代约为距今 8 000~4 660 年。动物遗存主要出土自距今约 5 000~4 800 年的文化层中,属于新石器时代晚期。通过对动物遗存进行定性研究,确认腹足纲有线纹蜒螺、望远螺、蟹守螺、角螺等 4 种,瓣鳃纲有泥蚶、毛蚶、钳蛤、海月、牡蛎、青蛤、文蛤、格特蛤、加夫蛤等 9 种,硬骨鱼纲有鲅科和鲤科 2 种,爬行纲有鳄鱼 1 种,哺乳纲有水鹿、水牛、野猪、小鹿(麂)等 4 种,全部属于野生动物。[②]

(4) 广东省佛山市河宕遗址

这个遗址属于新石器时代末期的后段,年代约为距今 4 300~3 500 年。动物遗存主要在第一期文化层出土,年代为距今 4 300~4 000 年。通过对动物遗存进行定性研究,确认腹足纲有凤螺 1 种,瓣鳃纲有蓝蚬、丽蚌、珍珠贝、蛏和牡蛎等 5 种,鱼纲有硬头海鲇、青鱼或鲤鱼等 2 种,爬行纲有马来鳄和鳖类等 2 种,哺乳纲亚洲象、水牛、麂、水鹿、梅花鹿、猕猴、野猪、獾类和狗等 9 种。狗为家养动物。当时的生业方式以渔猎为主。[③]

4. 小结

这个地区在新石器时代的早期至晚期,即距今约 12 000~5 000 年之前,完全依靠采集和渔猎的方式获取食物。在新石器时代末期,即距今 4 000 年以来,在粤北地区出现水稻种植,但是获取肉食资源的方式仍然以渔猎为主。

(三) 福建地区

这个地区仅开展过植物考古的遗址有 2 处,仅开展过动物考古的遗址有 3 处。

---

① 英德市博物馆、中山大学人类学系、广东省文物考古研究所.英德史前考古报告[M].广州:广东人民出版社,1999,76~95.
② 广东省文物考古研究所、湛江市博物馆、遂溪县博物馆(黎飞艳、陈红冰、邹池根、杨宝强、冯孟钦).广东遂溪鲤鱼墩新石器时代贝丘遗址发掘简报[J].文物,2015,(7):4~18.
③ 广东省博物馆、佛山博物馆.佛山河宕遗址[M].广州:广东人民出版社,2006,174~175.

1. 仅开展过植物考古的遗址

(1) 福建省明溪县南山遗址

这个遗址的年代约为距今 5 800~3 500 年,属于新石器时代的晚期至末期。经过对浮选所得到的大植物遗存进行鉴定,确认炭化植物遗存 38 个种属。其中农作物的数量占绝对优势,包括水稻、粟、黍、大麦、大豆和绿豆等,还有梅、猕猴桃、葡萄等可能被栽培的鲜果类植物。[①]

(2) 福建省霞浦县黄瓜山和屏风山遗址

这两个遗址属于黄瓜山文化,年代约为距今 4 300~3 500 年,属于新石器时代末期至青铜时代。通过对大植物遗存进行定性定量研究,确认水稻、黍、粟、桃属、悬钩子属、接骨木属、构树、狗尾草属、黍属、黍亚科、牛筋草、禾本科、十字花科、藜属、蓼科、碎米莎草、马齿苋科、酢浆草、茄科、石竹科、唇形科、粟米草科、拉拉藤属、铁苋草、豆科等 25 种。其中水稻、黍和粟是栽培作物,出土水稻的绝对数量占栽培作物的 80% 以上。其中 4 粒炭化水稻的 AMS 碳 14 测年结果为距今 4 000~3 800 年,当时存在以水稻为主的稻旱混作方式。[②]

2. 仅开展过动物考古的遗址

(1) 福建省闽侯县溪头遗址

这个遗址属于昙石山文化,年代约为距今 5 500~4 300 年,属于新石器时代的晚期至末期。通过对动物遗存进行定性研究,确认爬行纲有鳖 1 种,哺乳纲有叶猴、豪猪、狗、熊、象、犀、猪、水鹿、梅花鹿、鹿和牛等 11 种,研究者认为狗和猪是家养动物,但未对动物遗存进行统计。[③]

(2) 福建省东山县大帽山贝丘遗址

这个遗址暂归入大帽山文化,年代约为距今 5 000~4 300 年,属于新石器时代晚期至末期。通过对动物遗存进行定性研究,确认腹足纲有鳞笠藤壶、

[①] 赵志军. 从南山遗址浮选结果谈史前海洋之路[C]. 中国东南及环太平洋地区史前考古国际学术研讨会,2017.
[②] Deng, Z., Hung, H. C., Fan, X., Huang, et al., The ancient dispersal of millets in southern China: new archaeological evidence [J]. Holocene, 2017,28:(1)34-43.
[③] 祁国琴. 闽侯溪头遗址动物骨骼鉴定[J]. 见福建省博物馆:《闽侯溪头遗址第二次发掘报告》(附录二),考古学报,1984,(4):500.

凹螺、粒花冠小月螺、节蛛螺、金口蛛螺、蛛螺、锦蜓螺、疣滩栖螺、珠带拟蟹守螺、广大扁玉螺、多角荔枝螺、泥东风螺、管角螺、瓜螺、渔舟蜒螺和小月螺等16种，瓣鳃纲有舟青蚶、泥蚶、结蚶、壳贻贝、褶牡蛎、丽文蛤、青蛤、菲律宾蛤仔、蛤仔、环沟格特蛤、等边浅蛤和鳞杓拿蛤等12种，软骨鱼纲至少有种属不明的1种，哺乳纲有猪和鹿2种。研究者未对动物遗存进行统计①，从报告内容看，似乎以野生动物为主。

（3）福建省闽侯县昙石山贝丘遗址

这个遗址可分为3期，其中第一期文化属性不明，第二期文化即昙石山文化，第三期文化即黄瓜山文化，均有动物遗存出土，年代约为距今5 000～3 500年，属于新石器时代晚期至青铜时代。通过对动物遗存进行定性定量研究，确认腹足纲有小耳螺1种，瓣鳃纲有牡蛎、蚬和魁蛤等3种，硬骨鱼纲有种属不明1种，爬行纲有鳖科1种，哺乳纲有狗、棕熊、虎、印度象、家猪、梅花鹿、水鹿和牛等8种。依据可鉴定标本数的统计结果，家养动物狗和家猪约占哺乳动物总数的61%，野生动物占39%，以家养动物为主②。

3. 小结

这个地区在距今5 000年之后，即新石器时代晚期，出现栽培水稻、黍、粟、大麦、大豆和绿豆的行为，当时是以种植水稻为主的稻旱混作方式。获取肉食资源的方式主要是渔猎活动，在距今5 500年之后，出现饲养狗和家猪的行为，在个别遗址中这种饲养方式还占据较高的比例。

（四）中国台湾地区

由于无法获得该地区的原始文献资料，因此主要将陈光祖"试论台湾各时代的哺乳动物群及其相关问题——台湾地区动物考古学的基础资料之一（上篇）"一文中所收录的有关资料用作动物考古方面的论证。③

---

① 福建博物院、美国哈佛大学人类学系. 福建东山县大帽山贝丘遗址的发掘[J]. 考古, 2003, (12): 19～31.
② 祁国琴. 福建闽侯昙石山新石器时代遗址中出土的兽骨[J]. 古脊椎动物与古人类, 1977, 15(4): 301～306.
③ 陈光祖. 试论台湾各时代的哺乳动物群及其相关问题——台湾地区动物考古学的基础资料之一（上篇）[A], 见《（台湾）中央研究院历史语言研究所集刊》第七十一本第一分册, 2000, 129～198.

这个地区开展过动植物考古的遗址有多处,仅开展过植物考古的遗址有 1 处,仅开展过动物考古的遗址有多处。

1. 开展过动植物考古的遗址

有 14 处属于牛稠子文化、圆山文化、芝山岩文化的新石器时代末期的遗址,年代约为距今 4 700～3 500 年。通过植物考古研究,在圆山遗址发现了炭化的水稻,可能为种植的作物。在芝山岩遗址发现了大量炭化水稻。①

通过对出土动物遗存进行鉴定,确认软甲纲有蟹 1 种,软骨鱼纲有鲨鱼 1 种,硬骨鱼纲有鹦嘴鱼、鲇鱼、濑鱼等 3 种,爬行纲有海龟 1 种,鸟纲有 1 种,哺乳纲有狗、野猪水鹿、梅花鹿、小麂和海生哺乳动物儒艮等 6 种,其中狗是家养动物。②

当时可能存在种植水稻,家养动物的比例不高,主要以渔猎的方式获取肉食资源。

2. 仅开展过植物考古的遗址

台南市南光里东遗址。这个遗址属于大坌坑文化,年代为距今约 6 000～5 500 年,属于新石器时代晚期。通过对大植物遗存进行定性定量研究,确认水稻、黍、粟和金色狗尾草等 4 种,其中水稻、黍和粟都是栽培作物。基于这 3 种栽培作物的籽粒出土数量十分巨大,研究者认为,稻旱混作的农业模式已经出现在距今 5 000 年左右的台湾南部地区。③

3. 仅开展过动物考古的遗址

菓叶 A 贝丘遗址。这个遗址属于大坌坑文化晚期,通过对动物遗存进行鉴定,确认硬骨鱼纲有鹦嘴鱼、鲇鱼和濑鱼 3 种,爬行纲有海龟 1 种,哺乳纲有鹿和海生哺乳类 2 种,全部属于野生动物。

---

① 游学华. 介绍台湾新发现的芝山岩文化[J]. 文物,1986,(2):31～36、43.
② 李政益、陈玛玲、林立虹等. 从人骨和兽骨之骨胶原碳与氮稳定同位素组成看圆山文化人的摄食特征[J]. 考古人类学刊,2016,(85):109～138.
③ Tsang, C. H., Li, K. T., Hsu, T. F., et al. Broomcorn and foxtail millet were cultivated in Taiwan about 5000 years ago [J]. *Botanical Studies*,2017:58(1):3.

此外，还有 26 处属于大湖文化、鹅銮鼻第三/四史前文化以及卑南文化的新石器时代末期至铁器时代年代框架的遗址，距今 3 500～2 000 年。通过对出土动物遗存进行鉴定，确认硬骨鱼纲有二齿鲀、隆头鱼、雨伞旗鱼和鹦嘴鱼等 4 种，爬行纲有海龟 1 种，鸟纲种属不明的 1 种，哺乳纲有老鼠、鼠科动物、野兔、猴（未定）、穿山甲（未定）、狗、果子狸、小灵猫、豹猫、熊（未定）、野猪、水鹿、梅花鹿、小麂、羊（未定），以及海洋哺乳动物儒艮和灰鲸等 17 种，其中狗是家养动物。

4. 小结

这个地区在相当长的时间里一直依靠采集和渔猎方式获取食物资源，表现出较强的获取海洋动物资源的趋向。在距今 5 000 年之后即新石器时代晚期之后，出现了栽培水稻、黍和粟。到进入铁器时代年代框架的距今 2 000 年左右，除了数量有限的狗是家养动物之外，仍然依靠渔猎的方式获取动物性食物资源。

三、讨论

岭南及周边地区在新石器时代至青铜时代的生业行为有 3 个特征，以下分别阐述。

（一）生业特征

岭南及周边地区在新石器时代至青铜时代的生业特征可以归纳为 3 个阶段：

第一阶段为新石器时代早期至晚期，主要以采集和渔猎的方式获取食物，唯一驯养的动物是狗，数量有限。

第二阶段为新石器时代晚期至末期，种植农作物和饲养家畜的方式在大部分地区逐渐成为获取食物的主要手段。水稻遗存大量出现在广西，说明稻作在这一地区已经较为普遍，猪可能已经成为了家畜。在距今 5 000 年左右，水稻、黍、粟、大麦、大豆和绿豆等栽培作物已经出现在福建的沿海地区。其中水稻、黍和粟，以及稍晚出现的狗，已经跨越台湾海峡，到达台湾地区西海岸；在距今 4 000 年左右，水稻南传至粤北地区。但是这个阶段在广东发现饲养家猪的遗址不多，台湾地区仍然主要以渔猎的方式获取肉食资源。这个阶段几个小区域的生业发展参差不齐，采集和渔猎依然存在，种植农作物和饲养家畜没有形成普遍性。

第三阶段为青铜时代，由于涉及青铜时代的遗址中没有开展动植物考古工作，因此我们无法从动植物遗存中认识当时的生业状况。但是，从聚落、墓葬与其他方面的考古学资料看来，华南地区在青铜时代的社会发展水平与社会形态演进进程要比中原地区以及百越系统的北部地带相对滞后，约于西周时期才发现青铜器，战国中晚期产生最早的铁器文化。我们推测，这一时期华南地区的古代居民在与夏商周与吴越文明的交流互动中，已经获得了当时的先进生产技术，存在一定规模的种植业和饲养业，为秦始皇统一岭南后的当地文化与汉文化的快速融合及当时成熟的农业生产活动，奠定了文化和经济的基础。

（二）自然环境特征

珠江三角洲的孢粉分析结果表明，全新世的气候变化的幅度不大，从距今 7 500 年前起，就已经属于南亚热带海洋性季风气候，经历的几次波动性变化中，比较显著的是距今 5 000～4 500 年前的变凉和距今 4 500～3 400 年前的炎热。[①]

华南地区是一个高温多雨、四季常绿的区域，这里植物生长茂盛，种类繁多，有热带雨林、季雨林和南亚热带季风常绿阔叶林等热带性植被，热带性森林动物丰富多样，有许多典型的东洋界动物种类。[②] 这样的环境条件也是形成这个地区长期以采集和渔猎的方式获取食物资源，农业和家畜饲养发展缓慢的一个重要原因。

（三）家畜饲养业和种植业的传入与适应性

新石器时代至青铜时代的岭南与周边地区，与同时期的中国其他各个地

[①] 李平日、方国祥、黄光庆.珠江三角洲全新世环境演变[J].第四纪研究，1991,(2)：130～139.
[②] 赵济.中国自然地理[M].北京：高等教育出版社,1995,248.

区的生业特征有着明显的差异。① 虽然经历了自距今约 12 000 年以来 6 000 多年漫长的完全以采集和渔猎获得食物资源的阶段,但是在距今 6 000～5 000 年的这一个千纪里,家猪、栽培水稻、黍、粟,甚至大麦、大豆和绿豆等都已经出现在该地区,并在距今 4 700 年后开始逐步推广。

已有的研究更倾向于认为,家猪和水稻都不是在岭南与周边地区独立起源的,它们与粟和黍等旱作作物一样,是从长江中下游地区传播而来的,虽然传播的路线目前依然不得而知。② 但是除了个别遗址以外,以家猪为主的家畜饲养业以及以水稻为主的稻旱混作农业在整个生业中的比重并不高。该地区对非本地起源的家畜饲养业和种植业的接受程度一直较低,可能与这一地区的自然环境条件优越、陆生和水生的野生动植物资源都非常丰富有一定的关系。在人口数量相当有限的前提下,对于食物资源的需求也是有限的,因此在人口数量增加较为缓慢,或者未出现大规模外来人口和族群入迁的相当漫长的时间里,当时遗址周围的野生动植物资源可以满足人口的需求,他们一直以采集和渔猎为主。种植农作物和饲养家畜在该地区出现之后的很长一段时间里,一直处于次要地位。

四、结语

岭南及周边地区自新石器时代开始的数千年时间里,一直以采集和渔猎的方式获取食物资源。在距今 6 000 年之后,开始出现栽培水稻和家养动物,但是以采集和渔猎为主、栽培农作物和饲养家畜为辅的生业方式,仍然持续了相当长的时间。这种生业方式与当地的气候条件及丰富的野生动植物资源密切相关。可能自西周时期开始,以栽培农作物和饲养家畜为主的方式才占据主要地位。这里必须强调的是,这个地区与农业相关的生业活动都是由长江中下游地区传入的。

---

① 袁靖. 中国动物考古学[M]. 北京:文物出版社,2015,113～187.
② 张弛、洪晓纯. 华南和西南地区农业出现的时间及相关问题[J]. 南方文物,2009,(3):64～71.

第十章

结　语

历史唯物主义强调,生产力决定生产关系,经济基础决定上层建筑,生产力的发展是推动人类社会进步的根本动力。在考古学研究中,探讨生业和社会的相互关系是一个十分有意义的学术命题。通过对各个地区众多遗址的动植物考古研究成果的阐述和归纳,我们对中国新石器时代至青铜时代的生业状况有了全面的认识,这里分为农业起源的特征和意义、各个地区的生业特征及发展阶段、自然环境对生业特征的影响、生业与文化的互动关系和结语等5个部分,作进一步的总结和凝练。

一、农业起源的特征和意义

(一) 农业起源的特征

国内外学术界多年来一直围绕人类历史上的3个起源开展研究,即人类起源、农业起源和文明起源,其中,农业起源和文明起源都是在新石器时代完成的。

迄今为止的植物考古学研究证明,中国栽培农作物开始的时间和种类如下:距今12 000~9 000年之间,北京地区出现粟和黍;距今10 000年左右,浙江地区出现水稻;距今8 000年左右,河南南部地区出现可能被种植的野大豆;距今约4 500~4 270年,山东地区出现小麦。这些农作物大多起源或出现于不同的时间和不同的地点,除水稻位于中国南方地区之外,其他4种农作物都位于中国北方地区。迄今为止的动物考古学研究证明,中国家养动物开始出现的时间和种类如下:距今 10 000 年左右,河北南部地区出现狗;距今 9 000 年左右,河南南部出现猪;距今 5 600～5 000 年之间,甘青地区出现绵羊和黄牛;距今 4 000～3 600 年之间,在甘肃东部出现马;距今约 3 300 年左右,在河南东部出现鸡。这些家养动物分别起源或出现于不同的时间和不同的地点,但都位于中国的北方地区。除了上述六畜等主要家养动物之外,距今 2 700 年左右,在山东地区和江苏地区已经饲养鹅和鸭;距今 2 400 年左右,在中原地区已经存在家养的骡和驴;距今 2 370 年以前,新疆地区已经存在家养的骆驼。

从整体上看,中国古代农作物和家畜的起源和出现大致分为两种模式:一种是古代居民在与特定野生植物和动物长期相处的过程中,根据自己的需要逐步控制它们,将其驯化成农作物和家畜,其中以粟、黍、水稻、大豆、狗和猪为代表。另一种是古代居民通过文化交流,直接从其他地区引进农作物和家养动物,其中以小麦、羊、牛和马为代表。

(二)农业起源的意义

在中国新石器时代早期或可以追溯到旧石器时代晚期,古人开始将狼驯化成狗。狗的出现是当时人开始控制、驯化野生动物的前所未有的行为。尽管这种行为并未改变古人原有的采集渔猎的生业方式,但是这种饲养狗的行为,从认识上、方法上为日后饲养其他动物奠定了基础。更重要的是,这种人为地管理、控制物种的成功尝试,对于古人形成栽培农作物的意识和行为也是极为重要的启示。人工栽培的粟、黍和水稻意义十分重大,种植这些农作物从根本上保证了古人的食物来源,从整体上改变了古人的生业方式。农业起源是继人类起源之后,人类历史上第二次伟大的变革。种植农作物及后来开始的饲养家猪不但保证了古人可以摆脱获取自然资源的局限,通过有计划地种植和繁殖稳定地获取食物来源。而且,通过持续并不断强化种植农作物和饲养家猪的生产活动,可以满足古人随着人口数量的增加而增长的食物的需求量。随着这个相互促进的过程持续不断地推进,人口增长到一定数量,必定形成管理方面的复杂化,管理方面的复杂化是社会进步的象征。这个过程不断推进,开始走向人类历史上第三次伟大的变革,即文明起源。正是文明发生和持续发展,导致了广域王权国家的出现。

中国古代先民自驯化和引进各种农作物和家畜之后,逐步提高自己的生产技术,形成特色鲜明的中国古代生业模式,奠定了新石器时代、青铜时代乃至于中华民族、中国历史、中国文化形成和发展过程中坚实的经济基础。另外,一些特定的农作物和家畜在古代政治、军事、祭祀等领域中也发挥了不可或缺的重要作用。

在种植各种农作物和饲养各种家畜的起源、出现及发展的过程中,各个地区形成了不同的特征。

二、各个地区的生业特征及发展阶段

(一) 各个地区的生业特征

自新石器时代至青铜时代各个地区的生业各有自己的特色。比如,东北及内蒙古东部地区的生业特征可以分为两个大的区域进行长时段的归纳,即北部地区在新石器时代主要是采集和渔猎,从青铜器时代开始,种植农作物和饲养家畜的比重逐渐增加;而南部地区至少从距今 8 000 年前开始出现少量的农作物,当时可能也开始饲养家畜。在整个新石器时代,种植农作物和饲养家畜的行为在燕山南北地区发展缓慢,而在辽东半岛南端地区则逐渐成为主要的生业模式。到青铜器时代,主要分布在辽河下游地区的高台山文化以种植粟等农作物和饲养家畜为主,也包括渔猎活动。主要分布在西辽河地区的夏家店下层文化以种植粟和黍及饲养家猪为主,家养动物中牛和羊的数量较多,畜牧业开始出现。从夏家店上层文化至燕文化时期,农业和畜牧业均呈稳定发展的趋势。这个特征的形成与当地各个考古学文化的发展及更替状况密切相关,也与自然环境的制约和黄河流域以农业为特征的文化的影响有关。

黄河上游和新疆地区的生业方式由最初以采集狩猎为主、种植农作物和饲养家畜为辅,转变为以栽培粟和黍及饲养家猪为主、采集狩猎为辅,再转变为以栽培粟和黍为主,饲养绵羊、黄牛和家猪,尤其是绵羊的数量明显增多,家猪的数量减少。这是由于该地区存在适宜发展草原畜牧业的自然植被或环境，而文化交流和人群迁徙带动了食草家养动物和耐干冷农作物以及技术的传播，加上气候干冷化这个外因的刺激，当地在继承原有生业方式的基础上，接纳和转化新的食物生产方式，最终导致黄河上游地区形成独特的生业方式。新疆地区的农作物中小麦和青稞较为突出，家养动物中似乎以羊、牛和马居多，表现出较为明显的游牧特征。黄河上游及新疆地区的生业特征中有一个比较典型的现象，即这个地区的农作物和家养动物似乎都不是当地土生土长的，始终与东面的黄河中游地区及西面中国境外的考古学文化的交流密切相关。

黄河中游及华北地区自新石器时代早期以来，出现栽培农作物和饲养家畜的行为，从整体上看，经历了从采集渔猎为主、农作物栽培和家畜饲养为辅的生业方式，到以农作物栽培和家畜饲养为主、采集和渔猎经济为辅的生业方式的发展过程。这种生业方式的发展过程在这个地区内的各个小区域不尽相同，比如陕西地区与内蒙古西部除种植农作物之外，有些遗址获取肉食资源以狩猎为主或狩猎活动较为频繁的现象，甚至到新石器时代末期还存在，在青铜时代还偶有发现。唯有中原地区较为普遍地呈现出以栽培作物和家养动物为主、以采集渔猎为辅的发展趋势，这个持续稳定的发展过程为后来早期中国出现在这个区域奠定了扎实的经济基础。另外，良好的自然条件是这个地区生业发展的必要前提。

从整体上看，黄淮下游地区的生业状况经历了从采集渔猎，到采集渔猎为主、农作物栽培和家畜饲养为辅的生业方式，再到以农作物栽培和家畜饲养为主、采集渔猎经济为辅的生业方式的发展过程。以农作物栽培和家畜饲养为主、采集渔猎为辅的生业方式在新石器时代末期到青铜时代基本上稳定发展。如果作进一步的研究的话，可以看到自新石器时代中期出现水稻、粟、狗和猪等新的代表农业的生产力要素之后，到新石器时代晚期的开始阶段，种植农作物似乎尚未成为主流，但是当时获取肉食资源的方式已经开始由渔猎活动向饲养动物过渡，出现家养动物占多数的现象。进入新石器时代晚期的大汶口文化中晚期，农业种植占据主要地位，出现稻粟混作的方式，获取肉食以饲养家畜为主。到新石器时代末期，普遍存在稻粟混作的农业方式，出现小麦；饲养活动稳定发展，家养动物中新增加了黄牛和绵羊。这个地区生业的发展主要集中在新石器时代末期和商周时期。黄淮下游地区生业特征

第十章 结　语

的形成与自然环境与气候的制约与提供的便利条件有关，也与古人自身的选择和能动发展相关。

长江上游地区新石器时代以来的生计开发，深受自然环境的客观制约，同时文化传播的影响也非常强烈，但更多的是在适应环境基础上的文化选择。这个地区整体上在相当长的时间内以采集渔猎的方式获取食物资源。复杂的地理环境和多样的地域文化，使得长江上游地区的区域生业分化明显，多样性突出，既有西藏高寒环境中的农牧生产、峡江地带的渔业开发、成都平原发达的稻作种植，也有分布更为广泛的四川盆地周缘的典型山地经济。长江上游农业经济的形成直接受到文化传播、交流的影响，呈现出多元交融的格局，随着甘青地区、汉中盆地和长江中游等地区农业因素先后传入，经文化选择与融合，逐渐形成了适应于本地环境的生业模式。其中粟黍类谷物和主要家畜的传入均来自仰韶文化系统，但可能分为甘青地区和汉中盆地两个源头。除峡江通道外，稻作也有可能自汉水通道辗转传入四川盆地。而麦类作物和部分家畜自南亚传入的可能途径也值得我们特别关注。

长江中游地区的生业模式整体上由采集渔猎为主，向稻作栽培和家畜饲养为主逐步过渡。其北部的汉水中游地区则存在着与中原地区仰韶文化旱作农业之间的相互渗透与此消彼长，旱作农业也经由这个地区向两湖地区传播，但在新石器时代，其影响较小。与此同时，汉水中游地区家畜的饲养也更多地受到中原文化的影响。江汉平原边缘的鄂东南地区在石家河文化时期，秉持着稻作农业经济为主的种植传统，但在进入西周时期以后，受中原周人势力南下的影响，以粟为代表的北方旱作农业影响得到了显著的提升。长江中游东缘赣鄱地区水稻栽培起步较早，至新石器时代晚期至青铜时代早期，受到来自中原旱作文化的影响，出现了稻旱混作的农业生产模式。鄂西峡江地区由于其自然地理条件等因素，虽然很早就存在家畜饲养，但一直经营着以捕捞鱼类为主的渔猎经济，谷物种植也一直不发达。

长江下游地区生业的变迁有几个主要节点，一是农业起源，二是强化农业的出现，三是后良渚至马桥时期的农业衰落。这个地区是水稻栽培的起源地之一。良渚文化时期是长江下游地区史前稻作农业的巅峰期，无论是稻米产量，还是稻田系统都达到了前所未有的高度，这个地区的早期文明化进程就是在这个基础上形成的。长江下游地区生业的特征是，尽管水稻栽培技术出现后,稻作生产逐步成为当时人获取植物性食物的主要方式,但是在获取肉类资源方面,则在相当长的时间内以渔猎为主,到良渚文化时期,在中心区内饲养家猪的方式占据主要地位,而在边缘地区仍然以渔猎为主,这种以稻作生产和在广大区域内渔猎方式占据主要地位的现象,到青铜时代似乎还没有出现明显地改观。长江下游地区的生业状况与当地的自然环境密切相关。

岭南及周边地区自距今约 12 000～6 000 年期间完全以采集渔猎的方式获取食物资源,在距今 6 000～5 000 年,家猪、栽培水稻、黍、粟,甚至大麦、大豆和绿豆等都已经出现在该地区,并在距今 4 700 年后开始比较普遍推广。水稻和家猪都不是在岭南与周边地区独立起源的,它们与粟和黍等旱作作物一样,是经由长江中下游地区传播而来的。

(二) 发展阶段

从整体上看,中国新石器时代至青铜时代的生业形态可以大致分为 4 个阶段,必须说明的是,多个地区由于自身发展的独特性,其生业形态不能完全归入这 4 个时间段之中,在一定程度上存在时间上的先后性。

第一阶段为新石器时代早期,这个阶段以分布在黄河中游及华北地区、黄淮下游地区、长江中游地区、长江下游地区和岭南及周边地区的遗址为代表。当时主要以采集和渔猎的方式获取食物资源,分布在黄河中游及华北地区、黄淮下游地区、长江中游地区、长江下游地区的个别遗址可能已经开始种植小米和水稻,但这种行为绝对不是普遍现象。在黄河中游及华北地区发现目前所知的中国最早的狗,狗是这个阶段唯一的家养动物。

第二阶段为新石器时代中期,这个阶段除长江上游地区和岭南地区仍然以采集渔猎的方式获取食物资源之外。其他地区逐步形成以采集渔猎为主、栽培作物和家养动物为辅的生业方式获取食物资源。栽培作物有粟、黍和水稻,黍多于粟。家养动物有狗和猪。家猪是这个阶段出现的新的家养动物。必须强调的是,尽管明显地存在栽培作物和家养动物,但是栽培作物和家养动物的数量基本上都是十分有限的。

第三阶段为新石器时代晚期,这个阶段除东北地区北部、长江上游部分地区仍然以采集渔猎为主、栽培作物和家养动物为辅的生业方式获取食物资源之外,其他地区开始形成以种植农作物和饲养家畜为主、渔猎或狩猎为辅的方式获取食物的格局。必须强调的是,这个阶段各个地区开始出现种植农作物和饲养家畜方式的多样性,比如,黄河流域的农作物由主要为黍转变为主要为粟;黄河上游地区新出现家养的黄牛和绵羊;黄河中游地区水稻的比例增加,尽管多数遗址以饲养家畜为主,但是陕西地区的一些遗址还存在主要通过狩猎获取肉食的方式;黄淮下游地区出现稻旱混作的方式;长江上游地区出现较大范围的农业开发;长江中游和长江下游地区以种植农作物作为粮食之外,主要以渔猎的方式获取肉食和主要以饲养家猪的方式获取肉食这两种行为分别存在于不同的地区。这个阶段最为突出的特点是到距今 5 000 年左右,位于黄河中游的河南地区和位于黄淮下游的海岱地区,在生业方式上,基本形成以种植农作物和饲养家畜为主的方式获取食物的状况,在整体的生业发展上相比其他地区,开始处于领先地位。

第四阶段为新石器时代末期至青铜时代,这个阶段在各个地区都继续呈现或开始形成以种植农作物和饲养家畜为主获取食物的生业方式。五谷和六畜都是在这个时期形成的,其中小麦、绵羊、黄牛、马和鸡都是从中国境外的地区传入的,马和鸡出现的时间较晚。这个阶段各个大区域中的小区域发展不尽相同。东北地区主要以西辽河流域和燕山南北地区的农业和畜牧业发展为代表;黄河上游的甘青地区呈现出粟麦混作、家养动物以猪为主或以羊为主的特点,而新疆地区则以畜牧业为主;黄河中游的陕西地区自客省庄二期文化的农业活动有所衰落之后,自先周文化开始,生业重新全面崛起,而河南地区的生业则仍然呈持续发展的趋势;黄淮下游的海岱地区自山东龙山文化之后,农业生产似乎发生过变化,而后又重新发展;长江上游地区除成都平原之外,其他地区一直到商周时期才形成以农业为主的局面;长江中游的江汉平原地区以稻作农业为主,而汉水中游地区则有明显的稻旱混作的特点,家养动物的比例也较之前有显著的提升;长江下游地区在这个阶段是农业的重组期,新的农作物粟进入这一地区;华南地区相比以上各个地区的生业发展水平都相对滞后。

以上 4 个阶段各类特征的形成除了人为的原因之外,还与各个地区自然环境的影响有关。

三、自然环境对生业特征的影响

（一）一方水土养一方人

从宏观上看，中国新石器时代至青铜时代生业形态的变化，是一个从采集狩猎向农业经济发展的过程。西辽河流域、黄河流域和长江流域的自然环境特点为原始农业的发展提供了有利条件。它们在气候上属于温带或亚热带季风区，暖湿同期的气候特点非常有利于种植农业的发展。在土地资源条件方面，北方地区分布着大面积的黄土台地或冲积平原，南方的长江流域也有许多广阔的冲积平原或者适于耕种的河谷。在这样的气候和土地资源条件下，这些区域都形成以种植农作物和饲养家畜为主、渔猎或狩猎为辅的获取食物的生业方式。尽管在原始农业发展的过程中，旱作农业和稻作农业的分布范围一直处于变化之中，但"南稻北粟（黍）"的整体格局从未改变。热量和水分条件的南北差异正是影响这一格局的决定性因素。

从微观上看，区域生业模式的特点和发展过程则受到自然环境特征及其演变历史的深刻影响。各个区域的生业发展过程明显不同，其背后的一个重要原因就是自然环境特征及其演化的差异。

东北及内蒙古东部地区尽管较为湿润，但湿地和湖沼众多，农业开发的难度很大，另外，漫长、寒冷的冬季也成为重要的限制条件，在一定程度上影响到古代人类的活动及发展，在北部地区这种影响表现的更为明显。西辽河流域位于暖温带的北部边缘，还存在范围广阔的科尔沁沙地，生态环境脆弱。这导致两方面的结果，第一，农耕的气候条件不稳定，容易受到气候波动的影响；第二，农耕活动一旦达到一定的程度，极易发生水土流失和沙化等环境灾难，从而对原有的生业模式造成破坏性影响。夏家店下层文化的衰落，很可能是过度耕作叠加气候与环境变迁的结果。

甘青地区地处中国内陆的东亚季风的边缘地区，降水少，气候整体偏干。从土地条件来看，甘青地区东部和黄湟地区地貌为丘陵沟壑，河西走廊各绿洲之间又有戈壁沙漠等的分割，可利用的农耕土地资源较少。从大地湾一期文化到仰韶文化晚期是全新世大暖期早中期气候最为暖湿的阶段，旱作农业得到了稳步发展。但随着距今 4 000 年前后气候明显趋于干凉,再加上外来物种的引入和推广,生业方式以及文化格局都发生了显著变化。可以说,环境因素是造成该地区自新石器时代末期开始生业转变的主要原因。新疆地区典型的温带大陆性气候及生态环境脆弱的特征,形成其因地制宜的生业方式。

黄河中游及华北地区良好的自然环境是农业能够持续发展的重要原因。这个地区的气候大部分属于暖温带大陆性季风气候,而且位于暖温带的南部,在先秦时期,其南部地区有相当长的时间都属于北亚热带的范围。热量和水分条件的基础都是非常好的。旱作农业基本上不会受到气候波动的影响。该地区从海拔数十米的华北平原西部,到海拔 1 000 多米的黄土高原,分布有平原和河谷平原、河流阶地、丘陵坡地、黄土台塬、山地等地貌类型,除一些较高的基岩山地地貌单元外,其他各种地貌类型的地表都分布有厚层的黄土或次生黄土,这样的景观特点和土地资源条件使得中原地区发展了以黍和粟为主、兼有其他多种作物的旱作农业,并有较为发达的家畜饲养业作为补充。这样的经济形态最具抵御气候波动的潜力。不同高度的景观单元都是人类活动和新石器文化发展的有利地区,这样的景观特征也最具抵御洪水灾害的潜力。同时,该区域居天下之中,与周边地区地理相接,为其与各个地区的文化交流创造了条件。黄河中游及华北地区的生业状况与相邻地区在相关时期内的生业状况有相似之处,这种边界效应与交流对于促进黄河中游及华北地区的文化发展也有积极的作用。

黄淮下游地区气候温暖,雨量适中,属温带大陆性季风气候。新石器时代到先秦时期,该地区的温度、湿度和降水量都比现在高,全新世大暖期鼎盛期,亚热带的北界曾推进到海岱地区北部。黄淮下游地区的主要河流有黄河、淮河以及黄河与淮河下游的各支流。这些河流为整个黄淮下游地区提供了丰富、便利的水资源。整个黄淮下游地区平原地区适宜农业发展,沿海地区与河流湖泊附近可以开展渔捞活动,山区适宜采集和狩猎,这些都为黄淮下游地区新石器时代到先秦时期生业的发展提供了较为优越的地理环境和自然资源。但另一方面,随着本区东南部稻作农业的发展以及规模的扩大,所面临的气候风险也越来越大。因为该区域地处当时北亚热带的北缘,稻作农业容易受到气候波动的影响。同时,黄淮下游平原地区频发的洪涝灾害,也对农业所需的土地资源条件带来不利的影响。这些都在一定程度上影响到了该区域生业的可持续发展。

整个长江上游地区除川西存在较大范围的平原外,整体上都是高山褶皱地带,峰岭众多,峡谷纵横,地面崎岖,土地破碎,不利于农耕。适于农耕开发的山间盆地或谷地整体面积有限,农耕难以大规模发展。同时,四川盆地周缘以及相邻的云贵高原,其复杂的地形和地貌使得其气候在水平和垂直上均有变化,形成了多种多样的生态系统,为各种野生动、植物的生长提供条件,也为古人提供了丰富的狩猎采集资源。这就是西南山地整体上渔猎采集经济得以持续发展的环境原因。也因为山川阻隔,文化交流不便,导致不同地理小单元的农作物种类和结构不尽相同。当然,这不单纯是环境的制约,也有文化选择的因素。峡江地区也不具备大面积粮食种植的地理条件,但鱼类资源丰富。特定的地理环境与资源促进了捕鱼业的发达。而这也形成了峡江地区的遗址多沿河谷分布的聚落形态。西藏高原生业模式的更替则更多地反映了气候波动的环境制约,西藏高原先民在历史长河中最后选择了一种以种植青稞和饲养藏绵羊、牦牛为基础的生业方式,也体现了对高寒气候环境的一种适应。

长江中下游的平原地区主要包括两湖平原、鄱阳湖平原、苏皖沿江平原和长江三角洲,这里地势低平、湖泊密布、河渠稠密、水网连片。其中长江中游不同区域单元在地形地貌、水文热量以及物种资源等地理条件上都存在着显著的差异。如汉水中游地区、南阳盆地中心平原地带以稻作为主兼营粟黍的作物生产模式,而在汉水中游的丘陵谷地、鄂西北山区则普遍以旱作为主导,虽然也存在着水稻的种植。长江下游地区较大范围的湿地环境利于水稻耕作,具有较为丰富的野生动植物资源,为新石器时代各个文化的发展提供了很好的自然环境基础,形成这个地区的生业特色。但是,长江下游地区靠近海岸,台风、洪水、海平面上升和地下水盐类组成的变化,都会对当地的生业造成不同的环境压力。在长江中下游的低海拔地区,都发现有史前时期的遗址被掩埋于淤泥之下,表明河湖水系在高海面顶托下发生了明显的淤积,使可供利用的土地资源变少,故而影响到稻作农业的持续发展。

华南地区是一个高温多雨、四季常绿的区域,这里植物生长茂盛,种类繁多,有热带雨林、季雨林和南亚热带季风常绿阔叶林等热带性植被,热带性森林动物丰富多样。古人基本上依靠狩猎采集就能获取丰富的食物资源。这样的环境条件也是形成这个地区长期以采集和渔猎的方式获取食物资源，农业和家畜饲养发展缓慢的一个重要原因。

（二）人的主观能动性

尽管自然环境对生业的影响广泛而深刻，但是，这种影响是通过人类活动来实现的。因为，除了限制性的因素之外，自然环境仅仅为各种生业活动提供了必要的基础条件，是否开展相应的生业活动，更取决于社会和技术发展的历史进程、文化传播以及人类自身的选择。

技术的发展和传播可以在自然环境未发生变化的情况下使一个区域的生业模式发生重大转变。随着仰韶文化时期农业在经济形态中占据主导地位，中国广大地区的生业模式为之一变。在公元前3000年左右，黄牛、绵羊的引入则大大改变了中国北方地区的生业模式，许多原来无法利用的自然环境得到了开发，实现了生产力的进一步发展。

从这些现象中我们可以看到，自然环境对生业特征的影响绝非能够脱离社会和文化背景独立展开的。即使真是因为环境条件的变化而导致的原有生业模式的难以为继，同样也无法离开当事人的认知和响应。

四、生业与文化的互动关系

（一）新的生产力要素的传入对文化发展的影响

由于目前所知的最早的粟和黍以及狗和家猪均起源于黄河中游及华北地区，因此可以推测这些生产力要素在东北地区、黄河上游地区和黄淮下游地区的出现与文化交流似乎不无关系。目前所知的最早的水稻起源于长江中下游地区，通过文化交流的方式传入黄河中游地区。南方地区的狗和家猪似乎起源于长江中下游地区，通过文化交流的方式传入长江上游地区和岭南及周边地区。长江中下游地区的粟是由北方地区传入的。尤其值得注意的是，自新石器时代晚期开始从中国境外传入的小麦、绵羊、黄牛、马和鸡等，促进了中国各个地区整个新石器时代末期至青铜时代生业经济的发展。总而言之,新的生产力要素的传播对于促进各个地区生业方式的发展起到了重要的作用,对于各个地区多个文化的兴起和发展意义重大。因为新的生产力要素不仅仅是指新的农作物和家养动物的种类,还包括新的农作物种植技术和新的家畜饲养技术。这些技术可以有效地使用可耕种土地及自然植被,提高有限区域内的农业生产总量,稳定地获取多种肉食来源,开发家畜的功能,在精神领域及战争中发挥重要的作用。我们必须高度重视新的生产力要素的传播对于各个地区文化发展的推动作用。新的生产力要素的传播促进了生业的发展,生业的发展促进了人口的增长,人口数量的增加及由此带来的各种需求的增长,促进中国新石器时代至先秦时期经济基础和上层建筑的相互作用,推动整个社会向前发展。

(二)中原地区的生业状况与上层建筑存在互动关系

中原地区是生业状况与上层建筑相互作用,促进社会发展的典型实例。中原地区自新石器时代中期开始,就开启了以栽培作物和家养动物为主,采集渔猎为辅的生业方式发展进程,中原地区在生业方面一直呈现发展的趋势。自新石器时代晚期开始,多个遗址生业状况的相同性为特定聚落在一定地域范围内成为中心聚落,乃至于更高规格的中心,奠定了经济基础,这是首先要充分肯定的。但是我们也注意到,领导集团及领导者的执政能力在中心聚落乃至于更高规格的中心的形成过程中发挥了重要作用。自龙山文化至二里头文化,属于不同时期的多个遗址的生业状况是稳定且持续发展的。这是一个极为重要的前提,在各个聚落生业经济全面发展的基础上,哪个聚落在一定时期内能够成为一定区域内的中心,肯定还涉及一系列其他方面的原因,比如除生业稳定发展之外,还包括管理社会、统领更多聚落、壮大军事实力、抵御水患等自然灾害、处理对外交往,甚至还包括建设精神文化等。这些能力可能不需要在任何时候都全面展现出来,但是在经济、政治、军事和文化等方面的某些矛盾特别尖锐的时候,则需要充分发挥相对应的某些能力。一旦应对不力,最为严重的后果便是导致政治中心转移或聚落消亡。中原地区不同时期政治中心的转换,是在生业状况具有相同水准的地域范围内完成的。在肯定经济基础决定上层建筑的前提下,还必须高度重视上层建筑在稳定且持续发展的经济状况中的重要领导作用,即特定的领导集团或领导者的执政能力不但可以保证生业的稳定发展,而且可以从整体上或特定的方面提升聚落及聚落群的综合实力,从而左右当时特定区域内的政治格局。而二里头这个"最早的中国"的诞生,与统治阶级的执政能力更是有着密不可分的关系,他们在控制远距离的资源调配、促进农业和手工业的发展、设计宫城布局、制定与礼制相关的内容、指挥战争等方面都发挥了重要的作用。

(三)良渚文化兴衰的生业特征

良渚文化的兴衰与这个地区的生业特征关系密切,是生业与社会相互关系的又一典型实例。良渚文化中心区的水田、灌溉设施、施肥行为及上万公斤稻谷的发现,证明当时的稻作生产已经达到相当高的水平,这是良渚文化得以辉煌的经济基础。但是我们注意到,除稻作生产之外,位于政权中心区域的今天的余杭一带的遗址中,家养动物的数量在全部动物中都占据绝对优势。而到中心区域周边以外的今天的苏州、上海一带,家养动物在全部动物中虽然仍占50%以上,但优势不如前者那样明显。到了良渚文化势力范围的南北两缘延伸的地区,即今天的浙江宁波、江苏兴化等地,野生动物成为肉食的主要来源。这些现象似乎说明,尽管良渚文化有种植水稻的普遍性,但是,除良渚中心区及其他部分地区的生业方式为种植水稻和饲养家畜之外,还有一些地区肉食资源的获取尚没有形成饲养模式,数千年来延续的渔猎传统基本上没有改变。所以我们推测,良渚文化的生业形态在整体发展上是不平衡的。生业形态的这种特征限定了良渚文化只能在具备稻作生产和饲养家畜为主的这种生业方式的特定地区不断壮大和延续,而不能在其他不具备类似生业方式的地区发展。由于生业状况明显存在发展不平衡的现象,没有全面发展生产力,也就不能为人口增长奠定坚实的经济基础,由此造成整个地区的人口数量有限,不可能形成除良渚中心区外,出现多个中心相互竞争的局面。加之良渚文化的地理位置偏于一隅,缺乏与其他文化的交流和竞争,没有促进发展的压力和动力。良渚文化在统治集团过分渲染原始宗教,趋于僵化,最终无法应对大的自然灾害引发的多种社会矛盾过程中,走向消亡。可见,一定的生产力基础可以对文化的发展起到促进作用,甚至可以推动良渚文化率先在中国大地上进入文明阶段。但是,这个生产力基础发展得不够全面,缺乏引进新的生产力要素的机制,而以此为基础建立起来的上层建筑,如果不能全面推动以包括生产力发展在内的整个社会的发展,那么,这个社会最终是经受不住打击的。

(四)北方地区家养动物种类和数量的变化与当地的文化特征

这里的北方地区主要包括内蒙古、青海、甘肃和陕西北部。位于北方地区的多个遗址自新石器时代末期开始,家养动物的种类和数量出现了明显的变化,改变了这个地区原来以家猪占据多数的局面,羊(山羊和绵羊)的数量明显增加,有些遗址的家养动物中甚至以羊(山羊和绵羊)的数量最多。另外,黄牛的数量也开始增多,到青铜时代,马的数量开始增多。北方地区显示这个变化过程的典型遗址有内蒙古自治区赤峰市大山前遗址,青海省民和县喇家遗址、大通市长宁遗址,甘肃省酒泉市干骨崖墓地和三洞坝子遗址、张掖市西城驿遗址、庄浪县徐家碾墓地,陕西省神木县石峁遗址等。北方地区新石器时代末期至青铜时代考古遗址中出土的农作物种类和数量的变化过程大致与中原地区是一致的,但是家养动物中种类和数量的变化过程明显具有后来的农牧交错带的生业特色。考古学家研究了这些地区青铜文化墓葬的殉牲习俗,发现普遍存在墓葬中殉葬动物的现象,大型牲畜有马和牛,小型牲畜山羊、绵羊和狗则在数量上占据主导地位,随葬动物中出现头蹄葬的特征。这些普遍殉葬食草类家畜的习俗与中原地区的墓葬特点是明显不同的。由此看来,北方地区新石器时代末期至青铜时代生业的发展过程存在自身的特点,由原来大致与中原地区相似的种植小米等农作物和饲养家猪为主的生业方式,转变为种植小米等农作物和饲养羊(绵羊和山羊)为主,黄牛的数量有所增加,到青铜时代马的数量也开始增加的生业方式。北方地区在出现生业特征变化的时间段里,包括气候在内的自然环境发生明显的变化,可见这个生业的变化过程与这些地区包括气候在内的自然环境的变化过程是密切相关的。我们认为,这个与自然环境的变化密切相关的生业特征的变化意义重大。结合青铜时代北方地区普遍存在的墓葬中大量殉牲的现象及出土的器物特征,可以看到,当时在北方地区形成了独具特色的以牧业或游牧为主的文化传统,在新的生业方式的基础上形成新的上层建筑。可见,家养动物种类和数量的不同,是我们识别不同文化的一个重要依据。北方地区以牧业或游牧为主的文化是自新石器时代末期开始,至青铜时代逐步形成的。由此拉开了北方地区的游牧文化与内地农耕文化相互接触、交流和纷争的大幕。

五、小结

古人经历了长时段的通过采集渔猎方式获取食物资源的历史。自新石器时代开始,古人开创了种植农作物和饲养家畜等新的生产力要素。这些新的生产力要素随着人口数量的增加逐步发展,在文化交流的过程中进一步引进新的农作物和家畜种类,带动生产力的发展,由此促进了整个社会的进步。由于各个地区自然环境和文化传统不同,生业发展在各个地区显示出不同的特征。中原地区最终能够形成早期国家并得以持续发展,是以其得天独厚的自然环境和一直持续发展的生业经济为基础的。其他地区新石器时代的生业发展尽管有些起步较晚,有些没有在整体上表现出明显的持续性,但是进入青铜时代后期,则呈现出后来居上的势头,这是古代中国经历多国争霸直至走向秦统一六国的不可或缺的经济基础。自新石器时代末期到青铜时代,北方地区逐渐形成的以牧业或游牧为主的生业特色及在此基础上构建的上层建筑,开启了中国古代长期存在的农业人群与游牧人群互动的历史。

后 记

本书由袁靖提出总体思路,通过讨论,大家分头撰写。其中,除袁靖负责前言,以及东北及内蒙古东部地区、黄河中游及华北地区的内容和结论之外,袁靖和钟华负责农作物和家养动物的内容,吕鹏、袁靖和董宁宁负责黄河上游及新疆地区的内容,李志鹏和袁靖负责黄淮下游地区的内容,罗运兵和袁靖负责长江上游地区和长江中游地区的内容,潘艳和袁靖负责长江下游地区的内容,余翀和袁靖负责岭南及周边地区的内容。然后由袁靖通读、修改全稿,最后审定。

历时数年,我们终于完成了这部著作。这是迄今为止国内外第一次系统地梳理中国新石器时代至青铜时代考古遗址出土的动植物遗存的研究成果,按照考古学文化的时间序列和不同区域的空间分布阐述和讨论。虽然各个时间段和各个地区的资料尚不够系统,但还是可以从总体上看到大致的发展规律及地区特征,各个地区的生业状况与中华文明起源与早期发展的具体过程密切相关。除书中引用的正式发表的资料之外,我们还掌握了多个地区不同时期的遗址中出土的动植物考古研究结果,因为考古专刊或研究报告尚未公开发表,书中不能引用。但是,那些研究结果与我们在本书中凝练的系统认识对照,是基本吻合的。由此可见,我们在本书中提出的全部观点和认识是经得起推敲的。

今后,我们要在更多的遗址开展动植物考古研究工作,继续弥补各个考古学文化中生业研究的薄弱关节。希望经过大家的不懈努力,在我们研究一

后 记

个考古学文化的生业时,所依据的经过动植物考古的遗址数量,能够与构成这个考古学文化的遗址数量大致相近。相信在那样的基础上,再来探讨新石器时代至青铜时代的经济基础,研究经济基础和上层建筑的相互关系,我们的认识必定能够建立在更加科学、更加全面的基础之上。这是我们奋斗的目标。

本书在写作过程中,得到中国社会科学院考古研究所陈相龙博士、杨梦菲研究助理的帮助,特此致谢!

图书在版编目(CIP)数据

中国新石器时代至青铜时代生业研究/袁靖主编. —上海：复旦大学出版社，2019.12
(2021.11 重印)
(复旦科技考古文库)
ISBN 978-7-309-14811-4

Ⅰ.①中… Ⅱ.①袁… Ⅲ.①新石器时代文化-研究-中国 ②青铜时代文化-研究-中国
Ⅳ.①K871.134 ②K871.34

中国版本图书馆 CIP 数据核字(2019)第 294375 号

中国新石器时代至青铜时代生业研究
袁　靖　主编
责任编辑/张志军

复旦大学出版社有限公司出版发行
上海市国权路 579 号　邮编：200433
网址：fupnet@fudanpress.com　http://www.fudanpress.com
门市零售：86-21-65102580　　团体订购：86-21-65104505
出版部电话：86-21-65642845
常熟市华顺印刷有限公司

开本 787×1092　1/16　印张 18　字数 270 千
2021 年 11 月第 1 版第 2 次印刷

ISBN 978-7-309-14811-4/K·718
定价：55.00 元

如有印装质量问题，请向复旦大学出版社有限公司出版部调换。
版权所有　　侵权必究